Brandstätter

Freigestellte Aufmacherfotos
STEFAN LIEWEHR

Graphic Design
ALESSANDRI DESIGN

Texte Gourmandisen
DR. ERHARD HÖBAUS
MAG. EVA SOMMER

Unter Mitarbeit von
MAG. DORIS REINTHALER
MAG. CHRISTINE STAHL
DANIELA TRENKER M.A.

Kuratorium Kulinarisches ERBE Österreichs

KÖSTLICHES ŒSTERREICH

DIE 100 BESTEN GOURMANDISEN

Wie viele kulturelle Bereiche, so ist auch das kulinarische Erbe unseres Landes geprägt von verschiedensten Einflüssen, nicht zuletzt durch das habsburgische Kaiserreich mit seinen vielfältigen Völkern und Kulturen. Unter dem Einfluss der regionalen Bevölkerung entwickelten sich über Jahrhunderte typische Ess- und Trinkgewohnheiten. Die Produkte der österreichischen Landwirtschaft bereichern nicht nur den kulinarischen Genuss, sondern prägen auch das Landschaftsbild, die Artenvielfalt und die gesellschaftliche Entwicklung. Im Herzen Europas zentrieren sich Strömungen aus Ost und West und gipfeln in einer Vielfalt von Lebens- und Genussmitteln. Mit Kreativität und Geschick implementierten die Österreicher all diese Einflüsse und entwickelten eine kulinarische Identität der besonderen Art.

Durch die Globalisierung, den Trend zu Fast Food und die Einflüsse der standardisierten Angebote internationaler Konzerne droht heute jedoch den Besonderheiten der österreichischen Küche mit ihren vielen regionalen Facetten eine Verflachung und Vereinheitlichung, wenn nicht sogar das Verschwinden. Mit dem *Kuratorium Kulinarisches Erbe Österreichs* sollen die Wurzeln österreichischer Ess- und Trinkkultur, überlieferte Rezepturen und typische österreichische landwirtschaftliche Rohprodukte vor dem Verschwinden bewahrt werden. Das Kuratorium setzt Maßnahmen, die das kulinarische Erbe Österreichs für zukünftige Generationen erhalten.

MITGLIED WERDEN

Die ordentliche Mitgliedschaft beim Kuratorium zur Erhaltung des Kulinarischen Erbe Österreichs beträgt jährlich:
» für Privatpersonen € 80,00 (inkl. Mwst.)
» für Studenten € 40,00 (inkl. Mwst.)
» für Firmen € 1.200,00 (exkl. Mwst.)

Als Mitglied tragen Sie zur Bewahrung des Kulinarischen Erbes und der österreichischen Esskultur bei und erhalten zudem folgende Leistungen:
» Einkaufsführer „Die besten Adressen für Feinschmecker“ gratis
» 10 % Rabatt bei Teilnahme an Seminaren der Genuss-Akademie
» Newsletter viermal pro Jahr mit vielen Informationen und Insidertipps
» Zugang zum geschützten Mitgliederbereich auf der Website des *Kuratorium Kulinarisches Erbe Österreichs*

Mehr unter:
www.kulinarisches-erbe.at

Kuratorium Kulinarisches ERBE Österreichs

VORWORT

LIEBE LESERINNEN UND LESER!

Die ureigenste Aufgabe der Landwirtschaft ist es, den Tisch der Menschen zu decken. Österreichs Bauern und Bäuerinnen und kleine kulinarische Manufakturen produzieren heute qualitativ hochwertige Lebensmittel, denen die Konsumentinnen und Konsumenten vertrauen. Diese Qualität ist auch ein wichtiger Eckpfeiler der landwirtschaftlichen Produktion. Im Jahr 2005 wurde deshalb ein Meilenstein gesetzt: der Start der Initiative Genuss Region Österreich. Mit 25 Regionen wurde begonnen, aufgrund des großen Erfolges gibt es heute bereits 113 Regionen. In Abkehr vom globalen Einheitsgeschmack sind neben regionalen Produkten auch traditionelle Gerichte wieder „in".

Mit Freude dürfen wir feststellen, dass der von Gault Millau Österreich vor 30 Jahren initiierte und heute auch vom *Kuratorium Kulinarisches Erbe Österreichs* erfolgreich fortgeführte und unterstützte, landesweite Trend zur regionalen Küche Österreichs im besten Sinn des Wortes Früchte trägt. Trotz des massiven Auftretens von Ethnoküchen aller Herkunftsländer hielten Beuschl, Blunzngröstl und Sulz mit Kernöl Eingang in die Speisenkarten neuer kulinarischer Leitbetriebe.

Mit dem aufwendig gestalteten Nachschlagewerk „Köstliches Österreich – die 100 besten Gourmandisen" wird diese positive Entwicklung mit interessanten historischen Geschichten, gut recherchierten Informationen, wunderschönen Fotografien und Layouts nachhaltig dokumentiert, damit das kulinarische Erbe mit all seinen einzigartigen Rezepturen, Tierrassen, Spezialitäten und Institutionen auch für unsere Nachfahren erhalten bleibt.

Viel Freude beim genussvollen Lesen

wünschen

DI NIKI BERLAKOVICH
Landwirtschaftsminister

DR. CHRISTIAN KONRAD
Generalanwalt des Österreichischen Raiffeisenverbands

PROF. MICHAEL REINARTZ
Präsident des Kuratorium Kulinarisches Erbe Österreichs

MAG. SABINE FLÖCKLMÜLLER
Generalsekretärin des Kuratorium Kulinarisches Erbe Österreichs

APFELMOST

Vergorener Apfelmost gehört unumstritten zur traditionellen österreichischen Genusskultur. Die für seine Herstellung zum Einsatz kommenden Apfelsorten präsentieren sich äußerst vielfältig. Maschanzker, Kronprinz Rudolf und Brünnerling sind nur einige der alten, bodenständigen Sorten, die dem leicht alkoholischen Getränk seinen großen Facettenreichtum geben. So reicht sein Geschmack von mild über lieblich bis kräftig und resch.

MASCHANZKER, KRONPRINZ RUDOLF UND CO.

Quer durch ganz Österreich, von West nach Ost, prägen Streuobstwiesen und Baumzeilen entlang der Wege und Straßen das Landschaftsbild auf charmante Art und Weise. Vom Burgenland und der Buckligen Welt in Niederösterreich über den sanft hügeligen Hausruck, die Gegend um Linz in Oberösterreich, bis ins Kärntner Lavanttal und weiter in die westlichen Bundesländer Österreichs hinein ist die Herstellung von Apfelmost, auch Apfelwein genannt, mit einer langen Tradition verbunden.

Durch eine jahrhundertewährende Pflege der Obstbäume konnten alte Sorten, auf deren Erhalt wieder zunehmend Wert gelegt wird, bewahrt werden. So kennt man noch heute althergebrachte Sorten wie Schafsnase, Maschanzker, Erbachhofer, Brünnerling, Kronprinz Rudolf oder etwa Schmid(t)berger Renette. Allesamt Sorten, deren einzigartiger Geschmack im Apfelmost besonders gut zum Ausdruck kommt. Tafel- und Wirtschaftsobst, das ebenso gute Vermostungseigenschaften besitzt, kommt ebenfalls bei der Herstellung von Apfelmost erfolgreich zum Einsatz.

Eine sorgsame Ernte im Herbst wie auch die gewissenhafte Weiterverarbeitung der Früchte ist Voraussetzung für das Gelingen des Apfelmostes. Nach der Ernte lagert man die Äpfel meist einige Zeit, um den hohen Säuregehalt zu verringern und sie geschmacklich abzurunden. Anschließend werden sie gewaschen und zerkleinert. Die entstehende Pulpe wird unmittelbar darauf gepresst. Dazu stehen noch heute bei der häuslichen Mostbereitung traditionelle Baum-, Spindel- oder Hydraulikpressen in Betrieb.

Hefezusatz bewirkt dann eine rasche und reintönige Gärung der Maische. Der Vorgang dauert je nach Kellertemperatur etwa sechs bis acht Wochen. Danach zieht man den Most vom „Lager“, also von den Heferesten ab, um Säureabbau zu vermeiden. Die Zugabe von Sulfit sowie eine Filtrierung geben dem Apfelmost den letzen Schliff.

FRUCHTIG-MILD BIS KRÄFTIG-RESCH

Die Farbnuancen von Apfelmost variieren von hellem Blass- über sattes Goldgelb bis hin zu bernsteinfarben, abhängig von den verwendeten Apfelsorten, deren Reifezustand sowie der Lagerzeit der Äpfel vor der Pressung. Die Verarbeitung verschiedener Apfelsorten ermöglicht eine enorm breite Palette an Aromen. In jedem Fall jedoch schmeckt der Most dank der natürlichen Apfelsäure sehr fruchtig und erfrischend. Der Alkoholgehalt des Getränkes hängt vom Reifezustand des Obstes ab und beträgt meist zwischen sechs und acht Volumenprozent. Obstmost aus traditioneller bäuerlicher Herstellung darf nur dann in Verkehr kommen, wenn weder Wasser, Zucker noch Fruchtsaftkonzentrat zugesetzt und keine Süßungsmittel, Farbstoffe oder sonstige Zusatzstoffe (ausgenommen Schwefeldioxid) bei der Produktion verwendet wurden.

Die stattlichen alten Mostpressen hatten Längen von vier bis sieben Meter und standen stets samt dem Mahlgerät, der Obstreibe oder der Mühle im Presshaus.

Sowohl rein- als auch gemischtsortig ausgebaut kann Apfelmost das ganze Jahr über genossen werden. Apfelschaumwein lädt ebenfalls zum Genießen ein. Generell passt Apfelmost zu geschmacksintensiveren Gerichten, wie Rindfleisch oder Wild. Zu einem gepflegten Essen trinken Gourmets Most im Stielglas, das den fruchtigen Aromen den nötigen Duftraum bietet. Zur Jause wird das Getränk traditionell in einem dickbäuchigen Henkelkrug serviert. Doch nicht nur im Glas hat der Apfelmost seinen Platz erobert. Auch innovative Köche haben ihn als fulminanten Geschmacksgeber für regionaltypische Kreationen entdeckt. Davon zeugen Gerichte wie Apfelmosteis, Mostschinken, Mosttascherl, Mostschaumsuppe, Mostflecksuppe oder Mostbraten.

QUALITÄTSAUFSCHWUNG DURCH DIE RÖMER

Mostobst von unveredelten Bäumen spielte in der Vorratswirtschaft unserer Vorfahren eine wichtige Rolle. Bei den damaligen Obstbäumen handelte es sich um unscheinbares Un-

Most präsentiert sich strohfarben mit goldenen Reflexen.

terholz, das unveredelt krumm und bucklig wuchs. Bereits die Kelten erzeugten Most, der aber geschmacklich noch recht derb gewesen sein dürfte. Erst die Römer verfeinerten die Produktion und brachten das entsprechende Wissen auch nach Österreich. Plötzlich war Most nicht mehr ein „Gebräu" aus allerlei mit Wasser versetzten und vergorenen Wildfrüchten, sondern – je nach Sorte – ein süßlich-spritziges „piracium" (Birnenmost) oder ein herb-frisches „pomacium" (Apfelmost). Die Römer waren es auch, die frisch gepressten Traubensaft „vinum mustum" (= junger Wein) nannten. Daraus ist schließlich die Bezeichnung „Most" entstanden.

Das Mittelalter betitelte Most als „lit", den Mostwirt als „litgeb". Die erste schriftliche Erwähnung von Most im österreichischen Raum geht auf den mittelalterlichen Minnesänger Neidhart von Reuental (1240) zurück. Es wird jedoch angenommen, dass in den typischen Mostregionen Österreichs schon lange vor dieser Zeit Äpfel und Birnen hauptsächlich zur Herstellung von Obstwein verwertet wurden. Einen weiteren Grundstein für die Mostproduktion legten Maria Theresia, Kaiserin von Österreich von 1740 bis 1780, und ihr Sohn Joseph II., indem sie die Anpflanzung von Streuobstbäumen förderten.

WECHSELVOLLE NACHFRAGE

Als bäuerlicher Haustrunk und Durstlöscher erfreute sich Most speziell im ländlichen Raum stets großer Beliebtheit. Vor allem durch den von der Reblauskatastrophe in der zweiten Hälfte des 19. Jahrhunderts hervorgerufenen Mangel an Wein erfuhr Most eine Blütezeit. Bis zum Zweiten Weltkrieg entstanden insbesondere in Nieder- und Oberösterreich vermehrt Mostheurige bzw. -wirtshäuser. Danach änderten sich jedoch die Trinkgewohnheiten der Bevölkerung und Mostkonsum galt als „altmodisch". Aktuell erlebt der bodenständige Obstwein erfreulicherweise eine starke Wiederbelebung und profitiert von der verstärkten Nachfrage vieler Genießer.

MISCHMOST

Früher war es üblich, unterschiedliche Mostobstsorten gemeinsam zu verarbeiten. Erst nach und nach konzentrierten sich die Produzenten vermehrt auf den Ausbau sortenreiner Moste, die sich durch einen sortentypischen Geschmack auszeichnen. Der Mischmost, regional „Mischling" oder „Mischlingsmost" genannt, gehört zu den traditionellen oberösterreichischen Spezialitäten. Most ist das „Nationalgetränk" der Oberösterreicher, die der Volksmund daher landläufig liebevoll als „Mostschädel" bezeichnet.

Mischmost kann sowohl aus Birnen als auch aus Äpfeln gepresst werden. Um ein ausgewogenes Säure-Zucker-Verhältnis zu erzielen, bevorzugt man ein Mengenverhältnis von einem Drittel Birnen und zwei Dritteln Äpfeln. Die Kunst besteht darin, verschiedene miteinander harmonierende Birnen- bzw. Apfelsorten zu edlen Obstweinen auszubauen.

Im Allgemeinen ist Mischmost leicht, erfrischend, feinfruchtig, süffig und spritzig. Der aromaintensivere Apfel ergänzt die milde Birne im Geschmack. So erhält der vergorene Saft eine angenehme Säurenote und geschmackliche Ausgewogenheit. Seine Farbe präsentiert sich strohfarben mit goldenen Reflexen. Die Mostcuvée wird heute vorwiegend von Kleinbauern produziert und beim Mostheurigen oft als „Hausmost" kredenzt.

APFELSTRUDEL
& CO.

Die altösterreichische Strudelküche präsentiert sich äußerst facettenreich mit süßen wie auch pikanten Variationen. Verschiedene Teigarten, Zubereitungsformen und Füllungen ermöglichen eine Vielzahl kreativ-köstlicher „Spielarten". Einer der bekanntesten Vertreter, der Apfelstrudel, wird – am besten noch warm serviert – gerne als Dessert oder zum Kaffee am Nachmittag gereicht. Diese wunderbare, im Rohr gebackene Köstlichkeit gilt heute unter anderem als Inbegriff der Wiener Mehlspeisenküche.

DIE WEGE DES STRUDELS NACH EUROPA

Vermutlich stammt der Strudelteig ursprünglich aus dem orientalischen Raum. Die Araber sollen ihn über Nordafrika bis nach Spanien und Frankreich gebracht haben, von wo aus er weiter nach Norden und Osten Verbreitung fand. In historischen Kochbüchern firmierte der Strudelteig sogar als „spanischer Teig". Die Mauren Spaniens rollten den „Strudel" jedoch nicht zusammen, sondern legten den Teig abwechselnd mit der Füllung schichtweise übereinander.

Die Türken waren es, die durch ihre Eroberungszüge in Europa für die weite Verbreitung des Strudelteigs sorgten. Aufgrund ihrer langen Haltbarkeit war die Mehlspeise eine gut geeignete Marschverpflegung. Der Strudel gelangte über die Balkanländer der Habsburgermonarchie und Ungarn in weiterer Folge in die österreichische Küche. Angeblich war es dann Maria Theresia (1717–1780), die den Strudel salonfähig machte. Das ungarische Weizenmehl besaß einen besonders hohen Kleberanteil und eignete sich deshalb besonders gut für die Strudelherstellung. So bezogen die besten Strudelköche ihr Mehl lange Zeit ausschließlich aus Ungarn.

Noch heute hat der Strudel im Flachland mehr Bedeutung als in den Alpenregionen: Er gehört vor allem in den Donauländern zu den volkstümlichen Fest- und Alltagsspeisen. Daher werden diese Gebiete auch als „Strudelländer" bezeichnet. In den Alpengebieten ist hingegen der kulinarische Stellenwert von Schmalzgebäcken, vor allem Krapfen, größer.

HISTORISCHE STRUDELREZEPTUREN

Der Strudel wurde ursprünglich in einer gusseisernen Pfanne mit Deckel über offenem Feuer gebacken („Reinstrudel"). Die Erfindung des Backofens ermöglichte dann das Backen in der heutigen Form. Zuvor findet man in der Bauernküche gekochte Strudel, die übrigens bis heute Teil rustikaler Esskultur sind.

Als das älteste überlieferte handschriftliche Strudelrezept gilt das eines Milchrahmstrudels („Mülch Raimb Strudl") aus dem Jahre 1696. Der Legende nach wurde der erste Milchrahmstrudel freilich erst im 19. Jahrhundert in Breitenfurt von einer Köchin namens Milli im Gasthaus „Zum roten Stadl" des Wirten Franz Stelzer (1842–1913) hergestellt.

Wie dem auch sei, sicher ist, dass ab dem 18. Jahrhundert in diversen alten österreichischen Kochbüchern Strudelrezepte mit unterschiedlichen Füllungen aus Äpfeln, Mandeln, Grieß, Reis, Topfen, Milchrahm, Mohn, Nuss, Erdäpfeln, Kraut oder Schwammerln gehäuft anzutreffen sind.

Durch Maria Theresia gewann der Strudel an Popularität und wurde zu einer salontauglichen Wiener Mehlspeise.

So stellt 1827 Anna Dorn in ihrem „Großen Wiener Kochbuch" neben Krebs-, Reis-, Mark-, Topfen- und „Chocholadestrudel" auch einen „ausgezogenen Apfelstrudel" vor.

Heute findet man in der österreichischen Küche zahlreiche Strudelrezepte, die bezüglich Teig und „Innenleben" variieren. Sie können als Strudel-, Blätter-, Mürb- oder Germteig zubereitet, gekocht oder gebacken werden, als pikante Suppeneinlage, Hauptspeise oder süß als Nachspeise auf den Tisch kommen und mit Äpfeln, Topfen, Birnen, Mohn, Kirschen, Nüssen, Erdäpfeln, Kraut, Spinat, Bohnen, Fleisch, Kletzen, Grammeln etc. gefüllt sein.

KULINARISCHES BRAUCHTUM DES STRUDELS

In den Donauländern sowie im südöstlichen Bundesgebiet wurden Strudelgerichte in der vorweihnachtlichen Fastenzeit als Hauptspeisen gegessen. Im Burgenland war es Brauch, am Neujahrstag einen Strudel zu essen. In vielen Orten war ein „Kirchtagsstrudel" üblich. Selbst beim burgenländischen Hochzeitsessen oder am Weihnachtsabend galt der Strudel, etwa mit Füllungen wie Mohn, Topfen oder Kraut, als Bestandteil des Mahles.

SPRACHLICHE „STRUDELVARIATIONEN"

Das Wort „Strudel" leitet sich aus dem althochdeutschen „stredan = wallen, brausen" ab. Es weist auf die schneckenförmig gerollte Fasson der Mehlspeise hin.

Seit dem 16. Jahrhundert tauchen in handgeschriebenen Aufzeichnungen Namen wie „Struggl", „Strugl", „Struchl" oder „Strudl" für strudelartige Süßspeisen auf. Ab dem 18. Jahrhundert wurde der Name „Strudel" gebräuchlich. Der Begriff ging nicht zuletzt als Lehnwort in die englische Sprache ein, wo es jedoch nur für die süße Variante verwendet wird.

In Österreich findet das Wort „Strudel" auch Verwendung in einigen Redensarten und Sprichwörtern. Wenn sich z. B. etwas „wie ein Strudel zieht", macht eine Angelegenheit keine Fortschritte. Jemand, der sich „abstrudelt", arbeitet hart bzw. müht und plagt sich.

Besonders in der Wiener Küche etabliert ist der Apfelstrudel. Er wurde sogar so populär, dass er einer eigenen Apfelsorte mit großen grünen und säuerlichen Äpfeln, dem „Strudler", ihren Namen gab. Allgemein werden heute als „Strudler" Apfelsorten bezeichnet, die aufgrund ihrer Säuerlichkeit als besonders ideal zur Apfelstrudelbereitung gelten.

Auch der Milchrahmstrudel ist ein Klassiker der österreichischen Strudelküche.

KÖSTLICHES „INNENLEBEN": APFEL, TOPFEN ODER „MILLIRAHM"

Apfel-, Topfen- und Milchrahmstrudel zählen wahrscheinlich zu den bekanntesten Vertretern der so facettenreichen österreichischen Strudelküche.

Apfelstrudel wird traditionell aus gezogenem Strudelteig hergestellt. Seine Füllung besteht aus feinblättrig geschnittenen Äpfeln, Zimt, Rosinen, aromatisch gerösteten Semmelbröseln und gehackten Walnüssen. Beim „Altwiener Apfelstrudel" mengen Kenner der Füllung zudem Sauerrahm bei. An Stelle der Semmelbrösel treten oft Kipfelbrösel. Der „Salzburger Apfelstrudel" wird vor dem Servieren angezuckert und mit warmer Milch übergossen.

Den Milchrahmstrudel nennt die Wiener Mundart „Millirahmstrudel". Den mit Semmelwürfeln, Rosinen, Eiern und Rahm zubereiteten Klassiker der Wiener Mehlspeisenküche verfeinert ein Überguss aus Milch, Zucker und Ei. Beim Milchrahmstrudel verlockt darüber hinaus entweder die sogenannte „Kanarimilch", die aus Milch, Dotter und Vanillezucker besteht, oder Vanillecremesauce.

Der Topfenstrudel bietet eine Füllung aus Topfen, Rahm und Rosinen. Die Wiener Mehlspeisenküche kredenzt warme Vanillesauce dazu. Traditionell serviert man einen Strudel warm, denn so schmeckt er am besten!

Viele traditionelle Apfelsorten sind gut für die Strudelzubereitung geeignet, z. B. James Grieve, Boskoop oder Gravensteiner.

Die Zutaten werden mindestens fünf Minuten verknetet, bis der Teig eine schön seidige Konsistenz aufweist.

Saftige Apfelfülle auf knusprig gebratenen Bröseln ist das Geheimnis der köstlichen Mehlspeise.

Die aufgerollten Strudel werden mit Hilfe eines Geschirrtuchs auf ein mit Backpapier ausgelegtes Backblech gelegt.

REZEPT

ALTWIENER APFELSTRUDEL

Zutaten für 2 Strudel à 60 cm, ca. 20 Portionen

Strudelteig
300 g Mehl
30 g Öl
3 g Salz
150 g Wasser

Geröstete Brösel
120 g Butterschmalz
150 g Semmelbrösel
15 g Kristallzucker
10 g Vanillezucker

Öl zum Bestreichen
Mehl zum Stauben
ca. 200 g Butter zum Bestreichen
Puderzucker, mit 10 % Vanillezucker gemischt, zum Anzuckern

Apfelfüllung
7–8 g Schale von ungespritzten Zitronen, abgerieben
ca. 100 g Kristallzucker (je nach Säuregehalt der Äpfel)
1,7 kg Äpfel, geschält, blättrig geschnitten
100 g Rosinen
100 g Walnüsse, grob gehackt
3 g Zimt
250 g Sauerrahm
evt. etwas Zitronensaft

ZUBEREITUNG

Alle Zutaten in der Rührmaschine oder auf der Arbeitsfläche mit den Händen mischen und gut abarbeiten. Zu einer Kugel schleifen, auf eine mit Öl bestrichene Unterlage setzen und mit Öl bestreichen.

Die Brösel in Butterschmalz erhitzen. Semmelbrösel, Kristallzucker und Vanillezucker zugeben. Gut rösten, bis der Zucker karamellisiert und die Brösel knusprig sind und aromatisch duften.

Für die Apfelfüllung die Zitronenschale mit einem Drittel der Zuckermenge mischen und auf der Arbeitsfläche (Stein oder Kunststoff) mit einer Palette verreiben.*

Den restlichen Kristallzucker mit dem Zitronenzucker, den Äpfeln, Rosinen, Walnüssen, Zimt und, wenn gewünscht, Zitronensaft locker mischen.

Den Strudelteig auf einem bemehlten Strudeltuch (oder mit der Ausrollmaschine) länglich vorrollen. Mit bemehlten Handrücken unter den Teig greifen und ihn von der Mitte aus gegen die Tischkanten hin durchscheinend dünn ziehen.

Den gezogenen Teig über die Tischkanten (Tischgröße ca. 140 x 70 cm) spannen, um ein Zusammenschlüpfen des Teiges zu vermeiden.

Die gerösteten Brösel in der Länge von zweimal 60 cm mit etwa 10 cm Abstand auf ca. ein Viertel der Teigfläche verteilen. Die Füllung darüber auftragen, Sauerrahm über die Äpfel verteilen und die freigehaltene Teigfläche mit flüssiger Butter bestreichen.

Die dicken Teigränder abschneiden und den Teig zum Strudel aufrollen. Die Rolle in der Mitte abkneifen und die beiden Strudel mit Hilfe des Strudeltuches auf das Backblech abrollen.

Mit Butter bestreichen und ca. 60 Minuten bei 180 °C backen. Während des Backens zweimal und nach dem Ausbacken noch einmal dünn mit Butter bestreichen. Nach kurzem Überkühlen portionieren und anzuckern.

** Durch das Verreiben der mit Kristallzucker gemischten Zitronenschale wird das ätherische Öl aus der Schale gepresst, vom Zucker aufgenommen und verteilt sich als feines Zitronenaroma gleichmäßig in der Füllung.*

BEUSCHEL

Alte österreichische Kochbücher enthalten eine Fülle an Rezepten, die Innereien wie Hirn, Lunge, Nieren, Leber, Herz, Bries oder Zunge in den Mittelpunkt stellen. Ziel war es dabei stets, das geschlachtete Tier so effizient wie möglich zu verwerten. Das Beuschel aus Lunge und Herz gilt als bekanntester Vertreter der Innereienküche und war zunächst nur im einfachen Volk verbreitet. Zum Salonbeuschel verfeinert fand es schließlich kulinarischen Zugang zu den Tischen aller sozialen Schichten. Bis heute gilt das Beuschel als traditionelles österreichisches Wirtshausgericht.

„POFÖSSEN" UND „KÄLBERNE LINGERL"

Speisen aus Innereien ordnete die frühe Neuzeit zunächst dem sogenannten Voressen, dem „Führeiß" zu. Zahlreiche Kochbücher des 17. und 18. Jahrhunderts widmeten Innereien und ihrer Zubereitung bereits eigene Kapitel. Anna Dorn etwa stellte im „Großen Wiener Kochbuch" aus dem Jahr 1827 Innereien als „Einschiebspeisen" vor, also Gerichte, die einem Zwischengang gleich in die Speisenfolge eingeschoben wurden.

Im Gegensatz zu vielen anderen Delikatessen der Wiener Küche, die oft aus den Kronländern importiert und anschließend adaptiert wurden, gilt das Beuschel als urösterreichisch. Die Literatur gibt Hinweise, dass das Beuschel der jüdischen Küche entstammen könnte. In jedem Fall war es aufgrund seiner als minderwertig angesehenen Zutaten für herrschaftliche Tafeln zunächst zu gewöhnlich. In der Küche des einfachen Volkes hingegen kamen Klein- und Innenteile wie Füße, Kehle, Maul, Lunge, Leber, Herz, Nieren, Hirn und Därme geschlachteter Tiere häufig zum Einsatz. Mit verfeinerten Zutaten fand das „Salonbeuschel" im 19. Jahrhundert schließlich doch noch den Weg in die gutbürgerliche und gehobene Küche. Auf Klein- und Innenteile besannen sich viele Hausfrauen auch in Notzeiten: So propagierte die Sparküche des Zweiten Weltkrieges eine Vielzahl von Speisen aus Innereien.

Heute zählen derartige Gerichte fest zur österreichisch-wienerischen Beisel- und Gasthauskultur und sind als lukullische Besonderheiten aus dem Angebot nicht mehr wegzudenken. Ja, Beuschel wird sogar als kulinarischer Prüfstein gesehen, mit dessen Hilfe die Qualität eines Kochs/einer Köchin ermittelt werden kann. Der Kenner macht ein Wirtshaus nämlich angeblich nur dann zum Stammlokal, wenn auch das dort angebotene Beuschel schmeckt. Zudem gilt die Spezialität als klassischer Bestandteil des Altwiener Gabelfrühstücks.

ETYMOLOGISCHE WURZELN DES BEUSCHELS

Die Bezeichnung „Beuschel" ist vor allem im Osten und Süden Österreichs geläufig, der Westen Österreichs sagt dazu auch „Lüngerl", das benachbarte Bayern „Lungl". In anderen Gebieten Deutschlands verwendet man überwiegend den Ausdruck „Lungenhaschee" – ein Begriff, der in Österreich selten anzutreffen ist. Beuschel, eigentlich „Bäuschel", stellt die Verkleinerungsform von „Bausch" dar, eine Anspielung auf die bauschige Beschaffenheit der Lunge. Die Bedeutung des Wortes „Beuschel" könnte zur Annahme verleiten, dass es sich dabei lediglich um eine aus Lunge zubereitete Speise handelt. Die Umgangssprache verwendet „Beuschel" jedoch als Synonym für Lunge und andere Innereien, wie üblicherweise Herz. Gerne wird der Begriff „Beuschel" auch mit der typisch liebevollen Verkleinerungsform „-erl" versehen: Auf vielen klassischen österreichischen Speisekarten lädt es dann als „Beuscherl" zum Genuss ein.

Beuschel besteht in der Regel aus Herz und Lunge, die vor der Zubereitung sorgfältig gewässert werden.

TRADIERTE BEUSCHELGEHEIMNISSE

Unter Beuschel versteht die österreichische Küche in der Regel ein Ragout aus beiden Lungenflügeln und Herz, wobei aber auch andere Innereien wie Milz und „Lichteln" (Herzröhre und Aorta) verwendet werden können. Die Innereien können von Rind, Schwein, Schaf, Ziege oder Fisch stammen. Das Beuschel aus Innereien des Kalbes gilt als wohlschmeckendste Variante. Unabdingbar für das Gelingen ist in jedem Fall die gute Qualität der Innereien. Diese sollten von leuchtend roter Farbe sein und sich fest anfühlen, keinesfalls schwammig. Das sorgfältige Entfernen der knorpeligen Luftröhre bis hin zu den Bronchien und Bronchiolen sowie der Speisröhre gehört unbedingt zu den Vorbereitungsarbeiten. Bei der Zubereitung werden die derart vorbereiteten Herz- und Lungenstücke mit Wurzelwerk und Kräutern in Wasser gekocht, überkühlt und danach in dünne Streifen geschnitten. Optimale Ergänzung für die Innereien ist eine sämige Sauce, der Zutaten wie Zwiebeln, Gurkerln, Kapern, Sardellen, Mehl, Essig, Schlagobers bzw. Sauerrahm und Gewürze ihren pikanten Geschmack verleihen. Darin eingelegt, wird das nun beinahe fertige Ragout erhitzt. Gerne reicht die klassische Küche dazu Grießstrudel und Servietten- oder Semmelknödel. Das sogenannte Salonbeuschel wird wie die herkömmliche Variante zubereitet, vor dem Servieren jedoch mit Gulaschsaft sowie etwas Schlagobers oder Sauerrahm verfeinert. Typische Beilage dazu sind ebenfalls Knödel.

Für Kenner ein Maßstab für das Können der Köchin oder des Kochs – klassisch kommt das Beuschel mit Semmelknödeln zu Tisch.

Kalbslunge und -herz werden mit Thymian, Zwiebeln und Wurzelwerk langsam gekocht.

BEUSCHEL UND ANDERES AUS INNEREIEN

Beuschelsuppe unterscheidet sich vom Beuschel dadurch, dass sie weniger raffiniert gewürzt ist, säuerlicher schmeckt und vor allem eine dünnere Konsistenz aufweist. Sie erfreut sich als Jausengericht großer Beliebtheit. Ähnlich wie Gulasch zubereitet wird Bruckfleisch. Es ist wie Beuschel Teil des traditionellen Gabelfrühstücks und ein ebenso traditionsreiches Alt-Wiener Wirtshausessen.

Der Name „Bruckfleisch" stammt aus der Schlachtbrücke, wo Innereien bzw. Rindfleischreste nach dem Schlachten liegen bleiben. Diese österreichische Spezialität besteht vorwiegend aus einem Sammelsurium geschmorter Innereien. Zu Ragout verarbeitet wird es mit einer aus Wurzelwerk, Essig, Thymian, Majoran, Pfeffer und Ochsenblut zubereiteten braunen Sauce serviert. Dazu passen ebenfalls Knödel. Für die Herstellung von Kuttelflecken wird üblicherweise Rindermagen verwendet. Das Grundwort Kutteln (süddeutsch für Kaldaunen) bezieht sich auf die Innerei, Kuttelfleck(e) steht für die fertige Speise. Als Delikatesse gelten etwa gebackene Kuttelflecke oder die Kuttelflecksuppe, bestehend aus gekochten, feinnudelig geschnittenen Kutteln, Wurzelwerk, Einmach und Gewürzen.

Wie gut die österreichische Küche Innereien zu verwerten weiß, zeigen viele bekannte und beliebte Gerichte wie geröstetes Hirn, Hirn mit Ei, geröstete Leber, geröstete Nieren, Kalbszunge, Kavaliersbries, Rahmherz oder Ochsenmaulsalat.

REZEPT

KALBSBEUSCHEL

Zutaten für 4 Portionen

900 g Kalbslunge
1/2 Kalbsherz
150 g Wurzelwerk
(Sellerie, Karotte, Gelbe Rübe)
1/2 Zwiebel
1 Lorbeerblatt
10 Pfefferkörner
1 Thymiansträußchen
Salz

Sauce
40 g Zwiebeln
20 g Kapern
60 g Essiggurken
4 EL Öl
30 g Mehl
1 cl Essig, 7,5%ig
3 EL Sauerrahm
10 g Sardellenpaste

Senf
Salz
Pfeffer, weiß
Majoran, gerebelt
Zitronensaft
Zitronenschale, gerieben
Gulaschsaft zum Vollenden (sofern vorhanden)
Beilage nach Wahl

ZUBEREITUNG

Beuschel ohne Luft- und Speiseröhre gut in kaltem Wasser wässern. Die Lunge mehrmals mit einer Messerspitze anstechen, damit der Sud eindringen kann. Lunge und Herz mit 2 l Wasser, Wurzelwerk, Zwiebel, Lorbeerblatt, Pfefferkörnern, Thymian und Salz zustellen.

Zugedeckt etwa 1 Stunde langsam kochen, nach halber Kochzeit die Lunge wenden. Lunge aus dem Sud heben, in kaltem Wasser abkühlen. Das Herz benötigt eine längere Garzeit, danach ebenfalls im Wasser überkühlen. Den Sud durchseihen, reduzierend kochen. Gut durchgekühlte Lunge und Herz zuerst in dünne Blätter, dann in feine Streifen schneiden.

Für den Sud Zwiebeln, Kapern und Gurken sehr fein hacken. Öl erhitzen, Mehl darin dunkelbraun rösten, mit Sud aufgießen, sofort mit einer Schneerute glattrühren, ca. 10 Minuten zu einer molligen Sauce verkochen. Beuschelstreifen, Essig, Rahm, Sardellenpaste und Restgewürze beigeben. Heiß ca. 20 Minuten ziehen lassen. Anrichten und – wenn möglich – mit etwas Gulaschsaft beträufeln.

Beilagenempfehlung: Servietten- oder Semmelknödel, gekochter Grießstrudel

BIER

Einst war Bier nicht nur ein Genussmittel, sondern galt als gehaltvolle Nahrung. Im Laufe der Geschichte hat das würzige Getränk aus Getreidemalz, Hopfen, Hefe und Wasser eine rasche Entwicklung durchgemacht, wobei Klöstern und Zünften eine bedeutende Rolle zukam. Heute hat Bier in der österreichischen Kulinarik längst einen Stammplatz und überzeugt durch seine unzähligen verschiedenen Sorten, vom naturtrüben Zwickel über malziges Märzen bis hin zum obergärigen Weizenbier.

SEIT ALTERS HER GEBRAUT

Die frühesten Nachweise für die Herstellung von Bier stammen aus dem mesopotamischen Raum. Vermutlich waren es die Sumerer, gefolgt von den Babyloniern, die den Gerstensaft erstmals produzierten. Von dort verbreitete sich das Brauwissen über die Ägypter bis zu den Griechen und Römern. Schließlich übernahmen es die Kelten und Germanen. Bald darauf wurde weltweit Bier gebraut und getrunken. Seine Zutaten variierten auf äußerst vielfältige Art und Weise. So stellte man Bier aus Gerste, Weizen, Hafer, Hirse, Mais, Reis oder auch Linsen her und würzte es gern mit Kräutern.

DIE KLÖSTER UND DAS BIER

Die Bierherstellung nimmt vor allem in der Klostergeschichte eine wichtige Rolle ein. Noch bis zur Zeit Karl des Großen (etwa 747–814 n. Chr.) wurde Bier vorwiegend für den Eigenbedarf gebraut und galt mehr als Nahrungs- denn als Genussmittel. Ab dem 8. Jahrhundert mussten die Bauern Bier als Zehent an ihre Lehensherren, darunter auch Klöster, abliefern. Dies belegt ein Dokument aus dem Pustertal (Tirol), das zwischen 985 und 993 n. Chr. datiert und als älteste urkundliche Erwähnung für das Bierbrauen in Österreich gilt.

Bei Mönchen war Bier als nahrhaftes und wohlschmeckendes Getränk überaus beliebt, das auch während der Fastenzeit genossen werden konnte. Die ersten Klosterbrauereien und -schenken entstanden und die Entwicklung der Braukunst schritt rasch voran. Als eines der ältesten Klöster Österreichs, das Bier braute, gilt das 1145 gegründete Stift Wilhering bei Linz.

Im Mittelalter entstanden daneben auch die ersten „nichtgeistlichen" Brauereien und die Braukunst entwickelte sich zu einem angesehenen Handwerkszweig. Als älteste urkundlich genannte österreichische Brauerei gilt die Brauerei Hofstetten in Oberösterreich. Ihre erste Erwähnung geht auf das Jahr 1229 zurück. Als „älteste Braustadt Österreichs" wird Weitra betitelt. Dieser Stadt wurde 1321 ein Brau- und Absatzmonopol als Privileg zugesprochen.

Rasch erkannten auch die weltlichen Fürsten die Bedeutung des Getränkes als Wirtschaftsfaktor und führten Bierabgaben und -steuern ein. Nachdem die Klosterbrauereien zudem im 15. und 16. Jahrhundert durch Brau- und Handelsverbote weitgehend zurückgedrängt worden waren, entstanden in den Städten mächtige Brauzünfte. Die älteste zunftmäßige Handwerksordnung stammt aus dem Jahre 1569 für die Brauer von Ried im Innkreis. Unter anderem gab es Bannmeilen, die verhinderten, dass Zunftfremde innerhalb einer Meile vor dem Stadttor Bier ausschenken konnten. Als ältestes auf österreichischem Boden gebrautes Bier kann Steinbier aus Wasser, Wacholder, Hopfen, Malz und Hefe angenommen werden

Die Erzeugung von Bier ist eine Kunst, die viel Sachkenntnis und Erfahrung erfordert.

Zur Herstellung erhitzte man die Maische zusammen mit der Würze mithilfe heißer Steine. Nach dem Abkühlen kamen die Steine, an denen die Zuckerstoffe der Maische karamellisierten, zusammen mit dem Sud in den Gärbottich, wo der an den glühenden Steinen karamellisierte Zucker wieder gelöst und vergoren wurde.

Lange Zeit kam für die Würzung von Bier sogenanntes Grut, eine Kräutermischung, zum Einsatz. Obwohl seit dem 12. Jahrhundert auch Hopfen zum Bierbrauen Verwendung fand, dauerte es bis zum 16. Jahrhundert, bis sich Hopfenbier endgültig durchgesetzt hatte und Grut als Bierwürze verdrängte.

Bis zum 19. Jahrhundert braute man Bier überwiegend mit obergäriger Hefe. Die Herstellung von untergärigem Bier war nur in der kalten Jahreszeit möglich. Dem Innovationsgeist der Österreicher Adolf Ignaz Mautner (1801–1889) und Anton Dreher (1810–1863) ist es zu verdanken, dass die Herstellung von untergärigem Bier durch die Entwicklung kühler Lagerräume ganzjährig möglich wurde. Österreich stieg daraufhin zu einem der bedeutendsten Bierexportländer auf.

DIE KUNST DER BIERHERSTELLUNG

Die Bierherstellung gleicht seit jeher einer Kunst. Bier ist ein auf Basis von Zerealien, allen voran Gerste, sowie Hopfen und Wasser hergestelltes, durch Hefe vergorenes, alkohol- und kohlensäurehaltiges Getränk. Außer Doldenhopfen dürfen nur aus diesem gewonnene Hopfenprodukte ohne jeglichen Zusatz verwendet werden. Zudem wird Bier nicht chemisch, sondern ausschließlich physikalisch konserviert.

Hopfen ist eine Kletterpflanze mit zart gefiederten Blättern.

Ein unverzichtbares Element zum Bierbrauen stellt Malz dar. Für seine Herstellung werden Gerstenkörner bzw. bei Weißbier zusätzlich Weizenkörner gereinigt, gewaschen und anschließend unter Wasserzugabe zum Keimen gebracht. Dabei kommt es zur Bildung von stärkespaltenden Enzymen, sogenannten Amylasen. Das Resultat der Keimung wird Grünmalz genannt. An die Keimung schließt ein Trocknungsvorgang, das Darren, an. Nach dem Maischen folgt das Abläutern, eine Art Filterprozess. Ein Koch- und Gärungsvorgang schließt den Herstellungsprozess ab. Dann kann das Bier abgefüllt werden.

RADLER, BOCK UND ZWICKEL

Den aromatischen Gerstensaft teilt man üblicherweise nach Farbe, Gattung, Stammwürze, Alkoholgehalt sowie nach Typen bzw. Sorten ein. Der Österreichische Lebensmittelkodex differenziert Bier je nach Alkoholgehalt in alkoholfreies Bier mit nicht mehr als 0,5 Volumenprozent, alkoholarmes Bier mit nicht mehr als 1,9 Volumenprozent und Leichtbier mit nicht mehr als 3,7 Volumenprozent. Nach dem Stammwürzegehalt unterscheiden sich Schank- und Vollbier sowie Stark- bzw. Stockbier. Die Stammwürze bezeichnet den Anteil der aus Malz und Hopfen im Wasser gelösten, nicht flüchtigen Stoffe vor der Gärung.

Schankbier besitzt einen Stammwürzegehalt von neun bis elf Grad, Vollbier mindestens elf Grad. Vollbier mit mindestens 12,5 Grad kann die Deklaration „Spezialbier" tragen. Der Stammwürzegehalt von Stark- bzw. Bockbier liegt bei mindestens 16 Grad. Außerdem kennt der Lebensmittelkodex die Bezeichnung „Märzen" bzw. „Lager" für ausgewogen malziges, mild hopfenbitteres, untergäriges Vollbier. „Pils" nennt man helles und stärker gehopftes, untergäriges Vollbier.

Eine weitere Bierspezialität ist das naturtrübe Zwickel. Sein Name leitet sich vom „Zwickel" ab, dem Hahn für Verkostungsproben am Biertank. Obergäriges Weizen- oder Weißbier gibt es als naturtrübes Hefeweizen sowie als filtriertes Kristallweizen. Unter „Radler" versteht man ein Biermischgetränk aus primär untergärigen Vollbieren und Limonade. Ein ebenfalls bekanntes Mischgetränk ist das Schnittbier, eine Mischung aus hellem und dunklem Bier. Und als kultige Biergefäße stehen Pfiff (0,176 Liter), Seidel bzw. Seiterl (0,3 Liter), Krügerl (0,5 Liter) und Maß (1 Liter) zur Verfügung.

Die hübschen grüngelben Zapfen, das Merkmal des Hopfens, finden auch in der Heilkunde Verwendung.

Ein frisch gezapftes Bier darf bei traditionellen Feiern am Land nicht fehlen.

HANSBERGLAND-HOPFEN

Im HansBergLand, das im oberösterreichischen Mühlviertel liegt, blickt der Hopfenanbau auf eine sehr lange Tradition zurück: Die erste urkundliche Erwähnung im „Wilheringer Urbar" stammt aus dem Jahre 1206. Der Anbau von Hopfen in der Region umfasst jene Sorten der Kletterpflanze, die sich sehr gut an das subatlantische Klima und die lehmigsandigen, kalkarmen Böden des Mühlviertels angepasst haben.

Der Echte Hopfen (Humulus lupulus) gehört zur Familie der Hanfgewächse (Cannabaceae). In der Region wird hauptsächlich Aromahopfen mit seinem feinen Geschmack und einzigartigen Bukett sowie seit einigen Jahren auch vermehrt Bitterhopfen kultiviert.

HansBergLand-Hopfen kommt vorwiegend in der Bierproduktion zum Einsatz. Besonders der feinwürzige, dezent herbe Geschmack zeichnet den hochwertigen Hopfen des HansBergLandes aus. Das in den Hopfenblüten enthaltene Lupulin ist für die bittere Note und die Aromaqualität des Bieres verantwortlich. Alle Inhaltsstoffe wirken zusätzlich konservierend und schaumstabilisierend.

Auch in der Naturheilkunde findet Hopfen wegen seiner beruhigenden Wirkung Anwendung. Darüber hinaus zählen Hopfentee, Hopfenwurst, Hopfenöl und sogar Hopfenbrot und -schnaps zu den Produkten aus der Hanfpflanze.

Als besondere kulinarische Delikatessen am Teller locken die im Frühjahr geernteten jungen Triebe der Hopfenpflanze, die sogenannten Hopfensprossen.

BIRNMOST

Kaum eine andere Region kann sich einer so alten Mostkultur rühmen wie das Mostviertel. Denn dort sind die Bedingungen optimal, damit aus bestens gereiften Mostbirnen exzellenter Birnmost entstehen kann. So berichtete bereits der mittelalterliche Dichter Neidhart von Reuental über den vergorenen Most aus der Region: „Si schankt mir mit dem krouge, daz mir di kel wider wurde heiter und hel. Ihr birenmost den tranc ich also swinde – dann wa sie froh." Auch die Steiermark und Oberösterreich sind seit langem für ihren herrlichen Birnmost bekannt. Sie alle lassen in ihrem Geschmack das kulinarische Erbe der Region erkennen – besonders wenn sich die Nuancen alter Birnensorten darin widerspiegeln.

PIRACIUM UND POMACIUM

Dass Mostobst seit jeher in der Vorratswirtschaft eine wichtige Rolle einnimmt, beweisen Funde von Obstkernen und Trockenfrüchten aus prähistorischer Zeit. Bereits die Kelten versuchten sich in der Herstellung von Most. Mit dem heutigen Obstwein, wie Most auch bezeichnet wird, war das damalige Erzeugnis jedoch keinesfalls zu vergleichen, denn es handelte sich dabei um einen recht derben Trunk. Erst die Römer nahmen sich der Kunst des Mostens an und brachten ihr Wissen über die Herstellung von piracium (Birnenmost) und pomacium (Apfelmost) auch nach Österreich.

Bereits Plinius der Ältere (etwa 23–79 n. Chr.) schrieb: „Man macht Wein aus Birnen und allen Sorten von Äpfeln." Und im 4. Jahrhundert n. Chr. riet der Ackerbauschriftsteller Palladius, zerkleinerte Birnen in einen Sack zu füllen, diesen mit Gewichten zu beschweren und auszudrücken. Daraus ergebe sich, so Palladius, ein Produkt, das über den ganzen Winter haltbar bleibe.

DAS MOSTVIERTEL UND SEIN MOST

Es ist anzunehmen, dass das Gebiet zwischen dem Hausruck in Oberösterreich und der Traisen in Niederösterreich die Heimat zahlreicher österreichischer Mostbirnensorten ist. Das Mostviertel, die wohl älteste Mostregion Österreichs, liegt zwischen der Donau, den Ausläufern des Wienerwaldes und dem Alpenvorland. Die erste schriftliche Erwähnung des Birnmostes aus dieser Region datiert aus dem Jahr 1240 und stammt von dem Minnesänger Neidhart von Reuental. In den darauf folgenden Jahrhunderten mehren sich die historischen Belege zur Birnmosterzeugung im Mostviertel. So beschreibt etwa der Landedelmann Wolf Helmhard von Hohberg im 17. Jahrhundert die Mostwirtschaft in der Region in seinem Werk „Georgica curiosa".

Kaiserin Maria Theresia ist einer der größten Beiträge zur Entstehung der bis heute erhaltenen gebliebenen Mostkultur zuzuschreiben, denn auf sie geht die forcierte Anpflanzung von Streuobstwiesen zurück. Ihr Sohn und Thronfolger Joseph II. belohnte alle Bauern, die mehr als 100 Obstbäume pflanzten, mit einer silbernen Medaille. Zudem ordnete er an, bei jeder Hochzeit einige Obstbäume zu pflanzen.

„DIESE HÄUSER HAT DER MOST GEBAUT"

Unter der zunehmenden Entwicklung des Mostes litt jedoch der heimische Weinkonsum. Um dem entgegenzusteuern, wurde in den Weingegenden immer wieder versucht, den Mostausschank zu verhindern. Dem Erfolg des Mostes konnte dies jedoch keinen Abbruch tun. Die Zeit

Stilgerecht lagern hölzerne Mostfässer in einem Gewölbekeller.

der Bauernbefreiung und Industrialisierung war mit einem immensen Aufschwung des Getränkes verbunden, denn der Bau von Straßen und Eisenbahnnetzen erleichterte den Transport des Mostes über weite Strecken. So konnten die Mostbauern ihr köstliches Getränk auch in ferneren Gegenden anbieten. Vom enormen Erfolg des Mostes zeugen noch heute die zahlreichen stattlichen Vierkanthöfe, die zu dieser Zeit entstanden und zum Wahrzeichen einer uralten Kulturlandschaft geworden sind.

„A SEIDL MOST, DES NET VÜ KOST!“

Eine weitere Blüte erlebte Most dann in der Zwischenkriegszeit. Nach dem Zweiten Weltkrieg geriet er jedoch zusehends aus der Mode. Most wurde als „Arme-Leute-Getränk“ verspottet und immer mehr von Getränken wie Bier, Wein und Limonaden verdrängt. Nur wenige Obstbauern trotzten der Krise in Buschenschenken und Mostwirtshäusern. Ende der 1980er Jahre erlebte der Mostviertler Birnmost einen erneuten Aufschwung. Die Zahl der Mostbirnbäume stieg wieder an und die ausgewiesene Qualitätsproduktion macht den Birnmost heute wieder heiß begehrt.

VON DER BIRN’ ZUM MOST

Je nach Sorte sind Mostbirnen zwischen August und November reif. Nur qualitativ hochwertiges Fallobst wird geklaubt, gewaschen und anschließend zerkleinert. Gleich anschließend kommt es zur Mostpresse. Zwar ist die Herstellung des Birnmostes bis heute vorwiegend auf bäuerliche Betriebe beschränkt geblieben, doch auch dort hat längst die moderne Technik Einzug gehalten. Traditionelle Spindel-, Leiter- oder Steinpressen sind meist hochmodernen Niederdruckpressen gewichen.

Je nach Produzent kommt der Birnensaft für mehrere Wochen in Gärfässer, wo er mit speziellen Hefestämmen vergoren wird. Sie bewirken eine rasche und reintönige Gärung. Bevor der fertige Most abgefüllt wird, wird der Heferest – in der Fachsprache Lager genannt – abgetrennt. Bei „Obstmost traditionell bäuerlicher Herstellung“ dürfen kein Wasserzusatz erfolgen, kein Zucker oder Fruchtsaftkonzentrat zugesetzt und keine Süßungsmittel, Farbstoffe oder sonstigen Zusatzstoffe (ausgenommen Schwefeldioxid) verwendet werden.

Malerische Streuobstwiesen prägen die Landschaft in vielen Regionen Österreichs.

Je nach Sorte werden Mostbirnen zwischen August und November reif.

Besonders die alten Mostbirnensorten, die heute noch in weiten Teilen Österreichs auf Streuobstwiesen anzutreffen sind, verleihen dem vergorenen Birnensaft einen charakteristischen, fruchtigen Geschmack. Je nach Säuregehalt ist er mild, halbmild, kräftig oder resch und besitzt ein volles Aroma. Birnmost präsentiert sich schlussendlich in Farbschattierungen, die, je nach den verwendeten Birnensorten, von rötlich-gelb, goldgelb, hellgelb bis hin zu grünlich-gelb reichen. Auch der Alkoholgehalt kann variieren und liegt im Durchschnitt bei vier bis acht Volumenprozent.

ÖSTERREICHISCHE MOSTBIRNENSORTEN

Die Speckbirne hat ihre Wurzeln vermutlich in Kärnten und wurde durch die Reichsobstausstellung 1888 bekannt. Sie ist groß, mit gelbgrüner Schale. Ihr Fruchtfleisch ist gelblich-weiß, körnig, saftig und süß. Die Sorte eignet sich zur Mostherstellung sowie zum Dörren und Brennen.

Die kleine bis mittelgroße, kugelige Dorschbirne stammt aus Niederösterreich. Ihre Schale ist gelb, ihr Fruchtfleisch hart, grobzellig, sehr saftig und süßsäuerlich. Als herkunftsgeschützte Spezialität im „Codex Alimentarius Austriacus" gilt der Seitenstettner Dorschbirnenbrand.

Aus Oberösterreich kommen die Grüne und die Rote Pichelbirne. Die Grüne Pichelbirne wurde erstmals 1822 erwähnt. Ihre Schale glänzt dunkelgrün und mit zunehmender Reife zeigt sich ein mattgrüner Grundton mit Schalenpunkten. Die Birne ist klein und hat ein gelblich-weißes, grobkörniges, saftreiches und herb schmeckendes Fleisch.

Die erste Erwähnung der Roten Pichelbirne findet sich 1691. Die recht große Birne mit goldgelber, sonnseitig roter Schale, saftreichem Fleisch von herb-süßem Geschmack und geringem Säure- und Gerbstoffgehalt wird oft zum Mostverschneiden und Dörren verwendet.

Der historischen Region in Oberösterreich verdankt die Kleine Landlbirne ihren Namen. Sie geht auf die Zeit noch vor 1720 zurück. Die Frucht ist klein und kugelig, gelb bis grün mit feinen Rostpunkten und besitzt einen intensiven, süßsäuerlichen Geschmack.

Die Scheuerlbirne ist eine typische Tiroler Sorte und wird zur Herstellung der im „Codex Alimentarius Austriacus" herkunftsgeschützten Alpbachtaler und Zillertaler Scheuerlbirnenbrände verwendet.

Die vielen alten Birnensorten verleihen dem Most seinen einzigartigen fruchtigen Geschmack.

BLAU-FRÄNKISCH

Der Blaufränkische stellt die wichtigste Rotweinsorte des Burgenlandes dar und gilt als Leitprodukt, das Identität und regionale Einzigartigkeit schafft. So haben sich heute zahlreiche Verbände und Winzer des Blaufränkischen angenommen, um die Berühmtheit aus dem Blaufränkischland mit ihrem charaktervollen, fruchtigen und zugleich würzigen Geschmack zu fördern und ihre Besonderheiten zu bewahren.

DIE WIRREN DER VERGANGENHEIT

Der Ursprung des Namens Blaufränkischer steht in Zusammenhang mit Karl dem Großen. Er galt einst als bedeutender Reformer des Weinbaues und klassifizierte die verschiedensten Rebsorten ganz einfach entweder als „heunisch" oder als „fränkisch". Als „heunisch" galten jene Massenträger aus dem Osten, die von minderer Qualität gekennzeichnet waren, dem wertvollen Rebmaterial aus den französischen Regionen fiel hingegen die Bezeichnung „fränkisch" zu.

Aufgrund dieser Geschichte ließe sich schließen, dass der Blaufränkische – worauf zumindest sein Name hindeutet – aus „fränkischen" Trauben hervorgegangen sein muss. Tatsächlich lässt sich die Rebsorte, wie auch zahlreiche andere europäische Rebsorten von durchaus höchster Qualität, auf eine natürliche Kreuzung der Sorte Weißer Heunisch zurückführen – ursprünglich ein Massenträger und eine früher im europäischen Raum weitverbreitete Sorte. Wer jedoch der zweite Elternteil des Blaufränkischen ist, liegt bis heute im Dunkeln. Europäische Reben wie etwa Blauer Grober oder Grobschwarzer wären hierfür denkbar.

SIEGESZUG EINER SORTE MIT POTENZIAL

So unsicher wie seine Entstehungs- und Namensgeschichte, so vage lässt sich auch die ursprüngliche Herkunft dieser Rebe ermitteln. Eine Abstammung aus Franken im heutigen Bayern gilt aufgrund der dort vorherrschenden, für die Rebsorte wenig geeigneten klimatischen Bedingungen als unwahrscheinlich. Plausibler hingegen ist, dass der Blaufränkische aus dem Frankenreich Karls des Großen nach Österreich kam, wo ihm ein Anbau etwa seit dem 10. Jahrhundert nachgesagt wird. Gesichert ist sein Vorkommen Ende des 18. Jahrhunderts in Niederösterreich nachgewiesen. Wann genau sich der Schwerpunkt seiner Produktion in das Burgenland verlagert hat, ist ungewiss.

Die zahlreichen Vermutungen, Legenden und Spekulationen rund um die Historie des Blaufränkischen haben auch dazu beigetragen, dass die Rebsorte zahlreiche Synonyme wie etwa Lemberger, Limberger, Kékfrankos, Schwarzer Burgunder oder Gamay noir erhielt. Anlässlich des 2. Deutschen Weinbaukongresses 1875 wurde schlussendlich die offizielle Bezeichnung „Blaufränkisch" festgelegt. Zu Beginn des 20. Jahrhunderts trat die Rebsorte dann, beginnend im Mittelburgenland, ihren österreichweiten Siegeszug an. Wenig später betrat der Blaufränkische auch internationalen Boden und wurde durch zahlreiche Auszeichnungen geehrt. 1972 wurde Blaufränkisch als Qualitätsrebsorte anerkannt.

KLASSISCH, BARRIQUE ODER ALS CUVÉEPARTNER

Der Wein aus der mitteldichten, kegelförmigen Blaufränkischtraube mit ihren rundlichen, blau-schwarz gefärbten Beeren und dem farblosen Fruchtfleisch gilt als einer der ausdruckvollsten Weine des Landes mit vollmundigem und feinsäuerlichem Charakter. Beerenfruchtigkeit, Würze, Tanninstrukturen und ein leichter Anklang an mineralische Böden machen den kräftig rubinrot gefärbten Wein mit leicht violettem Schimmer unverkennbar. Zudem garantieren viel Sorgfalt und Liebe in der Produktion, von der Rebe bis zur Flasche, höchsten Trinkgenuss.

Blaufränkischen gibt es in der klassischen Variante oder auch als kräftig ausgebauten Barrique-Wein. Und auch als herrlicher Cuvéepartner bietet sich die Sorte an. Als Speisenbegleiter ist er äußerst vielfältig und passt zu Nudelgerichten, Pasteten, gebratenem und gegrilltem Fleisch, Rind oder Lamm, Wildgerichten, Innereien, aber natürlich auch zu Käse. Ein echter Allrounder!

IN ALLER MUNDE: MITTELBURGENLAND DAC

Im Zuge der Bemühungen Österreichs um die Stärkung der heimischen Weinregionen wurde 2006 das Mittelburgenland, aufgrund der Hauptsorte Blaufränkisch auch als „Blaufränkischland“ bekannt, sozusagen in den DAC-Stand erhoben. Per gesetzlicher Verordnung dürfen nun nur noch die dortigen Weine der Sorte Blaufränkisch die Herkunftsbezeichnung „Mittelburgenland DAC“ (Districtus Austriae Controllatus) tragen.

Aufgrund ihres klimatischen Charakters ist die Region auch als Sonnenland bekannt. Und da das Blaufränkischland vor allem für Rotweine berühmt ist, kommt ihm auch der Titel als größte Rotweininsel Österreichs zu. Auf über 2000 Hektar findet der Blaufränkische in der Region seinen Platz. Insgesamt beträgt die Gesamtanbaufläche für Blaufränkisch in Österreich derzeit rund 3230 Hektar. Damit nimmt er etwa 20 Prozent der Rotweinflächen und ca. sechs Prozent der gesamten Weinbaufläche Österreichs ein.

Die vielen Sonnenstunden der Region sind Garant dafür, dass die Blaufränkischtrauben zur vollen Reife gelangen können.

Das Blaufränkischland im Mittelburgenland ist geprägt von sanften Hügeln, ausgedehnten Weingärten und fruchtbaren Wiesen.

Aber nicht nur die Namen, die die Heimatregion des Blaufränkischen trägt, sind vielfältig, auch ihr Landschaftsbild: Sanfte Hügel wechseln mit schattigen Wäldern, ausgedehnten Weingärten und fruchtbaren Feldern und Wiesen. Im Norden, Süden und Westen von Hügelketten geschützt, öffnet sich das Blaufränkischland nach Osten hin zur Ungarischen Tiefebene. Der nahegelegene Neusiedler See, einer der größten Steppenseen Europas, wirkt als Wärmeregulator und Feuchtigkeitsspender. Diese herausragende Lage garantiert ein Mikroklima, dessen zahlreiche Sonnenstunden dem Blaufränkischen optimale Bedingungen schaffen, wie sie nicht besser sein können.

Das Fundament für den charaktervollen Rotwein bilden tiefgründige, schwere Lehmböden mit gutem Wasserspeichervermögen. Diese tragen dazu bei, dass die Region prächtige Prädikatsweine hervorbringt, die zu den besten der Welt zählen.

BERÜHMTE VERWANDTSCHAFT

Seine prominentesten Liaisonen ging der Blaufränkische wohl in den 1920er Jahren ein. 1922 kreuzte der an der heutigen Höheren Bundeslehranstalt und Bundesamt für Wein- und Obstbau Klosterneuburg tätige Fritz Zweigelt den Mittelburgenländer mit der Rebsorte St. Laurent. So entstand die heute weitverbreitete und beliebte Sorte Blauer Zweigelt. Im darauffolgenden Jahr entstand aus Blaufränkischem und Blauem Portugieser eine weitere bekannte Neuzüchtung, der Blauburger. Auch die 1970 gezüchteten Sorten Rathay und Roesler sind eingekreuzte Blaufränkisch-Varianten.

Aus den blau-schwarzen Trauben mit ihrem farblosen Fruchtfleisch wird einer der ausdrucksvollsten Rotweine des Landes gekeltert.

BLUNZN

Diese Spezialität umgibt eine besondere kulinarische Aura. Denn an dieser zünftigsten aller Wurstsorten scheiden sich die Geister. Während die Blutwurst den einen willkommen bodenständiger Genuss ist, lassen sich andere erst nach dem Verzehr einer mit Liebe und Sorgfalt hergestellten „Blunzn", wie die Blutwurst mundartlich genannt wird, überzeugen. Die Bezeichnung „Blunze" oder „Blunzn" rührt übrigens von dem mittelhochdeutschen Verb „blunsen" her, was so viel wie „aufblähen" heißt. Es deutet auf die äußere Form und die Herstellung der Wurst hin.

MYTHISCHER KRAFTSPENDER

Wurst aus frischem Blut zählt in jedem Fall zu den ältesten ihrer Art im europäischen Kulturraum. Und gilt wohl auch als archaischste unter den Wurstsorten, weil Blut ja bekanntlich ein besonderer Saft ist. Diese Annahme steht in engem Zusammenhang mit dem mythischen Glauben, dass sich im Blut der Sitz des Lebens befände. So schrieben einige Naturreligionen dem Genuss von Blut eine magische, kräftigende, ja sogar heilende Wirkung zu. In manchen Kulturen sollte der Konsum von Blut eine Potenzsteigerung bewirken und verschiedene Urvölker feiern noch heute Rituale mit Blut.

Bereits der bekannteste griechische Dichter der Antike, Homer, überliefert in seiner „Odyssee" den Konsum fett- und blutgefüllter Ziegenmägen. Aus der Zeit um 500 v. Chr., dem klassischen Altertum, ist eine Blutsuppe überliefert, die den spartanischen Kriegern Kraft spenden sollte. Und natürlich kannten auch die alten Römer „blutige Speisen": Die römische Blutwurst hieß „Butulie".

Im Hochmittelalter sollen maurische Eroberer eine Variante der schon am Euphrat und am östlichen Mittelmeer geschätzten kulinarischen Spezialität nach Frankreich mitgebracht haben. Von dort ist dann die mediterran-maurische Variante offenbar auch in den „alemannischen Raum" gelangt, wo man die Blutwurst ohnehin schon nach „Art der Region" herstellte.

Nicht verschwiegen werden soll aber auch, dass der Genuss von Blut oder damit hergestellten Speisen immer wieder auf eine gewisse Skepsis stieß, was durch die Erfahrung der leichten Verderblichkeit einerseits bzw. durch das Verbot mancher Religionen, Blut oder Blutiges zu genießen, andererseits erklärt werden mag.

Im Christentum wurde Blutwurst wegen ihrer angeblichen Verbindung zu heidnischem Brauchtum punktuell verboten. Papst Leo VI. etwa erließ 928/929 ein Dekret, das besagte „wer Blut zu Speise umschafft, wird hart gegeißelt, bis auf die Haut geschoren und ewig aus dem Lande verbannt." Letztendlich scheint dieses Verbot der Beliebtheit der Blunzn jedoch keinen Abbruch getan zu haben.

VIELFALT AN REZEPTUREN

Die Produktion von Blutwurst stellte seit Generationen eine notwendige und willkommene Ergänzung jedes Schlachttages dar. Es verwundert übrigens nicht, dass Schlachttage stets auch als Festtage zelebriert wurden. Denn es gab reichlich zu essen, da Blut, Innereien und andere schwer zu konservierende Teile des geschlachteten Tieres sofort verwertet werden mussten.

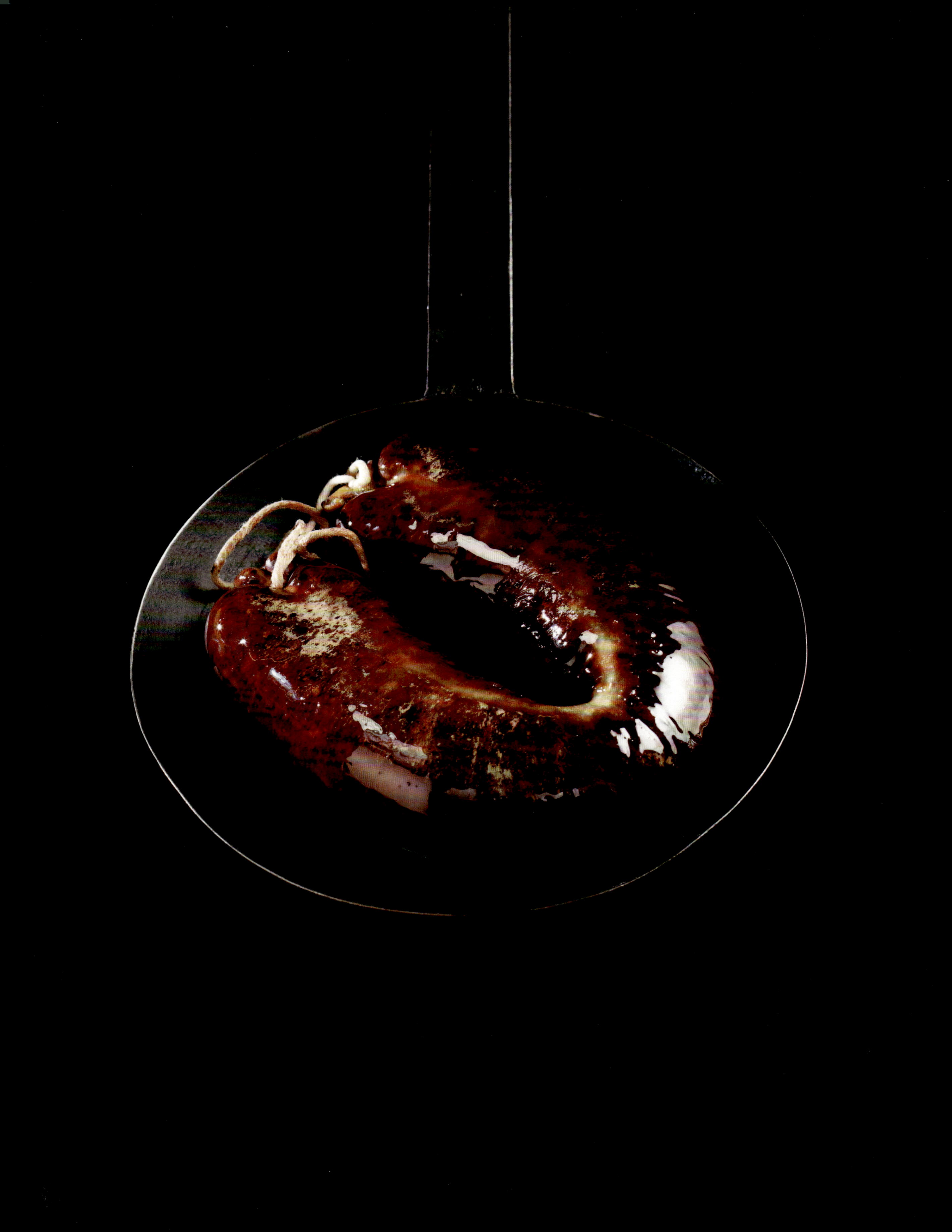

Damit die Blunzn so richtig authentisch schmeckt, wird sie mit einer Mischung aus Gewürzen wie Majoran, Pfeffer und Salz verfeinert.

Das Linzer Kochbuch der Maria Elisabeth Meixner aus dem 19. Jahrhundert verfeinerte die Masse „der recht kleinen Blünzerln" gehaltvoll mit Obers und Suppe. Die interessante Würzung besteht neben Salz aus „Pfeffer, klein geschnittenen Limonieschälerln, ein wenig gestoßenem Koriander und Margran (Majoran)."

Die viel gelesene Katharina Prato veröffentlichte zur selben Zeit in einem ihrer Kochbücher, der „Süddeutschen Küche", eine Blutwurst-Rezeptur, die sich bereits stark heutigen Zubereitungsusancen annähert: Die Basis für die Masse ist „überkochtes Kopffleisch", wobei die Autorin darauf hinweis, dass auch Herz, Nieren, Halsfleisch oder Wamme geeignet sind. Dazu kommt würfelig geschnittener gekochter Speck, in Suppe erweichte Semmeln und „gesprudeltes Blut". Gewürzt wird mit Salz, Pfeffer, Piment und Majoran.

Auch eine Instruktion zur Blutwurstherstellung aus dem Jahre 1931 zeugt von einer kreativen Zutatenvariation: „20 bis 30 % gekochter Speck oder Grieben, 20 bis 25 % gekochte Schwarten, 15 bis 20 % geschnittenes Weißgebäck, Blut und Brühe: mancherorts anstatt des Weißgebäcks Rollgerste oder Grütze; in besonders feinen Würsten Milch und Butter. Salz, Pfeffer, Piment, Zimt und Majoran, Zwiebel, bei feinen Würsten auch Muskatnuss."

SPANNENDES ZUR HERSTELLUNG

Die Blunzn ist eine Kochwurst und gehört also zur Palette jener Würste, die es praktisch nur frisch verarbeitet nach der Schlachtung unter Zusatz von frischem und zur Vermeidung des Verklumpens sofort gerührtem Blut gibt. Zu unterscheiden sind dabei „Schnitt-" und „Bratblutwurst".

Neben Blut wird die Masse aus meist vorgekochtem Schweinefleisch, darunter Kopffleisch, gewürfeltem Speck und je nach Variante auch Innereien, gekochten Schweineschwarten, Weißbrot oder Zerealien und Milch zubereitet. Den würzigen Schliff geben klein gehackte Zwiebeln und Gewürze wie Majoran, Pfeffer, Knoblauch, Piment, Thymian und Salz.

100 Prozent Schwein – Grundlage einer echten Blutwurst sind neben Blut Bauchfleisch, Speck und Schwarte.

Alle Zutaten werden zu einer homogenen Masse vermengt. Fertig gemischt, wird die Blunzn in Kunst- oder Naturdärme gefüllt, die abgebunden und verschlossen werden. Es folgt das Kochen, wodurch das Bluteiweiß gerinnt und die typische rotbraune Farbe entsteht. Beim Abkühlen verfestigt sich die Gelatine aus der Schwarte und die Würste werden schließlich schnittfest. Wird auch geräuchert, gibt dies der Blutwurst zusätzliches Aroma.

BLUTWURST HAT VIELE „GESICHTER"

Sie schmeckt warm, frisch gekocht, in fingerdicke Scheiben geschnitten und rasch abgebraten, mit Sauerkraut oder Erdäpfelschmarren, als Gröstl in der Pfanne genauso wie kalt, zur Brettljause, mit Kren und Senf. Blutwurst, Bratleberwurst und Bratwürstel sind untrennbare Partner und dürfen auf keiner zünftigen „Schlachtplatte" fehlen, ebenso wenig wie beim Bauernschmaus.

In einigen Regionen Österreichs verarbeitet man das Blut übrigens nach wie vor nicht nur zu Wurst. So kennen etwa die Steiermark und das Burgenland eine teigartige Mischung aus Blut, Mehl, Milch und Ei, die in Schmalz oder im Ofen gebacken wird, das sogenannte Bluttommerl oder Blutnigl. Und wussten Sie, dass Zungenwurst und Leberpresssack ebenfalls Schweineblut enthalten? Zungenwurst und Schnittblutwurst sind hauchdünn aufgeschnitten besonders köstlich!

Die klassische Basisrezeptur der Blutwurst nach österreichischer Tradition hat auch zahlreiche kreative Variationen erfahren: So verfeinern heute beispielsweise Zusätze wie pikante Preiselbeeren, edler Rotwein, nussige Pinienkerne, fruchtige Zwetschken oder süße Schokolade die Wurstmasse. Die in der Normandie beheimatete „Confrérie des Chevaliers du Goûte-Boudin", die „Bruderschaft der Blutwurstritter", veranstaltet alljährlich spannende Verkostungen und Prämierungen von Blutwürsten. Mit gewisser Genugtuung ist zu berichten, dass auch österreichische Erzeuger sich als hoch dekorierte Produzenten von Blutwürsten im internationalen Vergleich einen Namen gemacht haben.

REZEPT

BLUNZENGRÖSTL

Zutaten

1 Zwiebel, groß
3 EL Schmalz
500 g Erdäpfel, vorgekocht
Knoblauch
500 g Blutwurst, frisch, ungeräuchert
Majoran
Salz
Pfeffer

ZUBEREITUNG

Die Zwiebel fein hacken und in heißem Schmalz goldbraun anbraten. Dann die vorgekochten Erdäpfel würfelig schneiden und zusammen mit der Zwiebel rösten.

Etwas Knoblauch zerdrücken und beimengen. Anschließend die in Scheiben geschnittene Blutwurst beigeben, mit Majoran, Salz und Pfeffer würzen und alles gut durchrösten. Als Beilage empfiehlt sich frisches Sauerkraut.

BUCHTELN

Flaumige, noch ofenwarme Buchteln verführen buttrig duftend zum Genuss. In der Mitte kann köstliche Fülle auf den Gaumen warten und edle Vanillesauce bringt das „Tüpfelchen auf dem i". Das süße, ovale bis rundliche Hefebackwerk ist ein köstlicher Vertreter der alt-österreichischen Mehlspeisenküche. Buchteln, auch „Wuchteln" genannt, haben ihren Ursprung in der böhmischen Küche. Traditionell werden sie im Rohr in einer Rein gebacken. Der Kenner schätzt sie als Nachspeise oder süße Hauptmahlzeit.

SALONFÄHIGE FASTENSPEISE

In der böhmisch beeinflussten Altwiener Mehlspeisenküche und Feinbäckerei spielte Germteig – wie insgesamt in der Patisserie – eine große Rolle. Germ dürfte ihren Ursprung in Ägypten haben. Die Ägypter mengten dem Mehl wenige Tage alten Weinmost bei und kneteten anschließend diesen „Sauerteig" in den Brotteig ein. Ein kleiner Teil des fertigen Brotteiges wurde aufbewahrt und beim nächsten Backprozess als Triebmittel eingesetzt, das den notwendigen Gärungsprozess bewirkt. Hefe und andere Teiglockerungsmittel tauchten ab dieser Zeit in fast allen maßgeblichen Kulturen auf.

Aus Hefeteig hergestellte warme Mehlspeisen waren eigentlich Fastenspeisen und sollten Verzicht demonstrieren. Im 18. Jahrhundert erlangten sie jedoch plötzlich Salonfähigkeit. Ein Mahl ohne eine derartige Nachspeise schien undenkbar. Und bei der einfachen Bevölkerung galten die fleischlosen Fastengerichte weiterhin als sättigende Hauptmahlzeit. So wurden Buchteln schließlich in allen Bevölkerungsschichten sehr beliebt.

Buchteln sind ein typisch klassischer Beitrag der böhmischen Küche zur Wiener Kochkunst und in Wien vermutlich seit der Biedermeierzeit (1815–1848) bekannt. Die Geschichte ihrer „Einbürgerung" passt perfekt zur multikulturellen Atmosphäre der habsburgischen Monarchie. Die für ihre exzellenten Kochkünste bekannten Köchinnen aus Böhmen brachten ihre Rezepte mit in die Hauptstadt des Habsburgerreiches, wo sie in den Dienst gehobener Wiener Bürger und Adeliger traten. Als besondere Spezialitäten galten ihre Mehlspeisen aus Germ- und Erdäpfelteigen. Sie wurden rasch übernommen, um das ohnehin schon köstliche Repertoire der Wiener Küche noch weiter zu bereichern.

Im biedermeierlichen Wien erfand übrigens ein besonders geschäftstüchtiger Wirt namens Nebenhey eine Möglichkeit, den Absatz seiner Buchteln zu optimieren. Anstatt der herkömmlichen Füllungen buk er in die Germteigspeise Glücksnummern für das Zahlenlotto „Terno" ein. Die „Ternobuchteln" fanden großen Anklang und die Idee des erfinderischen Gastronomen ging voll auf.

VARIANTENREICHTUM – NICHT NUR IN WIEN

In der altösterreichischen Küche werden aus Germteig hergestellte Speisen oft auch als „Nudel" bezeichnet. In Westösterreich und hier speziell in Oberösterreich nennt man sie vielfach „Rohrnudeln" oder „Wuchteln". Grundsätzlich leitet sich das Wort „Buchtel" vom tschechischen „buchtičky" oder „buchta" ab.

Zunächst stellte man dieses Backwerk aus dunklem, grob gemahlenem Roggenmehl her, später aus Weizenmehl. Es konnte verbessert werden, indem man die Gebäcke als „Teighüllspeisen" gestaltete und dazu eine eigene Fülle bereitete, deren Zutaten von landeseigenen Produkten stammten. Hauptsächlich kamen Fruchtfüllungen aus Marillen oder Zwetschken zum Einsatz.

Die kongeniale Füllung duftiger Buchteln: Wachauer Marillenmarmelade.

Heute kennt man Buchteln in vielen Varianten, süß und pikant, gefüllt und ungefüllt, deftig und eher leicht. So gibt es im Weinviertel (Niederösterreich) die ungefüllte und ungesüßte Variante mit eingebrannten Bohnen als traditionelle Fastenspeise. Im Innviertel (Oberösterreich) wurden sie wochentags als „roggene Nudeln", also mit Roggenmehl, und sonntags aus Weizenmehl als „woazene Nudeln" zubereitet und gerne gemeinsam mit einer Brühe aus gekochten Dörrzwetschken oder Kletzen gegessen. Im oberen Innviertel wurden Buchteln auch zur Abendsuppe gereicht.

Im Salzburger Tennengau standen Rohrnudeln früher zu Ostern am Tisch. Dieser Brauch sollte während der folgenden 12 Monate vor „Grimmen", also Bauchkrämpfen, verschonen. Auch in den Raunächten gab es die Germspezialität, dann aber mit Weinbeeren und Butter zubereitet und mit Honig übergossen. Und am Abend des Dreikönigstages aßen die Tennengauer die „Perchtnudeln": Die Reste der Mahlzeit verblieben am Tisch, genauso wie das Essbesteck, damit die Perchten, die in dieser Nacht umgingen, sich ihrer bedienen konnten.

GERMKNÖDEL

Ebenso klassische Vertreter der böhmisch-österreichischen Küche sind die imposanten Germknödel. Sie mussten, so sagen historische Aufzeichnungen, mindestens einmal wöchentlich auf den kaiserlichen Tisch Maria Theresias (1717–1780) kommen. Weiters sollten sie nicht rund, sondern breit und gegupft auf dem Teller thronen.

Wie Buchteln werden sie ebenso aus feinem Hefeteig hergestellt und meist mit Powidl gefüllt. Germknödel bäckt man im Gegensatz zu Buchteln nicht im Rohr, sondern kocht sie in Salzwasser oder dämpft sie.

Vor dem Servieren ist es nach klassischer Wiener Art üblich, die Knödel mit zerlassener Butter zu beträufeln und mit einer Mischung aus geriebenem Mohn und Staubzucker zu bestreuen. So serviert heißen sie auch „Klosterknödel". Auch sehr beliebt ist es, sie mit Vanillesauce übergossen anzubieten.

Ebenfalls eine Art süß gefüllte Buchtel, die „Baudexe", ist im nördlichen Weinviertel, in Südmähren und -böhmen, vereinzelt auch im Waldviertel und in Wien üblich. Ursprünglich bereitete man sie aus Brotteig zu, heute wird sie meist aus feinerem Buchtel-Germteig hergestellt.

Flaumiger Germteig ist die Grundlage für Buchteln und Germknödel.

MIT FÜLLUNG VERFEINERT UND VANILLESAUCE SERVIERT

Buchteln gelten, neben Kipferln, Gugelhupf, Krapfen, Mohn-, Nuss- und Apfelstrudel, als Inbegriff klassischen Wiener Kaffeegebäcks. Zu ihrer Herstellung wird aus zimmerwarmer Milch, Hefe und Mehl das „Dampfl", ein Vorteig, bereitet. Dieses verknetet man nach kurzem Rasten mit dem Hauptteig aus Butter(schmalz), Mehl, Eiern, Zucker und den geschmacksgebenden Ingredienzien zu einer glatten Masse, wobei die Germ eine wunderbare Lockerung bewirkt. Anschließend schneiden Buchtel-„Experten" die Teigmenge in gleich große Teile, die sie mit der Hand flach auseinanderdrücken. In die Mitte setzen sie nussgroße Häufchen der gewünschten Fülle.

Traditionell werden Buchteln mit Marillenmarmelade oder Powidl gefüllt. Powidl ist übrigens ebenfalls eine typisch böhmische Spezialität: Zwetschken werden dabei ohne Zuckerzusatz stundenlang zu dickem Mus eingekocht. Aber auch Topfen, Mohn, Nüsse oder Früchte kommen als Füllung in Frage.

Die ungefüllte Buchtel-Variante besitzt meist eine kleinere Form in der Größe eines Dukatens, der ehemaligen Währung im Kaiserreich Österreich. Deshalb wird sie auch heute noch als „Dukatenbuchtel" bezeichnet. Die gefüllten oder ungefüllten Teigstücke werden in der Backform locker nebeinander gesetzt und im Ofen goldbraun gebacken. Leicht angezuckert stehen die fertigen Buchteln schließlich noch ofenwarm und mit Vanillesauce oder „Kanarimilch" als idealer Begleitung vor dem erwartungsvollen Genießer. Sowohl Vanillesauce als auch Kanarimilch werden aus Milch, Zucker, Eidottern und Cremepulver zubereitet, wobei die Kanarimilch etwas dünnflüssiger ausfällt, weil sie ohne Stärkezusatz hergestellt wird.

Honneurs an Böhmen – eine wunderbare Alternative zu den ungefüllten, kleineren Dukatenbuchteln sind jene mit Powidl gefüllten.

REZEPT

DUKATENBUCHTELN

Zutaten für 10 Portionen à 4–5 Stück
(1 Form von ca. 30 x 20 cm)

Butter zum Eintauchen und Bestreichen,
Puderzucker, mit 10 % Vanillezucker gemischt, zum Anzuckern
Vanillesauce

Germteig
Siehe Faschingskrapfenteig
(s. Seite 159)

ZUBEREITUNG

Germteig ca. 15 mm dick ausrollen. Teile von 30 mm Durchmesser ausstechen. Teiglinge in Butter tauchen und locker einander berührend in eine mit Butter bestrichene Form setzen. Anschließend mit flüssiger Butter bestreichen. Bei ca. 30 °C auf annähernd das doppelte Volumen aufgehen lassen. Bei 200 °C ca. 30 Minuten backen, nochmals mit Butter bestreichen und kurz überkühlen lassen. Anzuckern, portionieren und mit Vanillesauce servieren.

BURENWURST

Sie ist einfach mehr als eine Wurstspezialität, eher ein essbares Lebensgefühl, untrennbar mit der „Institution" Würstelstand verbunden: Heiß gesotten und traditionell mit süßem Senf und Gebäck und einem scharfen Ölpfefferoni serviert, ist die relativ gehaltvolle Burenwurst eine klassische Vertreterin des schnellen Imbisses. Fix zu ihrem Genuss gehört das krachende Geräusch der platzenden Haut beim Hineinbeißen.

EINE WURST DER ARMEN

Im 18. und 19. Jahrhundert waren Würste eine sehr beliebte Garnierung der Zuspeisen. Sie erschienen in den damaligen Kochbüchern unter den Kapiteln „Verschiedenes in die Fleisch- und Fastensuppen". Da man zur Wurstherstellung vorwiegend sonst nicht weiter verwendbare Fleischreste aufbrauchen konnte, aß die ärmere Bevölkerung Würste sehr oft.

Um die Wende vom 19. zum 20. Jahrhundert wurde das Speisenangebot der in Wien gegründeten „Institution" des Würstelstandes durch die Spezialität der Burenwurst erweitert. Sie erlangte rasch Bekannt- und Berühmtheit und ist heute sogar in der zeitgenössischen Literatur wie etwa in H. C. Artmanns (1921–2000) Werk „Im Schatten der Burenwurst" oder in Wolf Haas' Kriminalroman „Komm, süßer Tod" (1998) ein Thema.

„Die Burenwurst, eine billige Wurst aus wenig wertvollen Fleischbestandteilen, die heiß gemacht v. a. beim Wiaschdlschdand gegessen wird", so der – wenig schmeichelhafte – Eintrag im „Wörterbuch der Wiener Mundart" zur „Buarnwuaschd".

DAS „BURENHEIDL" UND SEINE NAMENSWURZELN

Die Herkunft ihrer Bezeichnung ist ungeklärt. Möglich wäre die Benennung nach den als sehr sparsam geltenden Buren in Südafrika, weil diese Wurst genau zur Zeit des Burenkrieges zwischen 1899 und 1902 in Österreich populär wurde. Denkbar erscheint auch die Titulierung nach einem aus dem Burenkrieg heimgekehrten Selcher. Eine weitere Legende berichtet von holländischen Soldaten, die am Ende des 19. Jahrhunderts die Burenwurst ebenfalls aus einem der Burenkriege nach Österreich gebracht haben sollen. Letztendlich dürfte aber der Zusammenhang mit dem Burenkrieg reiner Mythos sein. Diskutiert wird auch die Herleitung von „Boerewors", einer afrikanischen, schneckenförmig gedrehten Wurstspezialität.

Die etymologisch verlässlichere Herkunftsgeschichte verweist auf das Sprachgewirr der k. u. k. Monarchie. Demzufolge leitet sich „Buren" von „Buur" oder „Bure" ab, was so viel wie Bauer bedeutet. Auch das Wort „Klobasse", von österreichischen Fleischhauern bedeutungsgleich für Burenwurst verwendet, stammt von „Kolbasz", dem slowakischen Wort für Bauer. Dieses wiederum wird für eine Reihe verwandter Wurstwaren mittel- und osteuropäischer Provenienz verwendet. Und ungarisch heißt „Kolbász" einfach Wurst. Heute wird die Burenwurst im Wiener Volksmund „Burenheidl", „Buarnwiaschdl" oder schlicht „Haße" genannt.

VON SALZSTOSS, PIMENT & INGWER

Die grobe, relativ fettreiche Burenwurst zählt zu den sogenannten Brätwürsten, hergestellt aus Rindfleisch und/oder Schweinefleisch, Speck, Salzstoß, Wasser und Kartoffelstärke. Unter Salzstoß werden die beim Ausschneiden bzw. Entsehnen des Fleisches anfallenden fettarmen Bindegewebsteile wie Sehnen und Muskelhäute in gesalzenem Zustand verstanden.

Traditionell kommen als Würze Knoblauch, Pfeffer, Paprika und Koriander zum Einsatz. Verfeinerte Würzungen kombinieren dazu entölte Senfsaat, eine Kombination von weißem und schwarzem Pfeffer, gemahlene Muskatnuss, Ingwer, Kümmel und Piment sowie etwas Zitronenschale.

Die Burenwurst wird traditionell in Schweinssaitlinge, heute jedoch vermehrt in essbare Kollagenhüllen gefüllt. Es folgen Heißräucherung, Brühen und Abkühlen. Als fertiges Produkt tritt sie, von 130 bis über 200 g schwer, alleine auf, selten im Paar; manchmal ist sie auch als Meterware erhältlich.

Die saftige Klobasse ist trotz gleichbedeutender Bezeichnung fleischreicher, gröber und wird zu Paaren gedreht. Da ihre kulinarischen Wurzeln womöglich mehr Bezug zum Osten der Habsbuger-Monarchie haben, geht die Würzung immer öfter zu Paprika. Sie ist ebenfalls geräuchert und gekocht.

Räuchern verleiht allen Würsten eine besonders würzige Geschmacksnote.

„KOCHPHILOSOPHISCHES" FÜR KENNER

Egal ob nun als Imbiss für hungrige Nachtschwärmer oder als sättigende Stärkung untertags: Die Zubereitung der Burenwurst ist fast eine Philosophie und braucht Erfahrung. Bei einer Wassertemperatur knapp unter dem Siedepunkt wird die Wurst ins Wasser eingelegt. Danach reduziert man die Temperatur und lässt die „Haße" rund 15 Minuten ziehen, bis sie an der Oberfläche aufschwimmt.

Damit die Würste nicht zu viel ihrer geschmacklichen Substanz an das Wasser abgeben greifen Kenner zur sogenannten „Opferwurst": Sie ist jenes Exemplar, dessen Haut im heißen Wasser platzen muss. Die gehaltvolle, aromatische Wurstmasse kann dann ausgelaugt werden und gibt so den anderen Würsten ein „geschmackvolleres Wasser". Alternativ wird dem Wasser ein Stückchen Suppenwürfel oder Salz zugegeben. Beim Würstelstand kann man Burenwurst manchmal auch gebraten oder gegrillt finden. Original wird die Burenwurst jedoch ausschließlich im Wasser erwärmt.

WÜRSTELSTAND

Der Würstelstand gilt als Wahrzeichen österreichischer Imbisskultur und ist heute neben Heurigem, Wirts- und Kaffeehaus ein fester Bestandteil der Wiener Großstadtkultur. Als Vorläufer der Wiener Würstelstände, die während der k u. k. Monarchie (1867–1918) gegründet wurden, gelten die mobilen „Bratelbrater". Sie bereiteten ihre Würste in kleinen Bratöfen zu. Das Angebot gestaltete sich bereits recht umfangreich und beinhaltete etwa Brat-, Leber-, Speck- und Presswürste, Frankfurter Würstel, Blunzn, Augsburger und geselchten Schinken.

Aufgrund der mit der Industrialisierung einhergehenden Trennung von Wohn- und Arbeitsstätten änderten sich auch die Essgewohnheiten der Bevölkerung. Der raschen Zwischenmahlzeit außer Haus kam immer größere Bedeutung zu. Schnell, öffentlich und mobil hießen die Charakteristika der neuen Imbissform: So zogen in der zweiten Hälfte des 19. Jahrhunderts Würstelverkäufer als „fliegende" Händler, ausgestattet mit einem Handkessel, durch die Stadt. Andere besaßen bereits einen fahrenden Wagen und schließlich entstanden auch fixe Verkaufskioske.

Um den immer wieder vorgebrachten Bedenken über die Qualität der verkauften Waren entgegenzuwirken, wurden österreichweit festgeschriebene Hygiene- und Qualitätsstandards definiert und ab 1911 umgesetzt.

In den politisch sehr turbulenten 1930er und 40er Jahren konnten sich die Menschen am Würstelstand geschmacklich „Heimat" einverleiben sowie kulinarische Stabilität erfahren. Auch in der unmittelbaren Nachkriegszeit spielten die österreichischen Imbissbuden eine wichtige Rolle, ehe sie in eine Krise schlitterten. Verkehrstechnische und touristische Umgestaltungspläne der Stadt ließen die Würstelstände altmodisch erscheinen. Beim Publikum behielten sie jedoch ihre Beliebtheit und überlebten.

Heute umfasst das traditionelle Angebot Burenwurst, Käsekrainer, Frankfurter, Bratwurst, Bosna, Waldviertler, Debreziner, Hot Dog und Leberkäse. Üblicherweise werden die Würstel auf einem Pappteller mit Senf, Kren und Ketchup sowie einer Brotschnitte oder einer Semmel serviert, oft ergänzt durch diverse Getränke. Daneben finden sich eingelegte Gemüse wie scharfe Ölpfefferoni, Salz- und Essiggurken, Silberzwiebeln, aber auch Rollmops im typischen Sortiment.

LEBERKÄSE

Der Leberkäse zählt zu den Klassikern am Würstelstand. Die Brätmasse der in Pastetenform gebackenen Brühwurstsorte besteht aus fein gehacktem Rind- und/oder Schweinefleisch, Speck, Wasser und Kartoffelstärke. Sie wird mit Knoblauch, Pfeffer, Muskatblüte, Piment, Zwiebel und edelsüßem Paprika gewürzt.

Alternativ wird er mit diversen Einlagen wie etwa Käse oder Champignons angeboten. Enthält er Pferdefleisch oder Wildbret, so wird er dementsprechend benannt. Als weitere Varianten gelten der bei offenem Feuer im Holzofen gebackene Holzofenleberkäse sowie der aus dem Mühlviertel stammende, kalt in dünne Scheiben geschnittene „Neuburger". Der in Österreich bekannte Leberkäse bayrischer Art darf auch Leber enthalten.

Die Leberkässemmel ist wohl die beliebteste Form, Leberkäs zu genießen. Oft serviert man ihn auch in gebackener Form mit Mayonnaisesalat, gebraten mit Spiegelei, Spinat und gerösteten Erdäpfeln oder als Leberkäsesalat. In Teilen Tirols, Südwestdeutschlands sowie der Schweiz trägt der Leberkäse die Bezeichnung „Fleischkäse". Der Begriff „Leberkäse" leitet sich vermutlich vom mittelhochdeutschen Wort „lab" für „gerinnen" und dem westslawischen Wort „quas" für Schmaus ab. Weiters kennt man „lëbere" als Ausdruck für „gestockte Masse". Der Wortteil „Leber" könnte aber auch auf das Wort „Laib" zurückgehen, Käse wiederum auf den Begriff „Käs", der eine kompakte Masse beschreibt. Eine andere Theorie wiederum besagt, dass „Käse" auf die Form verweist, die an so manche Käsesorten erinnert.

Die saftig-geschmackvolle Burenwurst ist in ihrer Beliebtheit als Jause zwischendurch oder auch als am traditionellen Würstelstand eingenommene kleine Mittagsmahlzeit unübertroffen.

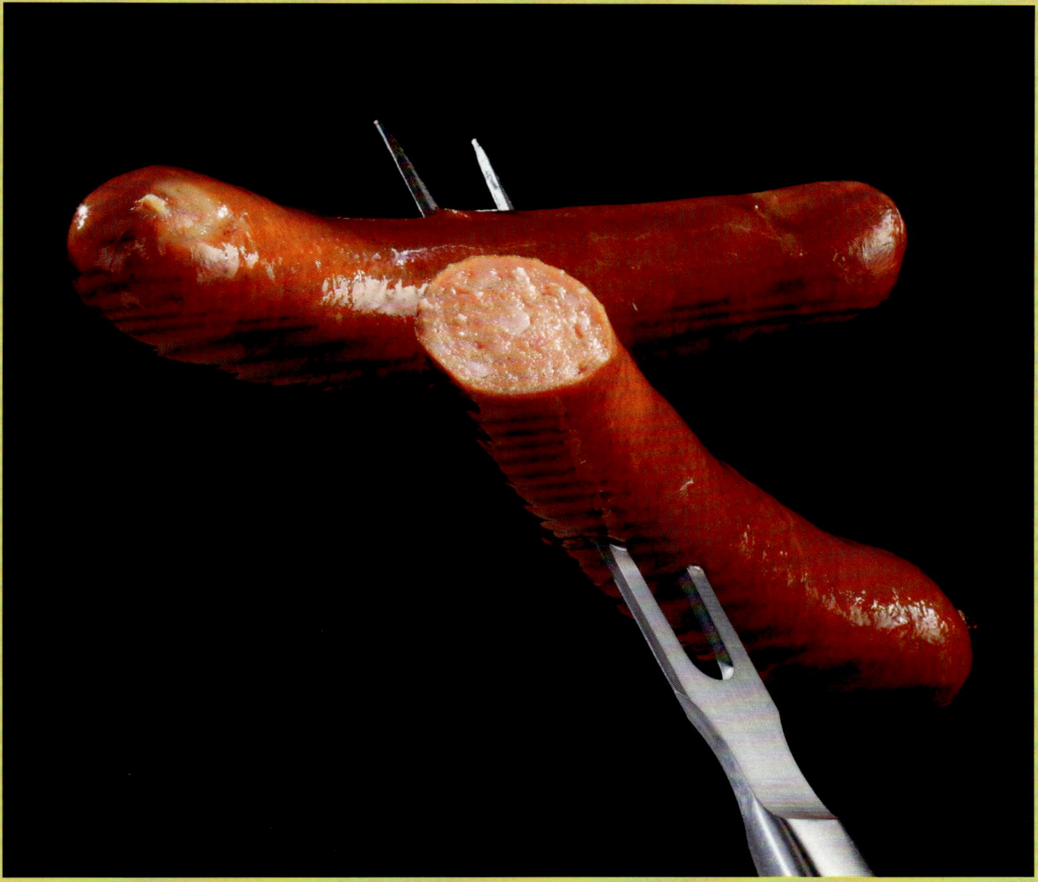

ENZIANBRAND

So vielfältig und reizvoll wie das Landschaftsbild Tirols ist auch die traditionelle Küche des Landes. Sie reicht von einer herzhaften Jause mit Speck und Käse über Knödel in zahllosen Variationen bis hin zum typischen Tiroler Gröstl. Und besonders genussvoll lässt sich ein „Menu à la tyrolienne" mit dem berühmten Enzianschnaps aus den Wurzeln von Gelbem oder Punktiertem Enzian abschließen. Denn nicht umsonst gilt Tirol als „Land der Schnäpse"!

IMPOSANTE BERGWELT VOLLER VIELFALT UND SCHÖNHEIT

Geprägt durch malerische Täler, stolze Gipfel, kristallklare Bergseen, sanfte Almen und prächtige Gletscher präsentiert sich die Landschaft Tirols als beinah schon kitschige Postkartenidylle inmitten der österreichischen Alpen. Die Ursprünglichkeit des Tiroler Gebirgslandes ist in vielen Gebieten bis heute bewahrt geblieben und kann mit einer Fülle an eindrucksvollen Naturschönheiten aufwarten.

Das Land ist durch und durch vom Gebirge geprägt und sein alpines Hochgebirgsklima sowie die stark variierenden Höhenabstufungen ergeben einen Pflanzenreichtum, wie er nur selten zu finden ist. Die Errichtung zahlreicher Naturparks trägt zur Erhaltung dieser einzigartigen Naturräume bei. Diese bieten vielen Pflanzenraritäten wie dem Enzian einen intakten Lebensraum, um sich in ihrer vollen Pracht entwickeln zu können.

DER ENZIAN – SYMBOLTRÄCHTIGKEIT UND ARTENREICHTUM

Aufgrund seiner im Pflanzenreich äußerst selten vorkommenden reinblauen Blütenfarbe gilt Enzian als Symbol der Treue. Die Bergblume zierte schon die Schillingmünze und auch die heutige Prägung auf der österreichischen Centmünze ist Beweis ihrer Symbolträchtigkeit.

Doch nicht nur blau blüht der Enzian: Zweifelsohne gilt der Blaue Enzian als bekanntester Vertreter unter den zahlreichen Enzianarten, doch den Farben und Formen der Pflanze scheinen keine Grenzen gesetzt zu sein. So reichen ihre Farbschattierungen von blau über zartviolett, purpur und gelb bis hin zu weiß. Manche Arten sind gestreift, punktiert oder gar mit Fransen versehen. Enziane wachsen stängellos wie Solitärpflanzen mit Trichterblüten, können vielblütige und niedrigwachsende Polster ausbilden oder sprießen bis zu einer beachtlichen Höhe von 1,40 m mit glockenförmigen Blüten aus dem Boden.

VOM GELBEN UND VOM PUNKTIERTEN ENZIAN

In den Tiroler Zentral- und Südalpen, vor allem im Inn- und Zillertal, finden Gelber und Punktierter Enzian ihre optimalen Standortbedingungen. Der Gelbe Enzian (Gentiana lutea) wächst auf kalkreichen bis schwach sauren, humusreichen und tiefgründigen Böden zwischen 500 und 2500 Meter Seehöhe. Der Punktierte Enzian (Gentiana punctata) hingegen meidet Kalk und wächst auf sauren, kalkarmen Böden in Höhenlagen auf 1500–3000 Meter. Beide sind hochwachsende Pflanzen und überragen mit einer stattlichen Größe von fast bis zu eineinhalb Metern um einiges ihre blauen Verwandten, die sich meist an gebirgige Felsen schmiegen.

Auf den Wiesen der eindrucksvollsten Berglandschaften Tirols entfalten die Enzianblüten ihre Kelche.

Die mehrjährigen Pflanzen blühen von Juni bis August, allerdings erst im Alter von rund acht Jahren. Mit ihren großen Blättern am hohlen Stängel und den imposanten, trichterförmigen Blütenständen können sie ein Alter von bis zu 60 Jahren erreichen und dabei Wurzelstöcke ausbilden, die mehrere Kilo schwer werden und vielfach Verwendung finden.

EIN ILLYRISCHER KÖNIG ALS NAMENSGEBER

Die Verwendung der Enzianwurzeln als medizinisches Bittermittel hat eine lange Geschichte, die bis in die römische Kaiserzeit zurückgeht.

Dem berühmten Arzt und Pharmakologen Pedanios Dioscurides sowie dem römischen Gelehrten und Schriftsteller Plinius dem Älteren zufolge verdankt die Pflanze ihren Namen dem illyrischen König Genti (Gentius). Er soll es gewesen sein, der diese Pflanze im 2. Jahrhundert v. Chr. erstmals gefunden und ihre Qualität als Heilpflanze entdeckt hat.

Seine erstmalige Erwähnung findet der Enzian im 1. Jahrhundert n. Chr. in der von Dioscurides verfassten „De materia medica". Diese Schrift ist eines der wichtigsten und einflussreichsten antiken medizinischen Werke. Sie bildete bis ins 16. Jahrhundert die Grundlage für die Beschäftigung mit Arzneimitteln und ihr Einfluss reicht bis in die Gegenwart.

In den darauffolgenden Jahrhunderten beschäftigten sich immer mehr Gelehrte mit der Wirkung und Anwendung des Enzians. So auch der große Arzt Galenos von Pergamon, der die Wurzel im 2. Jahrhundert n. Chr. gegen Gicht empfahl und ihr große Reinigungskraft für den Körper bescheinigte. Einer Mischung mit Pfeffer, Raute und Wein wurde eine heilsame Wirkung gegen Seitenstechen und Koliken zugeschrieben. Und im Mittelalter fanden Enzianwurzeln dann in diversen Kräuterbüchern sogar als Universalheilmittel Erwähnung.

EDELDESTILLAT MIT WIRKUNG

Auch in der Destillation kam den kräftigen Wurzeln des Enzians große Bedeutung zu. Der Enzianbrand galt nicht nur als Medizin und Stärkungsmittel bei schwerer Arbeit wie dem winterlichen Holz- und Heuziehen, sondern war auch Genussmittel bei vielen Gelegenheiten. Schon Hippolyt Guarinoni, ein in Tirol praktizierender Arzt und Universalgelehrter, erwähnt Anfang des 17. Jahrhunderts, dass Branntwein wie „Enzeler" auf dem Lande in außerordentlicher Menge getrunken werde.

Empfohlen wird Enzianbrand noch heute bei Magenschwäche, Sodbrennen, vermehrtem Salzsäuregehalt im Magensaft, Appetitlosigkeit, Blutarmut sowie zur Anregung der Verdauung und Gallentätigkeit.

DAS GRABEN VON ENZIANWURZELN ALS PRIVILEG

Von ca. 1650–1800 erlebte das Ausgraben und Brennen von Enzianwurzeln in Tirol seine Blütezeit und stellte damit eine ernste Bedrohung für deren Bestand dar.

Deshalb erließ die Hofkammer bereits 1694 ein Verbot des Brennens der Enzianwurzeln im Wipptal und im Oberinntal. Im Jahr 1700 wurde das Enziangraben und Brennen in ganz Tirol durch ein landesfürstliches Mandat untersagt. Doch durch die darauffolgende Zunahme des Schwarzbrennens drohte der Enzianbestand weiter zu schwinden. Schließlich wurden 1747 durch die landesfürstliche Kammer Konzessionen zum Wurzelgraben vergeben und an Abgaben gebunden.

In vielen Gebieten steht der Enzian seit den 60er Jahren des 20. Jahrhunderts unter Natur-

Für einen Liter Enzianbrand sind ca. 60 bis 70 Wurzelstöcke notwendig.

Das edle Destillat wird ausschließlich aus Gelbem und Punktiertem Enzian hergestellt.

schutz. Heute ist das Graben von Enzianwurzeln streng limitiert und erfordert eine Genehmigung durch die zuständige Behörde – mit Ausnahme der Gemeinde Galtür im Paznauntal. Dort werden jährlich nur eine Handvoll Lizenzen im Losververfahren verteilt, die offiziell zum Wurzelgraben berechtigen.

BITTERE WURZELN ALS NATURHEILMITTEL

Zur Schnapsherstellung werden die gesäuberten Wurzeln – ausschließlich von Gelbem und Punktiertem Enzian – klein gehackt und in Maischefässern mit Wasser bedeckt. Rund 60 bis 70 Wurzelstöcke sind notwendig, um einen Liter dieses speziellen, hochpreisigen Edelbrandes zu erzeugen, der als Enzianbrand, Enzianschnaps, Hochwurzner, Enzeler oder einfach als Enzian bezeichnet wird.

Die im Wurzelstamm in großen Mengen enthaltenen Bitterstoffe verleihen dem Enzianbrand seinen stark bitteren Geschmack und damit sein einzigartiges Aroma. Das im Gelben Enzian in großen Mengen vorkommende Amarogentin gilt sogar als einer der bittersten Naturstoffe. Diese Bitterstoffe haben eine ausgezeichnete appetitanregende Wirkung, stimulieren das Verdauungssystem und besitzen antimikrobielle und immunmodulierende Eigenschaften.

Längst hat sich die traditionsreiche, einst bäuerliche Spezialität ihren Weg von der Bauernstube in internationale Kreise gebahnt und genießt heute weltweites Ansehen. Und die zahlreichen positiven Wirkungen der Bergpflanze werden neben der Verarbeitung zum begehrten Enzianschnaps auch für die Herstellung von Tee und Kräuterlikören genutzt.

Der leicht erdige Duft und die zarte Zitrusnote machen Enzianbrand zu einem außergewöhnlichen Geschmackserlebnis.

ERDÄPFEL

Kaum ein anderes Nahrungsmittel präsentiert sich so facettenreich wie der Erdapfel. Mehr als 5000 Sorten dieses berühmten Nachtschattengewächses sind heute weltweit bekannt. Mal sind sie rundlich, mal länglich, groß oder klein, ihre Farbe reicht von gelb bis zu violett, und sie können mehlig, vorwiegend festkochend oder speckig sein. Aber gerade diese enorme Vielfalt macht sie zu einem kulinarischen Multitalent der ganz besonderen Art, welches aus der österreichischen Küche nicht mehr wegzudenken ist. Zu den besonderen Erdäpfelregionen Österreichs zählen das Weinviertel, das Waldviertel, der Sauwald, der Lungau, das Oberinntal und Osttirol.

EIN LANGER WEG BIS NACH EUROPA

Die Nutzung von Erdäpfeln begann vermutlich vor über 9000 Jahren in Südamerika. Bei den Inkas waren sie Grundnahrungsmittel, Medizin und Kultgegenstand zugleich. Die Kochzeit einer Kartoffel galt dort angeblich sogar als Maßeinheit der Zeit. Von den Anden Südamerikas ausgehend erreichte sie Mitte des 16. Jahrhunderts durch die Eroberungszüge der Spanier Europa.

Anfangs stand man dort dem Nachtschattengewächs recht kritisch gegenüber und verwendete es höchstens als Zierpflanze. Zuweilen galt die Knolle sogar als verpönt und erhielt den Ruf, ein dämonisches Gewächs zu sein. Erst die große Hungersnot von 1772/1773 brachte die Kartoffel der Bevölkerung näher. Um dem Nahrungsmangel entgegenzuwirken, wurden Anbau und Verzehr der Knollen befohlen. Allmählich wurde die Kartoffel salonfähig und schon bald war sie nicht nur auf den Tellern des einfachen Bauernvolkes, sondern auch auf den Festtafeln des Adels zu finden.

KLÖSTERLICHER GARTENSCHATZ

Ein erster nachweislicher Anbau von Erdäpfeln in Österreich geht auf das Jahr 1620 zurück. Die Mönche des Klosters Seitenstetten im Mostviertel waren vermutlich unter den Ersten, die sich um die Erdknolle bemühten und sie in ihren Klostergärten anpflanzten. Von der klösterlichen Küche ausgehend erreichte der gute Ruf der nahrhaften Pflanzen auch den kaiserlichen Hof. Kaiserin Maria Theresia ließ um etwa 1740 die ersten Kartoffeln in der Ortschaft Pyhrabruck im niederösterreichischen Waldviertel aussetzen. Sie förderte den Erdäpfelanbau, um der oft darbenden Bevölkerung ein leicht verfügbares Grundnahrungsmittel bieten zu können.

1761 machte Johann Eberhard Jungblut, ein luxemburgischer Pfarrer, die Kartoffel im Weinviertel bekannt. Im Tiroler Oberinntal fanden die Erdäpfel bereits um 1770 große Verbreitung und nach Osttirol gelangten sie durch Händler und Saisonarbeiter aus dem Süden. Auch im Sauwald in Oberösterreich reichen die Hinweise zum Beginn des Kartoffelanbaus bis in die 2. Hälfte des 18. Jahrhunderts zurück. Im selben Zeitraum gelangten die Erdäpfel in den Salzburger Lungau und erhielten ihren noch heute regional gebräuchlichen Namen Eachtling.

VOM „NATSCHENFUTTER" ZUM HAUPTNAHRUNGSMITTEL

Vielerorts wurden die Erdäpfel anfangs noch vorwiegend an Schweine verfüttert, in der Küche wusste man nicht recht mit ihnen umzugehen. Die bäuerliche Küche hatte sie höchstens halb „gesotten" auf ihrem Speiseplan. So erhielt die Knolle allerlei Spottnamen wie etwa „Natschenfutter" (Natschen = Schweine im Tiroler Dialekt). Und auch die Erdäpfelbauern standen nicht gerade in hohem Ansehen und wurden abwertend als „Erdäpfelpatscher" bezeichnet.

Eigentlich ist der Erdapfel eine Staude, die durch Ausläuferknollen vermehrt wird.

Eine verstärkte Akzeptanz von Erdäpfeln als Nahrungsmittel zeigte sich nicht zuletzt im Zuge des Bayerischen Erbfolgekrieges zwischen Preußen und Österreich 1778/1779. Nachdem verfeindete Truppen sich gegenseitig ihrer Erdäpfel und damit ihrer so wichtigen Lebensmittelversorgung beraubten, ging dieser Krieg als „Kartoffelkrieg" in die Geschichtsbücher ein.

Da sich die Knolle als äußerst robust erwies und eine Kartoffelernte selbst in Jahren schlechter Getreideernte nur sehr selten missriet, etablierten sich Erdäpfel in weiten Teilen Österreichs als Hauptnahrungsmittel. Doch auch der Kartoffelanbau blieb nicht von Problemen verschont. Mitte des 19. Jahrhunderts zerstörte die Kraut- und Knollenfäule einen Großteil des Erdäpfelanbaus und 1874 fraß sich der Kartoffelkäfer durch die europäischen Erdäpfelstauden. Diese beiden Katastrophen führten zur Züchtung widerstandsfähiger Sorten und zur Verbesserung von Pflegetechniken und Pflanzenschutz.

FÜR JEDE GELEGENHEIT DIE RICHTIGE SORTE

Ihren Kocheigenschaften entsprechend lassen sich festkochende bzw. speckige, vorwiegend festkochende und mehlige Erdäpfel unterscheiden. Festkochende bzw. speckige weisen einen geringeren Stärkegehalt, mehlige einen höheren auf. Dazwischen liegen die vorwiegend festkochenden Sorten.

Festkochende bzw. Speckige behalten beim Garen ihre feste und feinkörnige Struktur und sind ideal für Brat- und Salzerdäpfel, Erdäpfel-

Für köstliches Erdäpfelpüree eignen sich besonders gut mehlige Erdäpfel.

Festkochende Erdäpfel haben weniger Stärke und werden gerne für Petersilerdäpfel verwendet.

REZEPT

ERDÄPFELSALAT

Zutaten für 4 Portionen

600 g Erdäpfel, gekocht, geschält (Sieglinde oder Kipfler)
ca. 1/4 l Rindsuppe, klar
6 EL Öl
60 g Zwiebeln, fein geschnitten
3 EL Apfelessig
Salz
Pfeffer, schwarz, gemahlen
Estragonsenf nach Geschmack
Zucker nach Geschmack
Garnitur nach Wahl

ZUBEREITUNG

Kernig gekochte Erdäpfel noch heiß schälen und in feine Scheiben schneiden. Sofort mit warmer Suppe angießen, Öl, Zwiebeln, Essig, Salz und Pfeffer beigeben. Den Salat so lange kräftig rühren, bis er eine sämige Bindung erhält. Je nach persönlichem Geschmack kann die Marinade mit Senf und Zucker vollendet werden. Als Garnierung bieten sich Schnittlauch, geschnittene rote oder weiße Zwiebeln sowie Vogerlsalat an.

salat, Gratins, Aufläufe, Puffer oder Rösti. Mehlige haben eine grobe Struktur und zerfallen beim Kochen. Damit sind sie bestens geeignet für Knödel, Püree, Kroketten sowie Suppen.

Vorwiegend festkochende Erdäpfel zerfallen nach dem Kochen nicht und behalten ihre angenehm mehlige Struktur. Sie kommen besonders für die Zubereitung von Eintöpfen, Pommes frites, Schmor- und Grillerdäpfeln sowie für Erdäpfeldesserts zum Einsatz.

SIEGLINDE, NAGLERNER KIPFLER UND LINZER DELIKATESS

Von den in Österreich traditionellen alten Erdäpfelsorten gelten die Sorten Sieglinde, Naglerner Kipfler und Linzer Delikatess als besonders bekannt. Die festkochende Frühsorte Sieglinde besitzt längliche Knollen mit gelber, glatter Schale sowie gelbem Fleisch und zeichnet sich durch einen fein-milden, leicht speckigen Geschmack aus.

Die traditionelle österreichische Sorte Naglerner Kipfler reift mittelfrüh und ist festkochend. Sie hat eine längliche, fast schlauchförmige Fasson, eine hellgelbe Schale und gelbes bis hellgelbes Fruchtfleisch. Ebenfalls von mittelfrüher Reife und festkochender Konsistenz ist die Sorte Linzer Delikatess. Ihre Form

Frisch geerntete heurige Erdäpfel sind eine besondere Delikatesse.

ist langoval bis birnenförmig. Sie ist eine gelbe Salatkartoffel mit besonderem Geschmack.

Als Heurige werden frühe Erdäpfelsorten bezeichnet, die schon ab Ende Mai / Anfang Juni, eventuell sogar schon ab April, geerntet werden. Sie zeichnen sich durch ein feines, leicht nussartiges Aroma und eine weichere Konsistenz aus. Ihre Schale ist so dünn, dass sie in der Regel mitgegessen wird. Heurige sind schlecht lagerfähig, weshalb ihre Saison nur auf den Frühsommer beschränkt ist.

ERDÄPFELSALAT

„Man kocht die indianischen Papas und isst sie warm oder auch, überbrüht und geschält, kalt mit Öl, Essig, Pfeffer und Salz. Sie sind allhier so fruchtbar und vermehren sich so gern, daß man fürgibt, in Canada selbst seien itzt nicht soviel zu finden als bei uns." So lautet eines der ältesten Erdäpfelrezepte der Welt.

Niedergeschrieben wurde es von Wolf Helmhard von Hohberg in seinen „Georgica curiosa", einem Fachbuch für das adelige Land- und Feldleben aus dem Jahr 1682. Ein eindeutiger Beweis dafür, dass die Heimat des Erdäpfelsalates in Österreich liegt, denn das Rezept verfasste der Humanist und Agronom auf seinem Landsitz in St. Pantaleon bei Enns.

Festkochende Sorten wie etwa Sieglinde, Naglerner Kipfler und Linzer Delikatess eignen sich für Salat besonders gut. Je nach Wunsch mit einer Marinade aus Essig und Öl oder mit Mayonnaise zubereitet und meist noch lauwarm serviert ist Erdäpfelsalat längst mehr als nur Beilage zu Wiener Schnitzel, gebackenem Leberkäse und Co.

Erdäpfel stehen für vielfältige Zubereitungsarten, wie beispielsweise auch Rösti oder Puffer.

Die Grundlage für köstlichen Erdäpfelsalat: frisch gekochte Erdäpfel.

EXTRAWURST

Je nach Region taucht die Extrawurst am kulinarischen Parkett in unterschiedlichen Gewürz- und Geschmacksvariationen auf. In ganz Österreich gehört sie jedoch zu den beliebtesten Wurstsorten. Sie ist eine traditionelle österreichische Brühwurst, die in Stangen- oder Kranzform hergestellt wird. Als wesentliche Zutat klassischer Imbisse wie „Saure Extrawurst mit Zwiebeln" oder Wurstsalat macht sie Gusto auf mehr. Dabei darf alternativ das „Extrawurstsemmerl" natürlich nicht fehlen. Darüber hinaus besitzt die Extrawust einen großen und ebenso köstlichen Verwandtenkreis.

HANDWERKSKUNST UND PRODUKTIONSTECHNOLOGIE

Schon die antiken Griechen und Römer schätzten Würste. Man bediente sich bereits damals des Räucherns. Die Verwendung von Salpeter zur Konservierung und zum Erhalt der gewünschten Fleischfarbe („Umröten") wurde hingegen erst sehr viel später entdeckt; nachweislich wird sie im 18. Jahrhundert erwähnt. Die Fleischmasse ging, mit Gewürzen oder sonstigen Zutaten vermengt und in gut gereinigte Tierdärme gefüllt, auch schon zu dieser Zeit zum Heißräuchern und anschließenden Brühen.

Die Wurzeln der Extrawurst reichen gesichert in die Habsburgerzeit zurück. Zu Anfang des 19. Jahrhunderts war sie zunächst vermutlich etwas gröber als heute: Denn ihre Entwicklungsgeschichte ist wie bei nahezu allen Wurstsorten eng mit dem jeweiligen Stand der Produktionstechnologie verknüpft. So gilt die Extrawurst auch nicht als Fleischprodukt, das auf bäuerliche Erzeugungswurzeln verweisen kann. Denn für ihre Herstellung benötigt man vor allem Geräte, die die feine Zerkleinerung und den Aufschluss des Muskeleiweißes ermöglichen, was die Quell- und Bindefähigkeit der Masse optimiert. Und das ermöglicht eben nur eine industrielle Technologie.

Anfang des 20. Jahrhunderts existierte die Extrawurst schließlich in zwei Qualitäten – „fein" sowie „ordinär". Bereits 1925 gehörte die Extrawurst fest zum Standardrepertoire des heimischen Fleischer- und Selcherhandwerks, zum Kernangebot aus dem Sortiment österreichischer „Frischwürste" sowieso.

DIE „EXTRAVAGANTE" UNTER DEN WURSTSORTEN

Als Wurstsorte ist die „Extra" außerhalb Österreichs nicht bekannt. Die Sachbezeichnung „Extrawurst" für eine Wurstspezialität findet nur hierzulande Verwendung, den Ausdruck „Extrawurst" kennt man im deutschen Sprachraum sonst nur im übertragenen Sinn. So bedeutet die Redewendung „jemanden eine Extrawurst braten" jemanden bevorzugen, privilegieren oder außer der Reihe behandeln. Diese Redewendung weist vermutlich darauf hin, dass Wurst im Mittelalter eine besondere Delikatesse für arme Leute darstellte. Die Gewährung einer zusätzlichen Extrawurst kam einer besonderen Bevorzugung gleich. Wie die Extrawurst zu ihrem Namen kam, muss bis heute ungeklärt bleiben. Es könnte aber ein Zusammenhang mit ihrer Konsistenz bestehen: Denn jene der Extrawurst ist über das gängige Maß hinaus feiner als die anderer Wurstvarianten.

Evergreen und Wiener Klassiker – die gute alte Wurstsemmel.

DIE PERFEKTE MISCHUNG

Die köstliche Extrawurst wird als Brühwurst klassifiziert und zählt zur Unterkategorie der Brätwürste. Brät, als Zwischenprodukt bei der Fleischwarenproduktion, entsteht durch intensive Zerkleinerung von Fleisch unter Schüttung von Wasser bzw. Eis mit Zusatz von Nitritpökelsalz oder Kochsalz sowie Salpeter für „rotes Brät" oder unter Zusatz von Kochsalz für „weißes Brät".

Für Extrawurst dient „rotes Brät" – im Wesentlichen Rind- und Schweinefleisch, feinst zerkleinerter Speck und Nitritpökelsalz – als Grundlage. Das Nitritpökelsalz ermöglicht „Umrötung", Aromabildung, Schutz vor pathogenen Keimen sowie Oxidation.

Heute kommen bei der Extrawurst zur Stabilisierung des Gefüges noch Phosphate zur Masse. Anschließend sorgen Gewürze, hauptsächlich weißer, gemahlener Pfeffer, Muskatnuss, Muskatblüte, entölte Senfsaat, Paprika und Knoblauch für geschmacklichen Pfiff. Eventuell kann auch etwas Stärkemehl dabei sein.

IN BESTER GESELLSCHAFT

Die Extrawurstmasse wird je nach Variante in runde oder gerade Wursthüllen gefüllt. So stehen dem Wurstfreund die „Feine Extrawurst", synonym für „Extrawurst in der Stange", ebenso wie die „Extrawurst im Kranz" zur Verfügung. Beide werden heute meist nicht mehr, wie es früher üblich war, geräuchert und anschließend gebrüht, sondern vielfach nur noch gebrüht. Erstere besteht aus fein zerkleinerter Wurstmasse ohne sichtbare Einlage und enthält Rind- oder Schweinefleisch, Speck, Wasser oder Eis sowie etwas Kartoffelstärke. Die Masse wird in gerade, heute ausschließlich künstliche, meist wasserdampf- und rauchundurchlässige Wursthüllen gefüllt. Genießer empfehlen sie hauchdünn aufgeschnitten.

Die „Pikante Extrawurst", kurz „Pikante" genannt, ist eine Variante der Feinen Extrawurst. Hier mischt man in die rohe Masse getrocknetes Gemüse oder klein geschnittenes Essiggemüse, zum Beispiel grünen oder roten Paprika oder pikante Gurkerl.

Die zweite Variation, die runde Extrawurst im Kranz, kurz „Extrakranzel" genannt, besteht aus einer ebenso fein zerkleinerten Wurstmasse. Hatte man in früherer Zeit als Behältnis für die Füllung der runden Extra nur Rinderkranzdärme zur Verfügung, so greift man heute auch beim „Extrakranzel" mehr und mehr zu Kunstdärmen. Die Extrawurst im Kranz wird traditionell sowohl kalt als auch heiß mit Senf und frischem Brot oder als Beilage zu Gemüse und Kartoffeln gegessen.

Die Extrawurst hat viele köstliche Verwandte, der gut sortierte Fachhandel bietet die Qual der Wahl.

KLASSISCHE VERWANDTSCHAFT

Zu den köstlichen Verwandten der Extrawurst gehören Pariser, Knackwurst, Augsburger, Schübling und Salzburger. Die Pariser Wurst ist eine Sorte von besonderer Güte. Sie unterscheidet sich gering in der Zusammensetzung des Rohmaterials von der Feinen Extrawurst. Häufig in Stangenform mit größerem Durchmesser als die Feine Extrawurst produziert, empfehlen Feinspitze sie nicht nur kalt aufgeschnitten. Sie eignet sich auch, um als fingerdickes „Wurstradl" – allerdings nur im Naturdarm – als „Wurstschüsserl" in heißem Fett herausgebraten zu werden: Dabei wölbt sich der Rand schüsselförmig auf und das Innere bietet Platz für Gemüse oder Kartoffelpüree.

Interessant ist auch die Erscheinungsform dieser Wurstart in Blinddärme gefüllt als sogenannte „Butte" oder „Bimmerling". Und wenn Sie herzhaft in eine Wurst beißen und ein leicht knackendes Geräusch hören, handelt es sich bestimmt um eine Knackwurst, kurz „Knacker" genannt. Sie wird in der klassischen Variante meist vor dem Brühen geräuchert. Ihre Beliebtheit und Erschwinglichkeit hat der Knacker verschiedene liebevolle Titel, wie „Eisenbahner"- oder „Beamtenforelle", eingetragen.

Die Salzburger ist der Knackwurst sehr ähnlich. Sie besteht sie aus einer fein zerkleinerten Wurstmasse mit eingelagerten Speckstücken, die in runde Rinderkranzdärme gefüllt wird. Abschließend wird sie heiß geräuchert sowie gebrüht.

Die Salzburger ist im Westen Oberösterreichs auch als „Speckwurst" benannt. Sie darf aber nicht mit der in ganz Österreich bekannten Speckwurst verwechselt werden, die keine Brät- sondern eine Fleischwurst ist. Salzburger verzehren Genießer entweder kalt, zum Beispiel im Wurstsalat, heiß mit Senf und Brot oder als Beigabe zu Gemüse.

Ein feines Wurstradel ist immer eine kleine Delikatesse.

Wer eine Gaumenfreude speziell zum Braten, Backen oder Grillen sucht, liegt bei der Augsburger richtig. Ungeräuchert und wenig bis gar nicht gepökelt, weist sie meist eine leicht hellgraue bis zartrosa Farbe auf. In Vorarlberg wiederum zeigen sich Kenner von einer weiteren Rezepturvariante der Knacker, dem Schübling, überzeugt. Sie ist der Knacker in Machart und Form ähnlich, man produziert sie allerdings ohne Zusatz von Kartoffelstärke.

Eine der bekanntesten Spezialitäten, für die Extrawurst Verwendung findet, ist der bei Alt und Jung beliebte Wurstsalat. Seine Variationsmöglichkeiten sind schier unendlich – rohe Zwiebeln dürfen jedoch keinesfalls fehlen.

FLECKVIEH

Die züchterischen Ursprünge des Fleckviehs liegen im 19. Jahrhundert, als die ersten Simmentaler Rinder nach Österreich importiert wurden. Durch Einkreuzungen mit lokalen Schlägen entstand schließlich die eigenständige Rasse des Fleckviehs. Im Laufe der Zeit hat sich das Fleckvieh zur erfolgreichsten Rinderrasse Österreichs entwickelt. Und das zu Recht, gilt es doch als besonders anpassungsfähig und ist daher sowohl in alpinen Regionen als auch in Flachlandzonen weit verbreitet. Als Zweinutzungsrind besticht das Fleckvieh zudem durch hervorragende Milchleistung in Kombination mit ausgezeichneter Fleischqualität. Darüber hinaus gilt es als sehr gut geeignet für die Mutterkuhhaltung.

SCHWEIZER WURZELN

Rinder sicherten der Menschheit das Überleben, seitdem sie sesshaft geworden war. Sie lieferten Milch sowie Fleisch und dienten als nützliche Arbeitskräfte in der Landwirtschaft, beispielsweise als Zugtiere im Ackerbau.

Die Geschichte des Fleckviehs geht auf Hausrinder des Schweizer Simmentals im Berner Oberland zurück: Diese Region erlangte bereits im Mittelalter Bekanntheit für ihre großwüchsigen, gescheckten Rinder, die aus verschiedenen lokalen Rinderschlägen entstanden waren. Die Zucht der Simmentaler begann nachweislich im 13. Jahrhundert im Schweizer Kloster Einsiedeln. Freiherr Rudolf II. von Waediswil hatte zu dieser Zeit die Aufsicht über die dortige Rinderzucht. Der Aristokrat soll die Tiere vom Kloster ins Simmental gebracht haben, wo es Heimatrecht und aller Wahrscheinlichkeit nach seinen heutigen Namen erhielt. Etwa ab 1459 begannen auch Bauern mit dem Züchten von Simmentaler Fleckvieh.

Wegen seiner guten Anpassungsfähigkeit an unterschiedliche Klimaverhältnisse, seiner Fruchtbarkeit sowie der guten Milch- und Fleischleistung wurde das Rind bereits in historischer Zeit zu einer der beliebtesten Rassen weltweit. Angeblich war das Simmentaler Fleckvieh so begehrt, dass es bis an den russischen Hof in St. Petersburg gelangte.

ERFOLGREICHE ZÜCHTERISCHE BEMÜHUNGEN

Nach Österreich wurden die ersten Simmentaler im Jahr 1830 gebracht. Zu jener Zeit waren diese Rinder zwar bekannt für ihre Milch- und Zugleistung, jedoch spätreif und großknochig mit geringer Tiefe. Nach und nach wurde durch Einkreuzung anderer Rassen versucht, mittelrahmige Tiere mit sehr guter Bemuskelung sowie guter Milchproduktion und Zugleistung zu züchten. Dazu kamen zahlreiche lokale Zweinutzungsrassen wie etwa Weißkopfschecken, Rotscheckenvieh, Ennstaler Bergschecken, Welser, Innviertler und Pustertaler Schecken sowie Ober- und Unterinntaler und Zillertaler zum Einsatz. So entstand schließlich eine eigenständige österreichische Fleckvieh-Rinderrasse.

Zu Beginn des 20. Jahrhunderts begann das leistungsstärkere Fleckvieh andere Rassen, etwa Ennstaler Bergschecken oder Waldviertler Blondvieh, zunehmend zu verdrängen. Als dann um 1950 auch noch eine Infektionskrankheit, die Abortus-Bang-Seuche, bei Rindern ausbrach, nutzten viele Bauern die Notschlachtung der Tiere, um auf die Haltung von Fleckvieh umzusteigen.

Im Jahr 1950 wurde die Arbeitsgemeinschaft Österreichischer Fleckviehzüchter (AGÖF) gegründet. Die Arbeitsgemeinschaft strebt auf nationaler wie auch auf internationaler Ebene eine bestmögliche Kooperation im züchterischen Bereich sowie die Steigerung der

2766

Das Fleisch des Fleckviehs zeichnet sich durch seine Zartheit, seine feine Marmorierung und seinen hervorragenden Geschmack aus.

Wettbewerbsfähigkeit Fleckvieh haltender Betriebe durch modernes Marketing an.

In den 1960er Jahren begann man in Österreich mit Mutterkuhhaltung auf Basis des heimischen Fleckviehs. Daraus entstand die spezielle Zuchtrichtung „Fleckvieh-Fleisch". Im Jahr 2000 entwickelte die Arbeitsgemeinschaft der Fleckviehzüchter das gemeinsame Zuchtprogramm „Fleckvieh Austria". Als Ziel wird seither die wirtschaftliche Verbesserung der Milch- und Fleischproduktion des Fleckviehs angestrebt.

Als Zweinutzungsrind besticht Fleckvieh durch hervorragende Milchleistung in Kombination mit großartiger Fleischqualität.

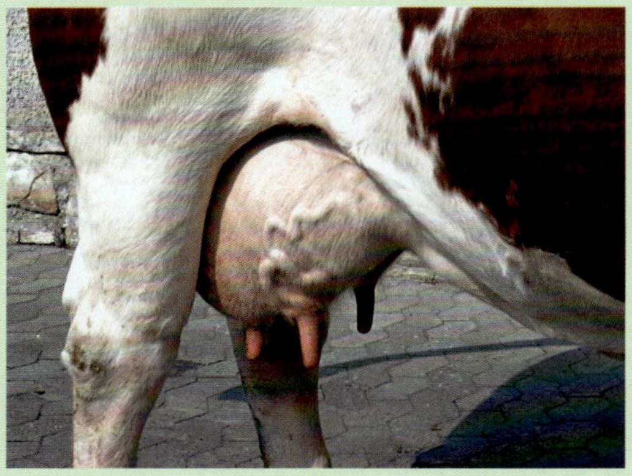

Durch die züchterischen Erfolge hat sich Fleckvieh über die Jahrzehnte zur wichtigsten Rinderrasse in Österreich entwickelt. Während Fleckvieh 1947 nur 36 Prozent des gesamten österreichischen Rinderbestandes ausmachte, waren es 1978 bereits rund 75 Prozent und 2009 etwa 80 Prozent.

VITAL, WIDERSTANDSKRÄFTIG UND BESONDERS ANPASSUNGSFÄHIG

Die Rasse ist mittel- bis großrahmig, lang, breit und tief im Rumpf angelegt. Fleckviehtiere haben trockene, in der Stärke zum Körperbau passende Gliedmaßen mit festen Klauen und zeigen eine gute Bemuskelung. In Österreich gezüchtetes Fleckvieh kann als frohwüchsig und gut geformt beschrieben werden. Die Tiere gelten als optimale Futterverwerter. Sie weisen einen sehr guten Fleischansatz sowie lang anhaltendes Muskelwachstum auf.

Das gescheckte Haarkleid zeigt mannigfaltige Farbschattierungen, von dunklem Rotbraun bis zu hellem Gelb auf weißem Grund.

Neben gescheckten finden sich gelegentlich mit wenigen weißen Flecken gedeckte Tiere. Ein wichtiges Kennzeichen der Rasse bilden das breite rosa Flotzmaul und der weiße Kopf, wobei im Augenbereich häufig Augenringe bzw. Pigmente vorkommen. Österreichisches Fleckvieh zeichnet sich durch exzellente Vitalitätsmerkmale, gute Fruchtbarkeit, lange Nutzungsdauer, problemlose Geburten und starke Widerstandskraft aus.

Dank ihrer hervorragenden Anpassungsfähigkeit kommt die milch- und fleischbetonte Doppelnutzungsrasse auch mit den unterschiedlichsten Klima- und Produktionsbedingungen sehr gut zurecht. So erstreckt sich die Haltung des Fleckviehs beinahe über ganz Österreich: von den Niederungen des Neusiedler Sees im pannonischen, flachhügeligen Ostösterreich bis zu den niederschlagsreichen Berggebieten der westlichen Bundesländer. Fleckvieh eignet sich bestens sowohl für die Weide- als auch für die Laufstallhaltung. Ein hoher Anteil des Jungviehs wird gealpt. Dies wirkt sich sehr positiv auf ihre Gesundheit aus und führt zu Langlebigkeit der Rinder.

Butter und Topfen – klassische Produkte der heimischen Milchwirtschaft.

Artgerechte Haltung mit genügend Auslauf, eine optimale, auf die Bedürfnisse der Rinderrasse angepasste Fütterung sowie eine möglichst stressfreie Schlachtung mit kurzen Transportwegen gewährleisten, dass das Fleisch des Fleckviehs in bester Qualität seinen Weg zum Konsumenten findet. Durch seine feine Marmorierung, seine Zartheit und seinen hervorragenden Geschmack ist Fleisch vom Fleckvieh ideal für die variantenreiche österreichische Rindfleischküche: von bodenständigen, deftigen Gerichten wie etwa dem Wiener Schnitzel bis hin zum feinen Tafelspitz.

Heute wie in alten Zeiten wird Milch in großen Kannen von den Erzeugern zu den verarbeitenden Betrieben gebracht.

FORELLE

Forellen sind in kristallklaren Gebirgsseen, in kalten Bächen und rasch fließenden Flüssen Österreichs weitverbreitet anzutreffen. Aber auch in der Zucht hat der beliebte Speisefisch eine lange Tradition. Seit vielen Jahrhunderten werden in natürlichen Teichen und mit viel Engagement und traditionellem Wissen um Zucht und Haltung Forellen gezüchtet, die durch ihr festes, fein strukturiertes Fleisch überzeugen. Und die klassischen Zubereitungsarten der Forelle wie etwa „Forelle blau" oder „Forelle Müllerin" stehen für ein lang überliefertes kulinarisches Erbe.

BEGINN DER TEICHWIRTSCHAFT

Im Mittelalter waren es vor allem Klöster, die der Fischzucht, insbesondere der Karpfenzucht, zu großem Aufschwung verhalfen. Insbesondere im nordwestlichen Waldviertel, in der südöstlichen und westlichen Steiermark sowie in Teilen Kärntens spielte schon damals die Teichwirtschaft eine wichtige Rolle.

Während die Karpfenhaltung im Mittelalter bereits weit verbreitet war, nahm man sich der Forellen erst etwas später an. Nicht zuletzt der Bedarf an Fischen für den Besatz von Fließgewässern, deren Fischbestände durch starke Nutzung weit zurückgegangen waren, trug zur vermehrten Zucht von Forellen bei. Einen bedeutenden Beitrag zur Entwicklung und Zunahme der Forellenzucht leistete Stephan Ludwig Jacobi (1711–1784). In der ersten Hälfte des 18. Jahrhunderts gelang es dem deutschen Landwirtssohn, erstmals Forellen durch künstliche Befruchtung zu vermehren.

Weiteren Aufschwung erhielt die Forellenzucht durch die Einfuhr von Regenbogenforellen aus Nordamerika gegen Ende des 19. Jahrhunderts. Bis heute nimmt die Forellenzucht in Österreich, vor allem in klein strukturierten Familienbetrieben, eine wichtige Rolle ein.

FORELLEN SIND NICHT GLEICH FORELLEN

Forellen sind Süßwasserfische aus der Familie der Lachsartigen (Salmonidae). In Österreich kommen typischerweise Bachforelle (Salmo trutta fario), Seeforelle (Salmo trutta lacustris) sowie Regenbogenforelle (Oncorhynchus mykiss) vor.

Während sich die Bachforelle und die Seeforelle aus der Meerforelle (Salmo trutta trutta) entwickelten und zur Gattung Salmo gezählt werden, ist die Regenbogenforelle ein ursprünglich aus Nordamerika stammender Salmonide und gehört zur Gattung der Pazifischen Lachse (Oncorhynchus). In ihrem Aussehen sind sich die drei Arten recht ähnlich: Der schlanke Körper ist typisch spindel- bzw. torpedoförmig und seitlich leicht abgeflacht. Forellen besitzen im Allgemeinen kleine Schuppen und am Rücken eine charakteristische Fettflosse.

Abhängig von den vorherrschenden Bedingungen ihres Lebensraumes können die Tiere bezüglich Größe, Färbung und Merkmalausprägungen äußerst variabel erscheinen. Sie weisen eine umfangreiche Skala von Farbtönen auf, von Silber über Schwarz bis hin zu Purpur oder Grünblau. Meist besitzen sie ein ausgeprägtes Muster von zahlreichen farbigen Tupfen, die weiß eingefasst sein können. Die Tupfen können sowohl den Körper der Fische als auch den Kopf oder die Flossen zieren. Ihr variables Erscheinungsbild führt dazu, dass Seeforellen und Bachforellen oft nur schwer voneinander zu unterscheiden sind.

Von Silber über Schwarz bis hin zu Purpur und Grüngrau reicht die Farbpracht der Forellen.

FORELLEN, FORCHEN ODER VERCHEN

Die Forelle ist seit dem 16. Jahrhundert namentlich belegt, doch finden sich in späterer Literatur oft Abwandlungen wie etwa Forchen, Ferchen, Verchen oder Vörchen. Möglicherweise entstand aus der Bezeichnung „Ferchen" auch der Name „Felchen", diese Fische gehören jedoch einer anderen Gattung an. Carl von Linné verweist 1758 in der wissenschaftlichen Erstbeschreibung der Forelle auf die enge Verwandtschaft von Lachs (Salmo) und Forelle (trutta), indem er die Forelle als „Salmo trutta" bezeichnet.

BACH-, SEE- UND REGENBOGENFORELLEN

Die heute gebräuchlichen Namen für Forellen verweisen meist auf ihren hauptsächlichen natürlichen Lebensraum. So ist die Bachforelle vorwiegend in klaren, kalten und sauerstoffreichen Bächen und Flüssen von Tallagen bis hinauf in Hochgebirgslagen anzutreffen. Aber auch Gebirgsseen bieten der Bachforelle eine passende Umgebung.

Das Hauptvorkommen der Seeforelle liegt in kühlen, sauerstoffreichen Alpen- und Voralpenseen. Ist die Zeit der Ablaichung gekommen, wandert die Seeforelle jedoch in die Zuflüsse ab. Die Seeforelle ist auch als Ferche, Laxl, Lax, Laxn, Seelachs oder Silberlachs bekannt. Seeforellen, die vom Bodensee in den Ill in Vorarlberg oder in den Rhein aufsteigen, werden in diesen Regionen Lanken genannt. Die Regenbogenforelle trägt im Gegensatz zur Bach- und Seeforelle ihren Namen aufgrund ihres Aussehens. Das Hauptkennzeichen dieser Forellenart ist ein breites, rötlich leuchtendes

Bachforellen werden vorwiegend in kalten, sauerstoffreichen Flüssen und Bächen gefangen.

Die zartrosa Färbung ist typisch für das Fleisch der Lachsforelle.

Längsband entlang der Körperseiten. Die Regenbogenforelle lebt in der Natur in Bächen und Flüssen, kommt aber auch in Seen vor.

Für die gezielte Züchtung von Bach-, See- und Regenbogenforellen bieten Naturteiche bzw. -rinnen mit konstanter Wasserversorgung aus kühlem, sauberem Quell- und Bachwasser optimale Bedingungen. Je kälter das Wasser ist, desto langsamer wachsen die Fische heran und umso fester und edler wird ihr Fleisch.

DIE LACHSFORELLE – EINE KULINARISCHE BESONDERHEIT

Lachsforelle ist ein weitverbreiteter Verkaufsname für Forellenfische. Beim überwiegenden Teil handelt es sich um Regenbogenforellen, die durch gezielte Fütterung von mit Carotinoiden angereicherten Futtermitteln zu einer stattlichen Größe heranwachsen und ein etwas fettreicheres Fleisch besitzen als herkömmliche Forellen. Das mit der Nahrung aufgenommene Carotinoid verleiht dem Fleisch der Lachsforelle eine typisch rötliche Färbung, die an das Fleisch von Lachsen erinnert.

„FORELLE BLAU“ UND „FORELLE MÜLLERIN“

„Forelle blau“ und „Forelle Müllerin“ gelten als Klassiker der österreichischen Fischküche. Das Gericht „Forelle blau“ verdankt seinen Namen dem Aussehen des gegarten Fisches. Für das Gelingen dieser Zubereitungsart bedarf es etwas Geschick, denn die Schleimhaut der fangfrischen, ausgenommenen und vorsichtig mit Wasser abgeschwemmten Fische darf bei der Zubereitung keinesfalls verletzt werden, um eine Blaufärbung zu garantieren.

In leicht siedendem Salzwasser, dem meist Essig sowie Kräuter zur Farbstabilisierung und Würzung hinzugefügt werden, erfolgt das schonende Garziehen des Fisches. Weist die Haut der fertigen Forelle kleine Risse auf, gilt dies als Frischezeichen.

Bei der Zubereitung der „Forelle Müllerin“, auch „Müllerin-Art“, „nach Art der schönen Müllerin“ oder „à la meunière“ genannt, wird die in Mehl gewendete Forelle in reichlich Butterschmalz gebraten. Mit Petersilie und Zitronen verfeinert wird der knusprig herausgebackene Fisch vor dem Servieren mit reichlich Butter übergossen.

Bezüglich der Namensgebung wird spekuliert, das Gericht könnte seinen Namen erhalten haben, weil der Fisch in Mehl gewendet wird.

FRANKFURTER
/WIENER WÜRSTEL

Für den Genießer ist die Frage „Wien oder Frankfurt" nur eine philosophische. Tatsächlich aber spielen beide Weltstädte, Frankfurt und Wien, eine Rolle bei der Kreation dieses köstlichen Imbisses. Die Würstel werden fast immer paarweise mit Kren, süßem oder scharfem Senf, mit Ketchup oder als kleine Mahlzeit mit Gulaschsaft und knusprigem Gebäck serviert. Und am besten schmecken sie direkt beim Würstelstandl.

KOMPLEXE DEFINITION

Der Wiener Würstelstand gehört untrennbar zu den Frankfurtern. Dort treffen sich wie an kaum einem anderen Ort alle Gesellschaftsschichten, dort wird wie nirgendwo sonst abwechslungsreich kommuniziert. Die Frage ist jetzt nur: Sind es nun Wiener Würstel oder doch Frankfurter, die verzehrt werden? Die aus Wien stammenden Frankfurter werden nämlich auch als „Wiener Würstel" bezeichnet. Frankfurter sind in Österreich dünne Brühwürste, hergestellt aus einer Fleischsorte (Rind oder Schwein) oder auch aus einer Mischung von Rind- und Schweinefleisch, wobei die Tendenz jedoch in Richtung Rindfleisch, Schweinefleisch und Speck geht. Traditionell wird die Würstelmasse in einen Schafsaitling (Naturdarm) gefüllt.

Im Gegensatz zur wienerischen Variante wird das in Deutschland geschützte „Frankfurter Würstchen" hingegen ausschließlich aus Schweinefleisch hergestellt.

HISTORISCHES FINGERFOOD

In Deutschland sind Frankfurter Würstchen vermutlich seit dem 13. Jahrhundert bekannt. Die damaligen Würstel können aber nicht mit dem Produkt von heute gleichgesetzt werden. Jahrhundertelang wurden sie nämlich in heißem Fett gebraten und nicht wie heute vor dem Verzehr gebrüht. Darüber hinaus waren sie in ihrer Struktur gröber.

Die Entstehungsgeschichte der Frankfurter hat mit beiden Städten, Frankfurt und Wien, zu tun: Die Schöpfung der österreichischen Variante, des Frankfurter Würstels aus Wien, geht auf den aus Deutschland im Alter von 26 Jahren nach Wien zugezogenen Fleischer Johann Georg Lahner (1772–1845) zurück. Im Jahr 1804 eröffnete er im Haus Schottenfeld Nr. 274, der heutigen Neustiftgasse 112, seine eigene Fleischhauerei. Nur ein Jahr später stellte er wahrscheinlich erstmals die Wiener Frankfurter Würstel her.

Da es Wiener Fleischern, im Gegensatz zu jenen in Frankfurt, erlaubt war, mehr als eine Fleischsorte zu verarbeiten, konnte Lahner seine Würstel aus Rind- und Schweinefleisch, und nicht wie in Frankfurt nur aus Schweinefleisch, herstellen. So mischte er fein zerkleinertes Schweine- und Rindfleisch mit Speck, Pfeffer, Piment und Knoblauch und füllte die Masse in Schafsaitlinge, die er leicht räucherte und anschließend brühte.

Die Begeisterung für die neuen Würstel war in der Bevölkerung so groß, dass Lahner sogar von Kaiser Franz I. (1768–1835) persönlich eingeladen wurde, ihm seine Kreation in der Hofburg vorzustellen. Und als der Kaiser fragte, mit welchem Besteck er die Würstel denn essen solle, brachte sie ihm Lahner zur großen Überraschung des Monarchen als klassisches Fingerfood, das mit der Hand gegessen werde, nahe. Offenbar mit Erfolg: Den Kaiser gelüstete es von nun an zum Gabelfrühstück immer wieder einmal nach einem Seidel Bier frisch vom Fass und einem Paar heißen Frankfurtern, so die Überlieferung. Auch bekannte Künstler wie Franz Schubert (1797–1828), Adalbert Stifter (1805–1868), Franz Grillparzer (1791–1872) sowie Johann Nestroy (1801–1862) ernannten die Würstel zu ihrer Leibspeise. Bald darauf eroberten

Während früher das Brät von Hand mit Wiegemesser oder Mörser hergestellt wurde, ist heute der Einsatz von Kutter oder Fleischwolf unumgänglich.

die Frankfurter Würstel auch den Rest der Welt und wurden mit großer Begeisterung unter anderem in Paris, Rom, Amsterdam, Mailand und London verspeist.

NOCH MEHR NAMEN UND KREATIONEN?

Es existieren mehrere Erklärungen dafür, wie die Frankfurter ihren Namen bekamen. Lahner soll die Würstel in Erinnerung an seine Ausbildungszeit in Frankfurt „Frankfurter Wienerle" oder kurz „Frankfurter" genannt haben.

Da der Fleischer von den Wienern nach seiner Heimatstadt einfach als Frankfurter betitelt wurde, könnte sich auch sein Rufname auf die Würstel übertragen haben. In Deutschland ist der Name „Frankfurter Würstchen" seit etwa 1860 als geografische Herkunftsbezeichnung geschützt und wird seit 1929 nur für Erzeugnisse verwendet, die tatsächlich aus dem Raum Frankfurt am Main kommen.

Die Wiener Variante des Frankfurter Würstchens kennt man in Deutschland als „Wiener Würstchen" und in der Schweiz werden sie „Wienerli" genannt. In Nordamerika wird unter „frankfurter", „frank", „wiener" oder „weenie" das Hotdog-Würstchen verstanden. Doch Vorsicht ist geboten, denn wer in Österreich beim Fleischhauer eine „Wiener" bestellt, wird kein Würstel (Brühwurst), sondern eine Fleischwurst erhalten.

Ummantelt man Frankfurter mit Speck, schneidet sie der Länge nach auf und füllt sie mit Käse, ist man bei den sogenannten Berner Würsteln gelandet. Sie sind nicht nach der Schweizer Stadt Bern benannt, sondern wurden Mitte des 20. Jahrhunderts vom Koch Erich Berner senior in Zell am See (Salzburg) kreiert.

Profis benutzen spezielle Maschinen, bei denen die Wurst mit einem Minimum an Druck sanft und schonend in ihre Hülle befördert wird.

Zu den wohl bekanntesten Frankfurter-Varianten zählen in Österreich die Sacherwürstel, die länger sind, ca. 22 bis 25 cm, und einen besonders feinen Geschmack besitzen. Sie wurden von einem Wiener Wursthersteller erfunden und werden heute als Spezialität vom namensgebenden Fünfsternhotel hinter der Staatsoper serviert. Am anderen Ende der Längenskala findet man mit ca. 3–7 cm „Tee-“ und „Cocktailwürstel“.

Und wenn Wiener Frankfurter nicht paarweise, sondern als „Einspänner“, also solo, in eine Brot- oder Blätterteighülle eingebacken sind, nennt man sie „Würstel im Schlafrock“.

EINE FRAGE DER HERSTELLUNG

In einem österreichischen Rezeptbüchlein aus dem Jahre 1948 wurde noch zwischen Wiener und Frankfurter Würsteln unterschieden, wonach Frankfurter aus besserem Material als die Wiener Würstel bestanden, während etwas später in einer Neuauflage des Werkes nur noch von Frankfurter Würsteln die Rede ist.

Die Herstellung der Frankfurter war einst, im Gegensatz zu heute, ein sehr kräfteraubender und zeitaufwändiger manueller Prozess. So musste aus dem mageren und entsehnten Fleisch möglichst rasch nach der Schlachtung durch weitere Zerkleinerung mit Wiegemessern und unter Zugabe von Salz und Wasser eine möglichst emulgierfähige Masse, das Brät, bereitet werden. Dann wurde zerkleinerter Speck eingearbeitet, die fertige Masse unter Zugabe von Gewürzen und Salpeter in Därme gefüllt und nach einer kurzen Reifezeit, dem „Vorröten“, in Heißrauch geräuchert und anschließend gebrüht und gekühlt. Die technologische Entwicklung des Schnellschneiders, heute als Kutter bekannt, und die moderne Wurstfülltechnik haben diese Arbeiten nicht nur weitgehend erleichtert und beschleunigt, sondern garantieren auch eine hygienisch einwandfreie Erzeugung nach heutigen Qualitätsstandards.

Egal, ob nun „Frankfurter“ oder „Wiener Würstel“, als Paar serviert oder solo, mit Brot ummantelt oder mit Käse gespickt, der Genuss ist bei jeder Variante dieses „besonderen Würstels“ auf jeden Fall garantiert.

Eine in Österreich besonders geschätzte Variante der Frankfurter: feine Sacherwürstel.

FRAXNER KRIASI

Alljährlich, wenn die Zeit der Kirschblüte anbricht, hüllt sich die Landschaft der kleinen Berggemeinde Fraxern in ein Meer aus weißen Blüten. Tausende Kirschbäume säumen die Wiesen und Wege und prägen das Landschaftsbild des bezaubernden Vorarlberger Bergdörfchens am Südhang zum Rheintal. Die als Wander- und Erholungsgebiet hoch geschätzte Gemeinde rühmt sich von alters her als „Kirschendorf", denn die günstige, vom Nordwind geschützte Lage bietet den Früchten optimale Bedingungen. Mit viel Leidenschaft kümmern sich die Fraxner um ihre Kirschen und stellen mit bemerkenswertem Geschick einen unverwechselbaren Edelbrand, das Fraxner Kriasiwasser, her.

LAND DER SÜSSEN KIRSCHEN

Die Gemeinde Fraxern mit ihrem liebevoll gestalteten Ortskern zählt zu den sonnigsten Bergdörfern im idyllischen Vorarlberger Rheintal. Die beeindruckende Kulisse der mächtigen Berggruppen des Rätikons und der Schweizer Alpen sowie des Rheins umgibt die auf rund 800 Meter Seehöhe gelegene kleine Ortschaft im Bezirk Feldkirch und macht sie mit ihrem atemberaubenden Ausblick zu einer der schönsten Regionen Österreichs.

Das Klima im Bundesland Vorarlberg ist durch die von Nordwesten her ungehindert eintretenden Westwinde stark atlantisch bestimmt. Doch aufgrund der begünstigten, windgeschützten Hanglage, einige hundert Meter über dem Boden des Rheintales, ist das Wetter im sonnenverwöhnten Fraxern besonders mild und ermöglicht so das Heranreifen von mehr als 20 verschiedenen Kirschsorten – eine absolute Besonderheit für diese Höhenlage. Durch die mehr als 2500 Kirschbäume im Gemeindegebiet hat die Ortschaft als österreichisches Kirschdorf große Bekanntheit erlangt. Und auf diesen Erfolg verweisen die Fraxner mit berechtigtem Stolz durch die Abbildung der Kirsche auf ihrem Gemeindewappen.

Auch im Volksmund haben die Fraxner Kirschen ihren Platz gefunden. Dort heißt es, in Fraxern würden die schönen Mädchen auf den Bäumen wachsen. Auch der Vorarlberger Mundart- und Heimatdichter Armin Diem erwähnt die Fraxner Kirschen und lässt in einem seiner Gedichte einen „Stubat-Buob" vom „Kättorle" – seinem Kathrinchen – schwärmen. Neben anderen Vorzügen erwähnt dieser, sie habe „Öugle as wia Fraxnar-Kriose". Und auch im Fasnacht-Ruf der Fraxner „Kriasi-Kriasi ... Stinker-Stinker" finden ihre Kirschen Erwähnung. Übrigens: Das alemannische Dialektwort „Kriasi" für die Kirsche leitet sich vom französischen „cerise" für Kirsche ab.

TRADITIONELLE SORTENVIELFALT

Einer Urkunde zufolge waren die „Khriespern" bereits im Jahr 1574 in der Gemeinde Fraxern bekannt. Zunächst war das Sortenspektrum sehr umfangreich. Über viele Jahrhunderte verschwanden jedoch zahlreiche Kirschensorten aus der Region und nur noch wenige dieser traditionellen Sorten sind bis heute erhalten geblieben. Zu diesen zählt vor allem die sehr kleine, süße, schwarze Sorte „Klennzweiete". Sie wird auch als „echte Fraxner Kriasi" bezeichnet, findet aber als Tafelkirsche heute nur mehr wenig Verwendung. Auch die schwarze, mittelgroße Sorte „Rutle" wurde schon vor 200 bis 300 Jahren in der Region kultiviert. Die „große Schwarze" kommt derzeit in Fraxern am häufigsten vor und gilt mittlerweile als typische Spezialität der Region. Sie wurde wie die „Riegerkirsche" und die „Herzen" aus der Schweiz in die Region gebracht.

Die „Großen Schwarzen" – eine wunderbare Vitaminbombe mit unvergleichlichem Geschmack.

TEAMWORK BEIM „KRIASIGWINNA"

Bei der meist vier bis fünf Wochen andauernden, oft hektisch zugehenden Ernte ist Teamgeist gefragt, und alle – ob jung oder alt – helfen mit. Eine durchschnittliche Ernte in der Gemeinde bringt rund 45 Tonnen, das entspricht ca. fünf Millionen „Kriasi".

Um Kirschen höchster Qualität zu erhalten, werden die reifen Früchte, je nach Wetterlage, Anfang Juli mit der Hand von den Hochstammbäumen gepflückt. Höhenangst ist bei der Ernte fehl am Platz, denn beim Pflücken kommen traditionell bis zu 14 m lange Holzleitern zum Einsatz, auf denen die Bauern mit einem umgebundenen Korb, dem sogenannten „Krata", hinaufklettern. Die Bauern haben ihre Gründe für die Verwendung dieser meist im Dorf getischlerten und oft waghalsig wirkenden Leitern, gelten diese doch als besonders standsicher und schonend für die Bäume.

MARMELADEN, KRIASIMÄNNER UND VIELES MEHR

Die gepflückten Früchte werden sorgfältig handverlesen und zum Großteil sofort direkt unter den Bäumen verkauft oder noch am Tag der Ernte eingeweckt, eingefroren oder abgestielt zu Marmelade verarbeitet. Die restlichen Süßkirschen werden „igschpeert": Sie kommen ins Fass zur Gärung. Die dazu verwendeten Süßkirschensorten sind zwar etwas kleinfruchtiger als die für den Frischverzehr angebotenen Sorten, dadurch aber zuckerhaltiger und wesentlich aromatischer.

Aber nicht nur in kulinarischer Hinsicht finden die Fraxner Kirschen Verwendung. Die Stiele dienen zur Herstellung eines bitteren Tees zur Linderung von Halsschmerzen. Die Steine, in Säckchen gefüllt und als „Kriasimann" bekannt, werden im Kachelofen aufgewärmt und bieten als „Wärmeflasche" eine besonders lange Warmhaltezeit.

Aus den süßen Kirschen wird das aromatische Fraxner Kriasiwasser gebrannt.

Fraxern ist eine der sonnigsten Bergregionen Vorarlbergs. Ihre Streuobstwiesen prägt seit jeher der Bestand von uralten Kirschensorten, die auserlesenes Brenngut liefern, das bei Prämierungen höchste Auszeichnungen erhält.

FRAXNER KRIASIWASSER – TRADITION UND GEHEIMNIS DER VORARLBERGER BRENNKUNST

Was der Cognac für Frankreich, der Whisky für Schottland und der Grappa für Italien, scheint heute das Kriasiwasser für die Fraxner. Lange Zeit galt das Fraxner Kriasiwasser als echte Rarität. Erst im 19. Jahrhundert, im Zuge der Technisierung der Schnapsherstellung, erfolgte vermehrt die Herstellung des Kirschbrandes. Trotz intensiverer Produktion in den letzten Jahrzehnten setzen die Bauern in der Region heute nach wie vor auf Tradition und erzeugen nach überlieferter Rezeptur das Kriasiwasser mit viel Geschick und perfekter Präzision.

Nach der Vergärung werden die Kirschen nach allen Regeln der Kunst im Dezember doppelt gebrannt. Jeder der rund 35 Schnapsbrenner hat sein eigenes Rezept für die Herstellung dieser Spezialität, um mit Hilfe modernster Technik beste Qualität zu erzielen.

Bei idealer Trinktemperatur von 14–16 °C serviert und in kleinen Schlucken genossen, entfaltet das Fraxner Kriasiwasser sein volles, wunderbar würziges Aroma. Der Alkoholgehalt des im Abgang lang anhaltenden Brandes beträgt zwischen 40 und 45 Volumenprozent. Heute ist das Fraxner Kriasiwasser für das geographische Gebiet Fraxern im „Codex Alimentarius Austriacus“, dem Österreichischen Lebensmittelbuch, als geschützte Bezeichnung anerkannt.

GAILTALER ALMKÄSE
G. U.

Der nach alter Überlieferung während der Almsaison hergestellte Gailtaler Almkäse g. U. verdankt seine besondere Qualität jener Region, in der er produziert wird, dem Gailtal. Genaue Herstellungsrichtlinien und ein eng definiertes, eingeschränktes Produktionsgebiet machen den würzigen und äußerst beliebten Almkäse zu einer echten Spezialität. Das wurde auch von der EU anerkannt: Sie hat Gailtaler Almkäse europaweit als „geschützte Ursprungsbezeichnung" ausgezeichnet und damit speziell geschützt.

DAS TAL, DAS DEN GAILTALER ALMKÄSE G.U. SO UNVERGLEICHLICH MACHT

Das Gailtal ist ein von Osttirol nach Kärnten verlaufendes Tal, das nach dem Fluss Gail benannt ist. Sein landschaftlicher Reiz zeigt sich im Kontrast zwischen den weiten Talböden und den teils schroffen Gebirgszügen. Umgeben wird das Tal von einer beachtlichen Gebirgskulisse, im Norden von den Lienzer Dolomiten und den Gailtaler Alpen, im Süden von den Karnischen Alpen und den Karawanken.

Das Produktionsgebiet des Gailtaler Almkäses g. U. erstreckt sich über das Almgebiet entlang der Bergflanken nördlich und südlich des Oberen Gailtals und umfasst die Gemeinden Kötschach-Mauthen, Dellach, Kirchbach, Gitschtal, Hermagor, St. Stefan im Gailtal, Weißensee, Feistritz an der Gail und Hohenthurn.

Im Gailtal herrscht mildes illyrisches Klima mit ausreichend Regen, einer langen Sonnenscheindauer und feuchten Luftmassen, die von warmen Winden aus dem Süden begleitet werden. Zudem liegen die Almen hier niedriger als in den Zentralalpen.

Sommer für Sommer wird das Jungvieh auf die Gailtaler Almen getrieben, wo es gepflegte Almwiesen mit einer großen Vielzahl an wildwachsenden Bergkräutern und -gräsern findet. Das gibt nicht nur eine besonders gute und käsereitaugliche Almrohmilch. Die Viehhaltung trägt dazu bei, diese Naturvielfalt zu erhalten: Sie stabilisiert die Vegetationsdecke, verbessert gleichzeitig das Vermögen des Bodens, Wasser zu speichern, und bewahrt die Almflächen vor Verbuschung. So formte die Almwirtschaft in der Region über viele Jahrhunderte die Kulturlandschaft, wie wir sie heute kennen.

DIE GAILTALER KÄSESPEZIFIKATION

Wenn Senner hier ihren Gailtaler Almkäse g. U. herstellen, orientieren sie sich an einer eigenen Vorgabe für die Herstellung – dem Gailtaler Almprotokoll. Es verkörpert seit Generationen gesammeltes Wissen über die Kunst des Käsemachens. Dieses beschränkt sich nicht nur auf die Herstellung von Käse, sondern schließt die Bewirtschaftung und Pflege der Almweiden, die Tiergesundheit und die Tierhaltung ebenso mit ein wie Angaben zur Durchführung der Melkarbeit und Milchreifung.

Gailtaler Almkäse g. U. ist ein Hartkäse mit geringer Lochung, der entweder aus reiner Rohmilch von Almkühen oder unter Zusatz eines begrenzten Anteils an Ziegenrohmilch hergestellt wird.

Wie und wo Gailtaler Almkäse g. U. hergestellt werden darf, ist in einer Spezifikation festgelegt, die in der Europäischen Union hinterlegt wurde. Diese war die Grundlage für die Anerkennung als „geschützte Ursprungsbezeichnung" und damit für die Aufnahme in den Kreis von europäischen Lebensmitteln mit besonderer Qualität.

WIE SICH DAS KÄSEMACHEN IM GAILTAL ENTWICKELTE

Die Erzeugung eines Käses auf den Almen des Gail- und Lesachtals wird erstmals im Urbar des Grafen von Görz aus dem späten 14. Jahrhundert erwähnt. Ein ausführlicheres Zeugnis über die Lage der Almwirtschaft im Gailtal liefert ein Bericht aus dem Jahr 1876. Das Dokument nimmt bereits erste geografische Unterteilungen der Almgebiete nördlich und südlich der Drau vor und beschreibt sie nach ihren jeweiligen geologischen, meteorologischen und vegetationskundlichen Gegebenheiten.

Eine wesentliche Weiterentwicklung der Gailtaler Käsetradition war schließlich der Umstieg von der Magerkäseproduktion zur Fettkäseproduktion. Bis Mitte des 19. Jahrhundert war es im Gailtal üblich, vorwiegend Käse nach „Friauler Art" herzustellen: halbfetten und nicht gepressten Frischkäse. Da der neue Fettkäse länger haltbar, leichter zu transportieren und zudem vollmundiger im Geschmack war, schlossen sich die Gailtaler Almsenner jedoch ihren Kollegen in Westösterreich an und sattelten auf die Erzeugung eines Käses nach „Schweizer Art" um.

Der Erste Weltkrieg brachte den Gailtaler Almkäse in eine ernsthafte Krise. Viele Almkäsereien wurden vollständig zerstört und konnten nur mit Hilfe staatlicher Förderungen wieder neu aufgebaut werden. Die Gailtaler machten aus der Not eine Tugend. Sie unterzogen die Almsennereien einer umfassenden Modernisierung, entwickelten Qualitätsstandards für die Käseproduktion und legten Wert auf die fachgerechte Ausbildung der Senner.

Etwa nach dem Zweiten Weltkrieg gründeten Ortsansässige die „Gemeinschaft der Alpkäsereien Kärntens", die sie dann in die „Gemeinschaft der Gailtaler Alpsennereien" umbenannten. Doch infolge des Strukturwandels in der Landwirtschaft und der zunehmenden Intensivierung der Grünlandwirtschaft in den Tallagen wurde es langsam stiller um den guten Gailtaler Almkäse. Im Jahr 1949 gab es ca. 39 aktive Almkäsereien, um 1970 waren es nur noch sieben Betriebe.

Ein Umdenken bei Bauern und Konsumenten bewirkte eine stärkere Rückbesinnung in Richtung extensives, ökologisch ausgerichtetes und qualitätsbewusstes Wirtschaften. Gemeinsam mit Förderangeboten der öffentlichen Hand verhalf es der Gailtaler Almkäseproduktion zu neuem Aufschwung. Seit April 1996 organisieren sich die Gailtaler Almkäseproduzenten im „Verein der Gemeinschaft der Gailtaler Alpsennereien".

Aus Almmilch wird Almkäse – für die Produktion wird die Milch ausschließlich auf den Almen des malerischen Gailtals gewonnen.

WIE DER GAILTALER ALMKÄSE VON JEHER GEMACHT WIRD

Das Käsen erfolgt auch heute noch weitgehend händisch. Morgens und abends treibt der Almsenner die Milchkühe in den Stall und melkt sie von Hand. Dabei kontrolliert er regelmäßig Tiergesundheit und Milchqualität, denn guter Almkäse braucht Milch höchster Qualität. Anschließend reift die frisch gemolkene Almmilch über Nacht in den typischen hölzernen Stotzen. So kann der Käse auf natürliche und traditionelle Weise gelingen.

Am nächsten Morgen wird die Masse im Käsekessel mit frischer Morgenmilch vermischt, erhitzt und unter Zugabe von naturreinem Lab zum Gerinnen gebracht. Es erfordert viel Geschick und Erfahrung, die Gallerte mit einer Käseharfe in Stücke zu schneiden und die Masse so lange zu rühren, bis sie die richtige Festigkeit hat. Abschließend wird der junge Käse in eine Käseform gefüllt und in einer Presse geformt. Das Gewicht der Laibe variiert von etwa einem halben bis zu 35 Kilogramm.

IN ALLER RUHE „LEI LOS'N"

Zwei Tage lang badet der junge Käse in Salzwasser, damit sich seine typische Naturrinde bildet. Und dann braucht der Käse seine Ruhe. Unter genauer Beobachtung und intensiver Pflege reift er über mindestens vier, für den geschäftlichen Betrieb mindestens sieben, Wochen im Käselager zum vollmundigen, feinwürzigen Gailtaler Almkäse g. U. heran. Der reife, goldgelbe Käse hat eine geschmeidige Konsistenz und weist eine nur geringe, gleichmäßige Rundlochung auf. Und damit der Almkäse unverwechselbar ist, wird er einheitlich mit einer Wort-Bild-Darstellung versehen. Auf keinem Käselaib fehlen das Erzeugerdatum und die Käsenummer, denn nur so ist der Produktionsablauf jedes einzelnen Käses nachvollziehbar.

Zu kaufen gibt es den Gailtaler Almkäse g. U. hauptsächlich vor Ort, entweder direkt ab Hof oder in der lokalen Gastronomie. Und wer in der Gegend ist, sollte sich „Frigga" nicht entgehen lassen. Dieses Käse-Speck-Omelett ist eine regionaltypische Speise, die ursprünglich von Holzfällern in einer Pfanne über offenem Lagerfeuer zubereitet wurde.

Frisch gemolkene Milch schmeckt einfach köstlich.

GAILTALER SPECK

G. G. A.

Dort, wo sich die würzige Luft der Berge mit südlichen Winden mischt, ist der Gailtaler Speck zu Hause. Gut geräuchert und abgehangen spiegelt er den Charakter der Karnischen Region wieder: kernig und bodenständig. Der Gailtaler Speck ist nicht einfach nur eine Spezialität – er ist ein Wegbegleiter, und das schon seit vielen Jahrhunderten. Auch die Europäische Union hat sich der Spezialität aus Kärnten angenommen und ihre Erzeugung durch die Eintragung als geschützte geografische Angabe (g. g. A.) gesichert.

SCHLICHTE SCHÖNHEIT MIT MALERISCHEN ALMEN

Im Südwesten Kärntens hat sich mit dem schönen Gailtal eine jahrhundertealte Kulturlandschaft bewahrt. Am Fuße der Karnischen Alpen breitet sich der weite Talboden im Norden bis zu den Gailtaler Alpen aus und endet bei Villach, am Zusammenfluss der Gail mit der Drau. Idyllische Ortschaften und naturbelassene Almen kennzeichnen das Kärntner Hochtal. Auch im Hinblick auf die Geologie ist die Karnische Region ein vielfältiges Gebiet mit einer Mischung aus altpaläozoischen Gebirgsmassen und jüngeren Gesteinsschichten.

Die West-Ost-Ausrichtung des Gailtales, ausgeglichene Temperatur- und Luftfeuchteverhältnisse sowie eine hohe Sonnenscheindauer gemeinsam mit den typischen klärenden Südwinden schaffen hier optimale Bedingungen für die Speckreifung.

GEBRAUCHT, GESCHÄTZT, BEWAHRT

Im Gailtal war die Feldbestellung durch die vernässten, sauren Wiesen immer schon erschwert. Daher gab es in der Region von jeher Grünlandwirtschaft mit Viehzucht und vor allem die Almwirtschaft. Die Schweineproduktion wurde wegen des geringen Ackerbaus und der infolgedessen fehlenden Futtergrundlage nie in großem Umfang betrieben, jedoch mit hohem Qualitätsanspruch. Praktisch auf jedem Bauernhof wurden einige Schweine für die Eigenversorgung gehalten. Weil es an Kühlmöglichkeiten mangelte, wurde das Schweinefleisch auf besondere Art und Weise haltbar gemacht: als geräucherter und luftgetrockneter Gailtaler Speck.

Historische Dokumente belegen bis in das 15. Jahrhundert zurück die besondere Kultur der regionalen Speckerzeugung. Ausführliche Hinweise zur Lebensart der Gailtaler liefern die Reisetagebücher des Privatsekretärs der Vikare von Aquileia, Paolo Santoninos, der den Bischof von Caorle in den Jahren 1485–1487 bei seinen Reisen begleitete. Er erwähnt dabei auch den Speck, der ihnen während ihres Aufenthalts im Gailtal, meist zusammen mit Rüben und Kraut, serviert wurde. Im Grundbuch der Herrschaft Aichelburg aus dem Jahr 1504 ist zu lesen, dass alle Steuerpflichtigen unter anderem auch Schweineschultern – üblicherweise geräuchert – abzuliefern hatten. Und aus der Zeit um 1700 sind zahlreiche bäuerliche Inventarien erhalten, die belegen, dass der „Spöck im Kasten“ eine geschätzte Dauerware des Gailtals war. Auch zeigen alte Vorschriften für die Verköstigung der Dienstboten, wie wichtig der Speck für die Gailtaler war: An Werktagen standen morgens und abends Speck mit Polenta und süßer oder saurer Milch auf dem Speiseplan. Bei besonders harter Arbeit wurde die „Frigga“ – eine schwere Holzknechtkost aus Polenta, Käse und Speck, gereicht.

„LEI LOS'N", UM GUTES ZU BEWAHREN

Ihn so zu belassen, wie er ist – das ist eines der Geheimnisse rund um den Gailtaler Speck. Seit Jahrhunderten wird das Wissen um seine Herstellung von Generation zu Generation überliefert und sein typischer Charakter bewahrt. Und dieser Charakter ist geprägt von seiner einzigartigen Herstellungsweise gemeinsam mit den in der Gegend vorherrschenden Klimabedingungen.

Um dieses kulinarische Erbe zu schützen, ist die luftgetrocknete Spezialität mit einer „geschützten geografischen Angabe" (g. g. A.) versehen. Nur Speck, der im Gailtal erzeugt wird, darf als Gailtaler Speck g. g. A. bezeichnet werden. Erzeuger aus Kötschach-Mauthen, Dellach, Kirchbach, Gitschtal, Hermagor, St. Stefan im Gailtal, Nötsch im Gailtal, Feistritz an der Gail und Hohenthurn haben sich freiwillig der „Gailtaler Speck-Richtlinie" verpflichtet und unterliegen damit strengsten Qualitätsvorgaben.

Zur Erzeugung werden hauptsächlich Landschweine, Edelschweine, Duroc-Schweine und Kreuzungen aus Kärntner Zuchtprogrammen verwendet. Die Tiere werden langsam gemästet, mit Getreide, Hülsenfrüchten und Magermilch oder Molke, die bei der Käseproduktion anfallen. Geschlachtet wird so schonend wie möglich. Für die Herstellung des Gailtaler Specks kommen bevorzugt die Speckseiten der Schweine im Ganzen zum Einsatz. Im Bedarfsfall werden auch Einzelteile wie Bauch, Karree, Karreebauch, Schlögel und Schulter verwendet.

Seit vielen Jahrhunderten ein beliebter kulinarischer Wegbegleiter: Gailtaler Speck.

Damit die Herkunft jedes einzelnen Specks nachvollziehbar ist, muss ein lückenloses Bestandsverzeichnis geführt werden. Auch die weiteren Herstellungsschritte sind genau geregelt, wobei sich die Vorgaben am überlieferten Erfahrungswissen orientieren.

Viele Speckproduzenten aus den verschiedenen Gebieten des Gailtales haben sich freiwillig den „Gailtaler Speckrichtlinien" verpflichtet und unterliegen somit strengsten Qualitätsvorgaben.

VERHACKERT, GRAMMELSCHMALZ, LIPTAUER

Verhackert, Grammelschmalz und Liptauer genießen sowohl in der regionalen Bauernkost als auch beim Heurigen große Beliebtheit.

Die Basis für das Verhackert bildet durchwachsener, mit Salz eingeriebener, leicht geräucherter Bauch- und Rückenspeck ohne Schwarte. Der Speck wird faschiert, meist mit Zwiebeln und Knoblauch gewürzt und in ein mit Fett ausgeschmiertes Gefäß eingeknetet. Anschließend wird die Masse mit Rindertalg übergossen.

Grammelschmalz wird aus frischem Rückenspeck ohne Schwarte gewonnen. Durch Garen wird das Fett des würfelig geschnittenen Specks ausgelassen, mit Zwiebeln, eventuell auch mit Knoblauch und Äpfeln, sowie mit Kräutern wie beispielsweise Majoran verfeinert.

Zur Zubereitung von Liptauer wird traditionell Brimsen, ein gesalzener Frischkäse aus Schafmilch, verwendet. Alternativ eignet sich auch Topfen. Der Brimsen wird durch ein Sieb gestrichen, mit einem gleichen Teil schaumig gerührter Butter vermengt und mit reichlich Rosenpaprika, Kümmel, Pfeffer und Zwiebeln gewürzt.

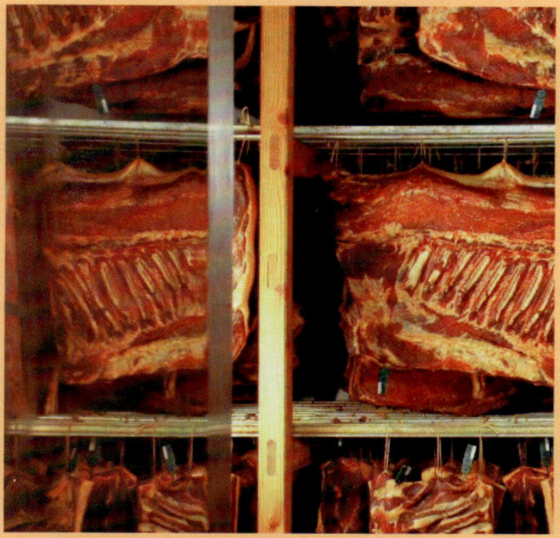

Gailtaler Speck wird mehrmals hintereinander etwa zwei Wochen lang kalt über Buchenholz und Wacholderzweigen geräuchert und danach für mindestens vier bis zwölf Wochen aufgehängt.

EINFACH, NATÜRLICH UND GERADE DESHALB SO GUT

So wie in alten Zeiten wird der Gailtaler Speck sorgfältig eingebeizt und getrocknet. Der Speckbauer braucht dafür Salz, Knoblauch, Pfeffer, Wacholder, Lorbeer – und vielleicht sein kleines persönliches Würzgeheimnis. Dann wird der Speck mehrmals hintereinander, etwa zwei Wochen lang, kalt über Buchenholz und Wacholderzweigen geräuchert. Sie verleihen den Speckseiten ihren würzigen Duft.

Der Speckbauer unterbricht den Selchvorgang mehrere Male, um Frischluft zuzuführen, und dosiert dieses Wechselspiel mit viel Geschick. Dann wird der Speck am Haken je nach verwendetem Teilstück für mindestens vier bis zwölf Wochen aufgehängt. Er verliert dabei einen guten Teil seines Gewichts, gewinnt jedoch seine einzigartige Beschaffenheit, seine kräftig-rote und im Speckanteil schneeweiße Farbe. Am Ende wird er mit einer Plombe versehen, die ihn als Gailtaler Speck ausweist: eine grüne Plombe, wenn er aus einem bäuerlichen Betrieb stammt, und eine rote, wenn er von einem Fleischer kommt. Doch Genießer erkennen ihn blind: an seiner festen Konsistenz und dem zarten Biss, an seiner unverfälschten, mild-salzigen und ausgeprägten Würze samt feinem Rauchton.

JAUSE

Sei es das berühmte, meist zeitig im Beisel eingenommene Gabelfrühstück, die üblicherweise mit viel Zeit im Kaffeehaus zelebrierte süße Nachmittagsjause oder aber auch die deftige, oft beim Heurigen eingenommene Brettljause: Sie alle sind echte „Jausenklassiker" und gelten als Aushängeschilder der typisch österreichischen Esskultur.

Das Wort „Jause", vermutlich im 15. Jahrhundert aus dem slowenischen „južina" entlehnt, meinte ursprünglich eine Mahlzeit, die zu Mittag, wenn die Sonne im Süden steht, eingenommen wurde. Doch längst ist die Jause nicht mehr mit einer bestimmten Uhrzeit verbunden und auch bezüglich ihrer Zusammensetzung existieren keine einheitlichen Vorgaben. Denn ob nun süß oder pikant, warm oder kalt, deftig oder leicht, vormittags oder nachmittags: Jede Region – ob Stadt oder Land – hat ihre eigenen Sitten und Bräuche.

Ortsgebundene Eigenheiten kommen auch bei der Bezeichnung zum Ausdruck. Synonyme wie Brotzeit, zweites Frühstück, Imbiss oder Zwischenmahlzeit sind weitverbreitet. Die alten Ausdrücke „Marende" (lat. marenda = das einem Zustehende bzw. rätoromanisch marenda = Mittagessen) und „Brent" (eventuell von brenteln = gasslgehen, fensterln oder das Betreuen einer Almwirtschaft) finden sich heute hingegen nur noch selten und sind eher regionsspezifisch.

Unumstritten gilt jedoch Kärnten als das Jausenland schlechthin, denn in keiner anderen Gegend präsentiert sich die Jause so vielfältig wie dort. Die Bauernjausn, Holzknechtjausn, Fastenjausn, Schulerjausn, Öljausn, Osterjausn, Zwiebeljausn, Kasjausn, Pian- oder Nussjausn, Weihnachtsjausn und die Almjausn sind nur einige Beispiele der Kärntner Jausenkultur. Sie beinhalten köstliche Schmankerln wie etwa Schinkenspeck, Speck, Hauswürste, Trockenwürste (z. B. Jauntaler Bauernsalami), Schmalz oder Speck-Verhackert, Sauerkas, Glundner Kas, Almkas oder Bergkas, Butter, Topfen, Essigurkerln, Kren, Paradeiser, eingelegten Knoblauch, Senf, Schwarzbrot, Sulz, Essig und Öl, Zwiebeln, Eier, Aufstriche wie Topfenkas, Erdäpfelkas, Liptauer und Fleischaufstrich sowie Buttermilch, Vollmilch, Bier, Most oder Schnaps.

GESELCHTES

Würzig geräucherte Kochpökelwaren, die sich unter dem Sammelbegriff „Geselchtes“ zusammenfassen lassen, sind aus der bodenständig-rustikalen Esskultur Österreichs nicht wegzudenken. Dazu zählen zahlreiche Gaumenfreuden wie etwa Selchroller, Rollschulter, Rollschinken, Teilsames, Rollkarree, Selchschopf, Rollschopf, Selchstelze, Räucherzunge, Selchkarree und Kaiserfleisch. Dabei dienten Einsalzen und Selchen von Lebensmitteln seit jeher nicht nur der Haltbarkeitsverlängerung, sondern verleihen ihnen auch stets ihre typischen intensiven Aromen und rauchig-pikanten Geschmacksfacetten.

LEBENSMITTELTECHNOLOGIEN MIT HISTORIE

Bereits im Altertum wurden Fleisch und Feischerzeugnisse durch Salzen und Räuchern länger haltbar gemacht. So ist aus schriftlichen Berichten bekannt, dass die Babylonier und Sumerer Salz als Konservierungsmittel für Lebensmittel, wie Fleisch und Fisch, verwendeten. Auch die Mönche des Mittelalters kannten das Pökeln (Salzen) und Selchen. Sie verstanden es, Fleischteile aus den klösterlichen Schweinezuchten nicht nur zu konservieren, sondern auch zu veredeln. Und auch in der österreichischen Küche ist das Pökeln und Räuchern von Lebensmitteln seit langem Brauch.

Die Technik des Pökelns unterlag im Laufe der Zeit jedoch einer stetigen Entwicklung. Während ursprünglich nur Stein- bzw. Meersalz samt Gewürzen, wie Wacholderbeeren, Kümmel, Koriander, Pfeffer und eventuell auch Knoblauch und Lorbeer, verwendet wurden, erfolgte später die Beimengung von Salpeter (Nitrat) zum Speisesalz. Eine schriftliche Erwähnung für eine derartige Beimischung datiert aus dem Jahr 1787. Schrittweise setzte sich jedoch der Einsatz von Nitrit durch.

Das typisch österreichische Sur- und Selchfleisch von der spätherbstlichen Schlachtung hatte einst den gesamten Jahresbedarf eines Bauernhofes zu decken. Welch große Bedeutung der Herstellung von Räucherwaren in bäuerlichen Haushalten zukam, zeigt, dass man beim Bau eines Gehöftes stets architektonische Grundvoraussetzungen für das Räuchern berücksichtigte. Geselcht wurde das Fleisch früher nämlich in den Rauchküchen oder in den Rauchfängen. Heute haben sich vor allem industrielle Räucher- und Klima-Reifeanlagen durchgesetzt. Aufgrund des Trends zu traditionell erzeugten Gaumenfreuden kommt jedoch auch das althergebrachte Räuchern in Selchkammern wieder zu Ehren.

Der Ausdruck „Selchen“ für Räuchern stammt übrigens von dem im Frühmittelalter verwendeten althochdeutschen Begriff „arselchan“ ab und bedeutete ursprünglich „trocknen, dörren“. Und was die Bezeichnung „Pökeln“ betrifft, so wird angenommen, dass sie auf einen 1397 verstorbenen Holländer namens Gillis Beukel Bezug nimmt.

RAUCHIGE SPEZIALITÄTENFAMILIE

Zu den bekanntesten Delikatessen aus der „Familie des Geselchten“ zählen Selchroller, geräuchertes Schweinefleisch bzw. magere Teile von der Schweineschulter im Netz. Auch Teilsames, in der Regel ohne Speck und Schwarte aus der dicken Schulter hergestellt, und das sogenannte „Kaiserfleisch“, heiß geräuchertes Bauchfleisch vom Schwein mit besonders saftigem Geschmack, gehören dieser Familie an. Der Begriff „Kaiserfleisch“ für geselchtes Fleisch war bereits zur Zeit Maria Theresias (1717–1780) bekannt und zeugt von einer schon damals etablierten Spezialität der Wiener Küche.

Die Farbgebung der rauchig-pikanten Fleischspezialität kann variieren – im westlichen Österreich ist dunkel Geselchtes beliebt, während man im Osten eher auf helles Fleisch setzt.

SPANNENDER HERSTELLUNGSPROZESS

In der Regel verwendet man für die Herstellung von Selchfleisch Fleischstücke vom Schwein, die zwei bis drei Tage nach der Schlachtung geteilt werden, z. B. in Schulter, Hals, Schopf, Rücken, Rippenstücke, Brust, Bauch, Schlegel, Stelzen. Das anschließende Pökeln erfolgt entweder als Trockenpökeln, mittels Nasspökelung oder durch Pökelspritztechnik.

Pökeln dient nicht nur der Haltbarkeitsverbesserung, sondern auch der Farbstabilisierung des Muskelfarbstoffes („Umrötung") und der Aromatisierung des Fleisches. Es gehört zum Know-how des Fachmannes, die richtige Salzkonzentration und den richtigen Zeitpunkt zu bestimmen, damit das Endprodukt wohlschmeckend und mild wird.

Beim Pökeln spielt die passende Salzkonzentration eine große Rolle.

Beim Trockenpökeln reibt der Fleischer das Fleisch mit trockenem Pökelsalz ein, das aus 99,5 Prozent Kochsalz, 0,5 Prozent Nitrit und Gewürzen besteht. Typische (Pökel-)Gewürze für Geselchtes sind Knoblauch, Pfeffer, Kümmel, Lorbeer, Koriander, Wacholder, Senfsaat sowie Extrakte daraus.

Beim Nasspökeln legt man das Fleisch in eine Pökellake ein. Spritzpökelung arbeitet mit direkt in das Fleisch gespritzter Lake. So kann das Salz schneller und gleichmäßiger eindringen. Kombiniert wird das Spritzpökeln meist noch mit dem sogenannten „Massieren" oder „Tumbeln", einer mechanischen Behandlung. Dies hat ein rasches, gleichmäßiges Verteilen der Pökelstoffe zur Folge und sorgt für ein mildes, saftiges Produkt.

Nach rund drei Wochen Trockenpökeln bzw. einer Woche Nasspökeln werden die Fleischstücke aus der „Sur", also der Lake, genommen, kurz getrocknet und dann in die Selchkammer gebracht. Dort wird das Fleisch geräuchert. Hierbei unterscheidet man zwischen Kalt-, Warm- sowie Heißräucherung mit jeweils ver-

SAUMAISEN

Diese vermutlich aus dem niederösterreichischen Waldviertel stammende Fleischspezialität begeistert nicht nur durch ihren exzellenten, würzigen Geschmack, sondern auch durch ihre lange Haltbarkeit.

Nach traditioneller Art kommt für ihre Herstellung Selchfleisch vom Schwein zum Einsatz. Fein faschiert, mit allerlei Gewürze verfeinert und zu Knödeln geformt, wird die Fleischmasse in ein Schweinsnetz eingeschlagen und anschließend gekocht oder im Rohr knusprig gebraten.

Das beliebte Sonntagsessen kann auch aus rohem Schweinefaschierten zubereitet werden. Bei dieser Variante werden die Saumaisen ebenfalls zu Laibchen geformt und mit Schweinsnetz umhüllt, jedoch erst im Anschluss geselcht. Hinterher werden sie kalt oder heiß geräuchert und gegart. Sauerkraut und Erdäpfel gelten als typische Beilagen beider Varianten.

Eine den Saumaisen ähnliche, jedoch nicht geselchte Spezialität sind die typisch kärntnerischen Maischerln oder Maischalan. Diese mit Innereien, Kopffleisch, Rollgerste, Ei und zahlreichen Gewürzen gefüllten herzhaften Netzlaibchen werden traditionell in der Pfanne gebraten. Wie bei den Saumaisen sind auch hier Sauerkraut und Erdäpfel die idealen Begleiter.

schiedenen Temperaturführungen und Räucherzeiten. Kaltgeräuchertes Selchfleisch galt früher als besonders aromatisches Schmankerl. Heute ist die Kalträucherung bei der Herstellung des Geselchten eher in den Hintergrund gerückt und es überwiegt das Heißräuchern bei Temperaturen von rund 80° C.

Traditionell wird in Österreich vor allem mit Buchenholz (Hartholz) geselcht. Für eine deftig-würzige Note sorgt die Zugabe von Wacholder. Das Fleisch erhält durch die Räucherung über Buchenholz einen hellbeigen Räucherfarbton, der abhängig vom Räuchervorgang mal etwas dunkler, mal etwas weniger intensiv ausfällt. Denn während im Osten Österreichs hellere Fleischfarben beliebt sind, bevorzugen die Konsumenten im Westen des Landes etwas kräftigere Töne. Am Ende steht eine meist heiß geräucherte, noch nicht durcherhitzte Kochpökelware. Liebhaber des Geselchten kochen dieses häufig selbst, genießen es herkömmlich entweder warm mit Knödeln und Sauerkraut oder ausgekühlt und aufgeschnitten als zünftige Jause.

VARIATIONSREICHTUM PUR

Geselchtes gibt es in vielen verschiedenen, meist regionstypischen Varianten. Als etwas außergewöhnliche und in gesundheitlicher Hinsicht nicht ganz unumstrittene Spezialität gilt beispielsweise das in Oberösterreich bekannte „Schwarzgeselchte", auch „Schwarzwurz'n" oder „Mühlviertler Schwarzwurz'n" genannt. Hierbei wird besonders lange geräuchert, vor allem heiß und feucht, sodass die typische schwarze Oberfläche entsteht. Der Speck erscheint kernig-fest, das faserige Fleisch dunkelrot.

Unter Moastabratl wiederum verstehen Genießer ein mageres, ausgelöstes Schweinskarree, das auf traditionelle Weise im Ganzen gepökelt, über Buchenholz oder Obstgehölzen in Intervallen kalt geräuchert, aromatisch gewürzt, und abschließend bis zu drei Monaten gereift wird. Die Würzung erfolgt regionaltypisch, je nach Tradition mit Wacholder, Lorbeer, Koriander, Kümmel, Pfeffer und mit mehr oder weniger kräftiger Knoblauchunterstützung. Feinschmecker verzehren diese rohe Pökelwarenspezialität kalt aufgeschnitten klassischerweise mit Kren. Nur leicht gesalzen, zeichnet sie sich durch ihre Zartheit und rosa Farbe aus.

Das Produkt hat in verschiedenen steirischen Regionen unterschiedliche Namen: So sagen die Weststeirer dazu „Lendbratl", in der Oststeiermark kommt es als „Ruckwurst" auf den Tisch. Weststeirer aus der Gegend um Weiz nennen es „Mulbratl" und feiern es seit jeher im August als kulinarisches Highlight im Mittelpunkt des Weizer Mulbratlfestes. Der Bezeichnung nach ähnlich, aber nicht zu verwechseln mit dem Moastabratl, ist das „Mostbratl", ein kulinarischer Hochgenuss aus Salzburg und Oberösterreich. Dabei handelt es sich um einen mit Birnmost gegarten Schopfbraten, der warm ebenso schmeckt wie kalt.

REZEPT

GESELCHTES

Zutaten für 4 Portionen

800 g Geselchtes (z. B. Teilsames)
1 Bund Suppengrün
2 Lorbeerblätter
1 TL Neugewürzkörner
Beilage nach Wahl

ZUBEREITUNG

Geselchtes über Nacht in kaltes Wasser legen. Aus dem Wasser heben, in ungesalzenem Wasser mit Suppengrün und Gewürzen weich kochen. Als ideale Beilage bieten sich Knödel an, wie etwa Grießknöderl oder Semmelknödel, sowie Kümmelkraut.

GRAZER KRAUTHÄUPTEL

Der Grazer Krauthäuptel wertet jede Salatschüssel nicht nur aufgrund der vielfach intensiv ausgeprägten Rotfärbung der Blattränder optisch enorm auf. Auch geschmacklich überzeugt die leicht süßlich-aromatische und bitterfreie Salatsorte aus dem Grazer Raum, die dort optimale Boden- und Klimaverhältnisse vorfindet. Der Grazer Krauthäuptel gilt als seltene landwirtschaftliche Kulturpflanze, die im Rahmen des Österreichischen Programms zur Förderung einer umweltgerechten, extensiven und den natürlichen Lebensraum schützenden Landwirtschaft (ÖPUL) gefördert und gemäß den Richtlinien der Integrierten Produktion erzeugt wird.

SEIT JAHRTAUSENDEN BELIEBT

Als Ursprungsform des heutigen Gartensalates sieht die Wissenschaft den wilden Lattich (Lactuca serriola), eine Steppenpflanze, die noch heute in weiten Teilen Südeuropas und Vorderasiens vorkommt. Bereits im Altertum war der Gartensalat (Lactuca sativa L.) ein hoch geschätztes Gemüse in Ländern wie Ägypten, Griechenland und später auch im Römischen Reich. Ab dem 8. Jahrhundert fand das Grün dann auch in Mitteleuropa, besonders unter Karl dem Großen (ca. 747–814), Verbreitung. Auch Ludwig XIV. (1638–1715) schätzte Salat und so wurden in Frankreich wegen der großen Nachfrage am königlichen Hofe neben dem Freilandanbau bereits erste witterungsgeschützte Kultivierungsverfahren üblich.

Ein Vorläufer des heute als Grazer Krauthäuptel bekannten Salates fiel zum ersten Mal um die Wende vom 19. zum 20. Jahrhundert in der damaligen Untersteiermark, einem Teil des heutigen Sloweniens, als „Laibacher Eissalat" auf. Er beeindruckte aufgrund seines großen, festen Kopfes, seiner krausen Blätter und seines bitterfreien Geschmacks.

Bereits vor dem Ersten Weltkrieg wurden Ableger des Sorte in die steirische Hauptstadt gebracht. Dort züchtete man daraus den zart-knackigen, leicht süßlichen Grazer Krauthäuptel. 1913 findet schließlich erstmals „Echter Grazer verbesserter Krauthäuptel" im Samenkatalog von Köllers Samenhandlung in Graz Erwähnung. In den Jahren 1939/40 schlug die sogenannte Reichssortenliste unter 68 Gemüsesorten auch den Grazer Krauthäuptel vor. Ab den 1950er Jahren wurde der Grazer Krauthäuptel vermehrt angebaut, zu dieser Zeit wurde er auch in das österreichische Zuchtbuch eingetragen.

UMFELDBEDINGUNGEN WIE SIE NICHT BESSER SEIN KÖNNEN

Das traditionelle Anbaugebiet des Grazer Krauthäuptels befindet sich im Grazer Becken. Der Raum ist geographisch am Ostrand der Alpen und am Mittellauf der Mur situiert. Umgeben vom Plabutsch (754 m) und dem Buchkogel (656 m) im Westen, der Hohen Rannach (1018 m) und der Platte (651 m) im Norden sowie vom Wildoner Berg im Süden, geht das Becken im Osten in das oststeirische Hügelland (Oststeiermark) über.

Der Grazer Krauthäuptel profitiert von den tiefgründig-humösen Böden der Region. Auch sandige Lehmböden sowie lehmige Sandböden kommen ihm entgegen. Die mittelschweren Böden mit ihrer guten Wasserführung schaffen gemeinsam mit dem illyrischen Klima der Region das hohe Luftfeuchtigkeit, relativ ergiebige Niederschlagsmengen und hohe Temperaturen

Erntereife Grazer Krauthäuptel haben einen Durchmesser von ca. 25 cm, wobei der Kopf auf ca. 12 cm kommt.

in der Vegetationsperiode mit sich bringt, ideale Wachstumsbedingungen für den Grazer Krauthäuptel. Auch in den angrenzenden Gebieten der Süd- und Oststeiermark sowie im Südoststeirischen Hügelland findet die knackige Spezialität perfekte Bedingungen vor.

EIN SALAT MIT KOPF

Der Grazer Krauthäuptel (Lactuca sativa var. capitata) zählt zur Familie der Korbblütler (Asteraceae), Gattung Lattich, Varietät Kopfsalat (Lactuca sativa var. capitata). Als kopfbildende Regionalsorte der Steiermark präsentiert er sich in einer mittelgroßen, oft abgeflachten Form von kompakter Kopffestigkeit. Voll entwickelte Pflanzen weisen einen Durchmesser von rund 25 cm auf, der Kopf durchschnittlich 12 cm. Bei der Ernte besitzt der Grazer Krauthäuptel ein durchschnittliches Gewicht von 350–800 g.

Charakteristisch für den Grazer Krauthäuptel sind die sehr breiten, großlappigen, oft nierenförmigen Außenblätter mit kräftigen, fleischigen Mittelrippen. Das Blatt ist spröde, knackig sowie stark blasig, wodurch der Salat mehrere Tage seine Festigkeit und Frische behält. Zudem enthalten die Blätter des Salates Milchsaft.

Die Blattränder des Grazer Krauthäuptels können glatt oder gekerbt, mehr oder weniger wellig, kraus oder geschlitzt sein. Seine äußeren Blätter haben einen durch Anthocyane hervorgerufenen schmalen, dunkelrot bis violett gefärbten Rand. Der Salatkopf schillert ebenfalls meist leicht dunkelrot bis violett. Die Intensität der Rotfärbung hängt jedoch stark von den Wetterverhältnissen ab und ist bei warmer und feuchter Witterung weniger stark ausgeprägt.

Damit der Grazer Krauthäuptel sich optimal entwickeln kann, sind einige Voraussetzungen vonnöten. So muss das Saatgut mit viel Sorgfalt ausgewählt werden. Die Aussaat der Samen nehmen die Gärtnereien und Bauern von Februar bis Anfang Juli nach vorhergegangener Abhärtung der Jungpflanzen vor. Die Pflänzchen sind gut an die Freilandbe-

Der knackig-aromatische Salat behält seine Frische mehrere Tage.

dingungen angepasst und können, anfangs noch durch ein Vlies vor der Kälte geschützt, zum beliebten Krauthäuptel heranwachsen.

Die Düngung sowie der Schutz vor Schädlingen erfolgen nach den Richtlinien der Integrierten Produktion. Grazer Krauthäuptel wird im Freilandanbau von April bis November händisch geerntet. Da jedoch bereits leichter Frost zu Blattschäden führen kann, wird zunehmend auf geschützten Anbau gesetzt, damit die Kunden die Spezialität in bekannter Qualität vorfinden. In Folien- und Glashäusern kann die Ernte bereits ab März stattfinden.

QUALITATIV, HOCHWERTIG UND GESUND

Liebhaber des knackigen Salates erwarten den Grazer Krauthäuptel mit großer Vorfreude: Insgesamt gelangen jährlich mehrere Millionen der köstlichen und gesunden Salatköpfe in den Verkauf. Die Produktion vor Ort, kurze Transportwege sowie eine perfekte Logistik können Vitaminverluste gering halten und garantieren Frische.

Der Salat gilt als ernährungsphysiologisch wertvoll und ist daher speziell in der ernährungsbewussten Küche beliebt. Er ist kalorienarm, enthält aber wertvolles pflanzliches Eiweiß, Ballaststoffe, zahlreiche Vitamine, Spurenelemente und Mineralstoffe. Reichlich Vitamin C kommt überwiegend in den Außenblättern, den äußeren und inneren Kopfblättern sowie den Herzblättern vor. Außerdem punktet der Grazer Krauthäuptel durch seinen hohen Folsäuregehalt.

Die steirische Landeshauptstadt ist der Namenspatron des bitterfreien Krauthäuptels.

GRÜNER VELTLINER

Grüner Veltliner ist eine Rebsorte mit starker österreichischer Authentizität. Bemerkenswert ist die Bandbreite, die Österreichs meistexportierte Weißweinsorte anbieten kann: Abhängig vom Terroir, von der Traubenreife und vom Alter reicht ihre Stilistik von frischen, unkomplizierten Sommerweinen über kräftige Prädikatsweine mit würziger Aromatik bis hin zu vielschichtigen Weinen mit großem Lagerpotenzial, gehaltvollen Trockenbeerenauslesen und Eisweinen. Charakteristisch ist dabei, dass der typische Geschmack des Grünen Veltliners immer zu erkennen bleibt. Er ist im Allgemeinen würzig, pfeffrig und fruchtbetont.

„MUSCATELLER“ EINST ALS MASSENWEIN

Die genaue Herkunft des Grünen Veltliners ist bis heute nicht eindeutig geklärt. Dem österreichischen Historiker Erich Landsteiner zufolge fand er als „Muscateller“ erstmals 1581 urkundlich in einem Vertrag zwischen der Wiener Hofkammer und dem Wiener Kaufmann Jobst Croy Erwähnung. Zur selben Zeit wurde aber auch dem Wein aus dem italienischen „Valtellina“, Veltlin, eine Verwandtschaft zum Grünen Veltliner nachgesagt. Im 18. Jahrhundert tauchte die Rebe dann urkundlich als „Grüner Muskateller“ in Niederösterreich nördlich der Donau und in den angrenzenden Weinbaugebieten der March und Thaya sowie im Gebiet des Manhartsberges auf.

Unter der Bezeichnung „Grüner Veltliner“ ist die Rebe erst seit Mitte des 19. Jahrhunderts bekannt. Der historische Name „Grünmuskateller“ ist nämlich auf die früher vorherrschende, irrtümliche Annahme zurückzuführen, die Rebsorte sei mit dem Muskateller verwandt. Der heute ebenfalls nicht mehr gebräuchliche historische Name „Mounhartsrebe“ nimmt Bezug auf seine frühere Verbreitung und Herkunft im Gebiet des Manhartsberges. Der Name „Weißgipfler“ wiederum verweist auf die weißlichen, behaarten Triebspitzen.

Wie auch immer seine einstigen Namen lauteten: Ein faktisch viel wichtigerer Entwicklungsschritt zur Qualitätssteigerung der lange Zeit als Massenware eingestuften Reben geschah durch den Wechsel zur Ziehung in Hochkultur, entwickelt durch Lenz Moser (1905–1978) in den 1930er Jahren. 1972 wurde die Rebsorte Grüner Veltliner schließlich gesetzlich als Qualitätsrebsorte anerkannt. Und in den letzten beiden Jahrzehnten hat der heimische Paradeweißwein nicht zuletzt wegen seiner Vielseitigkeit eine fulminante Erfolgsgeschichte geschrieben.

EIN GENÜGSAMER ALLROUNDER

Die Traube des Grünen Veltliners zeigt sich mittelgroß, mitteldicht und typisch kegelförmig. Die Beeren sind rundlich, mit grün-gelb gefärbter Haut und farblosem Fruchtfleisch. Moderne Technik konnte auch etwas Licht ins Dunkle der botanischen Abstammung bringen. So scheint die Sorte eine Art Zufallskreuzung zu sein. Mütterlicherseits ist sie, wie Genanalysen zeigen konnten, ein Abkömmling des Traminers, väterlicherseits dürfte sie von der erst kürzlich entdeckten, dominanteren Rebsorte „St. Georgen“, benannt nach ihrem niederösterreichischen Fundort, abstammen. Mit der Veltlinerfamilie ist sie nicht verwandt, worauf bereits 1887 Hermann Goethe im „Handbuch der Ampelographie“ richtigerweise hinwies.

Als ausgeprägt eleganter Weißwein vertritt Grüner Veltliner das Weinland Österreich international sehr erfolgreich.

Ungeachtet ihrer botanischen Wurzeln gilt sie in Österreich als wichtigste Rebsorte, denn hier findet der Grüne Veltliner ideale Boden- und Klimabedingungen. Auf Grund seiner Frostbeständigkeit eignet er sich optimal für den Anbau in Gebieten mit kühlerem Klima. Mit rund 17.500 Hektar nimmt er heute mehr als ein Drittel der österreichischen Gesamtrebfläche ein. Die Hauptanbaugebiete liegen im Bundesland Niederösterreich mit Schwerpunkt in den Regionen Weinviertel, Kamp- und Kremstal, Donauland sowie Wachau. Weitere Anbauflächen finden sich in Wien und im Burgenland. Grüner Veltliner ist eine recht genügsame Rebsorte und stellt keine großen Ansprüche an den Untergrund. Jedoch nimmt der Bodentyp, auf dem er kultiviert wird, großen Einfluss auf die Geschmacksausprägung des Weins. So bringen etwa Urgesteinsböden besonders stahlige, feinwürzige und mineralische Aromen hervor, während auf Lößböden, wie etwa im nördlichen Weinviertel, ein körperreicher Wein mit intensiven, robusten Würznoten entsteht.

Die finessenreichen Trauben des Grünen Veltliners werden in sorgfältig angelegten Weingärten kultiviert.

In der warmen Herbstsonne reifen die prallen Trauben dem Höhepunkt zu. Süße und Säure bestimmen den Erntezeitpunkt. Dann wird gelesen – von Hand versteht sich!

Der finessenreiche Wein besticht stets durch sein sortentypisches Bouquet und seine Frische. Sein Geschmack ist im Allgemeinen unverkennbar würzig, pfeffrig und erinnert an Äpfel, Birnen, Kiwi, Grapefruit oder Ananas. Anflüge floraler Noten, aber auch von Gras, weißem Pfeffer oder Tabak lassen sich ebenfalls erkennen. Mit zunehmendem Alter kommen Aromen, die an Brot-, Nüsse- und Mandeltöne erinnern, zum Vorschein.

Als Speisenbegleiter konnte sich der Universalist einen internationalen Namen machen. Denn einerseits passt er hervorragend zur traditionellen österreichischen Küche, harmoniert aber auch, beispielsweise als gehaltvollerer Typ, bestens mit Speisen mit asiatischem oder orientalischem Touch.

HEURIGENKULTUR

Die Geschichte des Heurigen geht auf die des Weinbaus in und rund um Wien zurück. Vermutlich wird bereits seit Kaiser Probus (232–282 n. Chr.), einem großen Förderer der Rebpflanzung, Wein ausgeschenkt. Zur Zeit Karls des Großen (742–814) wurde den Weinhauern für drei Monate im Jahr der Ausschank gestattet. Parallel dazu entstand die Tradition, einen Föhrenbusch über dem Eingang der Schenken anzubringen.

Erst sehr viel später, 1784, erlaubte Kaiser Joseph II. (1741–1790) durch die sogenannte Zirkularverordnung den Winzern, selbst erzeugte Lebensmittel, Wein und Obstmost wie, wann und zu welchem Preis sie wollten, zu verkaufen und auszuschenken. Er schuf damit die rechtliche Grundlage für den Buschenschank.

Mitte des 19. Jahrhunderts begann sich der allseits beliebte Heurige zu institutionalisieren. Auch die Schrammel-Musik, bis heute Inbegriff heiter-melancholischer Heurigenunterhaltung, entstand. Bevor die Bezeichnung „Heuriger" im 19. Jahrhundert aufkam, wurde das Ausschenken von Eigenbauweinen als „Leutgeb" oder „Leitgeb" bezeichnet. Der Weinhauer musste den Ausschank der öffentlichen Hand bekannt geben. Den Verkauf machte dann ein Weinausrufer mit Tannenreisig in der Stadt kund, das Reisig, auch „Weinzeiger" genannt, wurde am Schankhaus befestigt. Daher rührt auch die Bezeichnung. Denn bis heute ist es üblich und mancherorts verpflichtend, einen Föhren-, Tannen- oder Fichtenbuschen am Eingang des Betriebes zur Kennzeichnung „auszustecken". Der Buschenschank-Betrieb wird in den Bundesländern Burgenland, Kärnten, Niederösterreich, Steiermark und Wien jeweils durch eigene Landesgesetze geregelt.

Ursprünglich gab es beim klassischen Heurigen in Wien nur drei Arten von Wein: den Heurigen (denn als „Heurige" bezeichnet man auch Weine der letzten Ernte bis zur Ablöse durch einen neuen Jahrgang), den Alten und den „Spezi" oder Spezialwein, ein reinsortig ausgebauter Rebsaft, der als „bester" offener Wein galt. Eine Besonderheit war und ist noch heute der „Gemischte Satz". Für diese Spezialität werden die Trauben von mehreren Rebsorten, die in einem Weingarten zusammen ausgepflanzt sind, gemeinsam gelesen und vergoren.

Heute ist das Weinangebot beim Heurigen deutlich umfangreicher als früher und umfasst je nach Winzer eine kleinere oder größere Anzahl unterschiedlicher Weine. In den traditionellen Obstanbaugebieten, wie etwa in Teilen Nieder- und Oberösterreichs, erfreuen sich auch Mostheurige, die nicht Wein, sondern Most ausschenken, großer Beliebtheit.

Bis in die 1970er Jahre war es selbstverständlich zum Heurigen seine Speisen selbst mitzubringen. Heute zählen zünftig-regionaltypische Spezialitäten zum Angebot. Typisch ist die Brettljause, ein Imbiss mit kaltem Fleisch, Speck, Aufstrichen und eingelegtem Gemüse, oft ergänzt durch den traditionellen Weingartenknoblauch, serviert auf einem Holzbrett.

GUGELHUPF

Ob aus Germ-, Rühr- oder Biskuitteig, marmoriert mit Kakao oder Schokolade, verfeinert mit Rosinen, Rum oder Mandeln, stets kann man den Gugelhupf an seiner typischen Form erkennen. Ab der Biedermeierzeit eroberte der feine Napfkuchen, ein köstlicher Vertreter der österreichischen Backkunst, von Wien aus die ganze Welt. Heute ist der Gugelhupf ein traditioneller Bestandteil des Wiener Frühstücks und der Wiener Jause und gehört fix zur österreichischen Kaffeehauskultur. Einen kulinarischen Stammplatz hat er auch bei Festen und an Feiertagen.

VARIATIONSREICHER KLASSIKER

Alte Kochbücher belegen, dass es lange Zeit kein Standardrezept für den Gugelhupf gab. Je nach Region, festlichem Anlass und wirtschaftlichem Vermögen wurde er aus Hefe-, Rühr- oder Biskuitteig entweder recht einfach oder mit reichlich Butter, Eiern, Mandeln, Zitrone oder Rosinen zubereitet. Im Laufe der Zeit entwickelten sich mit Hilfe mannigfaltiger Ingredienzien und kreativer Zubereitungsformen unterschiedlichste Varianten dieses süßen Napfkuchens.

Klassisch sind sicher der Germgugelhupf, der Wiener Gugelhupf mit Rosinen und der Kaisergugelhupf mit Sultaninen und Mandeln. Der gerührte Gugelhupf besteht aus Rührteig und macht, mit Kakao oder Schokolade veredelt, als Marmorgugelhupf beste Figur. Je nach geschmacksgebender Zutat finden sich auch Rezepte für Rum-, Topfen- oder Kokosgugelhupf. Besonders reich an Eiern ist wiederum der flaumige Biskuitgugelhupf.

Eines haben alle Variationen gemein. Sie werden immer in der typisch gegupften Kranzform mit geschwungenen Rippen und einem „Kamin" in der Mitte, über den Hitze beim Backen entweichen kann, in den Ofen geschoben. Und vor dem Servieren wird der Gugelhupf noch leicht mit Staubzucker bestreut oder mit Glasur überzogen.

BACKFORMEN EINST UND HEUTE

Der Gugelhupf war den Römern schon vor etwa 2000 Jahren bekannt, wie Funde aus Carnuntum, Budapest, dem Rheintal und Frankreich zeigen. Diese Ausgrabungen belegen, dass die von den Römern verwendeten Backformen nahezu unverändert den heutigen gleichen. Die Modelle von damals fertigte man aus Bronze oder Kupfer. Die Gugelhupfform symbolisiert vermutlich seit jeher ein rotierendes Sonnenrad. Nicht klar ist, welche Teigvarianten in früheren Zeiten gewählt wurden.

In den Wirren der Völkerwanderung nach der Römerzeit verschwanden die Gugelhupfformen und erst im 15. Jahrhundert tauchten wieder einschlägige Rezepte und entsprechende Backformen auf, die in den Alpenländern rasch Verbreitung fanden. Ausgehend von Holzmodeln kannte die Renaissance bald auch Formen aus Kupfer und verzinnten Kupferblechen. In der bäuerlichen Küche wurde bis weit ins 19. Jahrhundert Hafnerkeramik für die Backformen verwendet. Im 19. Jahrhundert setzten sich dann industriell erzeugte und auch beschichtete Blechmodelle durch.

KULINARISCHES STATUSSYMBOL

Die Erzherzogin von Österreich und Königin von Frankreich, Marie Antoinette (1755–1793), soll den Gugelhupf aus dem Alpenland schließlich an den königlichen Hof von Versailles bei Paris gebracht haben. Die Franzosen sind übrigens der Meinung, dass der Gugelhupf – dort „Kouglof" genannt – seinen Ursprung in dem elsässischen Städtchen Ribeauvillé hat.

Etwa ab dem 18. Jahrhundert, vor allem aber ab der Biedermeierzeit, erlebte der Gugelhupf eine lukullische Wiederbelebung und trat von Wien aus seinen Triumphzug durch die Länder der Habsburger-Monarchie an.

Einen wichtigen Beitrag zum Erfolg des feinen Kuchens leistete Kaiser Franz Joseph I. (1830–1916), der ihn sich speziell in seiner Sommerresidenz Bad Ischl zum Frühstück regelmäßig servieren ließ. Der einst einfache, ländliche Kuchen entwickelte sich zu einem regelrechten Statussymbol und durfte bald auf keinem bürgerlichen Jausen- bzw. Frühstückstisch mehr fehlen.

Der original Kärntner Reinling ist ein mit dem Wiener Gugelhupf verwandtes traditionelles Kärntner Festtagsgebäck.

SPANNENDE WORTHERKUNFT

Es wird angenommen, dass sich der Name „Gugelhupf" von seiner Form ableitet: rund und hoch, wie ein „Kegel" bzw. „Gugel" (Kugel). Das „Hüpfen" in „-hopf" oder „-hupf" bezieht sich möglicherweise auf das „Aufgehen" des Hefeteiges.

Eine andere Auslegung meint, dass der Gugelhupf, auch „Gugelhopf", „Kugelhupf" oder

Die Legende erzählt, dass Königin Marie-Antoinette den aus Österreich stammenden Gugelhupf an den Hof von Versailles gebracht und auch im Elsass eingeführt hat.

REINLING

Kulinarhistorisch betrachtet ist der Reinling, fälschlich auch als „Reindling" bezeichnet, mit dem Wiener Gugelhupf verwandt. In seiner Urform war der Reinling ein gesüßtes Weißbrot, das, vorwiegend mit Fenchel, in einem „Schartl", einer flachen Röstpfanne, gebacken wurde.

Die alten Reinlingsbackformen waren meist aus Ton und hatten fallweise in der Mitte nur einen kurzen Zapfen, weshalb der klassische Reinling allenfalls eine mittige Ausbuchtung, doch niemals einen durchgehenden Kamin aufweist. Der Ausdruck „Reinling" verweist auf seine ursprüngliche Herstellung in einer runden oder viereckigen Pfanne, der „Rein". Heutzutage sind alte Formen nur mehr selten zu finden und man verwendet meist einfach eine Gugelhupfform zum Backen des Teiges.

Der Reinling ist besonders in Kärnten als Festtags- und Brauchtumsgebäck weit verbreitet. Aber auch in der Steiermark, im südlichen Burgenland und dem Lienzer Talboden kennt man die süße Backware. Sie bildet in vielen Haushalten zu Ostern neben Eiern, Selchfleisch und Würsten den Hauptbestandteil der zu weihenden Speisen. Der Reinling nimmt ebenso im Paten- und Hochzeitsbrauchtum eine wichtige Rolle ein und hat besonders zu Allerheiligen Tradition.

War der Kuchen früher ausschließlich bäuerliche Brauchtums- und Festtagsspeise, so ist er heute, aus Germteig und typischerweise mit Zucker oder Honig, Rosinen und Zimt hergestellt, ebenso als Sonntags-„Gugelhupf" sehr beliebt.

Gut in Form – die typische, hohe Kranzform aus Metall oder Keramik mit einer kaminartigen Öffnung in der Mitte.

REZEPT

MARMORGUGELHUPF

Zutaten für 1 Form, Durchmesser 20 cm, Höhe 9,5 cm

Gugelhupfmasse
233 g Butter
55 g Speisestärke
18 g Staubzucker
16 g Vanillezucker
1 g Salz
90 g Eidotter
140 g Eiklar
160 g Kristallzucker
190 g Mehl, gesiebt

Kakaomasse
13 g Öl
10 g Kakao
8 g heißes Wasser
ca. 333 g der Gugelhupfmasse (ein Drittel der gesamten Masse)

Mandeln, gehobelt, für die Form
Staubzucker, mit 10 Prozent Vanillezucker gemischt, zum Anzuckern

ZUBEREITUNG

Butter, Speisestärke, Staubzucker, Vanillezucker und Salz schaumig rühren. Eidotter nach und nach zugeben. Eiklar mit Kristallzucker zu Schnee schlagen. Beide Massen kurz vermischen.

Anschließend das Mehl unterrühren. Öl, Kakao und Wasser verrühren. Ein Drittel der Gugelhupfmasse mit der Öl-Kakao-Wasser-Mischung verrühren. Die restliche Gugelhupfmasse fertig mischen und abwechselnd mit der Kakaomasse in eine mit gehobelten Mandeln ausgestreute Gugelhupfform füllen.

Bei 160 °C ca. 60 Minuten backen. Stürzen, auskühlen lassen und anzuckern.

Butter ist eine unersetzliche Zutat für die Gugelhupfmasse.

„Kugelhopf", seine Bezeichnung der Ähnlichkeit mit der mittelalterlichen Kopfbedeckung „cuculla" („Gugl"), die speziell Marktfrauen trugen, verdankt. Diese bestand aus einer Kapuze mit angenähtem, breitem Kragen, der die Schultern bedeckte.

Vermutet kann ebenfalls werden, dass der Name „Gugelhupf" vom lateinischen „Cuculla offa" abstammt, der Bezeichnung eines Gebäcks, das für junge Mönche bei Eintritt ins Kloster gebacken wurde. Die Kapuze der Kapuzinertracht bezeichnete man ebenfalls mitunter als „Gugel".

In alten Kochbüchern finden sich auch Ausdrücke wie „Gogelhopff", „Kugel-Hopff", „Kugelhopf". Weitere Variationen sind „Gugelhupf" oder „-hopf", „Kugelhopf", „Kuglhupf" oder französisch „Kougel-" oder „Gougelhof". Johann Georg Krünitz führt in seiner ökonomisch-technologischen Enzyklopädie die Bezeichnungen „Napfkuchen", „Aschenkuchen", „Gugelhopfen", „Kugelhippe", „Topfkuchen" und „Scherbelkuchen" an. In Vorarlberg nennt man den Kuchen auch „Ofenkatze", weil seine Form an eine auf dem Ofen zusammengerollte Katze erinnert. In manchen deutsprachigen Gebieten außerhalb Österreichs trägt er heute die Bezeichnung „Rodonkuchen", im Elsass ist er unter den Namen „Cougloff" und „Baba" bekannt.

In der Steiermark wurde der Gugelhupf traditionell bei Hochzeiten als eine kronenartige, mit Blumen, Myrten und Buchszweigen geschmückte „Kopfbedeckung" genützt. Ringsum war der Kuchen mit Kerzen besteckt, die man anzündete, sobald der vom Brautführer angeführte Zug der Tänzerinnen den abgedunkelten Saal betrat. Die derart geschmückten Kranzljungfrauen tanzten, bis die Kerzen auf ihren Kuchen niedergebrannt waren. Dann nahmen die Tänzer ihren Tänzerinnen den essbaren Kopfschmuck ab und trugen ihn in den Speisesaal, wo ihn die Hochzeitsgäste mit Genuss verzehrten.

GULASCH

Im Variationsreichtum des Gulaschs spiegeln sich bis heute die kulinarischen Facetten des früheren österreichisch-ungarischen Vielvölkerstaates wider. Die Entstehung dieses Ragout-Klassikers ist eng mit der gastrosophischen Geschichte der k. u. k. Monarchie verknüpft. Nicht nur in Wien, sondern in ganz Österreich zählt Gulasch zu den typischen Wirtshausspeisen. Zudem gehört es untrennbar zum klassischen Angebot beim Wiener Gabelfrühstück und bei der Mitternachtsjause, insbesondere zu Silvester oder in der Ballsaison.

UNGARISCHES HIRTENFLEISCH

Das Fleischgericht „gulyás hús" (= Rinderhirtenfleisch), kurz „gulyás" genannt, war in seiner ursprünglichen Form eine einfache Suppe aus Fleisch und Zwiebeln, die Rinderhirten in der Puszta bereits im Mittelalter über offenem Feuer in einem offenen Kessel kochten. Während in Ungarn noch heute unter dem Begriff „Gulyás" eine Suppe verstanden wird, entspricht dem in Österreich bekannten Gulasch das ungarische „Pörkölt" am ehesten.

Die Geschichte des Gulyás hängt eng mit der des Paprikas zusammen, der im 16. Jahrhundert durch die türkische Besatzung nach Ungarn kam. Da sich Paprikapulver sehr gut anstelle des teuren Pfeffers verwenden ließ, begann man sehr viele Speise damit zu würzen. So auch das Gulaschfleisch, das auf diese Weise zu seinem typischen pikanten Geschmack kam.

GULASCH – EIN KULINARISCHER „IMPORT"

Lange galt das „gulyás hús" als ungarisches Nationalgericht, das hauptsächlich von Bauern und Hirten gegessen wurde. Erst im Zuge des aufkeimenden Nationalbewusstseins der Ungarn am Ende des 18. Jahrhunderts gelangte das Gericht in die Küche gehobener sozialer Schichten. Dadurch kam Gulasch in allen Kreisen in Mode und verbreitete sich auch außerhalb Ungarns rasch. Die Wiener Küche nahm das „paprizierte" Hirtenessen in ihr Repertoire auf und modifizierte das ungarische Gericht auf Wiener Art. Die Wiener Köchinnen und Kochbuchtautorinnen unterschieden jedoch zwischen einem ungarischen Gulyás und einem Wiener Gollasch bzw. Gulasch.

Die Wiener bereiteten ihr Gulasch zunächst aus zartem Rindslungenbraten zu. Damit die Sauce dickflüssige Konsistenz bekam, begann man das Gericht mit Mehl zu stauben. So wurde Gulasch in Österreich rasch salonfähig. Erst später wurde das wesentlich billigere und besser bindende Fleisch des vorderen Wadschinkens für Gulasch verwendet. Die bäuerliche Küche bereitete Gulasch meist ohnehin aus Schweinefleisch zu.

Gulasch, wie wir es heute kennen und schätzen, ist ein mit Paprika gewürztes Fleischragout von Rind, Kalb, Schwein, Huhn, Lamm oder Hammel. Das „Geheimnis" seines Gelingens liegt im langsamen, mehrere Stunden andauernde Dahinköcheln des würfelig geschnittenen Fleisches im eigenen Saft – fast ohne Flüssigkeitszugabe – zusammen mit Zwiebeln und Gewürzen. Als besonders schmackhaft gilt es nach mehrmaligem Aufwärmen. Denn durch das lange Warmhalten gewinnt der Saft an Sämigkeit und Geschmacksintensität. So sagt schon das Sprichwort: „Aufgwärmt is nua a Gulasch guat."

Der vordere Wadschinken, ein kräftiges, saftiges Teilstück, eignet sich bestens zur Zubereitung eines klassischen Gulaschs.

RINDSGULASCH – VON KLASSISCH BIS EXTRAVAGANT

Rindsgulasch gilt als Klassiker unter den zahlreichen österreichischen Gulaschvariationen. Man bereitet es traditionell aus dem vorderen Wadschinken zu, der aus dem Unterschenkel des Rindes gewonnen wird. Dazu kommen Zwiebeln, Paprikapulver, Majoran, Kümmel, Salz, Tomatenmark und ein Spritzer Essig. Zusätzlich wird das Ragout mit Mehl gebunden. Das sogenannte Wiener Saftgulasch wird wie Rindsgulasch hergestellt, jedoch nicht mit Mehl gestaubt. Die Bezeichnungen Rindsgulasch und Wiener Saftgulasch werden allerdings oft synonym verwendet.

Fiakergulasch wiederum nennt man Rindsgulasch, das mit gebratenen Frankfurtern, Spiegelei sowie einem fächerartig aufgeschnittenen Essiggurkerl verfeinert und oftmals mit einem Knödel als Beilage serviert wird. Kalbsgulasch besteht aus Kalbfleisch, bevorzugt von der Schulter, abgerundet durch Sauerrahm.

Eine ebenfalls mit Sauerrahm verfeinerte und zusätzlich noch mit Sauerkraut gekochte Abwandlung ist das Szegediner Gulasch, das das Restaurant „Zur Spieluhr“ angeblich spontan als „Székely-Gulasch“ für den Budapester Bibliothekar Székely kreiert haben soll. Auch der Schriftsteller József Székely (1825–1895) sowie der Maler Bertalan Székely (1835–1910) könnten es erfunden haben.

Die in Anlehnung an die Bewohner von Szeged als Székler Gulyás bezeichnete Gulaschspezialität ist wieder eine völlig andere Spielart, die ohne Sauerkraut zubereitet wird. Der Grund, warum das „Székely-Gulasch“ in Wien unter der Bezeichnung „Szegediner Gulasch“ zu Popularität kam, könnte darin liegen, dass die Wiener den ungarischen Namen schlichtweg falsch verstanden haben.

Dem echten ungarischen Gulyas entspricht die Wiener Gulaschsuppe, die Genießer aus klein geschnittenen Rindfleischwürfeln mit Zwiebeln, Paprikapulver und Erdäpfelstückchen gekocht bevorzugen. Noch heute kennt man für ihre Zubereitung die traditionelle „Gulaschkanone“, die sich vor allem während des Ersten Weltkrieges als rollenden Feldküche durchsetzte und auch für zahlreiche weitere Suppen Verwendung fand.

Weitere bekannte Gulasch-Varianten sind Bauerngulasch, Esterhazy-Gulasch, Sachergulasch, (Nasch-)Marktgulasch, Herren-, Kaiser-, Salon- und Zigeuner-Gulasch sowie Serbisches bzw. Znaimer Gulasch, aber auch fleischlose Spielarten wie Bohnen- und Eierschwammerlgulasch u.v.m. Das Wiener Erdäpfelgulasch, ein einstiges „Arme-Leute-Essen“, enthält ebenfalls kein Rindfleisch. Der mit Suppe oder Wasser aufgegossene Eintopf besteht aus Erdäpfeln, geschnittener Wurst, Zwiebeln, Paprikapulver, Pfeffer, Majoran und Knoblauch.

GABELFRÜHSTÜCK

Das Wiener Gabelfrühstück zählt zu jenen Alt-Wiener Traditionen, die bis heute gerne gepflegt werden. Einst stellte es im historischen Wien für die hart arbeitende Bevölkerung eine Notwendigkeit dar. Denn es stillte den „kleinen Hunger“ vieler Frühaufsteher zwischendurch. Das half nicht zuletzt, die Zeit vom Frühstück bis zum Mittagessen zu überbrücken.

Die Speisen werden beim Gabelführstück lediglich mit einer Gabel genossen, daher der Name. Auch die Franzosen kennen einen entsprechenden Begriff: Beim „déjeuner à la fourchette“ werden im Stehen Happen gereicht.

Die kleine warme Speise bzw. das zweite Frühstück nimmt man noch heute vormittags, traditionell zwischen 11.00 Uhr und 12.00 Uhr ein, als eigenständige Mahlzeit im Stammbeisl, Wirtshaus oder Kaffeehaus.

Das klassische Wiener Gabelfrühstück besteht entweder aus einem kleinen Gulasch, Würsteln mit Saft, einem Innereiengericht wie etwa Salonbeuschl oder Bruckfleisch, verschiedenen Eierspeisen oder etwas Gebackenem. Es wird meist ohne Beilage, aber gerne mit Gebäck serviert.

REZEPT

RINDSGULASCH (WIENER SAFTGULASCH)

Zutaten für 4 Portionen

900 g Zwiebeln
100 ml Öl oder ausgelassenes Kernfett
3–4 EL Paprikapulver, edelsüß
1 Spritzer Essig (am besten Hesperidenessig)
900 g Rindswadschinken, pariert
1 EL Paradeismark
2 Knoblauchzehen, zerdrückt
Salz
1 TL Kümmelpulver
Majoran, gerebelt
Beilage nach Wahl

ZUBEREITUNG

Zwiebeln fein schneiden, in heißem Fett braun rösten, Paprikapulver untermengen, kurz durchrühren, mit einem Spritzer Essig und etwas Wasser ablöschen.

Etwa 1/2 l Wasser beigeben, Zwiebeln weichdünsten und eventuell passieren.

Fleisch in dicke Würfel schneiden. Mit Zwiebeln, Paradeismark, Knoblauch und Gewürzen zugedeckt am Herd oder im Backrohr schwach wallend ca. 2–3 Stunden dünsten.

Die Flüssigkeit bei Bedarf mit Wasser auffüllen. Das Fleisch soll kernig weich sein, da es im heißen Saft noch nachgart.

Das Wiener Saftgulasch sollte am Ende der Garzeit etwas rotes Fett, den sogenannten Spiegel, an der Oberfläche aufweisen. Als Beilage werden traditionell Salzerdäpfel, Semmel- oder Serviettenknödel gereicht.

Das Fett wird erhitzt und die fein geschnittenen Zwiebeln darin goldbraun geröstet.

Als Nächstes wird edelsüßer Paprika bester Qualität hinzugefügt, wobei darauf zu achten ist, dass er nicht zu lange geröstet wird, da sonst Bitterstoffe entstehen können.

Auf die richtigen Würzzutaten kommt es an: Majoran, Lorbeer und Kümmel dürfen keinesfalls fehlen.

Das Fleisch wird beigefügt, dann darf das Gulasch auf kleiner Flamme ca. drei Stunden gar ziehen – nicht kochen!

Je nach Konsistenz kann das fertige Gulasch am Schluss mit etwas Mehl gestaubt werden.

GURKTALER
LUFTGESELCHTER SPECK

Im Gurktal kann man die frische Bergluft riechen – und schmecken. Denn hier wird der Speck nicht wie anderswo geräuchert, hier wird er „luftgeselcht", das heißt, er wird ganz natürlich mit Hilfe der Luft getrocknet. Und das lässt ihn zu einer kulinarischen Rarität der ganz besonderen Art werden. Nur ausgewählte aromatische Kräuter und Gewürze, etwas Salz und viel Zeit und Geduld bei der Reifung braucht es, bevor der luftgeselchte Speck von Schweinen aus der naturbelassenen Kärntner Alpenregion sein unverfälschtes Aroma offenbart.

EIN LANDSTRICH ALS GURGELNDE SCHÖNHEIT

In Kärnten, an der Grenze zu Slowenien und Italien, an diesem Schnittpunkt dreier Kulturen, breitet sich eine Landschaft wie aus dem Bilderbuch aus: Schroffe Gebirgszüge wechseln sich mit saftigen Almen ab, bewaldete Hänge und klare Seen laden zum Verweilen ein. Im reizvollen Kontrast zu wuchtigen Höhen ziehen malerische Täler durchs Land. In einem davon schlängelt sich die Gurk (vorrömisch für „die Gurgelnde"), ein nördlicher Nebenfluss der Drau. Sie entspringt in den Gurktaler Alpen, durchfließt das obere Gurktal mit der Ebene Reichenau und Gnesau, schlängelt sich dann nach Osten durch das mittlere Gurktal, durchfließt als Untere Gurk das Krappfeld, wendet sich bei Brückl nach Süden und tritt dann in das Klagenfurter Becken ein. Dort beendet sie ihre Reise und mündet in die Drau.

Das Klima zeigt sich im Gurktal milder als es der gemäßigten Zone entspricht, mit warmen und sonnigen Sommern. Kein Wunder, die Beckenlage südlich des Alpenhauptkamms ist ein Privileg. Abgeschirmt von den Kaltfronten des Nordens genießt die Alpen-Adria-Region fast mediterranes Flair. Im Herbst jedoch hängt oft dichter Nebel über dem Tal, während oben im Gebirge die Sonne scheint. Die Winter sind lang und rau.

WAS LANGE WÄHRT, WIRD GUT

Im Gurktal gab es früher auf beinahe jedem Bauernhof Schweine. Sie waren für den eigenen Bedarf gedacht. Traditionell wurde zweimal im Jahr geschlachtet – zu Weihnachten und Ostern. Als besonders wichtig wurde es erachtet, bei abnehmendem Mond zu schlachten.

Weil es an Kühlmöglichkeiten mangelte, mussten sich die Bauern anders behelfen: Sorgsam wurde das Fleisch zu Speck gemacht – ganz ohne Räuchern, nur die Bergluft durfte wirken. Vereint mit Kräutern, Salz – und viel Geduld. Es brauchte Monate, bis der Speck so war, wie er sein sollte: richtig schön abgehangen. Bis es soweit war, kam er zum Getreide in den „Troatkast'n"; oben im Dachboden fand der Speck seinen Platz. Dort im „Speckhimmel" durfte er reifen, bis ihn der Bauer für gut befand.

Seit wann die Gurktaler diese Kunst beherrschen, wissen wir nicht genau. Man kann aber als gesichert annehmen, dass sie die Kunst der Speckbereitung schon vor Jahrhunderten entdeckten und im Laufe der Zeit auch weiter verfeinerten. Die Gurktaler haben dieses Wissen von Generation zu Generation überliefert und somit bis heute bewahrt. Der Speck durfte so bleiben, wie er immer war.

SO MUSS ES IM SIEBTEN SPECKHIMMEL SEIN

Der Gurktaler Luftgeselchte ist geprägt von der Gegend, die wie geschaffen für ihn ist. Hier, wo sich die Adria schon ahnen lässt und mit ihren Winden Grüße schickt, die sich mit Alpenluft vermengen. Diese Mischung macht sein Aroma aus, Kräuter und Salz dürfen helfen. Heute wie damals. Doch nicht nur das Klima tut ihm gut, auch die althergebrachte Machart.

Dabei entfaltet sich sein Geschmack in einer Bandbreite, die erstaunt. Jeder Speck ist anders, überzeugt auf seine Art. Ob Schinken- oder Bauchspeck, Platten- oder Schulterspeck, Osso Collo oder Karreespeck – alles gibt es luftgeselcht, auf Gurktaler Art und Weise. Eine besondere Spezialität ist der Karreespeck „original", schön durchzogen und mit einem zünftigen Fettrand. Allen gemein ist das besondere Aroma, beeinflusst durch die frische Bergluft.

Pökeln ist unerlässlich, doch trotzdem muss der Speck mild bleiben!

Damit das so bleibt, haben sich die Speckerzeuger zur „ARGE Gurktaler Luftgeselchter Speck" zusammengetan. Seit 1999 stehen eine Hand voll Familienbetriebe und Gewerbebetriebe für das kulinarische Erbe ein und verpflichten sich zur Einhaltung strenger Qualitätskriterien. Diese beginnen bei der Auswahl, Haltung und Fütterung der Schweine, die grundsätzlich aus dem Gurktal stammen. Nur wenn das Angebot nicht ausreicht, darf man ausnahmsweise auf Schweine aus anderen Kärntner Regionen zurückgreifen.

Gurktaler Luftgeselchter Speck wird aus Schweinen der Region erzeugt, deren Auswahl, Haltung und Fütterung strengen Qualitätskontrollen unterliegt.

Hier wird der Speck nicht geräuchert, hier wird er luftgeselcht – ein Verfahren, das auf Rauch verzichtet und mit der reinen Luft des Gurktals auskommt.

Hauptsächlich werden Landschweine, Edelschweine, Durocschweine und Kreuzungen aus Kärntner Zuchtprogrammen verwendet. Die Tiere werden langsam gemästet und artgerecht gefüttert. Geschlachtet wird so schonend wie möglich, auf Kleinschlachthöfen, die teilweise gemeinschaftlich geführt sind und nur wenige Kilometer Transportweg erfordern.

DAS GURKTAL VERPFLICHTET

Auch die weiteren Zubereitungsschritte orientieren sich an der überlieferten Erfahrung. Der Speck wird wie in alten Zeiten behandelt und schonend getrocknet. Nur der „Speckhimmel" sieht mittlerweile anders aus. Spezielle Lagerräume bieten kontrollierte Bedingungen und entsprechen heutigen hygienischen Ansprüchen. Eine Temperatur zwischen 12–13 °C mit 74–78 Prozent Luftfeuchtigkeit sowie ein leichter Luftzug sind optimal. Doch ohne Geduld geht es trotzdem nicht, denn die Lufttrocknung braucht Zeit: Acht bis zehn Monate hängt der Speck, bis er optimal gereift und vollendet ist. Er verliert dabei einen guten Teil seines Gewichts, gewinnt jedoch seine einzigartige Beschaffenheit sowie seine kräftig-rote Farbe und der Speckanteil wird so weiß wie Schnee. Je größer der Speckrand, umso besser ist er, der Gurktaler Luftgeselchte Speck. Weil er nicht aus der Räucherkammer kommt, wird sein spezifischer Geschmack nicht durch Räucher-Aromen maskiert und er gilt daher als besonders bekömmlich.

Durchschnittlich zehn Tonnen werden über das Jahr hindurch produziert. Abnehmer finden sich schnell. Seit einigen Jahren kooperieren die Erzeuger mit lokalen Gastronomiebetrieben, die den Luftgeselchten auf ihrer Speisekarte führen. Im Einzel- oder Großhandel ist er nicht zu finden, nur in ausgewählten Feinkostläden. Meist wird sowieso direkt an den Konsumenten verkauft. Egal ob daheim, im Restaurant, beim Gurktaler Speckkirchtag oder bei der Speckprämierung – der Luftgeselchte ist unverkennbar: gut marmoriert, von fester Konsistenz und zartem Biss, mit ausgeprägter, echter Würze und einem Aroma, wie es nur durch langes Reifen entsteht. Dass es nie genug gibt, macht ihn noch begehrter.

HAUSWÜRSTEL

Spricht man von Hauswürsteln, so ist eine Vielfalt an Würsteln gemeint, die nach hauseigener und somit unterschiedlichster Rezeptur hergestellt werden. Eben jeweils „nach Art des Hauses"! Grob lassen sie sich einerseits den gebrühten Fleischwürsten, andererseits den schnittfesten Rohwürsten zuordnen. Doch auch innerhalb dieser Zuteilung präsentieren sie sich äußerst variantenreich. Denn aufgrund der individuellen Rezeptur hat jedes Hauswürstel seinen einzigartigen Geschmack und sein charakteristisches Aussehen. Und genau das macht Hauswürstel zu einer echten Besonderheit.

FLEISCHWURST ODER ROHWURST? DER VARIANTENREICHTUM DER HAUSWÜRSTEL

Hauswürstel aus der Kategorie der Fleischwürste enthalten neben dem charakteristischen Brät auch Rind- und/oder Schweinefleisch sowie Speck. Nachdem sie einer Umrötung unterzogen wurden, werden sie getrocknet, heiß geräuchert, danach kurz gebrüht und abschließend abgekühlt. Diese Würstel fallen daher in die Unterkategorie der Brühwürste.

Rohe Hauswürstel hingegen werden ohne Brät, jedoch ebenfalls aus Rind- und/oder Schweinefleisch sowie Speck hergestellt. Sie werden kalt geräuchert und anschließend getrocknet und nicht gebrüht. Sie gelten als „schnittfeste Rohwürste ohne Belag".

Beiden Varianten gemeinsam ist ihre sichtbare, grobe Speckeinlage in einer Körnung zwischen fünf und acht Millimeter. Und alle Hauswürstel werden, mit ausgewählten Gewürzen wie etwa Pfeffer, Kümmel Knoblauch versehen, in Wursthüllen gefüllt und vor dem Verzehr geräuchert. Nicht nur die Herstellungsweisen, auch die Verzehrgewohnheiten der Hauswürstel sind unterschiedlich. Während die gebrühten Hauswürstel in der Regel heiß gemacht und mit Senf und Gebäck verspeist werden, dürfen rohe Hauswürstel als klassische Jausenwürstel auf keiner kalten Brettljause fehlen.

In der Zahl der Variationen haben die rohen Hauswürstel eindeutig die Nase vorn. So kennt man diese Jausenwürstel zum Beispiel als Kärntner Hauswürstel, Tiroler Hauswürstel, steirische Hauswürstel, Kürbiskernhauswürstel oder aber auch als Picknickwürstel. Regional finden sich rohe Hauswürstel auch unter der Bezeichnung Bauernkrainer wieder. Als klassische Vertreter aus der Kategorie der Fleischwürste gelten hingegen die burgenländischen Hauswürstel.

URALTE WURSTTRADITION

Vermutlich nahm die Herstellung von Würsten ihre Anfänge mit der beginnenden Domestizierung von Schweinen. Historische Kochbücher, wie etwa die des römischen Gourmets Apicius, der im 2. Jahrhundert v. Chr. lebte, lassen bereits die damalige Variationsbreite von Würsten mit allerlei Fleischeinlagen erkennen.

Vorläufer der heute bekannten Wurstsorten gab es nachweislich bereits im Mittelalter. So empfehlen schon die Kochbücher dieser Zeit das Fleisch von fast allen essbaren Tieren zur Wurstverarbeitung. Im 18. und 19. Jahrhundert waren die Würste, zumindest wenn es nach der berühmten Kochbuchautorin Anna Dorn geht, eine „sehr beliebte und schmackhafte Garnierung der Zuspeisen". Vor allem in den ärmeren Bevölkerungsschichten galten sie als besonders beliebte Speise.

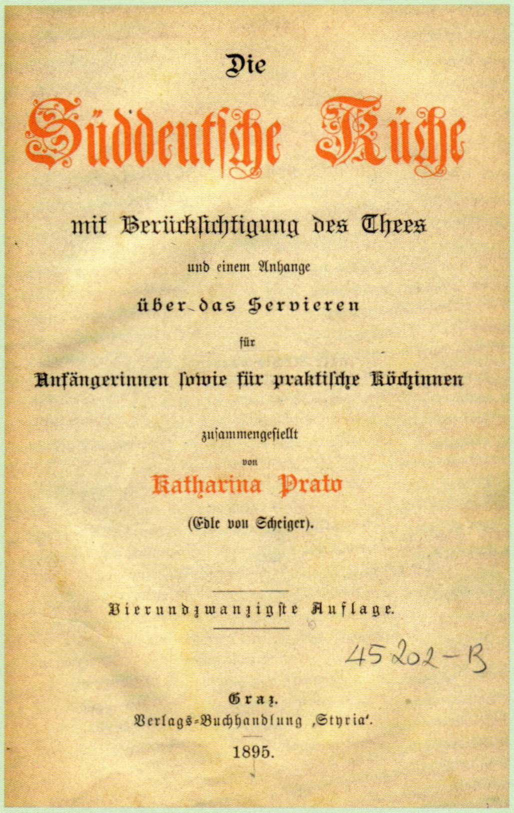
Die

Süddeutsche Küche

mit Berücksichtigung des Thees

und einem Anhange

über das Servieren

für

Anfängerinnen sowie für praktische Köchinnen

zusammengestellt

von

Katharina Prato

(Edle von Scheiger).

Vierundzwanzigste Auflage.

45202-B

Graz.

Verlags-Buchhandlung „Styria".

1895.

In ihrem berühmten Standardwerk „Die süddeutsche Küche" befasste sich Katharina Prato ausführlich mit der Kunst des Selber-Wurstens.

VOM HAUSSCHLACHTEN UND SELBER-WURSTEN

Früher fiel der Zeitpunkt der Schlachtung meist in die kalte Jahreszeit. Gründe hierfür waren die niedrigeren Temperaturen und damit eine längere Haltbarkeit des Frischfleisches sowie die Tatsache, dass diese Jahreszeit im Allgemeinen weniger Arbeit mit sich brachte. Die Herstellung von lang haltbaren Hauswürsteln gehörte bei der Hausschlachtung traditionell zum Standard.

Beispielsweise beschäftigte sich die bekannte Kochbuchautorin Katharina Prato ausführlich mit dem Selber-Wursten. Denn dies gehörte im 19. Jahrhundert zu den selbstverständlichen Fertigkeiten, über die eine gute Hausfrau zu verfügen hatte. Sowohl hygienische als auch technologische Gründe machten es lange Zeit jedoch schwierig, Würste in ihrer rohen Form, wie wir sie heute als Jausenwürstel kennen, zu erzeugen. Die klassischen Rohwürste gelten daher als verhältnismäßig „junge" Erfindung und sind seit etwa 250 Jahren belegt.

Leicht geräuchert und in klarer Bergluft gereift – so ist das Hauswüstel für Kenner und Feinschmecker ein köstliches Geschmackserlebnis.

KÄSEKRAINER

Die Krainer Wurst hat ihre Wurzel im heutigen Slowenien. Dort, genau genommen im damaligen altösterreichischen Kronland Krain, wurde die geräucherte „Kranjska klobasa" aus Schweinefleisch, hartem Speck, Salz, Knoblauch und etwas Pfeffer hergestellt.

Angeblich fand schon Kaiser Franz Joseph I. Freude an der Krainer und im 19. Jahrhundert wurde sie bis nach Wien gebracht und dort auf Wochenmärkten und an Würstelständen angeboten. Die Österreicher entwickelten daraus die Käsekrainer, welche ihr „Basisprodukt" heute in Sachen Beliebtheit vermutlich bereits um einige Längen überholt hat.

Auf Grund ihrer Herstellungsweise besitzt die Käsekrainer eine enge Verwandtschaft zum erhitzten Hauswürstel. Durch die typischen, unter die Wurstmasse gemischten aromatischen Käsestückchen wartet sie mit einem ganz besonderen Geschmackserlebnis auf. Schwarzer, grob gehackter Pfeffer gibt der Wurst zusätzlich eine würzige Note.

Die Käsekrainer wird geräuchert und vor dem Verzehr in heißem Wasser gesotten, in der Pfanne gebraten oder aber auch gegrillt. Unter dem wenig glücklich gewählten wienerischen Ausdruck „Eitrige" hat sie Berühmtheit am Wiener Würstelstand erlangt.

ÄHNLICH, ABER DANN EBEN DOCH GANZ ANDERS...

Als Verwandte der Hauswürstel gelten geräucherte und gebrühte Fleischwürste wie Krainer, Schweinswürstel, Selchwürste, Schubwurst und dergleichen. Letztere ist vor allem im niederösterreichischen Weinviertel und in der Gegend um Loipersbach im Burgenland typisch. Ihren Namen hat sie ihrer früheren Machart zu verdanken: Schweinefleisch und Speck wurden in Streifen geschnitten und mit Schweinsnetz umgeben. Diese Füllung wurde dann in einen Wurstdarm „geschoben" und anschließend einer weiteren Bearbeitung (Räucherung, Brühung) unterzogen.

Heute übernehmen moderne Füllmaschinen den „Schub". Dem rohen Hauswürstel ähnlich ist etwa die kaltgeräucherte Knoblauchwurst. Deutlich lässt sich der Unterschied dieser zahlreichen Variationen neben der Würzung vor allem in ihrem Querschnitt erkennen. So hat etwa die Krainer ein deutlich gröberes Schnittbild als Hauswürstel.

HEUMILCH /HEUMILCHKÄSE

Naturreine Heumilch ist eine regionale Spezialität, die heute nicht mehr selbstverständlich ist. Nicht umsonst gilt sie als „reinste Milch“ und ist Rohstoff einzigartiger Heumilchprodukte. Dazu zählt etwa der unverwechselbare Heumilchkäse, der durch seine besondere Qualität und seinen Geschmacksreichtum überzeugt. Denn durch den Verzicht auf Silagefütterung schmeckt der Käse so, wie er schmecken soll: intensiv und authentisch.

URALTE NATÜRLICHE HEUWIRTSCHAFT

Bedingt durch die unterschiedlichen landwirtschaftlichen Gegebenheiten und Traditionen entwickelte jede Alm und jedes Tal spezielles Wissen und eigene Käserezepturen und -sorten. Als Botschafter der Alpenregionen erzählen sie von saftigen Wiesen und Weiden, vom nachhaltigen Wirtschaften der Bauern und von der Kunst des Käsehandwerks. Während die Kühe im Sommer auf der Weide grasen, holen die Bauern das Heu für den Winter ein. Diese traditionelle Art der Heuwirtschaft ist wohl so alt wie die Haltung von Milchkühen in der Landwirtschaft und lässt sich bis ins 5. Jahrhundert v. Chr. zurückverfolgen.

Österreichische Bauern und Senner sind auch heute noch bemüht, ihr über Jahrhunderte gesammeltes Wissen um die Heubereitung und -fütterung zu erhalten und weiterzugeben. Während europaweit nur etwa drei Prozent der produzierten Milch als Heumilch ausgewiesen werden, liegt ihr Anteil in Österreich bei etwa 15 Prozent. Österreich nimmt somit eine echte Vorreiterrolle ein.

STRENGE QUALITÄTSRICHTLINIEN

Im Jahr 2004 haben sich österreichweit Heumilchbauern und Heumilch verarbeitende Käsereien zur „Österreichische ARGE Heumilch“ zusammengeschlossen und gemeinsam das sogenannte Heumilchregulativ entwickelt. Dieses legt fest, unter welchen Bedingungen Heumilch produziert und als solche bezeichnet werden darf. Die strengen Qualitätsrichtlinien beziehen sich auf den gesamten Herstellungsprozess der Milch. An erster Stelle steht ein Verbot der Verfütterung von Silagefutter, denn die Tiere dürfen ausschließlich im Sommer mit Grünfutter und im Winter mit Heu gefüttert werden. Silage, also durch Milchsäuregärung konserviertes Grünfutter, hat bei der Herstellung von Heumilch nichts zu suchen!

Die Düngung der Wiesen und Weiden ist im Heumilchregulativ genau geregelt. Zwischen Düngung und Nutzung muss eine entsprechende Mindestwartezeit eingehalten werden. Das Ausbringung von Klärschlamm, Klärschlammprodukten und Kompost aus kommunalen Aufbereitungsanlagen ist auf allen landwirtschaftlichen Nutzflächen des Milchlieferanten untersagt, ebenso der Einsatz von Pestiziden. Auch tierische Futterzusätze wie Milch, Molke oder auch Tiermehle sind verboten, ebenso Antibiotika, Chemotherapeutika oder Hormone. Lediglich Getreide darf zugefüttert werden, und auch das nur innerhalb der vorgegebenen Mengenbeschränkungen. Solange die Abkalbung des Tieres weniger als zehn Tage beträgt, besteht ein Milchlieferverbot. Mit diesen Maßnahmen, mit ihrer Sorgfalt und mit dem Wissen, wie sie die Wiesen und Weiden schonend bewirtschaften, garantieren die Bauern die Qualität ihrer Milch.

EXZELLENTE MILCH GIBT EXZELLENTEN KÄSE

Heumilch genießt aber nicht nur als geschmacksintensive Trinkmilch einen hervorragenden Ruf, sondern auch in Form des bekannten Heumilchkäses, der in verschiedensten Sorten sowohl geschmacklich als auch qualitativ einiges zu bieten hat. Denn Heumilch weist im Vergleich zu herkömmlicher Milch eine geringere Anzahl an Clostridiensporen auf. Kommen diese hitzeresistenten Bakterien in zu hoher Konzentration vor, können sie die unangenehme Buttersäuregärung beim Käse auslösen. Fehlerhafte Lochung, Risse und Geschmackfehler des Käses sind die Folgen. Auch durch Pasteurisieren können sie nicht verhindert werden. Chlostridiensporen machen Zentrifugalentkeimung, Mikrofiltration oder gar den Einsatz von Konservierungsmitteln wie Nitrat oder Lysozym notwendig.

Heumilch dagegen kann aufgrund ihrer einzigartigen Qualität als Rohmilch weiterverarbeitet werden und das ganz ohne Beimischung von Konservierungsmitteln oder anderen haltbarmachenden Zusatzstoffen. Dadurch bleibt ihr voller Geschmack erhalten und findet sich am Ende im Käse wieder.

Tagesfrische Heumilch, traditionelle Rezepturen und das handwerkliche Können der Käsemeister lassen die prachtvollen Käselaibe heranreifen.

Während der Reifezeit ist sorfältige Kontrolle und Pflege durch erfahrene Senner unumgänglich.

Geruchs- und Geschmacksfehler, wie sie in Standardmilch mit Silagefütterung häufig auftreten, kommen in der Heumilch kaum vor. Und nicht nur geschmacklich, auch in ernährungsphysiologischer Sicht hebt sich Heumilch von Standardmilch ab. Durch die silagefreie Fütterung liegt der Gehalt an Herz und Kreislauf schützenden Omega-3-Fettsäuren, besonders jener der Alpha-Linolensäure, bei Heumilch signifikant höher.

BREITE PRODUKTPALETTE FÜR JEDEN GESCHMACK

Das Heumilchkäse-Sortiment ist heute recht umfangreich: Es reicht von typischen Hartkäsesorten wie Emmentaler oder Bergkäse, die traditionellerweise aus roher Heumilch hergestellt werden, über diverse Schnittkäsesorten wie Gouda, Bergtilsiter, Seetaler und Sennkäse bis hin zu seltener erzeugtem Weichkäse. Jede Käsesorte wird nach überlieferter und bewährter Rezeptur produziert, die dem Käse seinen spezifischen Geschmack und Körper sowie sein Aussehen verleiht. Die wohl bekanntesten Heumilch-Spezialitäten stammen aus den Regionen Kaiserwinkel, Zillertal, Alpbachtal, Flachgau und Jagdberg.

Neben ihrer Beliebtheit als Frischmilch und ihre vielfältige Einsetzbarkeit in der Käseproduktion eignet sich Heumilch zudem bestens für die Herstellung von Butter. Und auch in der regionalen Küche wird sie gerne verwendet, wie zum Beispiel für köstlich schmeckende Heumilchkäseknödel, im Volksmund auch einfach als „Kasknödel" bekannt.

REZEPT

KÄSESUPPE

Zutaten für 4 Portionen

1 Zwiebel, klein
1 Knoblauchzehe, zerdrückt
40 g Butter
40 g Mehl
1/8 l Weißwein
1 l Rindsuppe
etw. Rosmarin und Thymian
1 Lorbeerblatt
1 TL Pfefferkörner
50 g Bergkäse aus Heumilch, alt
100 g Bergkäse aus Heumilch, jung
50 g Räßkäse aus Heumilch
1/4 l Schlagobers
1 Bund Schnittlauch, geschnitten
Muskatnuss, frisch gerieben

ZUBEREITUNG

Zwiebeln und Knoblauch in Butter anschwitzen, mit Mehl stauben und kurz durchrösten. Mit Weißwein ablöschen und mit Rindsuppe auffüllen. Anschließend 30 Minuten mit den Kräutern und Gewürzen köcheln lassen. Feingeschnittenen Käse und Schlagobers dazugeben, mixen und mit Muskatnuss abschmecken. Abschließend mit Schnittlauch bestreuen.

Heumilch-Bauern verwöhnen ihre Kühe nur mit saftigem Gras und duftendem Heu. Die naturbelassenen Wiesen, Weiden und Almen verleihen der Milch ihren charakteristischen Geschmack.

INNVIERTLER SURSPECK

Die Herstellung von Innviertler Surspeck ist seit dem 18. Jahrhundert überliefert. Es ist den Bauern im Innviertel zu verdanken, dass in der Region bis heute die feine Kunst des Surens bekannt ist. Jede Generation hat ihre Nachkommen immer wieder gelehrt, wie dieser mild-würzige Speck gut gelingt, und das Geheimnis des Würzens sorgsam weitergegeben. Auch die Rezeptur des heute zum Teil gewerblich erzeugten Innviertler Surspecks basiert auf dieser alten Tradition.

EINE REGION MIT ÜBERRASCHUNGEN

Die fruchtbare Hügellandschaft des Innviertels liegt neben dem Hausruck, ganz im Westen von Oberösterreich. Eingebettet zwischen den mächtigen Flüssen Salzach, Inn und Donau bietet die Region ein abwechslungsreiches Landschaftsbild. Im Norden erhebt sich die Kuppe des Sauwaldes, eine plateauartige Erhebung der Böhmischen Masse. Im unteren Innviertel mit den prächtigen Vierkanthöfen der heimischen „Körndlbauern" findet man fruchtbare Schlierlandschaften.

Im oberen Innviertel zaubern Moränenlandschaften eine ganz besondere Stimmung. Die dicht besiedelte Region im Voralpenland hat nicht nur eine kulinarische Besonderheit zu bieten, sondern auch so manches kulturgeschichtliches Juwel. Barocke Kirchen, zahlreiche historische Stätten und die Vielfalt an bäuerlichen Hofformen machen die Region zu einem besonders reizvollen Stück Österreich.

Warme Sommer mit durchaus intensiven Regentagen und kalte Winter sind für das Innviertel typisch. Doch die vielen Niederschläge können dem Innviertel nichts anhaben, denn der sandig-kiesige Boden leitet das Wasser gut ab. Das bietet perfekte Voraussetzungen für die Freilandhaltung der Schweine, aus denen der Innviertler Surspeck erzeugt wird.

DAS WISSEN ÜBER DIE FEINHEIT DES SURENS

Seit ewigen Zeiten salzen Menschen Fleisch ein, um es über längere Zeit haltbar zu machen. Pökeln oder Suren zählen zu den ältesten Konservierungstechniken von Lebensmitteln, angeblich wurden sie bereits um 2200 v. Chr. in China eingesetzt. Surspeck kennt man in Europa seit der Antike. Man kann also davon ausgehen, dass es ihn auch im Innviertel schon lange gibt, belegt werden kann die Tradition des Specksurens dort allerdings „erst" seit dem 18. Jahrhundert. Damals soll es auf jedem Bauernhof die dafür typischen Salzfässer – meist aus Holz oder Steingut – gegeben haben; in der Region wird die Delikatesse deshalb auch Kübelspeck genannt.

Auch der Schriftsteller Josef Blau konnte dem mild-würzigen Surspeck einiges abgewinnen. In einem Werk von 1807 erwähnt er die großen Schweineherden im Innviertel und bezeichnet den Innviertler Surspeck gar als Hauptleckerbissen der oberösterreichischen Region.

Ein stilles Land, in dem der Most in Mengen fließt, wo Speck und Knödel von freundlichen Gastgebern serviert werden.

Bis vor gut 50 Jahren stand Innviertler Surspeck in der Gegend fast täglich am Speiseplan. Mit seinem hohen Fettanteil lieferte er den hart arbeitenden Menschen nicht nur Geschmack, sondern auch die notwendige Energie. Doch dann fiel der fette Speck in Ungnade. Technologische Entwicklungen erleichterten die schwere Hofarbeit und das sich wandelnde Gesundheits- und Ernährungsbewusstsein der Bevölkerung trug dazu bei, dass die Delikatesse zunehmend ins Hintertreffen geriet.

Zum Glück erhält Innviertler Surspeck dank verschiedenster Regionalinitiativen und der zunehmenden Nachfrage nach schmackhaften, authentischen Lebensmitteln seit einiger Zeit wieder neuen Aufschwung. Wahre Feinschmecker wissen heute die Besonderheit der raren Speckspezialität wieder hoch zu schätzen.

REGIONALE TRADITION SCHMECKEN

Bevor die Innviertler Bauern mit dem Speckmachen beginnen, nützen sie die sorgsam weitergegebenen Erfahrungen ihrer Vorfahren und wählen geeignete Schweinerassen aus. Denn nicht jedes Schwein eignet sich für den einzigartigen Innviertler Surspeck. Besonders bewährt haben sich das Edelschwein, die Landsau und das Ungarische Wollschwein bzw. Mangalitza-Schwein sowie Kreuzungen aus diesen Rassen.

Bei der Aufzucht der Schweine achten die Bauern auf artspezifische Besonderheiten; je nach Rasse wachsen die Tiere entweder im Stall (z. B. Edelschwein und Landsau) oder im Freien (z. B. Mangalitza-Schwein) auf. Auch die Fütterung der Tiere ist wohlüberlegt, denn sie schlägt sich im Geschmack des Specks nieder.

Die ersten zwölf Wochen werden die jungen Ferkel von der Muttersau gesäugt, danach kommen Gerste, Roggen und Milch – meist vom eigenen Hof – in die Futtertröge. Silofutter wird nicht verwendet.

Sind die Schweine schließlich ausgemästet, bemühen sich die Bauern, den Weg zum Schlachthof möglichst kurz zu halten. Das ist ganz im Sinne des Tierschutzes, denn es vermeidet unnötigen Stress bei den Tieren. Und das schmeckt man auch im Innviertler Surspeck.

Dann geht es an den Speck: Nach der Schlachtung trennen die Fleischhauer das Fett sorgsam vom Rücken und befreien es von der Schwarte. Denn für die Erzeugung des Innviertler Surspecks wird ausschließlich weißer Rückenspeck verwendet. Das Besondere daran – und das wissen nur wenige: Innviertler Surspeck wird nur mit reinem Steinsalz gesurt, es erfolgt kein Pökeln mit Nitraten oder Nitriten. Dazu schneidet man den Speck in Streifen und reibt ihn mit Salz, frischem Knoblauch und einer dem Hausbrauch entsprechenden Gewürzmischung ein, etwa aus Wacholderbeeren, Pfefferkörnern und Lorbeerblättern. Mit keiner anderen Herstellungstechnik kann der Naturgeschmack des Specks so gut gewahrt werden.

Der köstliche Surspeck stammt von den Rassen Edelschwein, Landsau und Ungarisches Wollschwein (Mangalitza) sowie von Kreuzungen dieser Rassen.

IN DER EINFACHHEIT LIEGT DAS GEHEIMNIS

Ob in Fleischereien oder in bäuerlichen Betrieben, bei der Herstellung von Innviertler Surspeck ist strenge Hygiene oberstes Gebot. Deshalb werden die Speckstreifen heute nicht mehr in Holz- oder Steingutfässer, sondern in luftdicht abschließbaren Plastikbehältern eingelegt und anschließend mit speziellen Gewichten beschwert. Das entspricht auch den EU-Hygienebestimmungen. Mit der Zeit entwickelt sich in den Kübeln eine Salzlake, in der der Innviertler Surspeck in aller Ruhe reifen kann. Nach etwa sechs Wochen ist der Speck fertig, der nun gekühlt bis zu einem Jahr lagerfähig ist.

Innviertler Surspeck besteht fast zur Gänze aus Fett und zeichnet sich durch seine weiße, leicht ins Rosa gehende Farbe aus. Er weist eine außergewöhnlich weiche und zart schmelzende Konsistenz auf und ist mild-würzig im Geschmack.

Innviertler Surspeckknödel mit Sauerkraut – eine typische Delikatesse aus der Region.

Heute wird die Speckdelikatesse überregional geschätzt. Zu kaufen gibt es Innviertler Surspeck entweder direkt ab Hof, in regionalen Fleischereien oder auf Bauernmärkten. In der Region wird er entweder hauchdünn als Jausenspeck aufgetischt oder in kleine Würfel geschnitten zum Füllen der köstlichen Innviertler Surspeckknödel verwendet. Dazu isst man traditionellerweise Sauerkraut und frisches Erdäpfelpüree.

Dünn aufgeschnitten auf einem Bauernbrot mit frischem Schnittlauch schmeckt der Surspeck besonders gut.

JAUNTALER SALAMI

Im Jauntal heißt sie auch Jauntaler Bauernsalami. Das mag daher rühren, dass ihre Herstellung in bäuerlichen Haushalten seit Generationen bekannt ist, angeblich schon seit dem Mittelalter. Seither haben Einheimische das Wissen um ihre Wurst wie einen besonderen Schatz gehütet und damit den typischen Charakter der Jauntaler Salami bewahrt. Heute noch wird sie in kleinbäuerlichen Betrieben nach althergebrachter Rezeptur von Hand erzeugt. Ein echtes und unverfälschtes Geschmackserlebnis.

EINE GENUSSORIENTIERTE REGION

Das Jauntal in Südkärnten liegt größtenteils im Bezirk Völkermarkt. Es reicht im Süden bis zu den Karawanken, umfasst im Norden den Südhang der Saualm und öffnet sich im Zentrum zum flachen Jaunfeld hin. Von jeher zählt es zum traditionellen Siedlungsraum der Kärntner Slowenen. Bekannt ist die Gegend auch für ihr großes, zusammenhängendes Waldgebiet, die Dobrawa, slowenisch für „Eichenwald".

Der Name des Jauntals geht auf die keltische Gottheit Jouenat zurück, der auf dem Hemmaberg ein Heiligtum errichtet wurde. Von ihr leitet sich der Name der bei Globasnitz gelegenen antiken römischen Siedlung Juenna sowie in weiterer Folge der mittelalterliche Name des Berges Iunberch oder Jaunberg und des gesamten Jauntals ab. Mit seinen drei Flüssen – der Drau, der Vellach und der Gurk – und den beiden beliebten Badeseen, dem Klopeiner See und dem Turnersee, bildet das Jauntal ein äußerst reizvolles Stück Landschaft im südlichsten Winkel Österreichs.

EINE WURST, DIE DEN EICHEN ZU VERDANKEN IST

Die Kunst der Fleischkonservierung in Wurstform begleitet eine lange Geschichte. Angeblich füllten schon die Langobarden – ein etwa um Christi Geburt bis ins 11. Jahrhundert n. Chr. aktiver germanischer Volksstamm – mit Steinsalz konserviertes Fleisch in gesäuberte Därme. Deshalb auch das Wort „Salami", das sich vom italienischen „salame" ableitet und so viel wie Salzwurst oder Salzfleisch bedeutet. Ausgehend von Italien fand dieser Name seinen Weg über Ungarn nach Österreich.

Salamiartige Würste gab es auch schon im alten Ägypten sowie bei den Griechen und den Römern. Besondere Meister in der Konservierung von Schweinefleisch waren angeblich die Gallier. Dies berichtet zumindest der römische Gelehrte Marcus Terentius Varro (116–27 v. Chr.) in seiner Abhandlung „De re rustica" („Über die Landwirtschaft"). Ihre Würste sollen so gut gewesen sein, dass sie die Römer in größeren Mengen importierten.

Erste Hinweise zur Wursterzeugung findet man in der Verordnung „Capitulare de villis vel curtis imerii" von Karl dem Großen aus dem Jahr 802, die auch im Gebiet des heutigen Jauntals Gültigkeit hatte. Sie beinhaltet zum Großteil Anweisungen zum Umgang mit Sauberkeit bei der Lebensmittelverarbeitung.

Für Jauntaler Salami werden ausgesuchte Schweine aus regionalen Beständen verarbeitet.

Während im Mittelalter Milchwirtschaft und Schafzucht in Kärnten überwog, spielte die Schweinezucht eine nur untergeordnete Rolle. Schweine dienten hauptsächlich zur Eigenversorgung mit dem damals so wichtigen Schmalz.

Der Überlieferung nach erkannten italienische Schweinehirten das große Potenzial der Dobrawa und führten ganze Horden Schweine in den Eichenwald ins Jauntal. Dort wurden sie mit den nahrhaften Früchten der Jauntaler Waldweiden gemästet. Auf diese Art züchteten sie Schweine höchster Qualität. Scherzhaft sagte man deshalb auch, die besten Schinken würden auf Eichen wachsen. Bis heute zeugen zahlreiche Wegenamen in der Region von diesem Zeitabschnitt.

Trotz alldem war Schweinefleisch früher ein rares Gut, das selten frisch zubereitet wurde. Außerdem mangelte es an passenden Kühlmöglichkeiten. Die Bauern machten aus der Not eine Tugend und erfanden regionale Wurst- und Speckspezialitäten. Mit der Jauntaler Salami ist ihnen eine besondere Wurst gelungen, die im Vergleich zu Frischfleisch länger haltbar und somit jederzeit verfügbar ist. Mittlerweile ist die Jauntaler Salamierzeugung in den heimischen Höfen eine nicht mehr wegzudenkende bäuerliche Handwerkstradition.

WIE EINEN SCHATZ BEWAHRT UND GESCHÄTZT

Zum richtig guten Gelingen der Jauntaler Salami tragen viele Faktoren bei, wie etwa das überlieferte Wissen um die richtige Handwerkstechnik und das nötige Fingerspitzengefühl beim Pökeln, Reifen, Trocknen und Lagern. Und nicht zuletzt ist die dem jeweiligen Hausbrauch entsprechende Gewürzmischung das kleine Geheimnis jeder Salami. Sogar das regionale Klima darf nicht außer Acht gelassen werden, denn es prägt Geruch und Geschmack der Wurstspezialität und verleiht der feinen und delikaten Note den letzten Schliff.

Doch bevor es an die Wurstherstellung geht, wählen die Jauntaler Salamibauern sorgsam aus. Denn nur Fleisch und Speck von ausgesuchten Schweinen kommt in die edle Salami. Die Tiere stammen ausschließlich von Bauernhöfen aus der Region und werden überwiegend mit heimischem Futter gefüttert. Geschätzt wird vor allem Mais, denn er bringt den besonderen Geschmack in das Fleisch und lässt den Speck zart und fein werden. Geschlachtet werden die Schweine schließlich bei abnehmendem Mond; nach überlieferter Volksweisheit soll dann das Fleisch besonders saftig bleiben und später das spezielle Aroma mitprägen.

Das Grundrezept der Wurst ist immer gleich: Rohes Schweinefleisch wird mit kernigen Speckwürfeln und einer speziellen Gewürzmischung vermischt. Knoblauchwasser und etwas Wein runden den Geschmack der Wurstfüllung ab. Dann füllen die Bauern die Masse prall und frei von Luft in spezielle Därme. Anschließend wird die Wurst gepökelt, über bestem Buchenholz oder feinsten Buchenholzspänen kalt geräuchert und zum Schluss in zwei Phasen gereift: zuerst im Feuchten, dann im Trockenen. Wenn die Salami unter hoher Luftfeuchtigkeit außen den typischen Schimmel ansetzt, folgt die „Salamidusche" – eine händische Waschung. Anschließend wird sie „in die Kascha" (slowenisch „kaša" = traditionelle Vorratskammer) gebracht. Dort, in trockenem, warmem Klima, kann die Salami in Ruhe weiterreifen.

Die Jauntaler Salami verliert dabei einen guten Teil ihres Gewichts, gewinnt jedoch ihre einzigartige Beschaffenheit und ihre kräftige Farbe. Nach etwa acht Wochen ist der Reifungsprozess abgeschlossen. Nun wird sie vakuumverpackt, etikettiert und nochmals für höchstens eine Woche nachgereift. Jetzt ist die Wurst rundum optimal und für den Verkauf bereit.

Die Bauern des Jauntals haben sich auf 40 Richtlinien geeinigt, die bei der Herstellung dieser köstlichen Salamispezialität strengstens einzuhalten sind.

Das Jauntal gehört zum traditionellen Kerngebiet des Siedlungsraumes der Kärntner Slowenen. Dort hat sich eine Reihe klein strukturierter Produzenten auf die Herstellung der kompakten, würzigen Hartwurst spezialisiert.

DIE LANGE ERFAHRUNG BÜRGT FÜR QUALITÄT

Lange Zeit produzierten die Jauntaler Bauern ihre Salami nur für den Eigenbedarf. Erst nach dem Zweiten Weltkrieg gab es die Spezialität vereinzelt zu kaufen. Heute produzieren im Jauntal an die 150 bäuerliche Handwerksbetriebe Jauntaler Salami nach althergebrachtem Rezept.

Wer Jauntaler Salami kauft, kann sich ihrer Qualität sicher sein. Seit 1997 bilden die Farant-Bauern – das sind Jauntaler Bauern und Direktvermarkter der zweisprachigen Gemeinde Globasnitz/Globasnica – die bäuerliche Gemeinschaft „Juenna“. Wörtlich übersetzt bedeutet „Farant“ Feierabend und war im bäuerlichen Alltag stets ein geselliges Beisammensein nach einer arbeitsreichen Woche.

Das kulinarische Aushängeschild der Farant-Bauern ist die unter dem Farant-Ehrenkodex hergestellte Jauntaler Salami. Alle Mitglieder haben sich verpflichtet, ihre Produkte ausschließlich auf traditionelle Weise nach überlieferter Hausrezeptur herzustellen. Und damit jeder lückenlos nachvollziehen kann, wie und wo die Jauntaler Wurstspezialität entstanden ist, dokumentieren die Farant-Bauern in ihrem Qualitätshandbuch jeden einzelnen Schritt der Wurstproduktion, vom Schwein bis zur fertigen Wurst. Zusätzlich wird die Erzeugung durch die Lebensmittelkontrolle, den Amtstierarzt, die AMA, die Marktaufsicht sowie von Qualitätsbeauftragten des 2001 gegründeten Vereins „Jauntaler Salamibauern“ überwacht und kontrolliert.

Zu kaufen gibt es Jauntaler Salami vorwiegend direkt ab Hof. Aber auch in ausgewählten Buschenschenken oder in gut sortierten Feinkostläden können Feinschmecker sie das ganze Jahr über finden. Und wer kulinarischen Genuss gerne mit Feiern und Festlichkeit verbindet, ist beim jährlichen Salamifest, das Anfang August im Stift Eberndorf stattfindet, gut aufgehoben.

KAISER-SCHMARREN

Der Kaiserschmarren zählt zu den weltweit bekanntesten und beliebtesten Vertretern der österreichischen Mehlspeisenküche. Zart buttrig und herrlich flaumig ist er wirklich eine kulinarische Verführung! Traditionell wird Kaiserschmarren leicht mit Staubzucker betreut und als Haupt- oder Nachspeise oft mit süßem Zwetschkenröster, Apfelmus oder anderem Fruchtkompott serviert.

ENGES VERWANDTSCHAFTSVERHÄLTNIS

Der ursprüngliche Schmarren ist als einfaches, rustikales Gericht bekannt und in seiner althergebrachten Form einem deftigen Sterz ähnlich. Da vor allem Milch, Mehl und Schmalz auf den Bauernhöfen ausreichend vorhanden waren, bereitete man daraus die unterschiedlichsten Gerichte in der Pfanne. Besonders geschätzt wurde der Schmarren, da die in Stücke gerissenen Teigstücke gleich in der Pfanne auf den Tisch kamen und jeder sich direkt bedienen konnte. So waren Schmarren und Sterze für einfache, alltägliche Mahlzeiten üblich.

Schriftlich erwähnt wird ein „Schmarren" erstmal 1563 in der Hochzeitspredigt des deutschen Theologen Johannes Mathesius, in der von einem „feisten" Schmarren die Rede ist. Richtig „salonfähig" wurde das ursprünglich ländliche Grundrezept aber erst relativ spät, nämlich im 18. Jahrhundert. Die sich herausbildende städtisch-bürgerliche Küche übernahm die traditionelle, rustikale Speise und entwickelte daraus den „Kaiserschmarren".

BOTSCHAFTER HEIMISCHER MEHLSPEISENKÜCHE

Kaiserschmarren macht weltweit am internationalen Parkett als kulinarischer Botschafter eine perfekte Figur. Er zählt wohl zu den edelsten Repräsentanten der „Schmarren-Familie". Und das, obwohl seine Zutatenliste geradezu schlicht ist und die Zubereitung geradlinig. Milch, Mehl, Eier, Butter bzw. Schmalz, Zucker und Salz sind sein simples Geheimnis. Umso mehr erfordert die Zubereitung Fingerspitzengefühl und Liebe.

Besonders flaumig wird der Eierteig (Omelettenteig), wenn man das Eiweiß schaumig schlägt und vorsichtig unter die Masse zieht. Oft werden noch Rosinen hinzugefügt. In der Pfanne gebacken, wird der Teig anschließend in kleine Stücke gerissen.

VON KULINARISCHEN EHREN UND MISSGESCHICKEN

Über die genauen kulinarischen Wurzeln des Kaiserschmarrens ist wenig bekannt, es existieren jedoch verschiedene Erzählungen, wie das weltbekannte Gericht zu seinem Namen gekommen sein könnte. Das seit dem 16. Jahrhundert gebräuchliche Wort „Schmarren" lässt sich vermutlich auf das oberdeutsche Wort „Schmer" zurückführen und bezieht sich auf das bei der Zubereitung verwendete Schweineschmalz. In verschiedenen Legenden wird nun die Ent-

stehungsgeschichte des „Kaiser"schmarrens stets mit dem österreichischen Kaiserhaus in Zusammenhang gebracht. Sie hängt vermutlich wirklich, wenn auch indirekt, mit Kaiser Franz Joseph I. (1830–1916) zusammen bzw. mit seinen Gepflogenheiten und kulinarischen Vorlieben. So soll der Kaiser bei einem seiner zahllosen Jagdausflüge im Salzkammergut einen zünftigen „Holzfällerschmarrn" serviert bekommen haben. Ihm zu Ehren wurde das doch recht derbe Gericht mit so „edlen" Zutaten wie Milch, Rosinen, Eiern und Zucker verfeinert. So wurde aus einem einfachen Schmarren der „vornehme" Kaiserschmarren.

Ebenfalls mit dem Salzkammergut hat jene Historie zu tun, die den Kaiserschmarren als kulinarisch interpretierte Huldigung Kaiser Franz Joseph I. und seiner Gattin Elisabeth sieht. Das Paar liebte das Salzkammergut, allen voran Bad Ischl, wo sie regelmäßig zur Sommerfrische weilten. Bei einem ihrer vielen Aufenthalte in Ischl versuchte der kaiserliche Küchenchef seiner Titulierung gerecht zu werden: Er schuf eine leichte Mehlspeise für die Kaiserin. Dazu kopierte er eine in Oberösterreich beliebte einfache Süßspeise aus Mehl, Milch und Eiern, den „Kaserschmarren". Er verfeinerte das Gericht mit Rosinen und servierte es als Dessert. Der Kaiser jedoch verstand der Überlieferung nach den Namen des neuen Gerichtes falsch. So meinte er, der Koch hätte ihm zu Ehren die neue Mehlspeise „Kaiserschmarren" genannt.

Zwetschkenröster ist eine perfekte Beilage zum Kaiserschmarren.

Eine andere Geschichte erzählt, dass dem Hofkoch die Konsistenz des Palatschinkenteiges nicht recht gelungen und der Teig beim Herausbacken zerrissen war. Der Kaiser schickte daraufhin seinen Nachtisch angeblich mit den Worten „So einen Schmarrn ist des Kaisers nicht wert!" zurück. Der missratene Eierkuchen war also seiner Hoheit nicht genehm – so zumindest die Legende. Da das Wort „Schmarrn" umgangssprachlich auch so viel wie „Unsinn" bedeutet, hat der Kaiser möglicherweise nicht nur die misslungenen Palatschinken als Schmarrn eingestuft, sondern sich auch auf den alternativen Wortinhalt bezogen.

Zuletzt existiert noch die Legende, dass der Kaiserschmarren eigentlich ein „Kaiserinschmarren" gewesen sein soll, da er 1854 von Wiener Köchen für Kaiserin Elisabeth kreiert worden sei. Doch die stets auf ihre Linie bedachte Kaiserin fand weniger Gefallen daran als ihr Gatte Franz Joseph I. So wurde die flaumige Mehlspeise einfach zum „Kaiserschmarren" umgetauft.

EIN SCHMARREN NACH ART DES HAUSES

Doch wie kam nun der Kaiserschmarren wirklich zu seinem Namen? Sprachlich dürfte wohl davon auszugehen sein, dass der Wortteil

REZEPT

KAISERSCHMARREN

Zutaten für 4 Portionen

1/4 l Milch
4 Eidotter
15 g Vanillezucker
3 g Salz
140 g Mehl

4 Eiweiß
60 g Kristallzucker
50 g Rosinen
50 g Butter

50 g Kristallzucker, mit etwas Zimt gemischt, zum Karamellisieren

Staubzucker, mit 10 % Vanillezucker gemischt,
Beilage nach Wahl

ZUBEREITUNG

Zwei Drittel der Milch mit Eidotter, Vanillezucker und Salz mischen. Mehl zugeben und glatt rühren, die restliche Milch einrühren. Eiweiß mit Kristallzucker zu einem kompakten, aber noch geschmeidigen Schnee schlagen und unter den Teig heben.

Die Butter in einer Pfanne heiß werden lassen, den Schmarrenteig gleichmäßig darin verteilen und die Rosinen darüberstreuen.

Auf dem Herd bei mäßiger Hitze anbacken, vierteln, wenden und fertig backen oder 15 Minuten im Backrohr backen.

In unregelmäßige Stücke zerreißen, mit Zimtzucker bestreuen und auf dem Herd durch Schwenken oder im Rohr bei 220 °C kurz karamellisieren lassen. Anrichten, anzuckern und mit gewünschter Beilage (Apfelmus, Zwetschkenröster ...) servieren.

Um den Kaiserschmarren ranken sich zahlreiche Legenden im Zusammenhang mit Kaiser Franz Joseph I.

„Kaiser" aus „Kaser", was „Senner" heißt, abgeleitet worden ist. Es ist auch möglich, dass das ursprüngliche „Casa", italienisch „Haus", zu „Kaiser" mutierte, dass wir es also mit einem Schmarren nach Art des Hauses zu tun haben.

Jedenfalls wurde die Auszeichnung eines Gerichtes durch das zusätzliche Attribut „Kaiser-" im 19. Jahrhundert von österreichischen Köchen nur dann vergeben, wenn es galt, ihre exzellente Qualität zu unterstreichen und die Vorfreude auf einen außergewöhnlichen Genuss auszudrücken. Wie dem auch sei – diese so beliebte Köstlichkeit umgibt nach wie vor noch ein Hauch Nostalgie der Donaumonarchie. So drückte diese Speise einst einen gewissen Wohlstand aus, da Zucker und weißes Mehl in früheren Zeiten ein Zeichen für Luxus waren, der dem begütertem Bürgertum und dem Adel vorbehalten blieb.

Sicher ist: Der Kaiserschmarren machte seinem Namen alle Ehre, erreichte er doch innerhalb kurzer Zeit über die Grenzen der Donaumonarchie hinaus Bekanntheit und kulinarische Reputation.

Zum Geheimnis eines gelungenen Kaiserschmarrens zählt die Verbindung von braun gerösteter Außenhaut und zart-flaumigem Innenleben.

KAISERSEMMEL

Traditionell sorgfältig in Handarbeit hergestellt, herrlich knusprig, mit einladend weizengelber Kruste ist die Kaisersemmel immer ein Genuss! Trägt hierzulande nämlich eine kulinarische Spezialität das Prädikat „Kaiser-", so wird besondere Gaumenfreude in Aussicht gestellt und auf die außergewöhnliche lukullische Besonderheit des Produktes verwiesen. Ein ausgezeichnetes Beispiel dafür ist die Kaisersemmel: Sie adelt jedes Brotkörberl.

„LUXUS-SCHMAUS" IN HANDARBEIT

Wer kann schon einem herrlich duftenden Kaisersemmerl widerstehen? Die knusprige Köstlichkeit ist per Definition ein krustenreiches, resches, sternförmig eingeschnittenes Weizenkleingebäck „für den Frischverzehr". Lange bleibt derart Köstliches ohnehin nicht gelagert. Denn am besten ist die Kaisersemmel tagfrisch genossen. Ob „einfach so", leicht bebuttert oder fein belegt: Sie zeugt vom handwerklichen Können heimischer Bäcker. Denn Kaisersemmeln werden traditionell in Handarbeit hergestellt und daher vielfach auch synonym als Handsemmeln bezeichnet.

Woher die Bezeichnung „Kaisersemmel" stammt, ist unklar. Das Wort „Semmel" aber hat sehr alte sprachliche Wurzeln. Denn bereits im Assyrischen hieß weißes Mehl „samidu". Die lateinische Sprache verstand unter „simila" Weizenmehl. Im Mittelhochdeutschen wurde die Bezeichnung inhaltlich vom Mehl dann auch auf das daraus hergestellte Produkt übertragen. Die Semmel war sprachlich „geboren". Vermutet wird, dass die Bezeichnung „Kaisersemmel" auf Weißgebäck besonders erlesener Qualität zurückgehen könnte, wie es für den ehemaligen Wiener Kaiserhof gebacken wurde. Galt doch seit der von 1848 bis 1916 währenden Regierungszeit von Kaiser Franz Joseph I. die Bezeichnung „Kaiser-" in Verbindung mit Speisen und Getränken als Garant für ausgezeichnete Qualität. So entstand womöglich auch die Bezeichnung „Kaisersemmel". Nicht zuletzt zählten ja als „kaiserlich-königliche Hoflieferanten" ausgezeichnete Unternehmen zur handwerklichen Elite.

Eine andere Erklärung ist, dass der Name „Kaisersemmel" nicht Bezug auf den Kaiser nimmt, sondern sich vom italienischen „a la casa" („nach Art des Hauses") ableitet. Und noch anderen Erzählungen zufolge soll die „Kaysersemmel" erstmals um 1750 von einem Wiener Bäcker namens Kayser kreiert worden sein. Sicher ist: Was sich hierzulande Kaisersemmel nennt, ist in anderen deutschsprachigen Regionen ein Brötchen.

VOM KAISER GEADELT

Die älteste Semmel Europas ist fast 3000 Jahre alt. Sie wurde als solche vom Schweizer Brotforscher Dr. Max Währen identifiziert, nachdem sie bereits viele Jahrzehnte unbeachtet als archäologisches Objekt im Magazin eines Museums gelegen hatte. Der nur 3,5 cm lange, verkohlte Gegenstand stammt vermutlich aus der Zeit um 900 v. Chr. und war offenbar den Göttern als außergewöhnliche Besonderheit geopfert worden.

Im 13. Jahrhunderts unterschied man Brot-(Schwarz-), Semmel-(Weiß-) und Luxus-Gebäck. Seit dem 15. Jahrhundert gehörten die Semmelbäcker zum organisierten Gewerbe: 1772 wurde dann allen bürgerlichen Bäckern erlaubt, „Mundgebäck", worunter man das handliche Weißgebäck verstand, herzustellen. Aber Semmel war schon damals nicht gleich Semmel: Nach Form und Qualität gab es viele „Varietäten". So zum Beispiel die feine Rundsemmel, die glatte, nicht gewirkte Doppelsemmel in Form zweier kleiner zusammengefügter Brötchen

Bis Mitte des 20. Jahrhunderts galten Semmeln als Luxusartikel und wurden nur zum Wochenende angeboten, daher wohl auch der Name Kaisersemmel.

meist mit Längsschnitt oder auch die große und kleine Mundsemmel, die aus feinstem Weizenmehl gebacken wurde.

Im 18. Jahrhundert wurden der Preis und das Gewicht der Semmel gesetzlich geregelt. Die Preise für den wichtigsten Rohstoff, das Mehl, schwankten jedoch und waren in Relation zum Fixpreis der Semmel meist hoch. Dadurch konnten die Bäcker kaum Gewinne erzielen. So verwundert es nicht, dass sie den Preis selbst bestimmen wollten. Einer Erzählung zufolge beschloss die Bäckerinnung schließlich im Jahr 1789 eine Deputation zu Kaiser Joseph II. (1741–1790), dem Sohn Maria Theresias, zu entsenden, um diese Satzung zu beeinspruchen und der gesetzlichen Regelung entgegenzuwirken.

Offenbar hatten sie „kulinarische Argumente" bei ihrer Audienz mit dabei. Denn der Kaiser soll von der Handwerkskunst der Bäcker so angetan gewesen sein, dass er die Streichung der gesetzlichen Preisregelung bewilligte.

Noch im frühen 20. Jahrhundert galten Semmeln als luxuriöser „Festtagsschmaus" und wurden nur zu bestimmten Anlässen bzw. am Wochenende verzehrt oder als besondere Belohnung gegeben. Jemandem eine Semmel zu schenken, galt lange Zeit als noble Geste. Nicht nur aufgrund der aufwändigen Herstellungsart wurde speziell die Kaisersemmel bis zur Mitte des 20. Jahrhunderts als Luxusartikel angesehen.

KNUSPRIGKEIT MIT SYMBOLKRAFT

Der Wiener Kaisersemmel als „Weißgebäck" widmet sich auch das Österreichische Lebensmittelbuch. Sie ist als „Backerzeugnis" und weiter als ausschließlich handgewirktes Gebäck (Kleingebäck) definiert. Ein spezielles Merkmal bei ihrer Herstellung ist die lange Teigführung. Sie muss mindestens zwei Stunden betragen. Dabei wird der Teigling intensiv geknetet, gewalkt und gezogen.

Beim Ruhen des Teiges, während des Gärprozesses der Hefe, können sich viele Aromastoffe bilden. Typisch ist zudem der fünfteilige, sternförmige Einschnitt der Oberseite. Er bewirkt eine Erhöhung des Krustenanteils, was den Geschmack der Semmel rescher und aromatischer werden lässt. Der typische Stern ist auch für das verführerische „Krachen" beim Auseinanderbrechen oder Hineinbeißen in die klassische Kaisersemmel verantwortlich.

Frisches Kleingebäck, eine knusprige Versuchung, der nur schwer zu widerstehen ist.

Die Semmel hat schließlich nicht nur als besondere Köstlichkeit kulinarische „Symbolkraft". Auch im Rahmen von Feiern und Festen kommt ihr symbolische Bedeutung zu. Aus Oberösterreich sind sogenannte „Tafel-", „Mahl-" oder „Hochzeitssemmeln" bekannt, die am Tag vor der Hochzeit vom Wirt, bei dem die Hochzeitstafel stattfand, bestellt wurden. Das Gebäck war entweder in üblicher Semmelform, nur etwas größer, gebacken, oder bestand aus zwei zusammengewirkten, gleichartigen Gebäckteilen, die paarförmig in den Ofen kamen. Bestreut wurde das Weißgebäck mit Gewürzen wie Anis, Kümmel oder Fenchel. Große Semmeln kennt man übrigens auch im Hochzeitsbrauchtum von Salzburg und Tirol.

WIENER FRÜHSTÜCK

Ein gediegenes Frühstück ist fundamentaler Bestandteil der österreichischen Esskultur. Besonders in Wien wird diese Tradition seit jeher gerne gepflegt. Einer ihrer wesentlichen Bestandteile ist es, das Frühstück nicht nur zu Hause, sondern auch gerne im Kaffeehaus, mit Familie und Freunden, beim Zeitungslesen und Plaudern, zu genießen.

Die bekannte Wiener Gemütlichkeit steht dabei schon morgens in kulinarisch ganz typischer Form auf dem Tisch. So besteht das klassische Wiener Frühstück meist aus einer Kaffee- oder Teespezialität oder heißer Schokolade. Dazu gesellt sich Gebäck, wie herrlich knusprige Kaisersemmeln, Mohnflesserl (auch Striezerl genannt), flaumige Kipfel oder resche Salzstangerl. Sie werden übrigens aus demselben hochwertigen Teig geformt wie die Kaisersemmeln. Zum Verfeinern des Gebäcks sind Butter, fruchtige Marmelade oder duftender Honig die kongenialen Partner. Nicht selten werden auch Gugelhupf oder fein gefüllte Tascherl serviert. In jedem Fall lädt das Wiener Frühstück ein, den Tag genussvoll und gemütlich zu beginnen.

Kaisersemmeln lassen sich nicht ohne weiteres aus jedem Mehl herstellen. Es muss zur „Führungsart" passen und Eigenschaften haben, die das Wirken des Teiges ermöglichen.

KÄRNTNER BLONDVIEH

Das Kärntner Blondvieh ist eine bodenständige Rinderrasse, die hauptsächlich im Bundesland Kärnten, mit Schwerpunkt in der Region Mittel- und Unterkärnten, vorkommt. Der Legende nach soll Kaiser Franz Joseph (1830–1916) – ein großer Liebhaber des Tafelspitzes – darauf bestanden haben, dass sein Lieblingsgericht aus Fleisch vom Blondvieh zubereitet wurde. Heute ist das Kärntner Blondvieh eine vom Aussterben bedrohte Rinderrasse, deren Überleben nur etwa 120 Bauern (die vorwiegend im Berggebiet Kärntens beheimatet sind) sichern.

DIE GESCHICHTE VOM „SCHÖNEN HORNVIEH“

Literaturberichte legen nahe, dass das Blondvieh ein Abkömmling des Slowenenviehs ist, eines einfärbigen Rinds. Es wurde von slawischen Einwanderern im 6. Jahrhundert n. Chr. nach Kärnten gebracht und mit Gelbvieh und rot geflecktem Vieh von deutschen Siedlern gekreuzt. Es entwickelten sich verschiedene Schläge, wobei früher jede Farbabweichung als eigene Rasse galt.

In der Mittelkärntner Herrschaft Erberstein wurde um 1604 ein Ochsenpaar mit weißer Rückenkennzeichnung gesichtet. Ungefähr 100 Jahre später, um 1703, erwähnte Graf Christalnigg zu Gillitzstein erstmals eine „falchete Melkkuh“, die heute als erste Vorläuferin des Kärntner Blondviehs gilt. 1803 erhielt die Kärntner Ackerbaugesellschaft vermehrt Staatszuschüsse und widmete in der Folge besonderes Augenmerk der „Zucht schönen Hornviehs“. Um 1857 galt das Kärntner Blondvieh als die beste Rinderrasse der Monarchie. Sein Fleisch war äußerst begehrt und wurde in alle Kronländer exportiert.

Gegen Ende des 19. Jahrhunderts war das Kärntner Blondvieh die am meisten verbreitete Rinderrasse. Örtliche Zuchttiermärkte und Ausstellungen etablierten sich und heimische Rinderzüchter gründeten um 1890 in St. Veit an der Glan die erste Viehzuchtgenossenschaft. Damals wurden die Rinder noch nach ihren Zuchtorten (dem Gut Mariahof bei Sankt Salvator und dem Lavanttal) „Mariahofer“ oder „Lavanttaler“ benannt. Auch die Bezeichnung „Norische Rasse“ war gebräuchlich.

Da kein charakteristischer Unterschied zwischen „Mariahofer“, „Lavanttaler“ und „Norischer“ Rasse feststellbar war, einigten sich die Rinderzüchter auf die gemeinsame Bezeichnung „Kärntner Blondvieh“. Ab diesen Zeitpunkt begann die gezielte Züchtung. Weitere Versuche mit Einkreuzungen anderer Rinderrassen blieben ohne Erfolg. Erst nach dem Ersten Weltkrieg erfolgte eine konsequente Reinzucht und 1924 wurde der „Kärntner Landes-Blondvieh-Zuchtverband“ gegründet.

In den folgenden Jahrzehnten hat sich jedoch durch die Bevorzugung von Hochleistungsrassen in der aufstrebenden modernen Rinderzucht der Rinderbestand bis ins Jahr 1990 auf nur noch 100 Stück verringert: Die Rinderrasse war vom Aussterben bedroht. Auf Initiative des Landwirtschaftsministeriums hat sich die Österreichische Nationalvereinigung für Genreserven (ÖNGENE) mit dem Erhalt seltener Nutztierrassen beschäftigt und für die Aufnahme und Förderung des Kärntner Blondviehs im Österreichischen Programm zur Förderung einer umweltgerechten, extensiven und den natürlichen Lebensraum schützenden Landwirtschaft (ÖPUL) – und damit für die Voraussetzungen zur Aufrechterhaltung des Bestandes – gesorgt. Mit Hilfe der „ARGE

AT 36
1255 845
AT 36
1255 845

Das Dreieck zwischen St. Veit an der Glan, Friesach und St. Andrä im Lavanttal ist die Heimat des Kärntner Blondviehs.

Genreserve Rind Österreich", dem Kärntner Rinderzuchtverband und zahlreicher weiterer Partner haben örtliche Rinderbauern durch intensive Zucht- und Erhaltungsarbeit den Muttertierbestand des Kärntner Blondviehs wieder erfolgreich gesteigert. Im Jahr 2010 zählte man bereits 900 Kühe. Heute arbeiten viele lokale Vereine, Initiativen und Verbände, aber vor allem Züchter erfolgreich zusammen, um für die Erhaltung dieser gefährdeten Rinderrasse zu sorgen und die Verwendung ihres Fleisches in der Gastronomie zu fördern.

DIE HEIMAT DES BLONDVIEHS

Geografisch gesehen erstreckt sich Mittelkärnten von der Saualpe im Osten bis zu den Nockenbergen im Nord-Westen Kärntens. Es unterteilt sich in die „Norische Region", das „Hemmaland" und die „Kärntner Holzstraße". Die waldreiche Landschaft ist von einer typischen Hügel- und Seenlandschaft, niedrigen Bergen und agrarisch genutzten Flächen geprägt. Es kultivieren aber auch Bauern in Unterkärnten (Völkermarkt, Lavanttal) sowie im restlichen Bundesland Kärnten, in der Steiermark, Tirol, Burgenland und in angrenzenden Regionen Sloweniens die seltene Rinderrasse.

Die Sommer in Mittelkärnten sind beinahe mediterran. Die gemäßigte Klimazone Kärntens südlich der Alpen zeichnet sich durch eine relativ beständige Wetterlage mit hoher Sonneneinstrahlung aus. Die Sommer sind heiß und mäßig feucht, die Winter lang und rau. Die besonderen Boden- und Klimaverhältnisse in Mittelkärnten prägen die reichhaltige Almflora und ermöglichen eine extensive Haltung von Blondvieh auf den heimischen Almen und Weiden.

AUFFALLENDE MEHRZWECK-RINDERRASSE

Das Kärntner Blondvieh besitzt ein einfärbiges silberweißes bis semmelgelbes Fell und hell pigmentierte Schleimhäute. Beide Geschlechter tragen auffallende wachsgelbe Hörner mit tiefen Einkerbungen und Linien. Die fügsamen Rinder mit ausgeprägten Muttertier-Eigenschaften werden als arbeitsam beschrieben. Als bodenständige Mehrzweck-Rinderrasse hat sich das Kärntner Blondvieh optimal an die Klimaverhältnisse und die alpinen, zum Teil rauen Gegebenheiten in Mittelkärnten angepasst.

Das Kärntner Blondvieh wird artgerecht gehalten. Während der Vegetationsperiode grasen die Tiere die heimischen Almweiden ab und im Winter werden sie großteils in Laufställen gehalten. Es wird nur mit hofeigenem Heu und Gras zugefüttert. Tierische oder gentechnologisch veränderte Futtermittel und Futtermischungen mit Zusätzen oder Milchaustauschfutter zu verwenden, ist strengstens untersagt. Dank dieser Rinderhaltung weisen Milch und Fleisch eine besonders gute Qualität auf. Diese extensive Tierhaltung liefert einen wichtigen Beitrag für eine nachhaltige alpine Landwirtschaft in Mittelkärnten.

Das Fleisch stammt von 15–20 Monate alten Ochsen, die in Kärnten geboren und aufgezogen wurden. Es ist in seiner Struktur feinfaserig und zeichnet sich durch eine regelmäßige Marmorierung aus. Die hervorragende Saftigkeit und Zartheit des Fleisches und sein typischer Rindfleischgeschmack werden durch die zahlreichen Gräser und Kräuter der Almwiesen und das traditionelle Wissen um das richtige Schlachten und Abhängen von Rindfleisch erreicht.

Bei der Schlachtung der Tiere achten die Bauern darauf, die Ochsen beim Transport möglichst wenig Stress auszusetzen. Und dank des ausgeklügelten Kontrollsystems der AMA (Agrarmarkt Austria) können Konsumenten die Herkunft des Fleisches, von der Geburt des Rindes bis zum angerichteten Fleisch, rückverfolgen.

Schon Kaiser Franz Joseph soll darauf bestanden haben, dass sein Tafelspitz vom Kärntner Blondvieh kam.

Das Fleisch des Kärntner Blondviehs zeichnet sich durch exzellenten Geschmack, Feinfaserigkeit und – dank des eingelagerten Fetts – spezifische Marmorierung aus.

KÄRNTNER BRILLENSCHAF

Das Kärntner Brillenschaf hat eine äußerst bewegte Vergangenheit. Mit seiner markanten, unverwechselbaren Kopfzeichnung war es einst in der Kärntner Bergwelt häufig anzutreffen. Doch im Laufe der Zeit verschwand es beinahe gänzlich. Seine Rettung kam gerade noch rechtzeitig, derzeit besiedeln wieder mehr als 4000 Brillenschafe die österreichischen Berggebiete. Dennoch gilt das Kärntner Brillenschaf noch heute als „seltene Nutztierrasse" und ist nach wie vor vom Aussterben bedroht.

WIE ALLES BEGANN …

Die Schafhaltung in Kärnten kann bis ins frühe Mittelalter zurückverfolgt werden. Die Tiere waren zur damaligen Zeit vor allem auf sogenannten „Schwaighöfen" zu Hause. Meist waren es jene Gebiete, die widrigste Bedingungen wie etwa eine karge Vegetation oder steile Berghänge vorzuweisen hatten, in denen man sich der Haltung von robusten Schafen widmete. Schafe hatten unter diesen besonders schwierigen Verhältnissen viele Vorteile gegenüber dem weniger geländegängigen und zudem anspruchsvolleren Rind.

Das Kärntner Landschaf war zu dieser Zeit weitverbreitet. Es kam etwa dem in weiten Teilen Europas verbreiteten Zaupelschaf gleich und war als besonders robust und genügsam bekannt. Da es jedoch als relativ fleischarm galt und eher grobe Wolle lieferte, entsprach es ab dem 18. Jahrhundert nicht mehr den gängigen Idealvorstellungen.

Eine Verbesserung der Eigenschaften brachten Kreuzungen mit dem aus Apulien und dem nahegelegenen Gebiet um Padua in Italien stammenden feinwolligen Seidenschaf. Die erste Beschreibung dieser Kreuzung findet sich im Jahr 1844. 1880 wurde dieser Schaftyp erstmals als „Seeländer Rasse" benannt. Nicht nur die Wolle dieses Vorläufers des Kärntner Brillenschafes war äußerst begehrt, das Schaf besaß zudem eine vorzügliche Fleischqualität. In der Folge fand das Seeländer Schaf rasch Verbreitung in weiten Teilen Österreichs und im benachbarten bayerischen Alpenvorland. Sogar bis nach Paris und in die Schweiz sprach sich der Ruf dieser Schafrasse herum und sie wurden zu einer äußerst beliebten Exportware.

DER BEDARF NACH MEHR FLEISCH

Am Ende des 19. Jahrhunderts drängten Einfuhrzölle und billige Importe aus dem Ausland die heimische Schafzucht weitgehend zurück. Um dem entgegenzuwirken, wurde das züchterische Hauptaugenmerk auf eine Steigerung der Fleischleistung der Schafe gelegt. Erfolge versprach man sich durch die Einkreuzung des italienischen Original Bergamasker Riesenschafes. In der Folge litt jedoch die Feinheit der Wolle darunter.

Der erhöhte Fleischbedarf zu Beginn des 20. Jahrhunderts machte die Schafhaltung wieder rentabler, und die aus Kärnten stammenden Schafe fanden aufgrund ihrer Größe, ihrer Schlachtausbeute und ihrer Genügsamkeit großen Anklang. Angeblich wurde es sogar mancherorts als „Edelschaf" betitelt.

EIN TYP, VIELE BEZEICHNUNGEN

Das Jahr 1923 gilt im Allgemeinen als der Höhepunkt der Schafhaltung in Kärnten. Zwar gab es zu dieser Zeit bereits einen einheitlichen Typ des Kärntner Schafes, jedoch mit vielen verschiedenen Bezeichnungen, wie etwa Seeländer, Uggowitzer, Canaltaler, Gurktaler, Bleiburger oder Petzene. Stets handelte es sich dabei aber um Schafe mit sehr ähnlichen Merkmalen: Sie waren groß, besaßen Hängeohren, eine Ramsnase und schlichte Wolle. Selten fand man darunter auch Tiere, die bereits die heute für das Kärntner Brillenschaf so typische schwarze Zeichnung aufwiesen. Erst nach dem Ersten Weltkrieg wurde dieser Schaftypus einheitlich als „Kärntner Schafe" bezeichnet.

Während des „Dritten Reiches" war das Kärntner Schaf stärker in seiner Existenz bedroht als je zuvor. Infolge von Rassenbereinigungen und Verdrängungskreuzung mit dem Deutschen Bergschaf blieben nur noch einzelne Bestände der Kärntner Schafe übrig. Trotz Aufhebung der Rassenbereinigung mit Kriegsende erholten sich die Bestände nicht, vor allem bedingt durch Arbeitskräftemangel und Abwanderung vieler Bauern in die Städte. Zudem gewann die Rinderzucht durch den erhöhten Fleischbedarf vermehrt an Bedeutung.

NEUES INTERESSE AN EINER ALTEN RASSE

Erste erfolgversprechende Versuche, das Interesse der Öffentlichkeit an der alten Kärntner Schafrasse wieder zu wecken, starteten in den 1980ern. In den darauffolgenden Jahren begann man mit der Erhaltungszucht: Die Entwicklung von Zuchtprogrammen, die Gründung und das zunehmende Engagement von Vereinen, Projekte zur Rassenerhaltung sowie die Registrierung der Bezeichnung „Kärntner Brillenschaf" als Marke führten zur Weiterentwicklung und letztlich zum erfolgreichen Erhalt der Schafrasse.

Wann genau das „Kärntner Schaf" zum „Kärntner Brillenschaf" wurde, ist nicht bekannt. Vermutlich setzte sich die heute gängige Bezeichnung etwa um 1995 durch.

Die schwarzen Flecken rund um die Augen machen das Kärntner Brillenschaf unverwechselbar.

Das sehr fettarme und feinfaserige Fleisch des Brillenschafs mit seinem wildbretähnlichen Aroma lässt die Lammkeule zu einem besonderen kulinarischen Hochgenuss werden.

HIER FÜHLT SICH DAS BRILLENSCHAF WOHL

Einst auf den Kärntner Raum beschränkt, findet man diese Schafrasse heute in ganz Österreich. Dennoch ist ihr Hauptverbreitungsgebiet Kärnten, speziell Südkärnten, geblieben. Daneben liegen weitere züchterische Schwerpunkte in der Gegend rund um St. Pölten in Niederösterreich und im Salzburger Raum.

Auch in Südostbayern, Norddeutschland, Slowenien und Südtirol sowie darüber hinaus ist das Kärntner Brillenschaf anzutreffen. Durch seine gute Steig- und Widerstandsfähigkeit sowie seine hohe Wetterfestigkeit und Anpassungsfähigkeit eignet sich das Schaf vor allem für die Haltung in Hochgebirgslagen. Auch niederschlagsreiches Klima kann den anspruchslosen Tieren nichts anhaben.

KULINARISCH EINZIGARTIG

Gene des Kärntner Landschafs, des Bergamasker Schafs sowie des Paduaner Schafs in sich tragend, präsentiert sich das Kärntner Brillenschaf als kräftiges, mittelgroßes weißes Tier mit feinknochigen, langen Beinen. Die Nasenpartie ist stark hervorgewölbt, der Kopf unbewollt und hornlos, die mittellangen Ohren sind hängend bis leicht abstehend. Der Wollansatz beginnt beim Kärntner Brillenschaf erst hinter den Ohren. Dank ihres seidigen Glanzes und der überdurchschnittlichen Länge ist die Wolle äußerst begehrt.

Unverwechselbar machen das Brillenschaf die schwarzen Flecken rund um die Augen. Diese „Brille" hat durchaus Sinn, denn durch sie sind die Tiere im hochalpinen Raum vermutlich besser vor UV-Licht geschützt. Meist zeigen sich auch die Ohren, seltener die Lippen, schwarz pigmentiert.

Aber nicht nur optisch, sondern auch kulinarisch ist das Kärntner Brillenschaf etwas ganz Besonderes. Sein feinfasriges und fettarmes Fleisch macht sowohl das Lamm als auch das Schaf zu einer wahren Delikatesse. Sein würziger, wildbretähnlicher Geschmack kommt nicht nur beim Frischfleisch zum Ausdruck. Auch Salami, Leberkäse und Hauswürstel aus dem Fleisch des Kärntner Brillenschafes schmecken hervorragend. Nicht zu vergessen sind weitere Spezialitäten wie Schafmilch und Schafkäse.

KÄRNTNER HADN

Was einst als Arme-Leute-Essen galt, ist heute eine neue kulinarische Herausforderung: der Kärntner Hadn. Die Tradition dieser alten Buchweizensorte wird heute wieder hochgehalten. Fast vergessene Rezepte wurden ausgegraben und mit viel Engagement neu belebt. Zu der in Kärnten beheimateten lokalen Sorte gesellen sich auch die Sorten Billy, Bambi und Pyra, die alle als „seltene landwirtschaftliche Kulturpflanzen" im Rahmen des Österreichischen Programms zur Förderung einer umweltgerechten, extensiven und den natürlichen Lebensraum schützenden Landwirtschaft (ÖPUL) anerkannt sind und deren Bewahrung und Kultivierung dadurch zusätzlich gefördert wird.

EIN PIONIER UNTER DEN PFLANZEN

Ohne große Ansprüche und bestens angepasst an die kurzen Vegetationszeiten gedeiht der genügsame Hadn selbst auf kargem Boden prächtig. Er galt von Anfang an als Pionierpflanze. Früher, als noch jedes Fleckchen Erde landwirtschaftlich genutzt wurde, war Buchweizen oft die erste Pflanze, die Bauern auf frisch gerodetem Land säten. Bereits im 16. und 17. Jahrhundert war der Buchweizen in der Kärntner Bauernküche sehr beliebt, etwa in Form von Sterz – einem typischen österreichischen Breigericht.

HADN WAR NICHT IMMER HEIMISCH

Buchweizen stammt ursprünglich aus Zentralasien. Von dort brachten ihn angeblich die Tataren und Sarazenen von der Mongolei über islamische Länder nach Europa. Es wird vermutet, dass Buchweizen in Österreich deshalb auch Heiden, Hadn oder Heda genannt wird. Weitere gebräuchliche Namen sind Schwarzblente, Schwarzes Welchskorn und Schwarzpolenta.

Im Mittelalter verbreitete sich der kälteempfindliche Hadn in der wärmeren südlichen Alpenregion. So fand er schließlich seinen Weg nach Kärnten, wo er anfänglich im Drautal, im Gailtal und im Jauntal in größeren Mengen angebaut wurde. Darauf verweisen urkundliche Erwähnungen aus dem Villacher Raum, die aus den Jahren 1442 und 1445 stammen. Später, um 1577, ging auch Erzherzog Karl in seiner Zehentordnung eigens auf den „Heiden" ein. Doch im 19. und 20. Jahrhundert musste in vielen traditionellen Buchweizenregionen der Hadn modernen Kulturpflanzen wie Kukuruz, Erdäpfeln und Weizen weichen.

Erst seit einigen Jahren sieht man in Kärnten wieder häufiger Hadnäcker, die es zuvor nur noch vereinzelt gab. Zu verdanken ist dies unter anderem dem Verein „Wir laden zum Had'n". Mit vereinten Kräften werden heute Anbau und Vermarktung von Hadn nachhaltig gestärkt. Denn Buchweizen weist ökologisch viele Vorteile auf und auch sein Geschmack überzeugt.

Im Sommer verwandeln sich die Hadnfelder Kärntens in ein prachtvolles rosa-weißes Blütenmeer.

Die Hadnblüten stehen in kleinen Rispen zusammen und duften aromatisch.

EINE ANPASSUNGSFÄHIGE PFLANZE

Der Kärntner Hadn zählt zum Echten Buchweizen (Fagopyrum esculentum). Er weist heute noch deutliche Merkmale der ursprünglichen Wildpflanze auf, denn Buchweizen wurde kaum veredelt. Buchweizen ist ein Knöterichgewächs und gehört – anders als sein Name vermuten lässt – weder zu Getreide noch zu Gräsern. Vielmehr ist diese alte sogenannte Pseudogetreidesorte ein enger Verwandter von Sauerampfer und Rhabarber. Seine Bezeichnung wird zum einen auf seine Ähnlichkeit mit den dreikantigen Samen der Buche, zum anderen auf seine dem Weizen ähnlichen Verwendungsmöglichkeiten zurückgeführt.

Hadn wächst schnell, bereits zwölf Wochen nach seiner Aussaat ist er reif. Bauern säen und ernten deshalb oft zwei Mal im Jahr. Im Sommer, wenn das eher unscheinbare Knöterichgewächs blüht, verwandeln sich die Hadnfelder in ein rosa-weißes Blütenmeer. Nach der mit speziellen Mähdreschern durchgeführten Ernte reinigen die Bauern die dunkelbraunen Früchte und lassen sie trocknen. Um sie vor Ungeziefer zu schützen, hängen sie die Körner meist in Säcken auf, jedoch nie länger als zwei Monate. Denn dann ist Zeit zum Schälen und Mahlen. Wenn der Winter hereinbrach, breiteten die Bauernfamilien in alter Zeit ihre Ernte rund um den Stubenofen aus, und alle trampelten mit schweren Holzschuhen – den Tschoggln oder Zoggln – auf den dunkelbraunen Körnern herum, bis die Schalen abfielen. Heute werden die Früchte in regionalen Mühlen geschält und zu Mehl gemahlen. Früher geschah das in alten Steinmühlen, die mittlerweile stillgelegt sind.

KÄRNTNER HADNKÜCHE IST EN VOGUE

Wenn man in Kärnten vom Hadn spricht, dann kommen Einheimische ins Schwärmen. Sie erzählen von Hadnmehlknödeln, vom Hadnsterz und der berühmten Hadntorte. Auch in der modernen Küche findet Hadn Anklang, etwa als Hadnnudeln mit Grammeln, Hadnravioli oder Zander mit Hadnpanier.

Sein leicht nussiger Geschmack erinnert entfernt an Haselnüsse. Auch gesundheitlich hat Buchweizen einiges zu bieten: Vor einiger Zeit wurde er in der Diätküche als gesunde Alternative zu anderen Mehlsorten wiederentdeckt. Er ist reich an Mineralstoffen und Vitaminen, verfügt über sehr hochwertiges Eiweiß und ist obendrauf noch leicht verdaulich.

Von den regionalen Bauernmärkten oder über Ab-Hof-Verkauf können die Kärntner Hadnspezialitäten mit nach Hause genommen werden. Und zwei Mal jährlich, im Juli und im September, findet im Jauntal das Hadnfest statt. Von weit her kommen die Besucher, um sich die Spezialitäten vor Ort schmecken zu lassen.

TOMMERL

Tommerl ist eine sterz- und schmarrenähnliche Spezialität, die im Ofen gebacken und deshalb auch häufig als Ofensterz bezeichnet wird. Sie ist vor allem auf steirischem Boden weit verbreitet und bekannt. Die althergebrachte Küche kennt Tommerl zum Frühstück, als selbstständige Speise mit Beilage, als Nach- oder als Festtagsspeise. Für die Zubereitung werden die Zutaten, wie Mehl oder Grieß, meist kalt mit Wasser oder Milch abgerührt und anschließend im Ofen gebacken. In der Wiener Küche ist Tommerl auch unter dem Namen Ofenkater oder Pflanzel (Pflanzl) bekannt, in Kärnten heißt das Gericht Tomele. Ein richtig zubereiteter Tommerl ist außen resch und locker und innen flaumigfeucht. Je nach Zutat unterscheidet man Weizen-, Türken-, Heiden-, Topfen-, Rahm-, Apfel-, Zwetschken-, Kirschen-, Marillen-, Erdbeer-, Heidelbeer-, Bluttommerl und viele mehr.

REZEPT

STEIRISCHER STERZ / HEIDENSTERZ

Zutaten für 4–5 Portionen

2 TL Salz
2 EL Schmalz
300 g Heidenmehl (Buchweizenmehl)
100 g Speckwürfel oder Grammeln

ZUBEREITUNG

1 l Wasser mit Salz und 1 EL Schmalz in einem eher schmalen Topf aufkochen.

Heidenmehl in einem Schwung dazugeben, mit einem Kochlöffel etwas formen und mit dem Kochwasser etwas übergießen, so dass ein großer Klumpen entsteht.

Die Masse bei kleiner Hitze zugedeckt ca. 20 Minuten quellen lassen. Restliches Kochwasser vorsichtig mit Hilfe eines Deckels abgießen und auffangen.

Den eher trockenen Sterzklumpen (am besten mit einer zweizinkigen Fleisch- bzw. Sterzgabel) zerteilen. Kochwasser nach Bedarf in kleinen Mengen bzw. löffelweise nach und nach langsam zugießen und die Masse mit der Gabel auflockern, so dass gleichmäßige Klümpchen entstehen.

Restliches Schmalz erhitzen, Speck oder Grammeln darin knusprig braten und den Sterz damit „abschmalzen".

STERZ

Sterz ist ein einfaches, typisch bäuerliches Gericht. Neben den ärmeren Bauersleuten, Häuslern, Hirten und Sennen schätzten vor allem die Holzknechte den Sterz. Er war lange Zeit ein äußerst beliebtes und bewährtes Grundnahrungsmittel.

Als nahrhafte und sättigende Speise kam er beinahe täglich auf den Tisch, ob morgens mit Kaffee oder vormittags bzw. mittags mit Buttermilch oder zur Suppe. „Nach 18 Mal Sterz ist die Woche aus", besagt ein altes Holzknecht-Sprichwort. Und einen Sterz richtig zubereiten zu können, galt früher als Wertmesser für die Güte einer Köchin.

Gegen Ende des 18. Jahrhunderts verloren Breispeisen und damit auch der Sterz zunehmend an Bedeutung. Heute aber nimmt die Tradition um das „Sterzessen" in vielen Regionen Österreichs wieder einen wichtigen Platz ein. Facettenreiche Sterzgerichte erfreuen sich zunehmender Beliebtheit, vom Hadnsterz, Grießsterz, Brennsterz, Breinsterz, Bohnensterz und Türkensterz (Maissterz) bis hin zum Erdäpfelsterz, „eingerührt" oder „gelunden".

Oft finden sich für Sterz auch Bezeichnungen wie Koch, Mus, Muas, Melkermuas oder Plenten (gekochter Maismehlbrei). Traditionell wurden Mus und Koch jedoch im Gegensatz zum Sterz aus frischer Butter, Eiern und Milch hergestellt, Sterz hingegen ausschließlich aus Mehl bzw. Grieß, Wasser, Salz und Schmalz.

Die Herkunft des Namens Sterz ist ungeklärt. Er könnte von einem Führungsteil am Pflug kommen, der sich ebenso aufrichtet wie der Sterz, nachdem er aus dem Pfandl gestürzt wurde. Möglich wäre auch, dass die Bezeichnung sich von stürzen ableitet – ins Fett gestürztes Mehl oder Grieß. Auch eine Abstammung vom Wort „stere" wäre denkbar, was so viel wie starr oder steif bedeutet.

Historisch gesehen ist Sterz ein Arme-Leute-Essen, erfreut sich jedoch heute wieder großer Beliebtheit.
Bauern und Landarbeiter in Kärnten, im Waldviertel und in der Steiermark essen ihn gerne mit Schweineschmalz zum Frühstück.

KÄRNTNER KASNUDEL

Auf den ersten Blick bestechen Kärntner Kasnudeln den Genießer durch ihren kunstvoll „gekrendelten" oder geradelten Rand, der beim Verschließen der traditionell in Handarbeit gefertigten Spezialität als charakteristisches Merkmal entsteht. Zum Servieren mit Schmalz oder zerlassener Butter übergossen, überraschen ihre dezent-pikanten bis kernig-süßen Füllen. Kräuter geben ihnen eine besonders fein-aromatische Note.

VOM KRENDELN UND RADELN

Kärntner Nudeln sind aus Nudelteig hergestellte Teigtaschen, die vor dem Verzehr in heißem Salzwasser gekocht werden. Nachdem es kein Originalrezept gibt, variiert das Innenleben hinsichtlich Geschmack, Zutaten und Textur von Ort zu Ort. Auch in ihrer Größe differieren sie in den einzelnen Kärntner Tälern. Das typische Merkmal der Kärntner Nudeln ist ihr „gekrendelter" Rand. Unter der Kunst des „Krendelns" versteht man die Fertigkeit, die Nudeln in Handarbeit so zu verschließen, dass ein ornamentartiger Rillenabschluss entsteht, der beim Kochen dicht hält. Gekrendelt werden die Nudeln allerdings nur in Oberkärnten. In Unterkärnten werden sie mit dem Teigrad ausgeradelt.

Kärntner Kasnudeln können süße oder pikante Füllungen enthalten. Das typische „Innenleben" besteht aus einer (Brösel-)Topfen-Kartoffel-Masse und reichlich Kräutern wie Minze, Kerbel und Petersilie. Der verwendete Bröseltopfen hat einen verringerten Wassergehalt. Er ist auch unter den Bezeichnungen „gepresster Topfen" oder „Bauerntopfen" erhältlich. Bröseltopfen wird bei der Herstellung zentrifugiert, wodurch er jene fest-bröselige Konsistenz erhält, die sich in der Hand fast trocken anfühlt. Seine Textur wirkt kleinkörnig-brüchig.

Traditionell werden Kärntner Kasnudeln mit zerlassener Butter, glasig angelaufenen Speckwürfeln, Grammelschmalz, zerlassenem Verhackerten oder in Butter gerösteten Bröseln serviert. Übrig gebliebene Kasnudeln können in Butterschmalz als „angebrantschelte Kasnudeln" angebraten oder in Streifen geschnitten und in Butterschmalz und Milch geröstet werden. Üblicherweise wurden diese Kasnudeln und ein „Häfalan Kaffee" morgens oder abends serviert.

VERBALE „NUDELPHILOSOPHIE"

Kasnudeln werden bis heute umgangssprachlich in der Einzahl als Kärtner Kasnudel bezeichnet. Die Herkunft des Wortes „Nudel" liegt im Dunklen, denn es lässt sich erst seit dem 16. Jahrhundert belegen. Sicher ist nur, dass zahlreiche europäische Sprachen das Wort aus dem Deutschen entlehnt haben. Eine etymologische Ableitung vom lateinischen „Nodus" = Knoten wäre denkbar. Das „Appetit-Lexikon" von Habs und Rosner definierte in seiner ersten Auflage 1830 Nudeln als „Mehlspeispräserven, die aus Weizenmehl oder Gries einfach mit kochendem Wasser oder Ei gefertigt werden". Derart beschriebene Nudeln unterscheiden sich in ihrer Machart grundlegend von vielen anderen „Nudelvarianten" wie z. B. Schmalz-, Dampf-, Kirta-, Milch-, Rohr-, Hausnudeln usw., die in vielen alten Kochbüchern aufscheinen.

Kärntner Nudeln werden grundsätzlich immer nach ihrer Fülle betitelt. In einigen Teilen Oberkärntens, so z. B. im Gailtal, erscheinen „Nudeln" auch unter dem Namen „Krapfen", obwohl diese weder in der Form noch in der Zubereitung mit dem bekannten Schmalzgebäck etwas

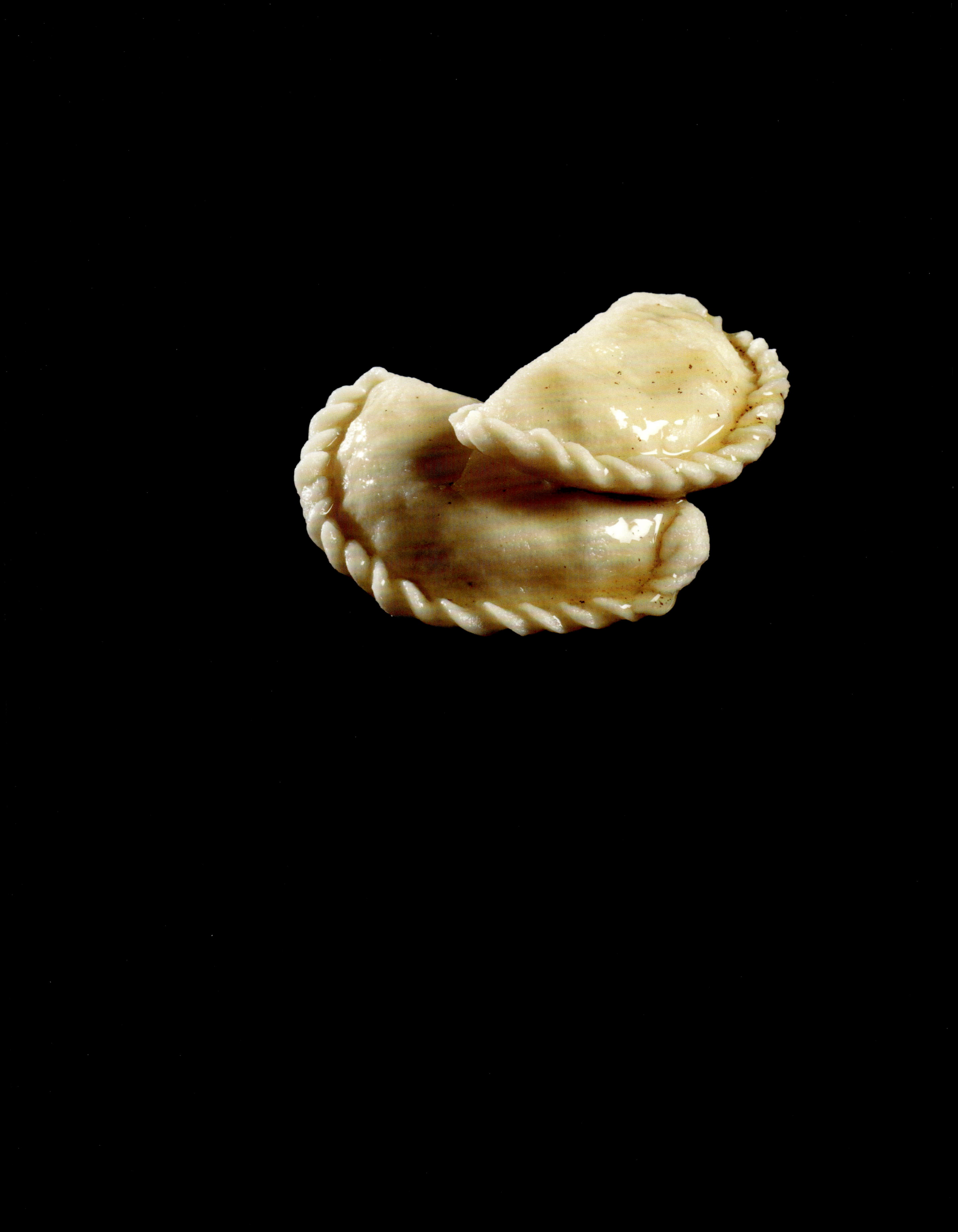

Das typische Merkmal dieser traditionellen Nudeln ist der gekrendelte Rand. Als Abkrendeln wird das zackenartige Zusammendrücken der gegeneinander liegenden Teigränder bezeichnet.

gemeinsam haben. Auf Slowenisch heißt die Kärntner Kasnudel im Rosental sirnati krapi, also Käsekrapfen, oder im Gailtal ziljski krapi oder schlicht und einfach nur krapi. Dabei dürfte die Bezeichnung „Krapfen" auf die Form der Nudeln hinweisen, da dieser Begriff ursprünglich jede asymmetrische, hakenförmige Gestalt bezeichnete. Und die Kärntner Kasnudeln kommen dieser Form sehr nahe.

RENAISSANCE ÖSTERREICHISCHER REGIONALKÜCHE

Aus Mehl hergestellte Speisen müssen nicht zwangsläufig süß sein. So zählen die Kärntner Nudeln zu den bekanntesten Mehlspeisen dieses südösterreichischen Bundeslandes. Ihre Entstehung geht auf jene Zeit zurück, in der die Milch- und Käsewirtschaft den Haupterwerbszweig der (unfreien) Landwirte darstellte und die rodenden Bauern für ihre Schwaigen dem Grundherrn jährlich bis zu 300 Käselaibe zu zinsen hatten. So ist z. B. in zahlreichen Stiftungsbriefen aus dem Mittelalter bereits von „Käskrapfen" die Rede, die mit Kraut und Butterschmalz gereicht als festliches Gericht galten.

Schon um 1485 berichtete auch Paolo Santonino, Sekretär des Patriarchen von Aquilea, anlässlich seiner Reisen durch das Drautal über die von „fleißzigen Frawen gefertigten Teigwerke mit schmackhaftem Inhalte". Weiters werden in einem im Landesarchiv Klagenfurt erhaltenen Dokument zur Spittaler Herrschaft Porcia aus dem Jahr 1753 Kärntner Nudeln erwähnt. Damit dürfte Spittal bzw. Oberkärnten die ursprüngliche Heimat der köstlichen Teigtaschen gewesen sein.

Gegen Ende der 1960er Jahre galten die Kärntner Nudeln schließlich als veraltet und nicht mehr zeitgemäß. Der Renaissance der österreichischen Regionalküche in den 1980er und 1990er Jahren ist es zu verdanken, dass das Gericht wieder an Popularität gewann und heute präsenter ist denn je.

KULINARISCHES WAHRZEICHEN UND SYMBOL

Vor allem am Freitag, dem in der katholischen Tradition fleischlosen Wochentag, kamen Kärntner Nudeln in der vegetarischen Variante auf den Tisch. Serviert wurden sie in einer eigenen Nudel- oder Krapfenschüssel, die aus einem einzigen Stück Holz gedrechselt wurde und in der Mitte eine Art Napf, den sogenannten „Schmalztumpf" hatte. In diesen wurde geschmolzenes Fett zum Tunken der Nudeln gegossen. Die Nudeln aß man direkt aus der Schüssel, die für alle auf den Tisch kam.

Kasnudeln scheinen in der regionalen Brauchtumssymbolik ein Indikator für Beziehungen zwischen den Geschlechtern gewesen zu sein: „Der Bua, der sei Diendle pán Tanzen net halst, is grad wie die Päurin, dö die Nudl net schmalzt" lautet eine Kärntner Volksweisheit. Ein altes und immer noch populäres Sprichwort besagt, dass Kärntner Frauen erst dann heiratsfähig seien, wenn sie die hohe Kunst des Krendelns beherrschten: Denn „a Kärntnerin, die wos net krendeln konn, die kriagt kon Monn".

Um die Tradition dieser köstlichen Kärntner Spezialität zu erhalten, gründeten engagierte Bürger 2002 den „Oberdrauburger Kärntnernudelfestverein". Seither findet alljährlich am ersten Wochenende im August im Ortskern von Oberdrauburg das große Kärntnernudelfest statt.

REZEPT

KÄRNTNER KASNUDEL

Zutaten für 4 Portionen

Nudelteig
500 g Mehl
2 Dotter
3 EL Öl
Salz
Wasser nach Bedarf

Topfen-Erdäpfel-Füllung
500 g Bröseltopfen
400 g Erdäpfel, mehlig, gekocht und passiert
Minze und Kerbelkraut, gehackt
Salz

ZUBEREITUNG

Alle Zutaten für den Teig fest zusammenkneten, dann den Teig eine halbe Stunde lang rasten lassen.

Alle Zutaten für die Füllung mischen, aus der Masse kleine Kugeln formen. Nudelteig dünn ausrollen, in kleinen Abständen mit den Kugerln belegen. Restlichen Teig darüberschlagen und rund um die Fülle gut andrücken. Nudeln ausradeln oder ausstechen (darauf achten, dass die Ränder jedenfalls gut verschlossen sind).

Nudeln in kochendem Salzwasser ca. 4–6 Minuten leicht kochen. Herausheben, abtropfen lassen und mit Butterschmalz oder Grammeln servieren.

Die Heimat der Kärntner Kasnudel: die prachtvolle Kärntner Landschaft mit ihren Seen und Bergen.

Für Kärntner Kasnudeln – gefüllt mit einer Mischung aus Kartoffeln, Topfen und frischen Gewürzen – hat fast jede Kärntnerin ein eigenes Geheimrezept.

SCHLUTZKRAPFEN

Schlutzkrapfen sind eine typische Tiroler Teigspezialität. Man kennt sie auch als Schlick- oder Schlipfkrapfen in Kärnten und Osttirol.

Vorgänger der Schlutzkrapfen finden sich schon im 16. Jahrhundert in der „Koch- und Kellermeisterey" unter dem Namen „Lappenküchlein". Das „Neue und nutzbahre Koch-Buch" des „Granat-Apffels" (um 1699) nennt bereits „Schlick-Kräpffel". Und auch Ignaz Gartler und Barbara Hikmann widmen sich im 18. Jahrhundert dem „Schlickkrapfel" in ihrem „Wienerisch bewährten Kochbuch".

Einst vor allem deftige Bauernkost und Teil der Arme-Leute-Küche, gilt die Speise heute als eine der besonderen Delikatessen der alpenländischen Küche. Bei diesem aus dem engsten Verwandtschaftskreis der Kärntner Nudeln stammenden Gericht wird der Teig zu Halbmonden geformt und in Salzwasser gegart.

Während Schlutzkrapfen üblicherweise etwa nussgroß sind und als Hauptgericht verspeist werden, nennt man oft etwas kleinere Vertreter, die für Suppeneinlagen Verwendung finden, Schlickkrapfen. Diese werden überwiegend mit Fleisch gefüllt, Schlutz- bzw. Schlipfkrapfen hingegen enthalten Sauerkraut, Erdäpfel oder Spinat usw.

Woher die Teigtaschen ihren Namen haben, ist unklar. Schlick dürfte sich von schlicken, also schlucken, ableiten. Im Frühhochdeutschen bezeichnet man einen Schlemmer auch als Schlucker. Das Wort Schlick könnte sich aber ebenso auch auf die Fülle beziehen. So standen slikan und schlutzig für eine schlüpfrige Masse. Zudem wäre eine Abstammung von Schlitt, für gleiten, denkbar.

KARPFEN

Dem österreichischen Karpfen eilt ein hervorragender kulinarischer Ruf voraus. Die ausgezeichnete Qualität basiert auf einer im Einklang mit der Natur in sauberen, unbelasteten Gewässern betriebenen Fischzucht, verbunden mit einer artgerechten Haltung. Der exzellente Geschmack des festen, aromatischen Fischfleisches kommt in traditionellen Gerichten perfekt zur Geltung. Dabei sind die Zubereitungsarten und Rezepte überaus facettenreich: Karpfen geräuchert, eingelegt, gebraten, gebacken, pochiert, „blau“, als Pastete, Aufstrich oder Suppe – die Rezepte sind vielfach seit Generationen überliefert und kulinarisch ausgefeilt.

RELIGION UND TEICHWIRTSCHAFT

Die Urheimat des Karpfens liegt vermutlich in Kleinasien. Über das Schwarze Meer und die Donau soll er schließlich Mitteleuropa erobert haben. Schon die Griechen und Römer hielten Karpfen in Teichen. Bis ins Mittelalter waren Seen und Flüsse die natürlichen Lebensräume der Karpfen. Während der Fastenzeit, in der der Genuss von Fleisch verboten war, griffen die Stiftsküchen gerne auf Karpfengerichte zurück. Zudem war die Geistlichkeit zum Fischen (Kaltblütler), nicht aber zur Jagd (Warmblüter) berechtigt. Vor diesem Hintergrund entwickelte sich gezielt die Karpfenzucht in Teichen.

Realtiv rasch stand der Fisch in Mittel- und Osteuropa jedoch nicht nur auf klerikalen, sondern auch auf adeligen und bürgerlichen Tischen. Insgesamt entwickelte sich der Karpfen zu einem wesentlichen Bestandteil der gesamten mittelalterlichen Esskultur. Auch im österreichischen Raum, im Waldviertel ebenso wie in der Steiermark, kann die Karpfenzucht bis ins Mittelalter zurückverfolgt werden. Bis heute zählen das Waldviertel und die Steiermark zu den bekanntesten Karpfenzuchtgebieten Österreichs. „Waldviertler Karpfen“ ist seit 1999 eine geschützte Marke, die garantiert, dass die Karpfen im Waldviertel geboren, aufgezogen, geschlachtet und verarbeitet werden.

VON ZEIL-, SCHUPPEN-, LEDER- UND SPIEGELKARPFEN

Der Gemeine Karpfen (Cyprinus carpio) ist ein Süßwasserfisch der Familie der Karpfenfische (Cypriniden). Der Wildkarpfen als Stammform aller Zuchtvariationen kommt von Natur aus in der Donau und ihren Nebenflüssen sowie in einigen stehenden Gewässern vor, wo er durch Besatzprojekte gefördert wird. Die alte langgestreckte Wildkarpfenform der sogenannten „alten böhmischen Rasse“ wird in Zuchtteichen für Bio-Karpfen im Waldviertel gezielt gefördert, ihr Erhalt und genetische Ressourcen werden langfristig abgesichert.

In freier Wildbahn lebende Karpfen zeigen sich deutlich schlanker und im Querschnitt fast rund, während die Körperform der Zuchtfische sehr hochrückig und seitlich etwas zusammengedrückt ist. Zu den gängigen Zuchtformen in Österreich gehören der Zeil-, der Schuppen-, der Leder- bzw. Nackt- und der Spiegelkarpfen, der den Großteil der Produktion ausmacht. Der Schuppenkarpfen besitzt ein vollständiges Schuppenkleid mit gleichmäßiger Schuppenanordnung.

Der Karpfen ist nicht nur im Waldviertel ein besonders zu Weihnachten sehr begehrter Speisefisch, wenn der traditionelle Weihnachtskarpfen auf den festlichen Tisch kommt.

Das traditionelle „Abfischen" der Waldviertler Karpfenteiche findet im Herbst statt.

Spiegelkarpfen sind durch wenige, vergrößerte, metallisch glänzende Schuppen charakterisiert, die unregelmäßig an den Körperseiten verteilt sind. Vom Kopf bis zum Schwanz verläuft am Rücken meist eine durchgehende Reihe von Schuppen. Auch der Schwanzstiel ist beschuppt. Beim Zeilkarpfen sind die annähernd gleich großen Schuppen wie in einer Zeile entlang der Seitenlinie angeordnet, wobei der Rest des Körpers unbeschuppt ist. Der Leder- bzw. Nacktkarpfen hat keine oder nur ganz wenige verteilte Schuppen.

GEBACKENER KARPFEN

Seit dem Mittelalter ist der panierte und goldbraun gebackene Weihnachtskarpfen in Mittel- und Osteuropa die traditionelle Speise für den Heiligen Abend. Bis heute genießen Feinschmecker gebackenen Karpfen aber nicht nur an Weihnachtsfeiertagen: Auch zu Silvester und am Aschermittwoch werden derartige Spezialitäten traditionell serviert.

Im Christentum gilt der Advent als Fastenzeit und sollte an seinem Höhepunkt, dem Heiligen Abend, auch kulinarisch Besonderes bieten. Da das Konsumieren von Fleisch während der Fastenzeit jedoch verboten war, wandten sich die einfallsreichen Mönche Tieren zu, die im Wasser schwimmen, da ihre Teile nach religiöser Auffassung nicht als Fleisch anzusehen waren. Zudem herrschte lange Zeit die irrige Annahme, dass der Karpfen geschlechtslos sei und dem Wassergrund selbst entspringe. Somit verkörperte er als essbare Metapher die Jungfrauengeburt.

Und noch zahlreiche weitere Legenden ranken sich um diesen Fisch. So sollten sich im Kopf des Karpfens nach damaliger Vorstellung die Marterwerkzeuge Christi befinden. Und aus den Kopfknochen sollte sich eine taubenähnliche Vogelgestalt zusammensetzen lassen, die an den Heiligen Geist erinnere und vor Hexen schütze. Weiters glaubte man, dass es über den Augen des Karpfens ein mondförmiges Steinchen gäbe, das jenem Glück brächte, der es zu Weihnachten fände. Als alter Brauch gilt auch, eine der Karpfenschuppen mit sich zu tragen, um im neuen Jahr geldgesegnet zu sein.

Die Durchschnittsgröße liegt, je nach Gewässer, zwischen 35–50 cm, das Durchschnittsgewicht bei ein bis vier Kilogramm. Der Süßwasserfisch bevorzugt langsam fließendes bzw. stehendes Wasser wie etwa Teiche, Seen oder langsam strömende warme Flussabschnitte mit Sand- und Schlammgrund sowie reichem Pflanzenwuchs.

Seine Färbung variiert: Der Rücken schimmert meist in dunklem Braun- bis Schwarz-Grün. Die Flanken zeigen sich dunkelbraun und goldgelb, der Bauch gelblich-weiß. Charakteristisch erscheinen die lange Rücken- und die kurze Afterflosse. Das Maul besitzt weiche wulstige Lippen mit beidseitigen Bartfäden im Mundwinkel.

Karpfen suchen ihre Nahrung in der Schlammschicht des Gewässergrundes. Dabei stehen sie vielfach auf dem Kopf und durchwühlen mit ihrem Rüsselmaul den Bodenschlamm, wo

REZEPT

GEBACKENER WALDVIERTLER KARPFEN

Zutaten für 4 Portionen

800 g Karpfenfilet
Salz
Mehl zum Panieren
2 Eier
Semmelbrösel zum Panieren
Öl zum Backen
Zitronenspalten und Petersilie
zum Garnieren
Beilage nach Wunsch

ZUBEREITUNG

Haut in kurzen Abständen einschneiden, Karpfenfilet in ca. 6 cm breite Stücke portionieren. Kräftig salzen, auch in den Schnittstellen. In Mehl, verschlagenen Eiern und Semmelbröseln panieren.

In heißem Öl schwimmend beidseitig langsam goldbraun backen (ca. 13 Minuten).

Aus dem Fett heben, mit Küchenkrepp abtupfen. Mit Zitronenspalten und Petersilie garniert anrichten.

Beilagenempfehlung: Vogerlsalat und Erdäpfel (Kipfler).

sie Würmer, Kleinkrebse, Insektenlarven und kleine Weichtiere suchen. Große Exemplare ernähren sich auch von kleineren Fischen und Molchen. In der Teichwirtschaft werden Karpfen mit einer beschränkten Menge an fischmehlfreier Zusatznahrung gefüttert. Nach biologischen Richtlinien müssen sie sich sogar die Hälfte ihres Futterbedarfs selbst sichern. Die Erträge sind durch diese artgerechte Aufzucht zwar vergleichsweise niedrig, gewährleisten aber höchste Qualitätsstandards.

„KOCHENDE" TEICHE

Im Waldviertel findet das „Abfischen" im Herbst auf eine seit Jahrhunderten tradierte Art und Weise statt. Zuerst wird der Großteil des Wassers aus den Fischteichen abgelassen. Dann treiben die Fischer, oft brusttief im kalten Wasser, die Karpfen mit Handnetzen nahe dem Teichufer zusammen. Schließlich werden die Fische mit Keschern aus dem Wasser gezogen. Dabei „kocht der Teich", wie der Volksmund sagt, wenn durch die zusammengetriebenen Fische das Wasser heftig spritzt. Nach dem händischen Sortieren müssen die Fische dann einige Zeit in Wasserbehältern verbringen, um den potenziell schlammigen Geschmack zu verlieren.

Karpfen verkauft man sowohl lebend als auch geschlachtet, ganz oder filetiert. Das Fleisch der Zuchtfische ist weiß bis zartrosa, reich an hochwertigem Eiweiß, cholesterinneutral und weist ein günstiges Fettsäuremuster auf. Es schmeckt exzellent-aromatisch. Wildkarpfen zeichnen sich durch fettarmes, sehr festes und kompaktes dunkelrotes Fleisch mit angenehmem, nicht erdigem Fischgeschmack aus.

Neben dem klassischen gebackenen Karpfen kennt die österreichische Traditionsküche gekochten Wurzelkarpfen und Böhmischen Karpfen, eine süß-saure Zubereitungsart mit Bier oder Wein, Kapern, Dörrzwetschken, Lebkuchen und Gewürzen. Die Fischbeuschelsuppe wiederum ist eine vor allem in Wien bekannte und beliebte feine Brühe aus Karpfeninnereien. Sie wird traditionell mit Petersilie und gerösteten Semmelwürfeln angerichtet.

KIPFEL

Das Kipfel macht nicht nur am kulinarischen Parkett gute Figur, beeindruckend ist auch seine Bedeutung als Brauchtumsgebäck. Süße Kipfel waren im 19. Jahrhundert das klassische Gebäck in den Kaffeehäusern der Donaumonarchie. Heute haben sie mehr denn je ihren fixen Platz in den verlockend aussehenden Vitrinen von Bäckern, Konditoren und Kaffeehäusern. Sichel und Halbmond zählen übrigens zu den ältesten Formen, die Bäcker ihren Teiglingen je gaben.

MÜRB-, PLUNDER- ODER BRIOCHEVARIANTE

Das traditionelle österreichische Kipfel ist ein nur relativ leicht gesüßtes Weißgebäck. Es wird meist aus lockerem Germteig, als Brioche-, Mürb- oder Plunderkipfel zubereitet. Die Form ist länglich, sichel- bis halbmondförmig gebogen, mit beidseitig spitz zulaufenden Enden. Das traditionelle Kipfel wird nicht nur aus unterschiedlichen Germteigvariationen, sondern auch in verschiedener Größe und Optik, wie zum Beispiel geflochten, hergestellt. Angeblich stand das Kipfel sogar Pate für das französische Croissant, das jedoch Blätterteig als Grundlage hat.

Kipfel spielen auch in der warmen österreichischen Mehlspeisenküche eine wichtige Rolle. Als traditionelle Spezialität gilt das „Kipfelkoch", hergestellt aus altbackenen Kipfeln, Milch, Zucker, Butter und Rosinen. Gerne wird die Masse auch mit geraffelten Äpfeln verfeinert, mit einer Schneehaube in einem „Wandel", einer Auflaufform, im Rohr gebacken und als „Scheiterhaufen" serviert. Mit Eiern, Zucker, Milch oder Schlagobers, Rosinen, Vanillezucker und Zimt verfeinert, haben blättrig geschnittene Kipfel im ebenso köstlichen wie traditionellen Kipfelschmarren eine kulinarische „Hauptrolle".

KULINARISCHE DIPLOMATIE

Die „Erfindung" des Kipfels wird nach einer Legende häufig dem Wiener Bäcker Peter Wendler zugeschrieben. Dieser habe während der Belagerung Wiens durch die Türken im Jahr 1683, angeregt durch ihr wichtigstes Symbol, den Halbmond, der ehemals auf der Spitze des Stephansdoms prangte, zum ersten Mal ein sichelförmiges Gebäck kreiert. Gegen diese Legende spricht jedoch, dass Peter Wendler bereits 1680 verstorben ist.

Im Zusammenhang mit der Türkenbelagerung ist noch eine andere Entstehungsgeschichte des Kipfels überliefert. Die Wiener Bäcker waren schon zeitig am Morgen in ihren Handwerksstuben, als die Türken angeblich einen Tunnel graben wollten, um unter der Stadtmauer hindurch nach Wien zu gelangen. Die Bäcker bemerkten das, schlugen umgehend Alarm, wodurch der Angriff verhindert werden konnte. Zur Siegesfeier soll die Wiener Bäckergilde dann ein Gebäck in Form eines Halbmondes kreiert haben.

Und ebenfalls zur Zeit der zweiten Türkenbelagerung ortete der wortgewaltige Wiener Predigermönch Abraham a Sancta Clara (eigentlich Johann Ulrich Megerle, 1644–1709), der in Wien als volkstümlicher Redner auftrat, „vil lange, kurze, krumpe und gerade kipfel". Dabei soll er sich jedoch nicht auf die Backware, sondern humoristisch auf einzelne Vertreter der Bevölkerung bezogen haben.

So blumig diese Erzählungen alle sind, das Kipfel dürfte es schon lange vor 1683 im Wiener Raum gegeben haben. Tatsächlich handelte es sich wohl um ein traditionelles Klostergebäck, das wahrscheinlich zum Osterfest gebacken wurde. Die Herstellung derartiger Backwaren soll

Croissants, die französische Variante des köstlichen Frühstücksgebäcks.

schon ab circa 1000 n. Chr. erfolgt sein. Anfang des 13. Jahrhunderts etwa überreichten Wiener Bäcker dem Babenbergerherzog Leopold (1176–1230) anlässlich seines Einzugs in Wien zu Weihnachten eine „tracht chipfen", wie der Wiener Dichter und Chronist Jans Enikel in einem seiner Werke, dem „Fürstenbuch", beschreibt: „Do brachten im die pecken chipfen und weiße flecken weißer dann ein hermelein".

Später, im 17. Jahrhundert, tauchten „kipfen" auch in offiziellen Schriftstücken auf. So erlaubte beispielsweise ein kaiserliches Privileg dem Wiener Bäcker Adam Spiel „khüpfelgebächt" feilzubieten.

KIPFEL, KIPFERL, CROISSANT ODER DOCH HÖRNCHEN?

Doch woher stammt die Bezeichnung Kipfel überhaupt? Und sind Kipfel und Croissant wirklich verwandt?

Das lateinische Wort „cippus" bedeutete ebenso wie das althochdeutsche Wort „kipfa" Pfahl. Die mittelhochdeutsche „kipfe" wiederum bezeichnete eine Stange als seitliche Stütze am Leiterwagen. Diese Wörter könnten semantisch auf den Zusammenhang mit der länglichen Form des Kipfels hinweisen. Das Wort „Kipf" selbst stand seit dem 13. Jahrhundert im süddeutschen Raum bereits für eine Brotform heidnischen Ursprungs. Und der im deutschen Sprachraum synonym für Kipfel verwendete Begriff „Hörnchen" legt die Ähnlichkeit mit gebogenen Tierhörnern nahe.

Kipfel und Kipferl – beide Begriffe werden heute im Gegensatz zu früher meist gleichbedeutend verwendet. Da die österreichische Sprache zu verbalen Verkleinerungen neigt, könnte im Laufe der Zeit aus dem Kipfel das liebevoll verniedlichte Kipferl geworden sein. Nicht zu verwechseln ist das Kipfel jedoch mit dem Kipferl, einem Feingebäck aus der Patisseriekunst.

Zum Begriff „croissant" wiederum findet man in einschlägigen Wörterbüchern die deutsche Übersetzung „zunehmender Mond, Halbmond, Mondsichel" bzw. „Hörnchen, Kipferl". Und offenbar sind Kipfel und Croissant nicht nur sprachlich bedeutungsverwandt. So soll die Tochter der österreichischen Kaiserin Maria Theresia, Marie Antoinette, nach ihrer Heirat mit Ludwig XVI. von Frankreich das Kipfel, als „croissant" – nach der Sichelform des zunehmenden Mondes, französisch „croissant de lune" – umbenannt, in ihrer neuen Heimat populär gemacht haben.

KIPFEL – EIN ALTES BRAUCHTUMSGEBÄCK

Wo auch immer die sprachlichen Wurzeln der halbmondförmigen Köstlichkeiten liegen, sie verführen nicht nur zum kulinarischen Genuss. Als sogenannte „Gebildbrote" haben sie auch symbolische Bedeutung in Religion und Brauchtum. „Gebildbrote" sind in Handarbeit geformte Festtagsgebäcke, die zu bestimmten religiösen oder traditionellen Anlässen in überlieferten Formen hergestellt wurden.

Ursprünglich dienten Gebildebrote als Opfergaben. So wird von manchen Volkskundeexperten demnach das Kipfel auch als Symbol des gehörnt dargestellten Gottes Dionysos gedeu-

Kipfel haben seit Jahrhunderten einen festen Platz in der viel gepriesenen Wiener Koch- und Backtradition.

REZEPT

SCHEITERHAUFEN

Zutaten für 6 Portionen

5 Semmeln oder 240 g Kipfel, am besten vom Vortag
3 Eier
ca. 1/8 l Milch
30 g Kristallzucker
1 EL Vanillezucker
30 g Rosinen
50 g Butter
Butter zum Ausstreichen

Apfelfüllung
1/2 kg Äpfel
40 g Kristallzucker
Zimt, gemahlen
1 EL Rum
40 g Mandelsplitter

Schneehaube
3 Eiweiß
100 g Kristallzucker

ZUBEREITUNG

Semmeln oder Kipfel in ca. 5 mm dicke Scheiben schneiden. Eier mit Milch verschlagen, Kristall- und Vanillezucker darin auflösen. Die Semmeln damit befeuchten, Rosinen beigeben, geschmolzene Butter einmengen.

Äpfel schälen, entkernen, sechsteln und in feine Scheiben schneiden. Apfelscheiben mit Zucker, Zimt, Rum und Mandeln vermengen.

Etwas Semmelmasse in eine gebutterte Auflaufform füllen, bodenbedeckend verteilen, eine Lage Äpfel einstreuen. Diesen Vorgang wiederholen, bis Semmelmasse und Äpfel verbraucht sind. Die letzte Lage soll Semmelmasse sein.

Im vorgeheizten Backrohr bei 180 °C 40 Minuten backen. Eiklar unter ständiger Zugabe von Kristallzucker zu sämigem, nicht steifem, aber dressierfähigem Schnee schlagen. Den Schnee über den Scheiterhaufen streichen, nochmals sehr heiß (bei 250 °C) im Backrohr 10 Minuten lang überbacken.

tet. Es wird auch von einem abergläubischen, alten Brauch der Donauschiffer berichtet, die vor dem Eintritt in gefährliche Stromschnellen Kipfel in die Fluten warfen, um damit das Wasser und seine Geister zu besänftigen.

Noch heute sind Gebildbrote zu den jeweils entsprechenden Feiern im Jahreskreis üblich. Als typisches Brauchtumsgebäck und zugleich Patengeschenk gilt zum Beispiel das „Osterkipfel", häufig mit eingebackenem oder hineingestecktem Geldstück. In einigen Teilen Österreichs, vor allem in Oberösterreich, schenken Paten ihren Tauf- bzw. Firmkindern „Godenkipfel" in meist beachtlicher Größe. Und mancherorts gilt das Kipfel auch als Brauchtumsgebäck zu Hochzeiten, das Glück und Segen bringen soll.

KLETZENBROT

Aromatische Kletzen, süße Feigen, saftige Zwetschken mit kernigen Nüssen und wärmenden Gewürzen in zünftigen Brotteig gemischt: einfach köstlich, so ein verführerisches Kletzenbrot! Sowohl die Formen als auch die Machart des zu den ältesten Backwaren Österreichs zählenden Brotes sind so unterschiedlich, wie sie nur sein können. Ob in Wecken-, Laib- oder Kastenform, als Fladenbrot oder gar von einer Teighülle umgeben hergestellt – stets überwiegt der Frucht- den Mehlanteil. Das Kletzenbrot, ein typisches Brauchtumsgebäck, nimmt auch heute noch einen festen kulinarischen Platz in der Österreichischen Küche ein, vor allem in der Weihnachtszeit.

VON DÖRRHÄUSLN UND DIENSTLEUTEN

Das Kletzenbrot hat weit zurückreichende historische Wurzeln. Bereits die Kelten mischten allerlei getrocknete Früchte unter ihren Brotteig. Das „Piratura" wiederum war ein im Mittelalter bekanntes Brot, das ebenfalls aus Brotteig mit gedörrtem Obst und Nüssen bestand.

Ursprünglich entsprach das Kletzenbrot einer einfachen Roggenbackware, in die nur Kletzen, Hutzeln sowie Dörrzwetschken eingebacken wurden. Erst viel später kam durch den wachsenden Wohlstand und den Import von Südfrüchten auch anderes Trockenobst, wie beispielsweise Feigen oder Rosinen, dazu.

In Zeiten, in denen kaum Süßes auf dem Tisch stand, stellte Kletzenbrot eine besondere Gaumenfreude dar. Zu seiner Herstellung wurden anfänglich weder Zucker noch Honig verwendet – seine Süße erhielt es ausschließlich durch die verwendeten Früchte.

Die Wurzeln der Kletzen, jener traditionsreichen gedörrten Mostbirnen, die unzertrennlich mit dem Kletzenbrot in Verbindung stehen, reichen weit zurück. Der Brauch Birnen zu trocknen und dann für verschiedenste Gerichte zu verwenden, ist uralt. Birnen, Äpfel und auch Zwetschken schnitt man im Herbst nach der Ernte in Scheiben oder Ringe, fädelte sie auf Schnüre und hängte sie in trockenen Räumen auf.

Größere Höfe hatten eigene „Darrhüttn" (Dörrhütten). Darin stand ein kleiner Backofen, über dessen Kuppel ein Rahmen mit einem Boden aus locker geflochtenen Ruten fachartig eingeschoben wurde. So konnte die Wärme von allen Seiten auf die dort verteilten Früchte einwirken. Vielfach dörrten die Menschen das Obst auch in der Nachhitze des Backofens. So konnten sie es als Vorrat für den Winter aufbewahren.

Menge und Qualität der verwendeten Zutaten für Kletzenbrot variierten, sie richteten sich nach der Vermögenslage sowie der Größe der Haushalte. Noch wesentlicher war jedoch, ob die Brote für den Tisch des Besitzers oder jenen der Dienstleute bestimmt waren. Für besondere Anlässe wurde das Brot auch speziell gestaltet: Vielfach sind Kletzenbrotlaibe als Brauchtums- und Gebildbrote an der Ober- und Unterseite ornamental verziert zu finden, zum Beispiel mit Kreisen, Sternen, Kreuzen oder Herzen.

Das selbstgebackene Kletzenbrot geriet nach dem Zweiten Weltkrieg jedoch zunächst immer mehr in Vergessenheit. Heute erfreut sich die ballaststoffreiche, rustikale Brotspezialität aber wieder großer Beliebtheit.

SYMBOLTRÄCHTIGES AUS DER BACKSTUBE

Kletzenbrot symbolisiert als traditionelles Brauchtumsgebäck der Advent- und Weihnachtszeit im österreichischen sowie bayrisch-schwäbischen Raum vor allem Fruchtbarkeit und wird als Glücksbringer gesehen. Zudem soll es dem Volksmund nach kräftigen, wobei der Genuss von neun verschiedenen Broten diese Wirkung noch unterstützen soll.

Mit dem Backen des Kletzenbrotes begann man meist um den Andreastag, den 30. November, manchmal auch am Thomastag, dem 21. Dezember. In zahlreichen Orten Österreichs war es üblich, in der Zeit zwischen Thomasabend bzw. Heiligen Abend und Dreikönig den Backofen ruhen zu lassen. So glaubte man etwa, dass kein Segen auf jenen Broten ruhe, die die Bauern während der Raunachtszeit buken. Der Heilige Abend wird im Hausruck in Oberösterreich sogar als „Kletzenbrotraunacht" bezeichnet. Angeschnitten wurde das Kletzenbrot am Heiligen Abend oder am Stefanitag, dem 26. Dezember. Am Stefanitag wird deshalb auch gerne Kletzenbrot angeboten, um die Verwandten- und Bekanntenkreisen der dem Brot zugesprochenen stärkenden Kräfte teilhaftig werden zu lassen.

Darüber hinaus ranken sich um das Kletzenbrot- wie auch das Schwartling- oder Scherzanschneiden zahlreiche Verlobungsbräuche und -rituale. In manchen Landesteilen war es üblich, aus Resten des Teiges sowie

Kletzen, mit der Schale getrocknete Birnen, die schon teigig, also braun, weich und süß geworden sind, sind wie auch getrocknete Zwetschken eine unverzichtbare Zutat für Kletzenbrot.

Trockenfrüchten kleine Kletzenbrote für die Tiere zu backen. Die Verfütterung an das Vieh am Christtag sollte dem Vieh Glück bringen.

KLETZENSTÖRI UND BEREWECKE

Regional gibt es sehr unterschiedliche Bezeichnungen für Kletzenbrot, unter anderem Birnenbrot, Hutzenbrot, Hutzelbrot, Speitelzelten, Berewecke oder Moltschero. Die Begriffe „Molterschero", „Moltschera", „Multschere" oder „Mutschera" für Kletzenbrot sind vor allem im westlichen Vorarlberg, rund um Dornbirn sowie Lustenau, bekannt und beziehen sich vermutlich auf das Eigenschaftswort „molschet"/ „molzet" für teigig, klebrig-weich. Es wird jedoch auch ein Zusammenhang mit Muelt oder Molte, Dialektbegriffe für Backtrog, angenommen.

Der Ursprung des Wortes „Kletze" wiederum ist im mittelhochdeutschen Begriff „kloezen" für spalten zu finden, da die Birnen früher zum Trocknen geteilt wurden. Viele lautliche Abwandlungen des Begriffs „Kletzen", wie beispielsweise auch „Klazen", „Kleazen" usw., leiten sich vom Wort „klieben" für spalten her. Hutzeln wiederum sind ähnlich wie Kletzen, aber feinere, vor dem Trocknen geschälte Dörrbirnen. Die Bezeichnung „Hutzeln" stammt wahrscheinlich vom niederdeutschen hotten ab, was so viel wie schrumpfen bedeutet.

Im Großteil Oberösterreichs sind auch Bezeichnungen gebräuchlich, die Kletzenbrot mit Störibrot, einem hellen Gewürzbrot, in Verbindung bringen. So trägt das Kletzenbrot häufig Namen wie Schwarzes Störi oder Kletzenstöri. Weitere regional beschränkte Namen sind zum Beispiel Anglöckler, Quatemberbrot, Rauwutzl, Hidlbua und Fochanze. Für das östliche Nordtirol und nördliche Kärnten sind Klowa-, Kluwa-, Kluben-, Klabernbrot oder -zelten geläufig. Hier beginnt auch die Verwendung des Ausdrucks Klotzenbrot, der sich einst ebenso in Salzburg, der Steiermark und Kärnten fand. Heute hat sich im ganzen Bundesgebiet der Name Kletzenbrot durchgesetzt.

Getrocknete Früchte und Walnüsse machen das Kletzenbrot zu einer wahren Delikatesse, die sich auch deutlich länger hält als normales Brot.

Kletzenbrot ist eines der ältesten Weihnachtsgebäcke. Seine Herstellung ist zwar nicht sehr schwierig, aber relativ aufwändig und eine klebrige Angelegenheit.

REZEPT

KLETZENBROT

Zutaten für 1 Laib

700 g Kletzen
200 g Dörrpflaumen
50 g Nüsse (z.B. Haselnüsse oder Walnüsse), gehackt
50 g Mandeln, gehackt
Zimt
Gewürznelken, gestoßen
Schale von ungespritzten Zitronen, gerieben
Rum
20 g Germ
400 g Brotteig
Fett für die Form

ZUBEREITUNG

Kletzen und Dörrpflaumen in Würfel schneiden. Mit Nüssen und Mandeln vermischen, anschließend die Gewürze beigeben. Mit Rum befeuchten und einige Zeit marinieren. Germ in wenig lauwarmem Wasser verrühren. Beigeben und zusammen mit der Dörrobstmasse in den Brotteig einkneten, bis eine homogene Masse entsteht. Die fertige Teigmasse in eine gefettete Wandelform füllen und aufgehen lassen. Anschließend bei 200 °C ca. 50 Minuten backen.

KNÖDEL

Die österreichische Küche kennt sie in einer Vielzahl verführerischer Variationen. Die Rede ist von den Klassikern alpenländischer Kulinarik und Repräsentanten österreichischer „Fusionsküche": den Knödeln. Sie sind als Vorspeise, Suppeneinlage, Hauptgericht, Beilage oder süßes Dessert gleichermaßen bekannt und beliebt. Als klassische Knödelländer gelten Tirol und Oberösterreich, denn kaum irgendwo anders sind derart viele „knödelige" Rezepte und Gerichte bekannt.

KONSERVE UND PROVIANT

In der österreichischen, aber auch der böhmischen, bayerischen und Südtiroler Küche, haben Knödel einen festen kulinarischen Platz. Die Bezeichnung „Knödel" wird übrigens nur in Österreich, Südtirol und Südostdeutschland verwendet, während man in anderen Teilen Deutschlands von Klößen spricht. Der Ausdruck „Knödel" leitet sich im weitesten Sinn genauso wie der Name „Nudel" vom lat. nodus („Knoten") ab. Eine ethymologische Nähe zum spätmittelhochdeutschen Wort „knödel" wird angenommen, der Verkleinerungsform zum mittelhochdeutschen „knode, knote" für „kleiner Knoten" oder „Hügel". Auch eine Abstammung vom tschechischen „knedlsk" wäre denkbar.

Knödel, entwicklungsgeschichtlich zwischen Brei und Brot einzuordnen, wurden von der Menschheit schon früh als haltbare Speisen entdeckt. Dazu dickten die Menschen vermutlich Breireste ein, pressten sie kugelförmig und schützten sie so vor dem Verderb. Das beweisen archäologische Funde aus jungsteinzeitlichen Pfahlbaudörfern rund um den Mondsee. Eine erste bildliche Knödeldarstellung verewigte ein Künstler auf einem Fresko in der Hochkapelle von Hocheppan in Südtirol. Es stammt aus der Zeit um das 12./13. Jahrhundert.

HISTORISCHE KNÖDELREZEPTUREN

Als älteste Knödelformen sind Mehl- und Brotknödel anzunehmen. Auch solche aus alten Semmeln haben sehr weit zurückreichende historische Wurzeln. Erste Hinweise auf Fleischknödel liefern mittelalterliche Klosterschriften. In der gehobenen Küche waren zu dieser Zeit auch Fischknödel bekannt, während die ärmere Bevölkerung bis ins 16. Jahrhundert üblicherweise nur einfache Brotknödel aß.

Die heute weit bekannten und beliebten Tiroler Speckknödel sind in der alpenländischen Küche vermutlich aus der Not heraus entstanden. Das karge Leben in den Bergen zwang die Bauern dazu, für die Zubereitung jene Produkte zu verwenden, die der eigene Hof hergab. Einer Legende nach ist der Tiroler Speckknödel in einem Gasthaus in Hall in Tirol entstanden. Die Wirtin soll hungrigen Soldaten rasch aus Resten wie Brot, Speck, Wurst, Mehl, Eiern und Salz Knödel hergestellt haben, die großen Anklang fanden. Während der Fastenzeit waren seit dem 16. Jahrhundert auch Knödel ohne Speck als „Faschtnknödel" üblich und in Notzeiten wurden Rüben- statt Speckwürfel verwendet.

Erdäpfelknödel wiederum etablierten sich erst, als Kartoffeln hierzulande heimisch wurden. Auch die Fruchtknödel können auf eine lange Historie zurückblicken. In der „Fusionsküche" der habsburgischen Monarchie im 18. und 19. Jahrhundert machten die zahlreichen böhmischen Köchinnen im Dienste Wiener Aristokraten und Bürger die böhmischen Knödel in Wien legendär. Darunter eben auch die süßen Fruchtknödel, für die freilich schon Rezeptvorläufer aus österreichischen Kochbüchern des 17. Jahrhunderts vorhanden sind.

Süße Knödelvariationen sind bei Alt und Jung gleichermaßen beliebt.

KNÖDELBRAUCHTUM

In der bäuerlichen Küche standen Knödel mit so großer Regelmäßigkeit am Speiseplan, dass es eigene „Knödeltage" gab, die regional auf unterschiedliche Wochentage fielen. Knödel spielten auch im alpenländischen Aberglauben eine wesentliche Rolle. An Knödeltagen scheuten manche Bauern davor zurück, den Almauftrieb zu beginnen, denn dies wurde oft mit Unglück verbunden. Am Silvesterabend steckten die Köchinnen in die Knödel kleine Zettel, beschrieben mit Hoffnungen, Wünschen und Träumen. Der erste Knödel, der beim Kochen an die Oberfläche stieg, enthielt jene Prophezeiung, die sich mit Gewissheit im folgenden Jahr bewahrheiten würde, so die Annahme. Ein ländlicher Brauch war, dass man in einem der Knödel für Hochzeitsessen eine Zwetschke oder Mandel versteckte. Wer diesen speziellen Knödel bekam, heiratete angeblich als Nächster.

ENORMER ABWECHSLUNGSREICHTUM

Die Erscheinungsformen von Knödeln sind so vielfältig wie bei kaum einer anderen Speise. Die vorwiegend kugeligen Spezialitäten können gefüllt oder ungefüllt, süß oder pikant sein. Facettenreich setzen sich auch die Knödelmassen zusammen, je nach Verfügbarkeit, Jahreszeit, Anlass oder Gusto: Sie bestehen aus Roggen-, Gersten-, Weizen- oder Hafermehl, Brot- oder Semmelwürfeln, Erdäpfeln, Germ, Fleisch, Speck, Innereien, Grieß, Topfen u.v.m. Etwaige Füllen locken zum Beispiel mit Faschiertem, Speckwürfeln, Grammeln, Spinat, Kraut oder Früchten und Powidl.

Der Fantasie sind bei der Knödelzubereitung keine Grenzen gesetzt: Sie können sich aus Roggen, Gersten, Weizen oder Hafermehl sowie Semmelwürfeln und vielem anderen zusammensetzen.

REZEPT

SEMMELKNÖDEL

Zutaten für 6 Stück

250 g Semmeln, ca. 3–4 Tage alt
ca. 200 ml Milch, je nach Trockenheit der Semmeln
Salz
40 g Mehl, griffig
60 g Butter
60 g Zwiebeln
3 Eier

ZUBEREITUNG

Semmeln in kleine Würfel schneiden. Butter schmelzen, kleingeschnittene Zwiebeln darin hell rösten. Eier und Milch gut verschlagen, salzen, über die Semmelwürfel gießen. Alle Zutaten vermengen, einige Minuten anziehen lassen, Mehl unterheben. Mit nassen Händen 6 Knödel formen und in reichlich Salzwasser schwach wallend ca. 12 Minuten kochen, vorsichtig aus dem Wasser heben und abtropfen lassen. Verwendung finden die Knödel als Beilage zu Bauernschmaus, Schweinsbraten, Selchfleisch, Beuschel, gedünstetem Wild und Ragouts oder als geröstete Knödel mit Ei.

Auch die Zubereitungsarten können sehr unterschiedlich sein. Meist werden Knödel in Salzwasser pochiert, darüber gedämpft oder aber in Schmalz herausgebacken.

UNGEFÜLLTE

Die flaumigen Wiener Semmelknödel sind eine typische Sättigungsbeilage, werden jedoch in der Variante „Geröstete Knödel mit Ei“ auch als Hauptspeise serviert. Ähnlich in ihrem Teig sind Serviettenknödel: Die Knödelmasse wird vor dem Kochen in eine Serviette oder ein Tuch rollenförmig eingeschlagen und anschließend gegart. In Scheiben geschnitten munden Serviettenknödel zu Braten, Wildgerichten, Ragout (v.a. Gulasch), Beuschel und Pilzgerichten. Tiroler Speckknödel sind eine Art Semmelknödel mit Selchfleisch. Mit feingeschnittenem Speck oder Hart- bzw. Räucherwurst firmieren sie als klassische Suppeneinlage. Größer geformt werden sie auch als Beilage oder Hauptspeise serviert. Als ebenso köstliche Spezialität erscheinen Leberknödel mit Rinds- oder Schweineleber, die man in die Suppe einlegt oder auch als Hauptgericht reicht.

Wenn Genießer Knödel „zu Wasser“, also in der Suppe, und „zu Lande“ schmausen, dann sind Kaspressknödel im Spiel. Sie verführen nicht rund, sondern als flache Laibchen. Weitere klassische Einlagen für Suppen sind Grießknödel sowie Brösel-, Mark- oder Reisknöderl. Ungefüllte Waldviertler Knödel aus rohen und gekochten Erdäpfeln gelten als kulinarisch bewährte Beilage zu Schweinsbraten und Wildgerichten. Mühlviertler Knödel aus (Roggen-)Mehl, Fett oder Öl, Salz und Wasser gelten als Klassiker zum Bratl in der Rein oder Selchfleisch.

… UND GEFÜLLTE KLASSIKER

Bei Fleisch-(Haschee-) oder Grammelknödeln umhüllt ein Kartoffelteig die Fülle aus faschiertem Schweine- oder Rindfleisch oder Grammeln.

Knödel gehören aber auch zu den Klassikern der süßen Küche: Ungefüllte Topfenknödel und mit Früchten wie Marillen, Zwetschken, Erdbeeren oder auch Nougat gefüllte Knödel aus Erdäpfel-, Topfen- oder Brandteig sind bei Alt und Jung beliebte Spezialitäten. Sie werden in gebräunten Semmel-Butter- bzw. Nuss-Böseln gewälzt und vor dem Servieren mit Staubzucker bestreut. Germknödel zählen wohl zu den größten Vertretern der Knödelfamilie: Sie werden aus feinem Hefeteig hergestellt und traditionell mit Powidl gefüllt, in Salzwasser gekocht oder über kochendem Wasser gedämpft.

Sauerkraut als Beilage darf bei deftigen Fleischknödeln nicht fehlen!

Die vielgeschätzten Waldviertler Knödel wurden in den letzten Jahrzehnten zu einer Rarität, da die Zubereitung aus zwei Dritteln rohen und einem Drittel gekochten Erdäpfeln nicht ganz einfach ist.

KRAPFEN

Er hat als Festtags- und Brauchtumsgebäck ebenso wie in der klassischen Backkunst seinen festen Platz: der Krapfen. Ob ballenförmig, flach-rund, oval oder länglich, mit süßer oder pikanter Fülle, stets wird diese traditionelle Köstlichkeit aus Hefeteig in heißem Fett schwimmend gebacken. Außen goldgelb-knusprig mit dem typischen durch das Backen entstehenden hellen „Ranftl" um die Mitte und innen flaumig-weich, ist der Krapfen nicht nur zur Faschingszeit ein kulinarischer Genuss.

DIE LEGENDE VOM KRAPFEN

Erzählungen nach soll die Wiener Bäckerin Cäcilie (Cilli) Krapf die eigentliche Erfinderin des Krapfens gewesen sein. Sie schuf 1690 die „Cillykugeln", ein krapfenähnliches Gebäck aus Hefeteig. Als ihr Lehrbub sie wieder mal ärgerte, packte sie ein Stück Germteig, welches sie wütend dem flüchtenden Lehrbuben hinterherwarf. Das Teigstück landete in einem Topf mit heißem Fett, der gerade auf dem Herd stand. Die Bäckerin betrachtete mit Erstaunen das goldbraun gebackene „Teiglaibchen" und stellte mit Begeisterung fest, dass aus dem Missgeschick eine kleine Köstlichkeit entstanden war.

Einer anderen Legende zufolge kreierte ein Berliner Zuckerbäcker den Krapfen. Er buk als Militärbäcker Hefeteig in Form von Kanonenkugeln in einem Kessel mit heißem Fett über offenem Feuer. Aufgrund der Herkunft des Bäckers bekam das Gebäck die Bezeichnung „Berliner".

FETTGEBACKENES AUS HISTORISCHEN KÜCHEN

Nachweislich bereiteten schon die alten Ägypter in Fett schwimmende Gebäcke zu, deren Formen auf Fruchtbarkeitssymbole verwiesen. Vermutlich sind es jedoch die Römer, auf die der heutige Krapfen zurückgeht. Denn sie kannten bereits ein mit Honig und Mohn verfeinertes Fettgebäck, „globuli" (Kügelchen), dessen Herstellung ähnlich jener der Krapfen ist.

Bei den Frühlingsbacchanalien, den Festen zu Ehren des römischen Gottes Bacchus, opferten die Menschen sogenannte „placenta bacchiae", runde mit Sulz gefüllte Hohlkegel. Durch römische Kolonisten dürften die „globuli" an den Donaulimes und nach Vindobona, dem heutigen Wien, gekommen und unter dem Namen „chraphe" zu hohen Festtagen serviert worden sein.

Im Wien des 9. Jahrhunderts kannte man ein Gebäck namens „krapfo". Die Bezeichnung „Krapfen" stammt vom althochdeutschen Wort „krapho" für gebogene Klaue, Kralle bzw. Haken ab. Daher die naheliegende Annahme, dass der Name „Krapfen" von seiner ursprünglich hakenförmigen Gestalt herrührt. Und um 1200 findet man auf dem Speisezettel europäischer Klosterküchen ein als „craplum" oder „craphun" benanntes Siedegebäck.

BRAUCHTUMS- UND FESTTAGSGEBÄCK MIT FORMENVIELFALT

Zur damaligen Zeit waren Krapfen noch eine eher derbe bäuerliche Spezialität, die einst überwiegend als brauchtumsgebundene Festtagsspeise, etwa zu Fasching, Ostern, Weihnachten, Neujahr, Maria Lichtmess (2. Februar), Sonnwend, zum Ende der Erntezeit oder zu Hochzeiten, eine große Rolle spielte. Der Grund, warum Krapfen traditionell zu Fasching gereicht werden, liegt in der schlechten Lebensmittelversorgung früherer Zeiten begründet. Mönche und Geistliche rieten dem einfachen Volk, kurz vor Beginn der Fastenzeit statt Brot die wesentlich nährstoffreicheren Krapfen zu backen, damit Arme und Kinder gut durch die lange Fastenzeit kamen.

Die Zahl unterschiedlichster Krapfenformen und -füllungen ist schier unbegrenzt.

In der bäuerlichen Küche wurde an hohen Festtagen der Schnür- oder Spagatkrapfen serviert.

Angezuckert und/oder mit Marmelade: So kommen Bauernkrapfen auf den Tisch.

Die bäuerlichen Krapfen waren an keine Form gebunden und wurden in heißem Fett, zumeist in ausgelassener Butter schwimmend gebacken. Diese Zubereitungsart hatte sowohl eine kochtechnische Begründung als auch eine wirtschaftliche Bedeutung: Bei offenem Herdfeuer ist die Zubereitung in heißem Fett die schnellste und einfachste Garmethode. Zudem stand dem reichlichen Vorhandensein von Butter vor allem in der Bergbauernwirtschaft oft ein verhältnismäßig geringer Mehlvorrat gegenüber.

Wann die Krapfen ihre heute bekannte, runde Form und ihren hellen Ring um die Mitte erhielten, ist nicht eindeutig nachweisbar. Sicher ist, dass in den Städten, vor allem auch in Wien, runde, ballenförmige Krapfen bereits im Mittelalter gewerbsmäßig in „Schmalzkochereien" hergestellt wurden. Ordnung in der Formenvielfalt schuf die „Kochordnung" der Stadt Wien aus dem Jahre 1486, in der die „Krapfenpacherinnen" (Krapfenbäckerinnen) genaue Anweisungen fanden, wie sie ihre Arbeit zu verrichten hatten.

Der mit Marmelade gefüllte Krapfen, wie wir ihn heute kennen, dürfte ein Erzeugnis bürgerlicher städtischer Kochkunst sein und geht offenbar auf die Barockzeit zurück, die eine große Vorliebe für Konfitüre entwickelte. Zu dieser Zeit galten Krapfen als Luxusspeise. Der Teig enthielt Honig, das Zuckerhäubchen bestand aus dem früher sehr teuren Rohrzucker. Im 18. sowie 19. Jahrhundert entstand dann in Wien ein regelrechter Kult um das süß gefüllte Germgebäck.

So gab es in der ersten Hälfte des 18. Jahrhunderts in der Wiener Hofburg im Fasching das sogenannte „Krapfenschießen", bei dem der beste Schütze als heißbegehrte Trophäe Krapfen erhielt. Und der bekannte Komponist und Musiker Johann Strauß Sohn (1825–1899) verlieh sogar einer Polka aus dem Jahre 1869 den Titel „Im Krapfenwaldl".

FACETTENREICHE „KRAPFENFAMILIE"

Noch heute ist die „Krapfenfamilie" im eigentlichen Sinn sehr facettenreich. Unter der Bezeichnung „Krapfen" werden die verschiedensten Gebäcke zusammengefasst, egal, ob sie rund, kugelig, länglich oder gekrümmt sind, ob Genießer sie süß oder pikant gefüllt verspeisen. Eines haben alle gemeinsam: Die handlichen Hefeteigstücke werden in heißem Fett frittiert und zählen daher zu den „Fettbackwaren".

Dennoch wird die Bezeichnung „Krapfen" heute oft weitläufig und willkürlich verwendet, obwohl es sich dabei nicht zwangsläufig um Krapfen im eigentlichen Sinn handelt. So gibt es in der Alpenrepublik Brandteigkrapfen, Spritzkrapfen, Punschkrapfen, Ennstaler Krapfen, Prügelkrapfen, Schnürkrapfen etc.

Eine typische österreichische Krapfenvarietät ist allen voran der (Wiener) Faschingskrapfen: außen leicht knusprig, goldbraun und mit Staubzucker bestreut; innen flaumig-weich, klassisch mit Marillenmarmelade, alternativ auch beispielsweise mit Powidl, Vanille- oder Nougatcreme gefüllt.

Bauernkrapfen oder „Kiachln" wiederum sind scheibenförmig mit einer Vertiefung in der Mitte. Sie kommen je nach Region gesüßt und mit Marmelade oder auch pikant verfeinert auf den Tisch. In Tirol z. B. kennt man sie mit Sauerkraut oder Preiselbeeren. Krapfenliebhaber schätzen auch Powidlkrapfen oder „Bojar": Das sind oval geformte Germspezialitäten, die nach dem Backen mit Powidl gefüllt und mit Zimtzucker bestreut verlocken.

Zu den ebenso gefragten Spezialitäten, die nicht zwangsläufig eine kugelige Krapfenform aufweisen, jedoch in jedem Fall aus Krapfenteig hergestellt werden, zählen Gebackene Mäuse, Apfelschnecken, Nigelen und Topfenbällchen.

Gebackene Mäuse sind ovale Nocken, die aus feinem Hefeteig, der vielfach auch Rosinen enthält, ausgestochen werden. Für Apfelschnecken wird der ausgerollte Krapfenteig mit klein geschnittenen Äpfeln und Zimtzucker belegt, eingerollt, in Scheiben geschnitten und anschließend frittiert. Bevorzugt stehen sie mit Staubzucker bestreut und mit Zuckerglasur überzogen am Tisch.

Die kleinen, nussgroßen und knusprig gebackenen Nigelen, ebenfalls aus Krapfenteig, werden meist mit Met, Honigwasser, Glühmost oder mit mit Schnaps verdünntem Honig übergossen. Für Topfenbällchen wiederum formt man aus einem mit Topfen verfeinerten Krapfenteig kleine Kugeln, die ebenso in heißem Fett gebacken und anschließend in Zimtzucker gewälzt werden.

REZEPT

FASCHINGSKRAPFEN

Zutaten für ca. 20 Stück

ca. 115 g Milch*
40 g Germ
125 g Mehl, glatt
60 g Eidotter
75 g Vollei
50 g Kristallzucker
42,5 g Rum
10 g Vanillezucker
375 g Mehl, glatt
4,5 g Schale von ungespritzten Zitronen, gerieben
110 g Butterschmalz, fest, formbar
10 g Salz
Butterschmalz oder Pflanzenfett zum Ausbacken
Marillenkonfitüre, passiert, zum Füllen
Staubzucker, mit 10 % Vanillezucker gemischt, zum Anzuckern

ZUBEREITUNG

Für das Dampfl die Milch auf etwa 20° C erwärmen, Germ darin auflösen. Mehl zugeben und gut einarbeiten. Auf etwa das doppelte Volumen aufgehen lassen.

Eidotter, Vollei, Kristallzucker, Rum, Vanillezucker und Zitronenschale schaumig rühren. Das Dampfl mit der Eiermasse und dem restlichen Mehl mischen. Nach halber Mischzeit Butterschmalz und Salz zugeben und fertig mischen.

Gut durcharbeiten, schleifen, zwei Stränge formen, jeden in 10 Stücke teilen. Diese auf mit Tüchern belegte, mit Mehl bestaubte Bretter setzen. Bei 28–30° C und ausreichend Luftfeuchtigkeit aufgehen lassen (ca. 30 Minuten). Kurz vor dem vollständigen Aufgehen aus dem Wärmebereich nehmen und zur besseren Stabilität der Backkruste verhauten lassen.

Bei einer Fetttemperatur von 160° C backen, dabei einmal drehen. Mit Marillenkonfitüre füllen (z. B. mit einem Dressiersack) und anzuckern.

** Krapfenteig wird in der Regel relativ weich gehalten. Da die Flüssigkeitsaufnahme je nach Mehlqualität unterschiedlich sein kann, schwankt die benötigte Menge an Milch.*

Krapfenteig ist einfach zuzubereiten. Da es ein Germteig ist, benötigt er Ruhe und Zeit zu gehen. Anschließend werden die Teiglinge zuerst auf der einen Seite, dann auf der anderen Seite in heißem Fett schwimmend herausbacken. Dadurch entsteht die klassische Krapfenform mit dem weißen Gürtel in der Mitte.

KRAUT

Kraut hatte einst im bäuerlichen Alltag große Bedeutung. Denn oft stand am Ende eines langen Winters nur noch das vergorene und somit gut haltbare Kraut zur Verfügung. Heute wird Kraut das ganze Jahr über auf jede erdenkliche Art und Weise zubereitet. Doch nach wie vor genießen die Österreicher Kraut am liebsten in altbewährter Form: als Sauerkraut, als kalt oder auch warm angerichteten Krautsalat, in Form von mit Faschiertem gefüllten Krautrouladen oder etwa als deftige Krautfleckerln. Aber auch beinah in Vergessenheit geratene Spezialitäten wie z. B. Grubenkraut oder Stöckelkraut finden sich heute wieder vermehrt auf dem Speiseplan.

WEISSKRAUT – EIN GEMÜSE DER ANTIKE

Mit dem Kraut ist eine Geschichte verbunden, die bis in die Antike zurückreicht. Die Wildform des Kohls hat ihren Ursprung im westlichen Küstengebiet Europas sowie im Mittelmeerraum. Sie war schon den Kelten, Griechen und Römern als Speisepflanze bekannt. Im Laufe der Zeit entstanden daraus durch natürliche Isolierung, spontane Mutationen und Selektionen zahlreiche eigenständige Sorten, so auch das Weißkraut.

Die weite Verbreitung des Krautes als Kulturpflanze innerhalb Europas geht vor allem auf die Klöster zurück. Mönche nahmen sich verstärkt der Kultivierung des Gemüses in ihren Klostergärten an, forschten nach den Heilkräften des „gottgegebenen" Krautes und förderten zudem seinen Anbau als Nährfrucht, wo immer es die geografischen und klimatischen Bedingungen erlaubten. Auch Karl der Große widmete sich in seiner Landgüterverordnung „Capitulare de villis vel curtis imperii" im Jahr 812 der Anpflanzung von Weißkraut in Gärten.

GEGEN VIELE LEIDEN IST EIN KRAUT GEWACHSEN

Das der griechischen Mythologie zufolge aus den Tränen des Lykurgos entstandene Kraut galt schon im Altertum als universelles Heilmittel. Hippokrates lobte seine abführende Wirkung, Dioscurides empfahl es bei Erkrankungen der Milz und Cato führte die Gesundheit des römischen Volkes auf die Wirkung des Krautes zurück. Auch Columella empfahl es als Volksnahrungsmittel. Und für die äußerliche Anwendung wurde es in Form von Krautwickeln bei Rheuma, Gicht, Schwellungen und Prellungen verwendet.

Da Kraut oftmals als Garant für Gesundheit galt, wurde sein Anbau mit äußerster Sorgfalt betrieben. Allen voran musste „a nutze Bäuerin auch einen nutz'n Krautgart'n", also ein besonderes Stück Acker für den Weißkrautanbau, haben. Für den optimalen Zeitpunkt des Krautsetzens galt die Bauernregel: „Wer dem Veit (15. Juni) nicht traut, kriegt auch kein Kraut." Zur Abwehr von Ungeziefer am Krautacker wurden traditionell geweihtes „Ignatiuswasser" und die Gebete des Bauern an drei Ecken des Feldes eingesetzt. Durch die vierte Ecke sollte das Ungeziefer entkommen können. Und um das Kraut vor Wildfraß zu schützen, wurden traditionell Krautscheuchen aufgestellt.

Hatten sich die Krautköpfe dann erst einmal gefestigt, ging es ans „Abplotschen", wobei die frischen äußeren Blätter anschließend den Schweinen als Futter dienten. Im Spätherbst konnten die Krautköpfe schlussendlich geerntet werden.

Früher herrschte auf den österreichischen Krautäckern große Sortenvielfalt. Heute existieren viele dieser alten Sorten leider nicht mehr.

NAHRHAFT UND LANGE HALTBAR

Viele Jahrhunderte lang war Weißkraut als typisches Wintergemüse ein grundlegendes und überlebensnotwendiges Element der ländlichen Küche. Das am bäuerlichen Krautacker kultivierte Gemüse wurde auf zahlreichen Höfen in Form von Sauerkraut oder Grubenkraut sauer vergoren oder auch durch Räuchern haltbar gemacht. Es eignete sich nicht nur bestens für die Vorratswirtschaft, sondern lieferte zudem wichtige Vitamine. Noch dazu konnte Kraut, im Gegensatz zu vielen anderen Gemüsearten, auch in Gebieten mit rauem Klima problemlos kultiviert werden.

Für Krautsalat wird Weißkraut gewaschen, geteilt, der Strunk entfernt und das Kraut fein gehobelt.

Zahlreiche Redewendungen wie „Dagegen ist kein Kraut gewachsen", „Kraut und Rüben vermischen" oder „das Kraut fett machen" lassen auf die wichtige Rolle des Krautes im Alltag über lange Zeit hinweg schließen. Auch im bäuerlichen Brauchtum fand Kraut seinen Platz und spielte vor allem bei Hochzeiten, etwa beim „Krautsalzen" oder beim „Krauttanz", eine wichtige Rolle. Zudem war es auch Bestandteil des traditionellen Hochzeitsmahles.

BEWAHRUNG ALTER SORTEN

Weißkraut (Brassica oleracea var. capitata f. alba) wird synonym auch als Weißkohl, Kappes, Kaps, Kabis oder einfach als Kraut bezeichnet. Mundartlich wird das Kraut auch Krauthappel genannt. Es stammt aus der Familie der Kreuzblütengewächse (Brassicaceae) und wird der Gattung Kohl zugeteilt.

Weißkraut bildet einen etwa einen halben bis zwei Kilogramm schweren Kopf, dessen Form sich rund, flachrund oder aber auch spitz präsentiert. Aus botanischer Sicht handelt es sich beim Krautkopf um eine gestauchte Achse mit breiten, sich nicht entfaltenden Blättern, ähnlich einer Knospe. Die eng übereinandergelagerten, weißen Blätter sind mit einer feinen Wachsschicht überzogen.

Einst waren auf österreichischen Krautäckern zahlreiche verschiedene Sorten anzutreffen. Bis auf wenige Ausnahmen existieren viele dieser alten Sorten, wie etwa das Wiener, das Tullner oder das Wagramer, heute jedoch nicht mehr. Als eine der wenigen alten Lokalsorten, die bis heute erhalten geblieben sind, gilt das aus dem Wiener Raum stammende, sehr späte Seibersdorfer Einschneidekraut mit seinen typischen großen, festen und konischen Köpfen. Zwar ist es wenig ertragreich und reift zudem unregelmäßig, doch für die Sauerkrautherstellung gilt es als das Beste seiner Art. Es besticht nicht nur durch seinen speziellen Geschmack, sondern auch durch seine Weichheit und seinen „langen Schnitt", d. h., es lässt sich in besonders lange feine Streifen schneiden. Da das Seibersdorfer aber weder in Samenhandlungen erhältlich noch, wegen seiner großen Variabilität, offiziell als Sorte registriert ist, liegt der Erhalt der Sorte derzeit ganz in den Händen der regionalen Bauern.

SAUERKRAUT UND GRUBENKRAUT

Vermutlich in China erstmals zubereitet, trat Sauerkraut seinen Siegeszug im 18. Jahrhundert an. Noch heute kennt man die berühmte Geschichte des Weltumseglers James Cook, der 60 Fässer Sauerkraut mit an Bord seines Schiffes genommen haben soll, um seine Mannschaft vor Skorbut, der gefürchteten Vitamin-C-Mangelerkrankung, zu schützen.

Die Herstellung ist bis heute im Wesentlichen gleich geblieben: Unter Salzzugabe wird das Weißkraut milchsauer vergoren. Es kann roh gegessen werden oder unter Zugabe z. B. von Kümmel, Lorbeerblättern, Wacholderbeeren, Zucker und Pfeffer gedünstet. Oft rundet klein geschnittener Speck das Kraut geschmacklich ab. Sauerkraut wird klassisch als Beilage zu Schweinsbraten, zu Blunzn, Geselchtem oder Knödeln serviert und ist Bestandteil des traditionellen Bauernschmauses.

Nicht nur als Sauerkraut, sondern auch als Grubenkraut eignete sich das Gemüse für eine lange Aufbewahrung. Traditionell vor allem in den Randgebieten des Waldviertels, der Buckligen Welt sowie der Südoststeiermark verbreitet, zählt Grubenkraut heute zu den Raritäten der österreichischen Küche.

Für diese bereits im 15. Jahrhundert belegte Spezialität werden ganze Krautköpfe blanchiert, an der Sonne getrocknet und anschließend in der mit Stroh und Kümmel ausgelegten Krautgrube milchsauer vergoren. Nach einer über mehrere Monate dauernden, schonenden Vergärung hat das Kraut einen milden Geschmack, leicht prickelnde Säure, knackige Konsistenz und überzeugt feingeschnitten sowohl in Form von Sauer- oder Süßkraut als auch als köstlicher lauwarmer Krautsalat.

REZEPT

KRAUTFLECKERL

Zutaten für 4 Portionen

200 g Fleckerl
Salz
8 EL Öl oder Schmalz
60 g Kristallzucker
150 g Zwiebeln
600 g Weißkraut, ohne Strunk und Außenblätter
Pfeffer, schwarz, gemahlen
etwas Suppe oder Wasser

ZUBEREITUNG

Fleckerl in reichlich Salzwasser kernig kochen, abseihen, mit kaltem Wasser schwemmen, abtropfen lassen.

Öl oder Schmalz erhitzen, Zucker darin dunkel karamellisieren lassen, feingeschnittene Zwiebeln beigeben, durchrösten.

Kraut in ca. 1 cm große Quadrate schneiden, ebenfalls mitrösten, mit etwas Suppe oder Wasser untergießen, mit Salz und Pfeffer würzen, kernig dünsten (ca. 30 Minuten), dabei trocken halten.

Fleckerl nochmals erhitzen, salzen, pfeffern, mit dem Kraut vermengen.

Eine weitere lokale Krautspezialität ist das ursprünglich in der Weizer Gegend beheimatete Oststeirerkraut. Es bildet rundliche, feste und eher kleine Köpfe und eignet sich aufgrund seines milden Geschmacks für Krautsalat oder aber auch für die Verarbeitung zu Sauerkraut. Um den Erhalt typischer Lokalsorten zu gewährleisten, wird der Anbau des Seibersdorfer Einschneidekrautes sowie der Sorten Frühes Wiener Breindl, Premstättner Schnitt und Kärntner-Steirisches Gebirgskraut im Rahmen des Österreichischen Programms zur Förderung einer umweltgerechten, extensiven und den natürlichen Lebensraum schützenden Landwirtschaft (ÖPUL) gefördert.

Weißkraut bildet einen bis zu zwei Kilo schweren Kopf, dessen Form sich meist rund, aber auch flachrund und spitz präsentieren kann.

LAAER ZWIEBEL

Der Zwiebelanbau ist im niederösterreichischen „Land um Laa“ seit Mitte des 19. Jahrhunderts dokumentiert. Die Laaer Zwiebeln zeichnen sich durch ihre genetische Variabilität und ihr perfektes Anpassungsvermögen aus. Als Besonderheit gelten die lokalen alten Zwiebelsorten „Gelbe Laaer“, „Rote Laaer“ und „Schneeweiße Unterstinkenbrunner“. Die Wichtigkeit ihrer Bewahrung und Kultivierung wird durch die Förderung als „seltene landwirtschaftliche Kulturpflanzen“ im Rahmen des Österreichischen Programms zur Förderung einer umweltgerechten, extensiven und den natürlichen Lebensraum schützenden Landwirtschaft (ÖPUL) anerkannt.

DIE ZWIEBEL – HEIL-, GEWÜRZ- UND GEMÜSEPFLANZE

Die Speisezwiebel stammt wahrscheinlich aus den Steppengebieten des west- und mittelasiatischen Raumes. Zahlreichen historischen Quellen zufolge zählt sie zu den ältesten Kulturpflanzen der Menschheit. Bereits vor mehreren Jahrtausenden soll sie als Heil-, Gewürz- und Gemüsepflanze gedient haben, später im Mittelalter auch als Amulett gegen die Pest.

Zu den ältesten Nachweisen zählen ägyptische Grabgemälde oder Inschriften, die bis auf die Zeit um 3200 v. Chr. zurückgehen. Eine sumerische Keilschrift (um 2300 v. Chr.) enthält bereits Angaben zu Zwiebelfeldern und der babylonische Codex Hammurapi (18. Jh. v. Chr.) belegt, dass arme Bevölkerungsschichten einmal im Monat eine Ration von Brot und Zwiebeln erhielten. Im alten Ägypten, Griechenland und Rom galten Zwiebeln als Grundnahrungsmittel des einfachen und bäuerlichen Volkes. Römische Legionäre waren es, die die „cepula“ schließlich nach Mitteleuropa brachten. Vom lateinischen „cepula“ leitet sich, über das Mittelhochdeutsche „zwibolle“, die heute gebräuchliche Bezeichnung „Zwiebel“ ab.

Die Zwiebel war schon damals äußerst beliebt und ist es bis heute geblieben. Sie hat in der Küche genauso ihren festen Platz wie in der Volksmedizin. Natürlicher Zwiebelsaft ist ein altes Hausmittel bei Erkältungskrankheiten und Husten. Gegen Schmerzen bei Insektenstichen hilft das Einreiben mit einer frisch halbierten Zwiebel. Aber auch die pharmazeutische Wissenschaft ist den Heilwirkungen verschiedener Inhaltsstoffe auf der Spur. Bislang hat sie antimikrobielle, die Blutfettwerte regulierende, blutgerinnungshemmende und blutzuckersenkende Eigenschaften beschrieben.

Ihrer Beliebtheit kann auch das Enzym Alliinase nichts anhaben, das für das „Weinen“ beim Zwiebelschneiden verantwortlich ist. Das Enzym verwandelt eine schwefelhaltige Aminosäure in einen schleimhautreizenden und leicht flüchtigen Stoff, der unsere Augen zum Tränen bringt.

WIE DIE ZWIEBEL IM „VIERTEL UNTERM MANHARTSBERG“ HEIMISCH WURDE

Bevor die Laaer Zwiebel um 1850 in der Gegend um Laa nach und nach heimisch werden konnte, mussten der wilde Flussverlauf der Thaya reguliert und die sumpfigen Niederungen drainagiert werden. In einem umfangreichen Manuskript zur Geschichte der Stadt Laa aus dem Jahr 1890 würdigte der damalige Pfarrer Mathias Gregora bereits die landwirtschaftliche Bedeutung von

Die schmackhafte Laaer Zwiebel wird vorwiegend im Land um Laa angebaut, wo sie die idealen Böden findet.

Laaer Zwiebeln gelangen nur in allerbester Qualität (Qualitätsklasse 1) in den Verkauf.

Zwiebeln und Knoblauch in der Laaer Region. Überlieferungen zufolge sollen sie einen derart guten Ruf genossen haben, dass die lokalen Zwiebelsorte schon damals auf Märkten nachgefragt wurde.

In den 1990er Jahren fanden sich heimische Bauern zusammen und gründeten die Interessensgemeinschaft „IG Laaer Zwiebel“. Ihr gemeinsames Anliegen ist, das über lange Zeit gesammelte Wissen über die Anpassungsfähigkeit und Kultivierung der Laaer Zwiebel weiterzutragen und das Erbgut der selektierten lokaltypischen Ökosorten zu erhalten. Gemeinsam setzen sie sich auch für eine umfangreiche Vermarktung ein.

DIE FRUCHTBAREN ZWIEBELÄCKER RUND UM LAA

Die Gegend rund um die Stadt Laa/Thaya liegt im nördlichen Weinviertel nahe der Grenze zu Tschechien. Die landwirtschaftlich geformte Kulturlandschaft ist von lößbedeckten Hügeln geprägt, die fließend in das umliegende Flachland auslaufen. Sie wird im Westen durch den Buchberg, im Süden durch das Hollabrunner und Mistelbacher Hügelland sowie den Ernstbrunner Wald begrenzt. Im Norden an der Staatsgrenze zu Tschechien verläuft die Thaya, ein Nebenfluss der March. Ihr Name leitet sich vom illyrischen „Dujas“ ab und bedeutet so viel wie rauschender Fluss.

Heute pflanzen Bauern die schmackhaften Laaer Zwiebeln vorwiegend auf den Feldern der „Laaer Bucht“ und des „Thaya-Pulka-Beckens“ an. Die relativ warmen und trockenen Sommer des milden pannonischen Klimas bieten zusammen mit den humusarmen, aber schwarz- und braunerdehaltigen Ackerböden ideale Bedingungen für den feldmäßigen Zwiebelanbau. Das langsame Heranwachsen des Feldgemüses im natürlichen Regenkreislauf garantiert höchste Qualität. Die Laaer Zwiebel ist dadurch fester und feinfaseriger als herkömmliche Zwiebeln, sie ist länger haltbar und ihre natürliche Reifung wirkt sich besonders positiv auf ihren feinwürzigen Geschmack aus.

DIE VIELFÄLTIGKEIT DER LAAER ZWIEBEL

Über Jahrzehnte haben die Bauern kontinuierlich die Landsorten Gelber Laaer und Roter Laaer und Schneeweiße Unterstinkenbrunner kultiviert und verbessert, da in den Trockengebieten des nördlichen Weinviertels keine Bewässerung möglich war. Die Gelbe Laaer erkennt man an ihrer schönen braungelben Knolle mit hellem „Fruchtfleisch“. Die violettrote Knolle der Roten Laaer fällt durch den weißlichen Anschnitt mit rot geränderten Zwiebelschalen auf. Beide Sorten haben einen süßlich-scharfen Geschmack. Die Schneeweiße Unterstinkenbrunner bringt hingegen als weiße Zwiebel einen deutlich schärferen Geschmack mit.

Laaer Zwiebeln sind Sommerzwiebeln. Die Bauern pflügen im Herbst und eggen im Frühjahr die Zwiebeläcker. Etwa Mitte März, wenn die Böden optimal vorbereitet sind, säen sie die Samenkörner in Reihen aus. Nur etwa fünf Prozent werden dem Steckzwiebelanbau zugeschrieben. Heute werden hauptsächlich die Gelbe Laaer und zu etwa 20 Prozent die Rote Laaer angebaut. Die Kultivierung erfolgt im Rahmen des ÖPUL, das genaue Richtlinien für die Anwendung von Dünger und Pflanzenschutzmitteln für den Zwiebelanbau festlegt. Die auf dem Feld ausgereiften Zwiebeln werden von August bis September von Hand geerntet, nur die Entfernung des grünen Teils erfolgt maschinell. Anschließend werden sie sortiert und in Holzkisten in kühlen, dunklen und trockenen Hallen gelagert. Vor dem Verkauf sortieren die Gemüsebauern die Zwiebeln nochmals händisch aus und verpacken sie für die Vermarktung in Säcken, die fünf, zehn oder 25 kg fassen.

QUALITÄT WIRD BEI DER LAAER ZWIEBEL GROSSGESCHRIEBEN

Die Laaer Zwiebel wird der Qualitätsklasse 1 zugeordnet. Dazu müssen die Zwiebeln fest und kompakt sowie frei von Schwellungen und Wurzelresten sein. Einzig leichte Form- und Farbfehler und kleine oberflächliche Risse gelten nicht als qualitätsmindernd. Die Zwiebeln dürfen keinesfalls keimen. Erhältlich ist das schmackhafte Feldgemüse ab September bis etwa Anfang Mai. Der Verkauf erfolgt dabei entweder über Direktvermarktung in der Region oder über den österreichischen Lebensmittelhandel. Aufgrund ihrer Beliebtheit werden Laaer Zwiebeln heute auch in zahlreiche EU-Länder exportiert und stehen im Zentrum des einmal jährlich stattfindenden Zwiebelfestes in Laa/Thaya.

Zu den Laaer Zwiebeln zählen die Sorten Gelbe Laaer, Rote Laaer und Schneeweiße Unterstinkenbrunner.

LAVANTTALER BANANENAPFEL

Das Lavanttal, liebevoll auch als „Paradies Kärntens“ bezeichnet, ist Heimat einer ganz besonderen Frucht: des Lavanttaler Bananenapfels. Vor mehr als 100 Jahren fand diese Obstspezialität, ausgehend von Amerika, ihren Weg in das im östlichen Teil des Bundeslandes Kärnten gelegene Tal. Heute gilt der Lavanttaler Bananenapfel als Exot unter den heimischen Apfelsorten. Ihren außergewöhnlichen Namen verdankt diese Frucht ihrem typischen, einmaligen Geschmack, der unverkennbar an den von Bananen erinnert.

EIN TAL ENTLANG VON KIRCHEN, BURGEN UND SCHLÖSSERN

Ausgehend von ihrem Ursprung am steirischen Zirbitzkogel schlängelt sich die Lavant, die dem Lavanttal seinen Namen verleiht, über eine Länge von rund 60 Kilometer durch das Lavanttal in Richtung Süden. Sie passiert im Osten Kärntens die natürliche Enge des Twimberger Grabens, der das Tal in Oberes und Unteres Lavanttal teilt, und mündet schlussendlich unmittelbar vor der slowenischen Staatsgrenze in die Drau. Zahlreiche mittelalterliche Kirchen, Burgen, Schlösser und alte Städte säumen den Weg der Lavant und verleihen der Region ein besonders reizvolles Landschaftsbild.

Schon die Römer sollen die hervorragenden Obstbaubedingungen in der Region erkannt und genutzt haben. Noch heute ist das Lavanttal von zahlreichen Streuobstwiesen mit altem Baumbestand geprägt, die ganz besonders artenreiche Lebensräume darstellen.

Das äußerst milde und recht trockene illyrische Klima sowie die tiefgründigen, nährstoffreichen Böden ermöglichen ein optimales Wachstum der Äpfel. So kann der Lavanttaler Bananenapfel zu einer Frucht von hoher Güte heranreifen und sein einzigartiges Aroma bestens entwickeln.

AMERIKANISCHE ABSTAMMUNG

Das im Lavanttal anzutreffende Obstsortiment ist äußerst vielfältig, doch neben den klassischen, allseits bekannten Obstsorten hat sich der Lavanttaler Bananenapfel einen ganz besonderen Namen gemacht. Diese spezielle Apfelsorte gilt heute als eine der ältesten traditionellen Apfelsorten in Österreich. Seinen Ursprung hat der Bananenapfel jedoch nicht im Kärntner Lavanttal, sondern in Amerika. Dort, nämlich in Boston im Bundesstaat Massachusetts, wurde 1844 der Apfel erstmals unter der Bezeichnung „Mother“ erwähnt. Seine detaillierte Abstammungsgeschichte liegt jedoch bis heute im Dunkeln.

Der Pomologe Wilhelm Lauche erwähnte 1882 den Apfel als „Mutterapfel“. Verschiedenen Berichten zufolge soll der „Mother“, auch „American Mother“ genannt, von der in Kärnten ansässigen Familie Birkershausen um 1882 als Souvenir aus den Vereinigten Staaten in das Lavanttal mitgebracht worden sein. In den darauffolgenden Jahren fand der Apfel rasch lokale Verbreitung und etablierte sich allmählich als fester Bestandteil des heimischen Obstsortiments.

Das Lavanttal ist geprägt von wunderschöner Landschaft und mildem Klima. Im Frühjahr bieten über eine halbe Million blühender Apfelbäume eine ganz besondere Augenweide.

Eine weitere Vermutung legt eine Herkunft des Bananenapfels aus dem slowenischen Raum nahe. Im Laufe der Zeit dürften sich jedenfalls aus dem Lavanttaler Bananenapfel zahlreiche unterschiedliche Sortentypen entwickelt haben, denen jedoch ein ganz wesentliches Merkmal gemein ist, nämlich der besondere Geschmack.

DER APFEL, DER NACH BANANE SCHMECKT

Der Lavanttaler Bananenapfel ist auch heute noch vorwiegend auf Streuobstwiesen anzutreffen, deren Anpflanzung schon seit Kaiserin Maria Theresia gefördert wurde.

Der Baumwuchs kann als mittelstark und dünntriebig beschrieben werden. Die Sorte eignet sich sowohl für Hoch- und Halbstammbäume als auch für kleinere Baumformen. Der Bananenapfelbaum gilt im Allgemeinen als relativ anspruchslos, aber: Je feuchter und nährstoffreicher der Boden ist und je windgeschützter die Standorte sind, desto besser fällt die Ernte aus.

Die äußerst ertragreichen und robusten Apfelbäume prägen besonders im Frühjahr das Landschaftsbild, wenn sich zur Zeit der Obstbaumblüte die Landschaft in ein Meer aus weißen Blüten verwandelt.

Die Schale des Apfels ist meist grüngelb und matt glänzend und auf der Sonnenseite orange bis leuchtend rot gefärbt. In ihrer rundlichen und mittelgroßen Form und ihrem gelblichweißen, etwas körnigen Fruchtfleisch erscheint die Lavanttaler Spezialität eher unauffällig. Im Geschmack jedoch ist diese Apfelsorte eindeutig von anderen Sorten zu unterscheiden, denn sie besitzt ein einzigartiges, äußerst markantes Aroma, das stark an reife Bananen erinnert.

Nach der Ernte des saftigen Apfels, die meist zwischen Septtember und Oktober ansteht, er-

Nur ausgesuchte vollreife und aromatische Früchte werden in den Kärntner Brennereien zu den bekannten Apfelbrand-Spezialitäten verarbeitet.

reichen die Früchte ihre Genussreife in der Zeit von November bis Jänner. Die kurze Lagerfähigkeit des Apfels erfordert einen optimalen Erntezeitpunkt. Gelagert werden sollte der Bananenapfel am besten im naturkühlen Keller, um eine vorzeitige Überreife zu verhindern.

EIN EDLER BRAND MIT BEACHTLICHEM AROMA

Der Lavanttaler Bananenapfel findet sowohl als Tafel- als auch als Wirtschaftsobst Verwendung. Die Verarbeitung des Apfels zu den verschiedensten Spezialitäten gestaltet sich jedoch aufgrund seiner kurzen Haltbarkeit relativ schwierig. Denn lässt man den Apfel zu lange liegen, wird er rasch überreif und mehlig und ist dann sowohl für den Rohgenuss als auch für die Weiterverarbeitung unbrauchbar.

Bereits vor vielen Jahren entdeckten findige Bewohner des Lavanttales die hervorragende Eignung der Apfelsorte zur Herstellung von hochwertigen aromatischen Destillaten. Um den süßen, wenig säuerlichen und sehr aromatischen Geschmack des weit über die Region hinaus bekannten und geschätzten Apfels auch im Edelbrand zu bewahren, werden die Früchte handverlesen und mit viel Sorgfalt und Fingerspitzengefühl zum originalen Lavanttaler Bananenapfelbrand verarbeitet. Und diese Bemühungen machen sich bezahlt.

Seit Generationen wird das Wissen um die Erhaltung des feinen, typischen Geschmacks bei der Herstellung des Brandes weitergegeben und aufrechterhalten. Der Edelbrand besticht durch sein hervorragendes, vielschichtiges Spektrum an Duftaromen und eine leichte Süße. Der Lavanttalaler Bananenapfelbrand ist eine echte regionale Besonderheit und bei Kennern ein Muss im Edelbrand-Sortiment.

Darüber hinaus gelten auch die aus dem Apfel regional hergestellten Essige und Säfte als feine Delikatessen, denn auch hier lässt sich eindeutig der an Bananen erinnernde Geschmack erkennen, der diese Produkte zu echten Besonderheiten macht.

Der Lavanttaler Bananenapfel, auch Mutterapfel oder American Mother genannt, wurde angeblich um 1882 aus Massachusetts (USA) ins Kärntner Lavanttal importiert.

LEINÖL

Sowohl in der modernen Ernährung als auch in der traditionellen Küche findet das wertvolle Leinöl großen Anklang. Das goldgelbe, naturbelassene Öl besticht durch den ihm eigenen, oftmals herben, leicht bitter-nussigen Geschmack. Vor allem im oberösterreichischen Mühlviertel wird es auf althergebrachte Art und Weise aus den Samen der Leinpflanze in Ölmühlen sorgfältig gepresst. Von dort erreicht es nicht nur österreichische Genießer. Leinöl hat sich bei internationalen Gourmets ebenfalls einen klingenden Namen gemacht.

EINE DER ÄLTESTEN KULTURPFLANZEN

Die frühesten archäologischen Funde von Leinsamen datieren auf die Zeit zwischen 7500 und 6750 v. Chr. und stammen aus dem heutigen Iran. In Europa ist der Anbau von Lein seit den ersten Anfängen des Ackerbaues in der Bandkeramikkultur belegt, der ältesten bäuerlichen Kultur der Jungsteinzeit. Archäologische Ausgrabungen in der Schweiz brachten Leinsamen und Leingewänder zutage, die auf 4000 bis 3000 v. Chr. zurückgehen.

Auch im alten Ägypten war Lein bekannt. Dort scheint er aber ursprünglich nur zu Speisezwecken angebaut und erst später zur Faser- und Ölgewinnung eingesetzt worden zu sein. Ähnlich wie in Ägypten war seine Verwendung auch in den Kulturkreisen der griechischen und römischen Antike: Während die Bedeutung von Leinsamen zur Ernährung zurückging, nahm jene als Öl- und Faserpflanze zu. Im Altertum wurde Leinöl nicht primär zu Speisezwecken, sondern allen voran als Lampenöl eingesetzt.

ERFOLGREICHER FASER- UND ÖLLIEFERANT

Speziell das Mühlviertel kann auf eine lange Geschichte des Anbaus von Lein und seiner Verwendung als Faser- und Ölpflanze zurückblicken. Belegt ist dies seit dem Mittelalter. So verzeichnete bereits das Haslacher Urbar (Oberösterreich) von 1379 drei Mühlen. Eine davon, die Mühlviertler Ölmühle, widmet sich seit mehr als 600 Jahren dem Pressen von Saaten und erzeugt wertvolles Leinöl.

Der Leinanbau florierte in erster Linie im oberösterreichischen Mühlviertel des 16. und 17. Jahrhunderts, was zum wirtschaftlichen Aufschwung dieser Region wesentlich beitrug. Ab dem 16. Jahrhundert war das Gebiet gemeinsam mit Böhmen, Mähren und Schlesien in der Herstellung von Leinengewebe führend. Im Jahr 1875 galt die Donaumonarchie mit einer Anbaufläche von 94.000 Hektar neben dem Russischen und dem Deutschen Reich als eines der wichtigsten Anbaugebiete für Lein. Durch das Aufkommen der billigeren und leichter zu verarbeitenden Baumwolle gingen die Anbauflächen von Lein jedoch bereits im 19. Jahrhundert stark zurück. Bis heute sind sie tendenziell weiter gesunken.

Das derzeitige Hauptanbaugebiet liegt in Niederösterreich, und hier vor allem im Waldviertel. Im Burgenland, in Oberösterreich, in Kärnten, der Steiermark und in Wien sind weitere kleinere Leinflächen zu finden. Das Hauptverarbeitungsgebiet von Pflanzensamen zu Öl findet sich jedoch nach wie vor in seiner traditionellen historischen Kernregion, dem oberösterreichischen Mühlviertel.

Während der Blütezeit prägen die blau-weißen Flachsfelder das Landschaftsbild.

Leinöl wird aus den reifen Samen ausgewählter Leinsaat durch schonende Pressung gewonnen.

BLAU-WEISS BLÜHENDE FLACHSFELDER

Lein gehört zur Familie der Leingewächse (Linaceae). Er wird volkstümlich oft Flachs genannt, aber auch als Gemeiner oder Echter Lein bezeichnet. Das Wort „Lein" hängt wahrscheinlich mit dem keltischen „lin" (= Faden) zusammen. Von der Wildform, Linum bienne, leitet sich die Kulturform, Linum usitatissimum, ab. Dieser lateinische Name weist auf die vielfältige Nutzbarkeit der Pflanze hin (usitatissimum = am meisten genutzt, am nützlichsten, am gebräuchlichsten).

Je nach Verwertung kann zwischen Faser- und Öllein unterschieden werden. Für die Ölherstellung baut man in Österreich hauptsächlich die Ölleinsorte Recital an. Weiters sind in der Österreichischen Sortenliste 2010 für Öllein die Sorten Barbara, Hungarian Gold, Omega und Sandra zugelassen. Grundsätzlich stellt die Pflanze keine hohen Ansprüche an Boden und Klima. Sie ist sehr anpassungsfähig, legt allerdings auf ausreichend Feuchtigkeit Wert. Besonders gut kommen ihr tiefgründige Böden entgegen. Öllein hat im Sommer nur eine kurze Vegetationsdauer von rund 100 Tagen. Während der Blütezeit im Juli und August prägen die leuchtend blau-weißen Flachsfelder in der Anbauregion das Landschaftsbild auf eine ganz besonders charmante Weise.

Die kapselförmigen Früchte der 20–80 Zentimeter hohen Ölleinpflanze besitzen pro Stück bis zu zehn ölreiche Samen. Ihre Ernte erfolgt von August bis September, wenn sich die Kapselfrüchte braun verfärben und die Körner in den Kapseln hörbar rascheln. Um die glänzenden Samenkörner zu „befreien", ist es nötig, die Fruchtkapseln mittels Drusch zu zerquetschen.

HOCHEMPFINDLICHE ESSENZ

Aus den reifen Samen der Leinpflanze wird schließlich das hochwertige Pflanzenöl, eine naturbelassene Spezialität ohne jegliche chemische Zusätze, gewonnen. Im Handel werden kalt- und warmgepresste Varianten angeboten. Beide Verfahren liefern bei der Erstpressung eine Ausbeute von ca. 25–30 Prozent der einzigartigen Essenz. Leinöl besitzt einen besonders hohen Gehalt an ungesättigten Fettsäuren und weist ein optimales Verhältnis zwischen Omega-6- und Omega-3-Fettsäuren auf. Aufgrund dieses positiven Fettsäuremusters gilt das Öl als überaus geeignet für gesunde Ernährungsweisen. Kaltgepresste Öle enthalten sogar noch etwas mehr an wertgebenden Inhaltsstoffen, wie Vitamine und essentielle Fettsäuren. Für eine ausgewogene Kost stellt das „flüssige Gold" in jedem Fall eine ernährungsphysiologisch hochwertige und geschmacklich spannende Bereicherung dar.

Leinöl ist aber nicht nur für die genussreiche gesunde Küche interessant. Es kommt auch für technische Zwecke zum Einsatz und findet zudem in Ölfarben, Seifen, Druckerschwärze und der Linoleumproduktion Verwendung. Zu beachten ist jedoch, dass frisch gepresstes, naturbelassenes Leinöl ein hochempfindliches Produkt ist: Selbst in der geschlossenen Licht-

Die Herstellung von Leinöl hat eine lange Tradition. Aufgrund seines hohen Gehalts an ungesättigten Fettsäuren ist es gut für eine gesundheitsbewusste Ernährung geeignet.

schutzflasche erreicht es nur eine Haltbarkeit von rund drei Monaten. Da es sehr schnell oxidiert, muss Leinöl nach dem Öffnen lichtgeschützt, am besten in den dunkel gefärbten Originalflaschen, im Kühlschrank aufbewahrt und zügig aufgebraucht werden.

VON URIGEN LEINÖLERDÄPFELN

Sowohl kalt- als auch warmgepresstes Leinöl eignen sich ausschließlich für die kalte Küche bzw. verfeinert als geschmackliches Tüpfelchen auf dem i warme Gerichte nach deren Zubereitung. Denn Leinöl ist nicht zum Braten bzw. Erhitzen geeignet. Die Spezialität passt zur aromatischen Abrundung von deftigen Suppen, Gemüse, Rohkost, leichtem Topfenkäse sowie kernigem Müsli. Besonders Salatmarinaden gibt es eine pikante Note. Die kleinen, geschmacksintensiven Leinsamenkörner wiederum werten Brot und Gebäck ernährungsphysiologisch und optisch auf.

Eine althergebrachte Delikatesse aus dem Mühlviertel sind Leinölerdäpfel: Gedämpfte, blättrig geschnittene Kartoffeln werden mit heißer Milch oder Sauerrahm cremig verfeinert und dann mit reichlich Leinöl beträufelt serviert.

Die Samenkapseln der Ölleinpflanze enthalten bis zu zehn Samenkörner.

LINZER TORTE

So schlicht sie als Mürbteigtorte mit Marmeladenfülle zunächst auftritt, so großes kulinarisches Potenzial hat sie, die Linzer Torte, eine klassische Vertreterin der barocken Backkunst. Als „süßer Gruß" wird sie seit der Biedermeierzeit vor allem aus der oberösterreichischen Donaustadt Linz in alle Herren Länder verschickt. Weltweit konnte sie viele Feinschmecker für sich gewinnen. Denn, „was sind aller Dichter Worte gegen eine Linzer Torte!"

IN LINZ BEGINNT'S

Mit der Hauptstadt Oberösterreichs ist die Linzer Torte namentlich fest verbunden. Ihr Rezept soll die älteste Tortenbackanleitung der Welt sein. Damit kann die süße Köstlichkeit den Wahlspruch „in Linz beginnt's" kulinarisch am internationalen Parkett jederzeit würdevoll vertreten.

Die Linzer Torte ist ein feiner Kuchen aus gerührtem Mürbteig mit einem hohen Anteil an Nüssen. Ursprünglich verwendete man nur Mandeln. Heute kommt oft eine Mischung aus Mandeln und gerösteten Haselnüssen zum Einsatz. Zu den weiteren Ingredienzien zählen Butter, Eier, Mehl, Zucker, Zitronenschale und natürlich Gewürze wie Zimt und Nelken. Auf dem Mürbteigboden wird Ribiselmarmelade oder -gelee verteilt. Darauf dressiert man aus einem Teil der Mürbteigmasse ein Gitter samt Rand zur Verzierung. Das braucht etwas Geduld und viel Fingerspitzengefühl.

Das dabei entstehende, charakteristische Rautenmuster der Linzer Torte hat nicht nur optische, sondern auch praktische Gründe: Ist die fruchtige Füllmasse nämlich zu feucht, würde eine geschlossene Teigdecke durch den Dampf beim Backen unschön aufreißen und der Boden „speckig" schmecken. Das Gitter trägt somit wesentlich zur visuellen wie auch geschmacklichen Perfektion des mürben Kuchens bei. Zu guter Letzt gibt ihm das Bestreuen mit hauchdünnen Mandelblättchen oder gehobelten Mandelstiften den letzten Schliff.

VON „LINTZER DORTTEN"
UND „LINTZER TAIG"

Für das alte Ägypten ist bereits ein Backwerk mit Rautengitter und Fruchtmasse als Fülle nachgewiesen. Und ein Kuchen mit ähnlichen Zutaten und Erscheinungsbild wie die Linzer Torte wurde auch im Römischen Reich hergestellt.

Mandeltorten gehörten lange Zeit zu den Luxusspeisen, die sich nur Adel, Klerus und wohlhabende Bürger leisten konnten. Der älteste Nachweis, dass man in Linz „Mandl Dortten", also Mandeltorten, auf die Tafel brachte, ist durch eine Bewirtungsrechnung aus dem Jahre 1619 gegeben. Das erst jüngst entdeckte handschriftliche Kochbuch der Veroneser Gräfin Anna Margarita Sagramosa aus dem Jahre 1653, das „Buech von allerley Eingemachten Sachen, also Zuggerwerckh, Gewürtz, Khütten und sonsten allerhandt Obst wie auch andere guett und nützlich Ding etc." enthält die wohl älteste bekannte und schriftlich überlieferte Backanleitung der Linzer Torte bzw. des „Linzer Teiges" in vier Varianten.

Das erste gedruckte Kochbuch, welches das Rezept einer „Lintzer Dorte" bot, ist das „Neue Saltzburgische Koch-Buch" aus dem Jahr 1718 des „Hoch-Fürstlich-Salzburgischen Stadt- und Landschaft-Koches" Conrad Hagger. Der dort beschriebene „gute und süße Lintzer Taig" setzt sich aus Butter, Mandeln, Mehl, Zucker, Eiern und Zitronenschale zusammen, allesamt Zutaten, die auch heute noch die wesentlichen Bestandteile des Teiges ausmachen.

An der Wende vom 18. zum 19. Jahrhundert erfuhr die Linzer Torte, die mit den „gedeckten Pasteten“ verwandt zu sein scheint, rasch Verbreitung. Die historischen Zubereitungen unterscheiden sich jedoch von jüngeren dadurch, dass für den Teig Butterschmalz verwendet wurde und zusätzlich ein Butterziegel. Außerdem bereitete man die Torte auch als sogenannte „Schüsseltorte“ in einer Schüssel zu, ähnlich den heutigen Pasteten, mit Fruchtfülle und einem Gitter darüber. Während bis Ende des 19. Jahrhunderts Mandeln die einzigen Nüsse im Teig waren, wurden an der Wende zum 20. Jahrhundert erstmals auch Haselnüsse untergemischt.

Noch bis ins 20. Jahrhundert unterschied man die helle von der dunklen Linzer Torte. Die „helle“ bezog ihren Geschmack vor allem von weißen Mandeln und Zitronenschalen. Heute ist praktisch nur mehr die „dunkle“ üblich. Sie erhält ihre Farbintensität von ungeschälten Mandeln und dem Potpourri aus braunen Gewürzen.

REZEPT

LINZER TORTE

Zutaten für 1 Torte, Durchmesser 23 cm, Höhe 4 cm

250 g Butter
120 g Staubzucker
60 g Arancini, faschiert
10 g Vanillezucker
4 g Schale von ungespritzten Zitronen, gerieben
3 g Zimt
2 g Nelkenpulver
1 g Salz
140 g Vollei
40 g Haselnüsse, fein gerieben, geröstet
120 g Haselnüsse, fein gerieben
240 g Kuchenbrösel,* fein gerieben
80 g Mehl

180 g Ribiselkonfitüre
Mandeln, gehobelt, zum Bestreuen
Staubzucker, mit 10 % Vanillezucker gemischt, zum Anzuckern

ZUBEREITUNG

Tortenring mit Backpapier bespannen. Butter mit Staubzucker, Arancini, Vanillezucker, Zitronenschale, Zimt, Nelken und Salz schaumig rühren. Ei nach und nach zugeben. Haselnüsse mit Kuchenbröseln und Mehl mischen und unter die Butter-Ei-Mischung heben. Zwei Drittel der Masse spiralförmig in den Tortenring dressieren, dabei 2 cm zum Rand freilassen. Mit Konfitüre bestreichen.

Aus der restlichen Masse mit einer Sterntülle Gitter und Rand dressieren. Tortenmitte locker mit gehobelten Mandeln bestreuen. Bei 150 °C ca. 60 Minuten backen, auskühlen lassen und anzuckern (dazu eine runde Kartonscheibe, Durchmesser ca. 10 cm, in die Mitte legen).

** Die Qualität der Kuchenbrösel ist entscheidend für die Qualität der Torte. Möglichst keine Brösel von Teigprodukten nehmen! Es sollten hohe Bröselanteile von mürben Teigen, Nussmassen, Sachermassen und dergleichen verwendet werden.*

Überall auf der Welt dürfen Konditoren aus Mandeln und Haselnüssen Torten nach Linzer Rezept backen. Aber das Etikett „Original Linzer" darf eine Backware nur dann tragen, wenn sie in Linz hergestellt wurde.

Ohne Ribiselmarmelade und geröstete Mandelblättchen, die der Linzer Torte ihre Würze verleihen, ist diese oberösterreichische Spezialität undenkbar.

Zu den beliebten „Abkömmlingen" der Torte zählen aromatische Linzerschnitten, kleine Linzertörtchen und verführerische Linzeraugen. Diese Benennungen gehen wahrscheinlich alle auf den „Linzer Teig" zurück, worunter man in Fachkreisen einen Mürbteig verstand. Seinen Namen soll der Teig durch die „schönen Linzerinnen", die auch als hervorragende Bäckerinnen bekannt waren, erhalten haben.

SUCHE NACH DEM ERFINDER

Nach wie vor geht die Suche nach dem allerersten Rezept der Linzer Torte und nach ihrem „Erfinder" weiter und bietet Raum für allerhand Mutmaßungen. Gerne wird behauptet, ein Wiener Bäcker namens „Linzer" hätte die Torte kreiert. Diese Vermutung widerspricht jedoch der historischen Namensgebung von Speisen, die ursprünglich nach ihren Herkunftsländern bzw. den Landstrichen, aus denen sie kamen, benannt wurden und nicht nach den Köchen. Darüber hinaus findet sich in den Quellen zum Wiener Zuckerbäckerwesen in der Zeit von 1400 bis 1814 kein einziger Vertreter dieses oder eines vergleichbaren Gewerbes mit dem Namen „Linzer".

Als weiterer möglicher „Erfinder" der Linzer Torte wird der Konditor und Zuckerbäcker Johann Konrad Vogel (1796–1883) genannt. 1822 wanderte Vogel von Deutschland nach Linz ein und heiratete 1823 die Linzer Zuckerbäckerswitwe Katharina Kreß, wodurch er ihren Betrieb und das Bürgerrecht der Stadt Linz erhielt.

Linzer Torten wurden schon lange davor zubereitet und sind sicher keine Erfindung Vogels. Sein Verdienst bestand jedoch darin, die Torte in den Gewerbebetrieb eingeführt und ihr so weite Verbreitung über die Grenzen Österreichs hinaus verschafft zu haben.

Andere Quellen wiederum besagen, die Torte sei anlässlich des Besuches des Fürstbischofs Firmian von Passau von einem seiner Leibköche etwa um das 18. Jahrhundert erfunden worden. Doch auch zu dessen Lebzeit war die Linzer Torte bereits allgemein bekannt.

LUNGAUER TAUERNROGGEN

Als Getreide in den 1950er Jahren noch von großer Bedeutung, wird die alpine Winterroggensorte Lungauer Tauern heute nur noch von wenigen Biobauern im Salzburger Lungau kultiviert. Überwiegend zur Eigenversorgung zu Mehl veredelt, besticht der Lungauer Tauernroggen nicht nur in herzhaft knusprigem Brot. Auch roggene Krapfen und Hasenöhrl verlocken als regionale Spezialitäten. Und sogar zu Bier wird der Tauernroggen verarbeitet. Somit prägt der Anbau der Sorte die lokale Esskultur und leistet auch einen wichtigen Beitrag zur Erhaltung der pflanzlichen Vielfalt sowie zur Bereicherung der Kulturlandschaft in der gebirgigen Salzburger Region.

WECHSELNDES IMAGE

Kulturroggen stammt vermutlich vom Wilden Bergroggen (Secale montanum) aus Vorderasien ab. Wann ihn die Menschen erstmals anbauten, ist nicht genau bekannt. Es wird jedoch vermutet, dass Wildformen schon vor dem 8. Jahrtausend v. Chr. genutzt wurden. Eine Geschichte erzählt, dass der Roggen zufällig entdeckt wurde. Bei der Verladung von Weizen auf Kornschiffe in Pontos am Schwarzen Meer sollen sich „Unkräuter" in die Sendung gemischt haben. Die Ladung wurde nach Russland gebracht und als es dort zur Aussaat kam, war der Boden für den Weizen zu rau, aber das „Unkraut" gedieh gut und bot sich – als Roggen – zum Anbau an.

In Mitteleuropa wird Roggen vermutlich seit der Bronzezeit (etwa ab 1800 v. Chr.) kultiviert, wo er als Brotgetreide bei Slawen, Kelten und Germanen rasch Verbreitung fand. Für die Römer schmeckte das dunkle Mehl des Roggens bitter und hatte einen üblen Geruch, weshalb sie es nur als Grundlage für das „Brot der arbeitenden Klasse" verwendeten. Plinius der Ältere bezeichnete das Korn in seiner um 79 n. Chr. verfassten „Naturalis historia" sogar als minderwertig und magenschädlich und nur dazu geeignet, um in Notzeiten den Hungertod abzuwehren. Im Mittelalter schätzten die Menschen Roggenbrot hingegen sehr. Lange Zeit stellte Roggen in einigen Regionen das überwiegende Brotgetreide dar. Im 18. Jahrhundert begann ihn jedoch im Großteil Österreichs der Weizen allmählich zu verdrängen.

SELTEN UND GESCHÜTZT

Roggen konnte sich seit jeher unter ungünstigen Bedingungen oder in Regionen mit rauerem Klima gegenüber dem anspruchsvolleren Weizen durchsetzen. So auch der Lungauer Tauern, für den erstmalige züchterische Bemühungen auf das Jahr 1924 zurückgehen. 1948 wurde die Sorte als Hochzuchtsorte ins Zuchtbuch für landwirtschaftliche Kulturpflanzen aufgenommen. Der Zucht und Vermehrung des Tauernroggens nahm sich der 1949 gegründete Lungauer Saatzucht- und Saatbauverein an. Im Jahr 1954 erlebte die Kultivierung des Tauernroggens mit 122 Hektar Anbaufläche schließlich ihren Höhepunkt. Mehr als 100 bergbäuerliche Betriebe im Lungau vermehrten das Saatgut des Tauernroggens, das schließlich in Bergbauernbetrieben Südtirols, im Salzburger Pongau, im steirischen Bezirk Murau, im oberen Ennstal sowie im Lungau angebaut wurde. Im oberen Ennstal war Lungauer Tauernroggen bis in die 1960er Jahre die wichtigste Getreidesorte.

Dank ihres an die zwei Meter langen Strohs gilt die fast vergessene Getreidesorte mit ihren pyramidenförmigen Ähren als besonders widerstandsfähig.

Kurz darauf kam es jedoch beinahe zum Aussterben des Tauernroggens. Die Halme waren für die damaligen Mähdrescher zu lang und verstopften die Erntemaschinen. Ferner nahm der Anbau von Sommerfuttergerste mit standfesten Sorten und höheren, sicheren Hektarerträgen stetig zu, wodurch der Lungauer Tauernroggen als Winterroggen in den Hintergrund gedrängt wurde.

Im Jahr 1975 wurde die Sorte Lungauer Tauern schließlich aus dem Zuchtbuch für landwirtschaftliche Kulturpflanzen gelöscht. 2006 riefen engagierte regionale Bauern das Projekt „Lungauer Arche" ins Leben, mit dem Ziel, alte vom Verschwinden bedrohte Lungauer Gemüse-, Getreide-, Obst- und Beerensorten zu erhalten. Das gab auch dem Lungauer Tauernroggen Aufschwung, der mittlerweile als seltene landwirtschaftliche Kulturpflanze in der Sortenliste des „Österreichischen Programms zur Förderung einer umweltgerechten, extensiven und den natürlichen Lebensraum schützenden Landwirtschaft" (ÖPUL) geführt wird.

Roggen zählt neben Weizen zu den wichtigsten Brotgetreidearten.

Ein kleiner Kreis engagierter Bio-Bauern hat es sich heute in ausgewählten Lungauer Ortschaften zur Aufgabe gemacht, den Lungauer Tauernroggen – in bescheidenem – Umfang erneut anzubauen. Parallel dazu bewahrt die „Österreichische Agentur für Gesundheit und Ernährungssicherheit" (AGES) zur Erhaltung dieser wertvollen, alten Kulturpflanze und ihres Genpools entsprechendes Saatgut auf, ebenso wie internationale Genbanken in Deutschland, Tschechien, Polen und Bulgarien.

BESONDERS WINTERFEST UND WIDERSTANDSFÄHIG

Lungauer Tauernroggen zählt zur Familie der Süßgräser (Poaceae) und ging als Auslese aus einer alten Lungauer Landsorte unbekannten Namens durch Selektion hervor. Das frühreife Getreide bildet bis zu zwei Meter lange Halme aus, auf denen eine Ähre mit gelb-braunen bis grünen Körnern sitzt.

REZEPT

HASENÖHRL

Zutaten für 4 Personen

1000 g Roggenmehl
Prise Salz
2 Dotter
Sauermilch
Sauerrahm
Schmalz (zum Herausbacken)

ZUBEREITUNG

Aus Roggenmehl, Salz, Dotter, saurer Milch und etwas Sauerrahm einen Mürbteig herstellen und anschließend eine halbe Stunde an einem kühlen Ort rasten lassen. Anschließend den Teig messerrückendick auswalken. In Stücke schneiden und in heißem Schmalz schwimmend goldbraun ausbacken. Dazu serviert man Sauerkraut.

Die Heimatregion dieser seltenen alpinen Winterroggensorte ist der Lungau, ein inneralpines Becken auf über 1000 Meter Seehöhe, deckungsgleich mit dem Bezirk Tamsweg im Südosten des Bundeslandes Salzburg. Das Gebiet wird im Nordwesten von den imposanten Radstädter Tauern, im Nordosten von den Niederen Tauern und im Süden von den Nockbergen umgeben. Diese mächtigen Gebirgszüge grenzen es nach außen hin ab und beeinflussen entscheidend sein raues Alpinklima sowie die lokale Vegetation. Gleichzeitig schützen sie den Lungau vor Wind und bedingen seine relative Niederschlagsarmut.

Zwar sind die Vegetationszeiten kurz, aber die humushaltigen, kalireichen, sandigen bis starksandigen und leichten Lehmböden kommen dem Lungauer Tauern besonders entgegen und eignen sich gut für seinen Anbau. So ist der Lungauer Tauern perfekt an die rauen klimatischen Verhältnisse des Gebietes angepasst. Er gilt als ertragssicher, anspruchslos, widerstandsfähig und besonders winterfest. Sogar monatelange Schneedecken übersteht er schadlos.

HASENÖHRL UND ROGGENE KRAPFEN

Roggen zählt neben Weizen zu den wichtigsten Brotgetreidearten. Dem Eiweiß des Roggens fehlen jedoch die für Weizen typischen Klebereigenschaften, die für den Backvorgang wesentlich sind. Roggen zeichnet sich im Gegenzug durch einen höheren Gehalt an Lysin aus, eine essentielle Aminosäure, die ihn zu einem wichtigen Bestandteil ausgewogener Ernährung macht.

Neben der Brotherstellung kommt das Mehl des Tauernroggens unter anderem für die Zubereitung von Hasenöhrln zum Einsatz. Dabei handelt es sich um rautenförmige oder dreieckige, flache Schmalzgebäcke aus Mürbteig, die man im Lungau als traditionelle Spezialität klassisch mit Sauerkraut reicht. Die Bezeichnung „Hasenöhrl" rührt daher, dass sich der Teig beim Backen in einer Form aufwölbt, die an lange, dünne Hasenohren erinnert.

Eine weitere Köstlichkeit ist der sogenannte roggene Krapfen, ein flacher Krapfen, den man mit Graukäse bestreut und noch warm genießt. Und jüngst entdeckten sogar Bierbrauer den Tauernroggen für sich und entwickelten das „Lungauer Gold", ein obergäriges Bier, das sich durch fruchtiges Aroma mit einem leicht an Brot erinnernden Abgang auszeichnet.

Emmer, Triticum dicoccum

ALTE GETREIDEARTEN

Dinkel (Triticum spelta), Einkorn (Triticum monococcum) und Emmer (Triticum dicoccum) zählen zu den ältesten kultivierten Getreidearten, die schon vor Jahrhunderten in der Ernährung unserer Vorfahren Verwendung fanden. Dinkel, Einkorn und Emmer sind Spelzgetreide, d. h. die Körner umgibt eine Hüll- oder Deckschicht, die sogenannte Spelze. Sie gehören botanisch zur Gattung Weizen (Triticum L.). Ernährungsphysiologisch betrachtet gelten Dinkel, Einkorn und Emmer aufgrund des höheren Mineralstoffgehaltes und des Gehalts an essentiellen Aminosäuren als dem Weizen überlegen.

Nachdem sie beinahe von den heimischen Feldern verschwunden waren, beginnt man sich heute wieder verstärkt für diese alten Getreidearten zu interessieren und ihre Verwendungsmöglichkeiten in das Bewusstsein der Bevölkerung zu rufen. Denn die Produktpalette ist äußerst abwechslungsreich und reicht von purem Korn, Flocken und Mehl bis hin zu Brot, Gebäck und Nudeln. Um die Kultivierung und die Verwendung von Emmer und Einkorn sowie einigen Winterdinkelsorten wieder zu stärken, werden sie im Österreichischen Programm zur Förderung einer umweltgerechten, extensiven und den natürlichen Lebensraum schützenden Landwirtschaft (ÖPUL) als seltene landwirtschaftliche Kulturpflanzen in besonderer Weise gefördert.

Einkorn, Triticum monococcum

MANGALITZA-SCHWEIN

„Mangalitza" steht für markantes Aussehen, Genügsamkeit, Robustheit, ein ruhiges Gemüt – und vor allem für hervorragende Fleischqualität. Eine Zeit lang war fettreiches Schweinefleisch aufgrund von veränderten Ernährungsgewohnheiten weitgehend von den Tellern verschwunden. Heute gilt es wieder als besondere Spezialität. Die Schweinerasse ist jedoch nicht nur kulinarisch von Bedeutung, sondern wird auch zur Landschaftspflege eingesetzt. Ihre Tauglichkeit zur Urbarmachung von Gärten und Äckern bzw. zur biologischen Waldbodensanierung hat sie so beliebt gemacht, dass man heute Mangalitza-Schweine sogar mieten kann.

ALLES ANDERE, NUR NICHT ÖD

Sumpf, Schilf, Trockenrasen, Hutweiden, Salzlacken und ab und zu ein Ziehbrunnen: So präsentiert sich der Seewinkel im Norden des Burgenlandes, jenes Gebiet, in dem sich das Mangalitza besonders wohl fühlt. Zudem hat die Gegend rund um den Neusiedler See eine so vielfältige Flora und Fauna zu bieten, wie sie nur selten anderswo anzutreffen ist. Steppen-Wolfsmilch, Felsennelke, Zwiebel-Steinbrech, Nickende Ringdistel, Goldschopf-Steppenaster und Salzkresse sowie Reiher, Störche, Uferschnepfen und an die 300 weitere Vogelarten sind hier heimisch.

Die Hutweiden des Seewinkels sind das Paradebeispiel einer schützenswerten Kulturlandschaft, die erst durch menschliche Bewirtschaftung entstand. Denn dieses Weideland ist nicht deshalb baumfrei, weil so unwirtliche Umstände herrschen, sondern, weil der Mensch seit Jahrtausenden seine Schweine-, Rinder, Pferde-, Schaf-, Ziegen- und Gänseherden hier weiden ließ und lässt. Nur durch Beweidung bleibt diese Steppe weiterhin erhalten. Deshalb wurde sie zur „Bewahrungszone" des grenzüberschreitenden Nationalparks Neusiedler See – Seewinkel erklärt. Und neben dem Mangalitza-Schwein grasen wieder Ungarische Graurinder, Zackelschafe, Przewalski-Pferde, Weiße Esel und unzählige Graugänse. So bleibt dieser spezielle Lebensraum, wie er ist.

Das in der Region vorherrschende pannonische Klima bringt viele Sonnenstunden sowie warme Temperaturen, aber wenig Niederschlag mit sich. Selten genug ziehen Tiefdruckgebiete vom Mittelmeer nach Norden und bringen ergiebigen Regen. Und gelegentlich beschert der kontinentale Einfluss recht frostige Wintertage.

EIN STAMMBAUM BIS IN DIE KAISERZEIT

Das Mangalitza-Schwein zählt zu den letzten autochthonen, einheimischen Schweinerassen, die uns bis heute geblieben sind. Seine Heimat ist das alte Österreich-Ungarn, wo es seit jeher weidet. Bis in die Zeit der Monarchie lässt sich sein Stammbaum verfolgen. 1833 soll der serbische Fürst Milos dem Palatin von Ungarn, Erzherzog Josef Anton Johann von Österreich, zwölf Sumadija-Schweine geschenkt haben. Diese wurden mit den ungarischen Rassen Bakony und Szalonta gekreuzt und das Mangalitza-Schwein war geboren: robust, genügsam und mit einem stattlichen Speckgürtel gesegnet. Bald wurde es an der Wiener Börse gehandelt und etablierte sich als wichtigstes Zuchtschwein Europas.

Noch bis in die Nachkriegszeit waren die, wie sie auch heißen, Wollschweine hoch geschätzt, dann wurde es langsam still um sie. Da die Konsumenten Fleisch plötzlich so fettarm wie nur möglich wollten – und beim Mangalitza-Schwein von mager keine Rede ist –, wurde das Wollschwein nach und nach verdrängt. Bald fand es sich auf der Liste der gefährdeten Haustierrassen.

ECHT FETT! UND GENAU DESHALB SO GUT

Die Schweine trotzen jedem Wetter. Zu verdanken haben sie dies ihrem außergewöhnlichen Haarkleid mit Unterwolle und lockigen Borsten sowie einer dicken Fettschicht, die sie vor Wind und Kälte schützt. Und solange ausreichend Suhlmöglichkeiten vorhanden sind, kann ihnen auch Hitze nichts anhaben. Was Unterkunft und Nahrung betrifft, stellen Mangalitza-Schweine wenig Anspruch. Zum Wachsen nehmen sie sich viel Zeit. Stress ist für sie allgemein ein Fremdwort, was nicht nur ihrer Gesundheit, sondern auch der Qualität des Fleisches zugutekommt.

Es gibt sie in drei Farbvarianten: Rote und Blonde Mangalitza sowie die sogenannten Schwalbenbäuchigen, die bis auf ihren weißen Bauch vollständig schwarz sind. Apropos

Der feine Bauchspeck wird nur mild gewürzt, damit der ausgezeichnete Mangalitza-Geschmack nicht überdeckt wird.

Bauch: Der ist walzenförmig und berührt bei schlachtreifen Tieren fast die Erde. Das ungarische Wort „Mangalica“ bedeutet so viel wie „walzenförmig“ und könnte sich vom serbokroatischen „mangala svinija“ („Schwein, das sich gut ernährt“) oder vom rumänischen „mancare“ („essen“) ableiten.

Trotz ihres massigen Körpers sind die Tiere jedoch äußerst „geländegängig“ und ständig in Bewegung. Deshalb vereint ihr Fett auch zwei an sich widersprüchliche Attribute: kernig und gleichzeitig zart-schmelzend. „Eine unheimlich gute Fett'n“, wie Kenner schwärmen.

Auch die Ferkel trotzen jedem Wetter und gehen wie die meisten Tiere gerne auf Entdeckungsreise.

Auf einem Stück Bauernbrot lässt sich das Schmalz mit seinem einzigartigen Geschmack und der sahnigen Konsistenz wunderbar genießen, eignet sich jedoch auch bestens zum Verfeinern von verschiedenen Gerichten.

„JA, MEIN IDEALER LEBENSZWECK IST BORSTENVIEH, IST SCHWEINESPECK …"

So besingt schon Zsupán in Johann Strauß' „Zigeunerbaron" (1885) die Speckleistung der Wollschweine, für die unter anderem auch die Haltungsweise ausschlaggebend ist. Die Schweine versorgen sich praktisch selbst und vermehren sich ohne menschliches Zutun. Mangalitza sind Spätentwickler und besitzen im Gegensatz zu anderen Schweinerassen eine geringere Fruchtbarkeit mit ca. sechs bis acht Ferkeln pro Wurf. Zwei Würfe im Jahr sind üblich, im Winter und im Sommer.

Die Ferkel weisen, wie Wildschweinfrischlinge, silbrige Streifen auf. Acht bis zehn Wochen gibt es ausschließlich Muttermilch, dann fressen sie schon ganz normal mit den Großen mit. Bis sie schlachtreif sind, vergehen eineinhalb bis zwei Jahre. Dann haben sie mehrere Zentimeter Rückenspeck zugelegt und bringen zwischen 150 und 200 Kilogramm auf die Waage. Und da Fett bekanntermaßen ein Geschmacksträger ist, schmeckt das herrlich marmorierte Fleisch unnachahmlich gut und ist gehaltvoll und fest im Biss. Was langsam wächst, soll auch langsam zubereitet werden, lautet die Philosophie der Mangalitzakundigen. In der pannonischen Küche finden sich mit Gulyas und Pörkölt die passenden Gerichte für das dunkle, aromatische Fleisch. Sein Mehrwert kommt allerdings am besten zur Geltung, wenn es nach alter Tradition zu Rohwürsten, Speck und Schinken verarbeitet wird. Eine echte Renaissance erlebt derzeit der schlichte, in Salz eingelegte, schneeweiße „Kübelspeck". Und wer den Fettgehalt fürchtet, dem halten die Mangalitza-Liebhaber ein wichtiges Argument dagegen: Denn was Cholesterin und Fettsäuren angeht, steigt das Wollschwein im Vergleich zu herkömmlichen Rassen besser aus.

Mangalitza-Schweine fühlen sich am wohlsten, wenn sie das ganze Jahr im Freien verbringen dürfen.

MARCHFELD-SPARGEL G. G. A.

Etwa seit dem 16. Jahrhundert wird Spargel im Marchfeld gehegt und gepflegt. Schon damals erkannten Bauern, dass die besonderen Bodenverhältnisse und das günstige Kima das zarte Gemüse hervorragend gedeihen lassen. Über Generationen haben sie Wissen rund um den Spargel gesammelt und an ihre Nachkommen weitergegeben. Das würdigt auch die Europäische Union. 1996 wurde Marchfeldspargel mit dem europaweit gültigen Qualitätssiegel „geschützte geografische Angabe" ausgezeichnet.

DIE GEMÜSE- UND KORNKAMMER ÖSTERREICHS

Erstmals erwähnt wird das Marchfeld in einer Urkunde aus dem Jahr 1058. Das weitläufige Gebiet liegt im südlichen Teil des Weinviertels in Niederösterreich. Es wird im Süden von der Donau und im Osten von der March begrenzt. Die fruchtbare Ebene des Marchfelds liegt quasi vor den Toren Wiens, sie beginnt östlich des Bisambergs und verläuft Richtung Norden bis zum Hügelland des Weinviertels. Weitläufige Ackerflächen prägen die Landschaft; wegen des äußerst fruchtbaren Bodens nennt man die Region auch Gemüse- und Kornkammer Österreichs.

Klimatisch zählt das Marchfeld zu den wärmsten Zonen Österreichs, gemeinsam mit der Südoststeiermark weist es die meisten Sonnenstunden auf. Dazu gesellt sich ein besonderer Bodentyp, denn geologisch gesehen gehört das Marchfeld zum fruchtbaren Wiener Becken. Während der letzten beiden Eiszeiten hinterließ die Donau hier feinkörnige Ablagerungen, aus denen sich ein tiefer, humusreicher und sandiger Boden bildete. Dieser ist geradezu ideal für den Spargel – das kostbare Gemüse erhält genug Nährstoffe aus der Erde und gleichzeitig ausreichend Luft für seine Wurzeln.

VOM WILDSPARGEL ZUR KULTURPFLANZE

Spargel ist als Gemüse und Heilpflanze schon lange bekannt. Sein Ursprung liegt vermutlich in Vorderasien. Die alten Griechen schätzten Spargel wegen seiner harntreibenden Wirkung, während der Arzt Hippokrates von Kos (460–370 v. Chr.) seine stopfenden Eigenschaften lobte. Die ersten, die Spargel in größeren Mengen kultivierten, waren die Römer. Auf ihren Eroberungszügen brachten sie den Spargel in den germanischen Raum. Doch nach dem Zusammenbruch des Römischen Reiches geriet der Spargelanbau in Vergessenheit. Man nützte den wildwachsenden Spargel höchstens für Heilzwecke. Im Zuge der Christianisierung im Mittelalter kam der Spargel wieder zu neuem Ruhm; zunächst nur als Heilpflanze in Klostergärten, später auch als Delikatesse in höfischen Kreisen.

In Österreich kann man Spargel seit 1530 nachweisen, für die Zeit um 1565 ist der Spargelanbau rund um Wien belegt. Bis ins 18. Jahrhundert galt er als Luxusgemüse, weshalb er nur in geringem Umfang in Gärten angebaut wurde. Doch die Hofhaltung der Habsburger in Wien förderte die Spezialisierung in der Landwirtschaft: Immer mehr Bauern siedelten sich rund um Wien an, um den kaiserlichen Hof möglichst rasch mit Spargel und anderen frischen Produkten zu versorgen. Denn Transportmöglichkeiten über weite Strecken und Kühlmöglichkeiten waren noch stark eingeschränkt.

Über 2200 Sonnenstunden pro Jahr und die leichten, sandigen Böden des Marchfelds geben dem Spargel einen unvergleichlichen Geschmack.

Eine Anekdote erzählt, dass sich die Kammerfrauen von Maria Theresia an Fasttagen während der Spargelsaison immer an dem feinen Gemüse „labten“. Und Kaiser Joseph II. wollte selbst auf seiner Flucht vor Napoleon nicht auf den täglichen Spargel verzichten und ließ ihn nach Wolkersdorf liefern.

Zweifelsohne genoss der Spargel rund um die Residenzstadt großes Ansehen und dementsprechend groß war die Nachfrage nach Wissen rund um Kultivierung, Rezepte und Etikette beim Essen. Davon zeugen verschiedene historische Quellen wie etwa schriftliche Spargelkulturanleitungen aus Wien sowie die Fülle an Spargelrezepten in Wiener Kochbüchern des späten 18. und frühen 19. Jahrhunderts. Erst im Zeitalter der Industrialisierung wurde das delikate Gemüse zunehmend in bürgerlichen Kreisen nachgefragt. Bis zum Ende der Monarchie gab es in Österreich schließlich an die 200 Hektar Spargeläcker, ein Großteil davon lag im Marchfeld.

Doch noch immer war dem Spargel kein fortlaufender Erfolg vergönnt. Mit dem Ausbruch der beiden Weltkriege hatte der Spargel eine weitere große Krise durchzustehen. Denn damals stand die Versorgung mit Grundnahrungsmitteln im Vordergrund, für Luxusgüter gab es kaum Spielraum. Die Spargelanbauflächen schrumpften drastisch und mit der Zeit gab es immer weniger Bauern, die mit dem aufwändigen Anbau vertraut waren. Die Bevölkerung konnte sich Spargel entweder nicht leisten oder wusste gar nichts Rechtes mit ihm anzufangen.

Gerade noch rechtzeitig, etwa Mitte der 1970er Jahre, schlossen sich Marchfelder Bauern zu-

Der Spargel findet in der Ebene des Marchfelds ideale Bedingungen vor. Während der Saison pendeln die Spargelbauern unaufhörlich zwischen Hof und Feld und fahren die Ernte ein.

sammen, um den Spargelanbau in der Region nicht aussterben zu lassen. Sie suchten Kontakt zur Gastronomie und zu Konsumenten und bildeten 1980 schließlich den Bund der Marchfelder Spargelgüter.

DAS KÖNIGSGEMÜSE UNTER DER ERDE

Botanisch gesehen gehört Spargel (lat. „Asparagus officinalis L.") zur großen Familie der Liliengewächse. Bis Spargel geerntet werden kann, ist es ein langer, arbeitsreicher Weg. Zuerst lockern die Bauern den Boden und reichern ihn mit Humus an. Anschließend ziehen sie im Abstand von etwa zwei Metern Gräben am Feld, in die sie die Jungpflanzen setzen und anschließend mit Erde bedecken. Jetzt ist Geduld gefragt, denn die kleinen Spargelpflänzchen brauchen Zeit zum Wachsen und viel Pflege. Regelmäßig entfernen die Bauern das Unkraut und überprüfen die Felder auf Schädlinge oder Krankheiten.

Während sich unter der Erde die Spargelwurzeln entwickeln, wächst über der Erde das Spargelkraut, das Ende November knapp über dem Boden abgeschnitten wird. Im Laufe des Sommers zeigen sich dann die ersten Knospen, aus denen im nächsten Jahr die Spargelstangen entstehen. Bei weißem Spargel werden über den Knospen Erdwälle errichtet. In diesen Dämmen wächst der Spargel lichtgeschützt und bleibt dadurch weiß. Grüner und violetter Spargel hingegen wächst über der Erde und erhält durch das Sonnenlicht seine typische Farbe.

Im dritten Jahr darf endlich geerntet werden. Ende April startet die Saison, dann beginnt das Spargelstechen, eine behutsame Handarbeit. Sehr genau muss man dabei vorgehen, denn überall dort, wo sich die Erde ein wenig hebt, verbirgt sich eine wertvolle Spargelstange. Gebückt gräbt man die Stange mit den Fingern frei und trennt sie mit dem Messer ab. Marchfelder Spargel g. g. A. wird besonders kurz geschnitten – so ist die Schnittstelle ausreichend weit vom holzigeren Wurzelstock entfernt. Das garantiert beste Qualität. Anschließend wird das Erdloch wieder mit Erde aufgefüllt und die Oberfläche geglättet.

Dann heißt es, keine Zeit zu verlieren. Das kostbare Gut wird auf den Hof gebracht und in Eiswasser gekühlt. So bleiben der Geschmack und die wertvollen Inhaltsstoffe bestmöglich erhalten. Gleich am Erntetag wird der Spargel entweder ab Hof verkauft oder rasch an Handel und Gastronomie verschickt.

Grüner Spargel aus dem Marchfeld eignet sich wunderbar als Vorspeise.

Bis zum Johannestag am 24. Juni dauert die Erntezeit, dann ist nach alter Bauernregel Schluss. „Kirschen rot – Spargel tot", sagt dazu ein altes Sprichwort. Nun sollen die Spargelpflanzen „ins Kraut schießen" und die Wurzeln ausreichend Nährstoffe für ein ertragreiches, nächstes Jahr einlagern.

FEIN WIE ESSBARES ELFENBEIN

Marchfeldspargel g. g. A. wird je nach seiner Färbung in weißen, violetten, violett-grünen und grünen Spargel unterteilt. Von mächtigen Solo-Plus-Stangen bis hin zum feinen Classic-Spargel können Spargelliebhaber je nach Gusto wählen. In jedem Bündel findet sich nur Spargel gleichen Ursprungs, gleicher Farbe und gleicher Güte. Allen ist gemeinsam: Marchfeldspargel g. g. A. besticht durch ein typisches feines Aroma, das je nach Spargelsorte unterschiedlich feine Nuancen aufweist. Und niemals schmeckt er auch nur ein bisschen bitter.

MEISTERWURZ-BRAND

Vor allem in destillierter Form als berühmter und begehrter „Meisterwurzbrand" hat die Meisterwurz den Ruf einer ganz besonderen Spezialität mit außergewöhnlicher Wirkung. Bereits im Mittelalter war die heilende Kraft sowohl des Krautes als auch der Wurzeln der Pflanze bekannt und schon Hildegard von Bingen empfahl die Meisterwurz als Mittel gegen Fieber und Magenschwäche.

ALLHEILMITTEL UND ZAUBERWURZEL

Eine der ersten Erwähnungen findet die Meisterwurz in dem von Hildegard von Bingen verfassten Werk „Physica". Die berühmte Klosterschwester des 12. Jahrhunderts nennt die Pflanze in ihrer Abhandlung über Pflanzen und Krankheiten „Astrenica" und rät ihre Einnahme, bevorzugt zusammen mit etwas Wein, bei Fieber. Auch die Botaniker des Mittelalters wussten die Meisterwurz zu schätzen. Sie gaben ihr die Bezeichnung „Imperatoria ostruthium" und wiesen damit auf die ihr zugeschriebenen großen Heilkräfte hin. Paracelsus, berühmter Arzt und Alchemist des 16. Jahrhunderts, empfahl sie zum Schutz vor der Pest, gegen Leberschädigungen und zur Stärkung der Lebensgeister. Einer Legende zufolge soll Paracelsus beim Besuch von Pestkranken stets eine Wurzel dieser Pflanze bei sich getragen haben, um sich zu schützen.

Im 17. Jahrhundert galt die Meisterwurz als wesentlicher Bestandteil von „Orvietan", einem aus zumeist 26 Kräutern zusammengesetzten Universalheilmittel gegen alle Arten von Vergiftungen. Das zunächst auf geheim gehaltener Formel basierende Präparat wurde anfangs vor allem von Scharlatanen vertrieben. Wenig später weckte die Tinktur jedoch auch das Interesse zahlreicher angesehener Mediziner der damaligen Zeit und wurde von diesen vermehrt gegen allerlei Krankheiten und Schmerzen angewendet.

In der traditionellen Medizin kamen sowohl das Kraut als auch die unterirdisch wachsenden Wurzeln der Pflanze zum Einsatz. Heute hingegen werden ausschließlich die schmutzig gelben bis braunen Wurzelstöcke verarbeitet. Aber nicht nur gegen Pest, Gift, Fieber, Hundebisse, Appetitlosigkeit, Magenverstimmung, bei Gicht, Rheuma und vielem mehr, sondern auch für spirituelle Zwecke wurde die Meisterwurz genutzt.

Aufgrund der Verwechslungsgefahr mit ähnlich aussehenden, meist aber giftigen Pflanzen büßte die „Zauberwurzel" jedoch ihren guten Ruf ein und verschwand beinahe vollständig aus der traditionellen Kräutermedizin. So geriet die „Meisterin aller Wurzeln" zunehmend in Vergessenheit, und das Wissen um ihre Verwendungsmöglichkeiten ging beinahe verloren. In letzter Zeit erfreut sich die Meisterwurz jedoch wieder steigender Beliebtheit und das alpenländische Elixier mit Heilkräften erlebt eine veritable Renaissance.

Mit lateinischem Namen heißt die Meisterwurz „Peucedanum ostruthium". Neben den Bezeichnungen als „Magistranz" oder „Ostruz", deren sprachliche Herkunft bisher noch nicht eindeutig geklärt werden konnte, sind weitere volkstümliche Bezeichnungen wie „Haarstrang", „Bergwurz" und „Kaiserwurz" im Umlauf. Der Gattungsname „Peucedanum", abgeleitet aus dem Griechischen, bedeutet so viel wie „kleine Fichte" und weist vermutlich auf die Ähnlichkeit der Laubblattabschnitte mit Fichtennadeln hin. Und Ostruthium bedeutet übersetzt Sperling, möglicherweise eine Andeutung auf die fliegenden Vögeln ähnlichen Blätter.

MEISTERIN ALLER WURZELN

War die Meisterwurz früher vor allem als Kulturpflanze in den Hausgärten bekannt, so ist sie heute überwiegend wildwachsend an Bachufern, auf feuchten Gebirgswiesen und Waldlichtungen im gesamten Alpenraum anzutreffen. Sie bevorzugt besonders schattige Gebiete, die durch lange liegen bleibenden Schnee, langsame Wasserverdunstung und geringe Erwärmung eine kurze Vegetationszeit aufweisen. Die mehrjährige Pflanze wuchert in dichten Staudengruppen. Die hohlen Stängel mit den sehr formenreichen Blättern können eine beachtliche Höhe von bis zu 1,30 m erreichen.

Ihre zu Dolden angeordneten, weißen bis rötlichen Blüten breitet die Meisterwurz schirmartig aus. Kalk- und Urgesteinsböden mit hohem Mineralgehalt bieten ihr optimale Bedingungen. Besonders in den Bergen Ost- und Nordtirols findet sie ideale Standortbedingungen und wächst dort von Tallagen bis weit über die Baumgrenze.

Bei Paracelsus ist nachzulesen, dass die Meisterwurz vor allem bei Männern die Lebensgeister stärken kann.

Bevor man die begehrten Wurzeln ernten kann, bedarf es einer Grabgenehmigung der Bezirkshauptmannschaft, denn die Meisterwurz steht unter Naturschutz. Als beste Grabungszeit gilt neben dem Frühjahr der Spätherbst. Doch beim Graben ist Vorsicht geboten, um die Pflanze nicht mit anderen ähnlichen Doldenblütlern, etwa dem Schierling, zu verwechseln.

DER MEISTERWURZBRAND – WUNDERMITTEL AUS DER NATUR

Aufgrund der stark antibakteriellen, immunmodulierenden und entzündungshemmenden Wirkung sind die Wurzeln der Meisterwurz

Die Meisterwurz hat ihre Hauptverbreitung im Alpenraum, daher war sie immer eine wichtige Pflanze in der Volksmedizin dieser Regionen.

Heute wie in alten Zeiten wird aus der „Meisterin der Heilwurzen" der begehrte Meisterwurzelbrand hergestellt.

auch heute noch begehrt und gelten als wahre Wundermittel bei Appetitlosigkeit, Verdauungsstörungen und Magenverstimmung. Zu Nutze macht man sich ihre heilenden Kräfte am besten in Form von Tee oder aber auch als Meisterwurzbrand. Das Destillat besitzt den Ruf eines ganz besonderen Elixiers mit außergewöhnlicher Wirkung, dessen Herstellung einiges an Arbeit erfordert.

Vor der Destillierung werden die Wurzeln rasch gründlich gereinigt, sonst schmeckt der fertige Brand sehr erdig. Anschließend werden die fingerdicken Wurzeln fein zerkleinert und entweder frisch oder auch getrocknet gemeinsam mit einer Kernobstmaische, meist Äpfeln, rund zwei Wochen lang vergoren.

Je nach der gewünschten Intensität des Meisterwurzaromas im Schnaps, das überaus komplex sein kann, werden fünf bis zehn Kilogramm Wurzeln je 100 Liter Obstmaische zugegeben.

Sein unverkennbar starker, würziger Geruch und der scharfe, leicht bittere, aber aromatische Geschmack verdanken sich den enthaltenen ätherischen Ölen, Bitterstoffen, Harzen und Gerbstoffen. Das Aroma ist komplex und lässt sich nur schwer beschreiben, man kann jedoch einen Hauch von Limette, Fenchel, Anis und Kümmel erkennen. Das lange Hängenbleiben am Gaumen und sein dabei sich änderndes Aroma machen den Edelbrand besonders interessant.

Der richtige Erntezeitpunkt sowie Frische und Sauberkeit der Wurzeln sind wesentliche Voraussetzungen, um einen Brand von höchster Qualität zu erzeugen – und das gelingt den Tiroler Bauern Jahr für Jahr mit großem Erfolg.

Die Blüte des Meisterwurz zeigt sich schirmartig.

MONTAFONER SURA KEES

Sein Geschmack gleicht einer Hommage an das Montafon, an das vorarlbergische Gebiet, in dem er bis heute zu Hause ist. Hier wird er bewahrt, der einzigartige Sura Kees – wie ein Relikt aus einer Zeit, als die Käseherstellung noch ohne Lab erfolgte. Gemeinsam mit dem Montafon steht er für eine der ältesten Käsetraditionen der Alpen und so schmeckt der Sauermilchkäse auch: echt und unverfälscht.

WIE PERLEN AM BLAUEN BAND DER ILL

Das Montafon liegt im südlichsten Eck Vorarlbergs, eingebettet zwischen der Verwallgruppe, dem Rätikon und der Silvretta. Wie Perlen an einer langen Schnur reihen sich malerische Streusiedlungen der Ill entlang, von Partenen bis St. Anton im Montafon. Dort wo die Ill entspringt, im Ochsentaler Gletscher, thront der imposante Piz Buin – der höchste Gipfel Vorarlbergs (3312 m).

Die alpine Höhenlage und die Stauwirkung der Berge bewirken ein raues, feuchtes Klima. Weil die atlantischen Wolkenfelder gerne an den riesigen Gebirgszügen hängen bleiben, schenkt der Sommer viel Regen und der lange Winter bringt reichlich Schnee.

Das Zusammenspiel der speziellen Boden- und Klimafaktoren prägt die vielfältige alpine Flora. Die liebliche Alpen-Frühlings-Miere (Minuartia gerardii), das elegante, blass-violette Taubenkropf-Leimkraut (Silene vulgaris) und das Alpen-Hellerkraut (Thlaspi caerulescens) mit seinen traubenförmigen Blüten fühlen sich hier besonders heimisch.

Die Vielfalt an heimischen Pflanzen bietet den weidenden Milchkühen auf den Almen optimale Futterbedingungen. Nur so kann Milch von höchster Qualität entstehen, die zu köstlichen Molkereispezialitäten verarbeitet wird.

DER WEISSE SCHATZ AUS DEN BERGEN

Die Region kann auf eine der ältesten Käsetraditionen im Alpenraum, den Sauerkäse oder Sura Kees, verweisen. Sie lässt sich bis ins Mittelalter zurückverfolgen. Im „Necrologium Curiense" des Churer Domkapitels wird sie 1240 erstmals urkundlich erwähnt – in Form des damals üblichen Käsezinses: Jährlich waren zehn Käse an das Domkapitel abzuliefern. Die Jahrzeitbücher der Domkirche in Graubünden sind deshalb in diesem Zusammenhang interessant, weil die Diözese Chur zur damaligen Zeit auch das Montafon umfasste. Mit ziemlicher Sicherheit wurde aber in der Region schon lange vorher gekäst. Das beweisen Funde von Gebrauchsgegenständen der Kelten. Diese Pioniere der Käserei im Alpenraum besiedelten Vorarlberg schon vor Christi Geburt. Die Kelten waren es auch, die den „Käsker" nach Vorarlberg brachten. So wird die Form bezeichnet, in der die Käsemasse im Alpbetrieb noch heute ausgepresst wird.

Mit dem Aufkommen der Labkäserei nach Appenzeller Art bekam der Sura Kees im 17. Jahrhundert ernsthafte Konkurrenz. Die neue Technik der Hartkäseproduktion verdrängte den Sauermilchkäse immer mehr; nicht zuletzt, weil der Labkäse besser lagerfähig und transportierbar war. Ab dem 18. Jahrhundert war der Sura Kees in vielen Regionen verschwunden – einzig im Montafon hat er sich bis heute erhalten. Doch inzwischen musste er noch eine weitere Krise

überstehen: In den 60er Jahren des 20. Jahrhunderts begann im Montafon das Sterben der Sennereien. Erst Anfang der 1990er Jahre kam es zu einer Rückbesinnung, der traditionelle Sura Kees wurde immer beliebter. 1997 wurde der Verein „Montafon.bewusst-er-leben“ zur Vermarktung regionaler landwirtschaftlicher Produkte gegründet. Heute wird der Sura Kees edel verpackt als kulinarische Spezialität gehandelt. Er ist nicht nur Teil der Geschichte des Montafons, sondern bis zum heutigen Tag eine Lebensgrundlage für die Bauern des Tals. Indem sie die Tradition erhalten, schützen sie die kleinräumige Struktur der Region.

Zunächst steht die Rohmilch ein bis zwei Tage in Holzgefäßen, um sie leicht sauer werden zu lassen.

WO DER KÄSKER, DER ZUBER UND DIE BRENTA VOM KÄSEN ERZÄHLEN

Auf insgesamt zwölf Sennalpen wird der Montafoner Sauermilchkäse nach althergebrachter Weise in Handarbeit hergestellt. Die Milch wird gefiltert und anschließend in typische Holzgefäße, die Brenten, gefüllt. Während sie ein bis zwei Tage in der Brenta reift, setzt sich der Rahm ab. Er wird abgeschöpft und zu Butter verarbeitet. Die restliche Magermilch ist für den Sauerkäse bestimmt und wird nun mit oder ohne Säurewecker gesäuert, bis der erwünschte Säuregrad erreicht ist. Auf den Alpen wird dafür traditionell der Zuber, ein Bottich aus Holz, verwendet.

Die Erzeugung des berühmten Magerkäses mit dem köstlichen Geschmack erfordert vom Senner ein hohes Maß an handwerklichem Können.

Der Käsebruch muss durch sein Eigengewicht gepresst werden, bis sich eine feste Masse bildet.

Anschließend wird die gesäuerte Milch in einen Kupferkessel abgefüllt und erwärmt. Dieses „Leuen", also das Erwärmen der Kesselmilch, erfolgt langsam bei einer Temperatur von höchstens 40 °C. Dabei steigt die sogenannte Bolma an die Oberfläche. Dieser Käsebruch wird mit der Bolmakelle in die Käsker gefüllt und ca. 24 Stunden lang durch sein Eigengewicht gepresst, bis eine feste Masse entsteht. Während dieser Zeit wird die Bolma zweimal gewendet, damit die überschüssige Molke abfließen kann. Die feste Masse wird aus dem Käsker genommen, mit Salz und eventuell auch Paprika eingerieben und in den Keller gebracht. Während der Reifung beginnt der Käse zu „blühen". Nach etwa drei Wochen wird die Blüte abgewaschen und die Käselaibe reifen weitere vier bis sechs Wochen zum fertigen Käse heran.

Typisch für Sauerkäse ist das Reifen der Laibe von außen nach innen. Er beginnt zu „muffnen" und bildet eine glasige, speckige Rinde. Diese Muffna wird mit zunehmendem Alter immer dicker und verleiht dem Sura Kees sein typisches Aroma. Während all dieser Zeit ist das Können des Senners gefragt. Mit viel Feingefühl und Erfahrung muss er den Zeitpunkt erkennen, an dem die Gärung abgeschlossen ist. Dieses Geschick und die besonders aromatische Milch ergeben den echten und unverfälschten Geschmack.

Der Käse aus den Alpensennereien gelangt kaum in den Handel. Er wird schon vorher ab Hof verkauft oder an ausgewählte Gastronomiebetriebe geliefert. Zum Glück haben sich aufgeschlossene Molkereien im Tal der traditionellen Sauerkäseerzeugung angenommen. Sie produzieren den weitaus größten Teil und beliefern den Handel. Ein Großteil des Produktionsablaufs erfolgt maschinell, die grundlegenden Verfahrensschritte sind jedoch unverändert.

Ein guter, reifer Sura Kees besitzt eine glatte, leicht speckig glänzende Oberfläche und eine goldgelbe bis rötlich-braune Schmiere. Im Inneren zeigt er sich weiß bis blassgelb, schnittfest und geschmeidig. Obwohl er sich Magerkäse nennt, geizt er nicht beim Geschmack. Der gibt sich zunächst frisch-würzig und mildaromatisch, mit zunehmendem Alter auch leicht pikant bis säuerlich – immer aber mit einem dezent salzigen Unterton.

Reifer Sura Kees besitzt einen mild-aromatischen Geschmack, der mit zunehmendem Alter leicht pikant bis mild säuerlich wird.

MOSTVIERTLER SCHOFKAS

Im Erlauftal sagt man, dass es den Mostviertler Schofkas hier schon immer gab. Seit vielen Generationen gehört er zum Leben und zur Esskultur im Mostviertel. Bis heute wird er nach überlieferter Rezeptur von Hand erzeugt. Seine Herstellung ist eng verwoben mit der bäuerlichen Mosttradition in der Region: Die Bauern nützen die weitläufigen Streuobstwiesen als Weidefläche für ihre Schafherden. Denn hier wächst das saftige Grünfutter, das dem Mostviertler Schofkas seine einzigartige Note verleiht.

EINE KULINARISCH WIE LANDSCHAFTLICH EINZIGARTIGE REGION

Eingebettet zwischen der Donau im Norden, den Ausläufern des Wienerwaldes im Osten und dem Alpenvorland im Süden liegt eine uralte Kulturlandschaft: das Mostviertel. Verschiedenste Funde belegen, dass die Gegend bereits um 5000 v. Chr. besiedelt war. Um die Zeitenwende lebten die Römer im Mostviertel.

Die malerische Landschaft des Mostviertels hat viele Gesichter. Die waldreichen Donaulandschaften, die im Norden an die Wachau grenzen, werden von sanftem Hügelland mit den bizarren, wildromantischen Kalkalpen im Süden verbunden. Hier liegt auch der erhabene Ötscher (1893 m). Gleich fünf Flüsse entspringen in der Bergwelt und bahnen sich ihren Weg zur Donau: die Enns, die Ybbs, die Erlauf, die Pielach und die Traisen. Zwischen den typischen Vierkanthöfen, alten Dörrhäusern und Kellerstöckln wachsen bis heute auf hügeligen Streuobstwiesen uralte Apfel- und Birnbäume. Sie prägen seit Jahrhunderten Landschaft, Lebensart und Bräuche des Mostviertels.

Die Obstgärten dienen als Weidefläche für die im Mostviertel seit langem heimischen Schafe. Hier finden sie nährstoffreiches Grünfutter, das zusammen mit der handwerklichen Machart den mild-säuerlichen Geschmack des Mostviertler Schofkas prägt.

EIN FRISCHKÄSE NACH ERLAUFTALER ART

Bis heute erzeugen zahlreiche bäuerliche Hofkäsereien Mostviertler Schofkas nach althergebrachter Rezeptur. Früher wie heute lehren die Hofbesitzer ihren Nachkommen das Käsemachen. Inzwischen bemüht sich auch das Lebensmitteltechnologische Zentrum Francisco Josephinum in Wolfpassing, die Kunst der traditionellen Schafkäseerzeugung an nachfolgende Bauerngenerationen zu vermitteln. Sie zeigen auf, wie mit moderner Innovation Tradition erhalten werden kann.

Mostviertler Schofkas ist entweder ein Frischkäse aus reiner Schafmilch oder ein Mischkäse aus Schaf- und Kuhmilch, bei dem der Schafmilchanteil mindestens 51 Prozent beträgt. Er wird in der Region nach Erlauftaler Art erzeugt. Erlauftaler Art deshalb, weil die ursprüngliche Rezeptur aus dem Gebiet rund um das Erlauf- und Ybbstal stammen soll. Heute erzeugen ihn Bauern im ganzen Mostviertel, vorwiegend im Zeitraum von April bis Oktober. Dazu verwenden sie entweder Rohmilch oder pasteurisierte Milch, immer aber Milch aus der Region.

Im Mostviertel wurde der Schofkas seit jeher auf den Bauernhöfen für den Eigenkonsum produziert, da früher jedes Haus Schafe hatte, vor allem für die Wollgewinnung.

Anders als früher, als die Säuerung der Milch durchs Stehenlassen spontan erfolgte, nützen Mostviertler Schafbauern heute gezielt Säuerungskulturen. Sie werden der leicht temperierten Milch zugesetzt. So verhindern sie etwaige Fehlgärungen zu wärmeren Jahreszeiten und können gleichbleibende Qualitätsstandards besser steuern. Es erfordert Geschick und Erfahrung zu wissen, wann der Säuerungsgrad der Milch optimal ist. Dann fügen die Käser ein paar Tropfen Lab hinzu, rühren kräftig um und füllen die Masse rasch in runde Becherformen. Nun setzt die Dicklegung der Milch, also die Milchgerinnung, ein. Dabei trennt sich der feste Käsebruch von der flüssigen Molke. Fast sieht es dann so aus, als ob der Käse in der Molke schwimmen würde.

Anschließend wird die Masse in spezielle Behälter gefüllt, damit der Mostviertler Schofkas seine typische Rollenform und Konsistenz erhält. Nach einer Ruhezeit von 24 Stunden wird der frische Schofkas in Molke eingelegt verpackt und umgehend verkauft. Mostviertler Schofkas hält sich dank der Molke vier bis sieben Tage lang ohne Geschmackseinbußen, mit Spezialverpackungen sogar noch länger.

Reiner Mostviertler Schofkas weist eine festere Konsistenz auf als Mischkäse und schmeckt auch etwas gehaltvoller. Beide haben aber eine kompakt fein-cremige Konsistenz und eine glatte, glänzende Oberfläche ohne Hautbildung.

DER LECKERBISSEN AUS DER ÖTSCHERREGION

Bis heute ist Mostviertler Schofkas tief im Lebensalltag der Menschen im Mostviertel verankert. Früher erzeugten ihn die Bauern vor allem für den Eigenbedarf. Damals galt Schaf-

Der echte Mostviertler Schofkas wird aus 100 Prozent Schafmilch hergestellt.

milch als Nebenprodukt der viel lukrativeren und gewinnbringenderen Schafwollproduktion. Zudem war es schwierig, frische Milch über einen längeren Zeitraum frisch zu halten. Mostviertler Bauern entwickelten deshalb verschiedene Rezepturen und verarbeiteten die wertvolle Milch zu länger haltbarem Käse.

Erstmals wird Schafkäse aus Niederösterreich in mittelalterlichen Abgabeverzeichnissen erwähnt. In seinem „Reisehandbuch für Besucher des Ötscher" von 1859 rühmt der Autor M. A. Becker – der auch Mitglied der k. k. Geographischen Gesellschaft in Wien war – den Schafkäse der Ötscherregion: „Wo man Schafe hält, weiß die Bäuerin den Schafkäse in kleinen zylinderförmigen Stöcken zu bereiten, welcher im Gebirge von vorzüglicher Güte mehr als Leckerbissen genossen oder verkauft wird."

Da in früheren Zeiten die Schafkäsbauern die Ybbstaler Schmalspurbahn verwendeten, um nach Waidhofen an der Ybbs zum Bauernmarkt zu fahren, erhielt die Bahn den charmanten Spitznamen „Schofkas-Express". An der großen Wertschätzung des einfachen, aber feinen und delikaten Mostviertler Schofkas hat sich bis heute nichts geändert.

QUALITÄT VON JEHER GROSSGESCHRIEBEN

Mostviertler Schofkas ist in der Region unentbehrlich. Keine Heurigenjause ist vollständig ohne den schmackhaften Schaffrischkäse. Üblicherweise wird er mit Schnittlauch bestreut und mit Salz und Pfeffer gewürzt serviert. Besonders gut schmeckt er auch mit Kürbiskernöl und heimischem Birnenbalsamessig mariniert.

Angeboten wird die Schafmilchspezialität, wie auch Schafmilch und Schafmilchjoghurt, direkt in der Region, sei es beim Mostheurigen, bei den Moststraßenwirten, auf Bauernmärkten oder direkt ab Hof. Immer öfter ist Mostviertler Schofkas aber auch im gut sortierten Einzelhandel zu finden. Und jener Mostviertler Schofkas, der nach biologischen Richtlinien erzeugt wird, ist unverwechselbar mit einem eigenen Bio-Gütesiegel der unabhängigen Kontrollstelle „Austria Bio-Garantie" gekennzeichnet.

Frischer Schafkäse ist heute im Mostviertel unverzichtbarer Bestandteil jeder Heurigenjause, besonders in der Hauptsaison (April bis Oktober).

MURBODNER RIND

Das bodenständige Murbodner Rind gilt als alteingesessene, robuste Rinderart mit langer Tradition. Die züchterischen Bemühungen, den Genpool der semmelfarbenen bis rotbraunen Tiere zu erhalten, verlaufen erfolgreich. Zudem zeichnet sich das Fleisch dieser Höhenviehrasse durch ansprechende Marmorierung, feine, zarte Struktur, Saftigkeit und Feinfasrigkeit aus. Die gehobene Rindfleischküche mit ihren köstlichen Schmankerln hat es schon lange für sich entdeckt.

SPANNENDE ABSTAMMUNGSTHEORIEN

Als Stammvater unserer Hausrinder, zu denen auch die Murbodner gehören, gilt der Auerochse (auch „Ur" genannt), der in früherer Zeit in weiten Teilen Europas anzutreffen war. Bereits im 5. Jahrtausend v. Chr. weideten Rinder im Gebiet des heutigen Österreich nicht nur in der Ebene, sondern auch oberhalb der Waldgrenze. Der Beginn der planmäßigen alpinen Weidewirtschaft geht auf das 7. Jahrhundert n. Chr. zurück. Seither erfuhr die Weidewirtschaft eine stete Weiterentwicklung.

Im Mittelalter, spätestens an der Wende vom 13. zum 14. Jahrhundert, führte der steigende Bedarf an Grund und Boden schließlich zur Entstehung ganzjährig bewohnter Siedlungen in höheren Gebieten. Wie in vielen anderen Gegenden waren auch in der Steiermark im 17. und 18. Jahrhundert auf zahlreichen Almen Rinder anzutreffen. Der Ursprung der Rasse Murbodner dürfte in dieser Gegend liegen, und zwar rund um Unzmarkt bis Kraubath.

Woher die Murbodner Rinder genau abstammen, geht aus der Literatur nicht eindeutig hervor. Es könnte sich um eine Abspaltung einer gelben Variante aus den Mürztalern handeln. Auch die Entstehung aus einer Kreuzung von Mürztalern mit Mariahofern wäre möglich. Ebenso könnten wir es mit einer Kreuzung der keltisch-illyrischen Stammrasse mit Ennstaler Bergschecken und Mürztalern zu tun haben. Und nicht zuletzt existiert die Theorie, dass das Murbodner Rind auf das graue Slowenenrind und das keltisch-illyirische Vieh zurückzuführen ist. Diese Annahme gilt heute als plausibel.

Die Zuchtgrundlage für das Murbodner Rind bildete im 18. Jahrhundert schließlich das Mürztaler Rind. Dieses soll immer weiter in das Murtal vorgedrungen sein, wo es sich mit alten Bergschecken und Blondviehlandschlägen vermischte. Der neue Typus war frohwüchsig, gut bemuskelt und wurde als Dreinutzungsrasse für die Fleisch-, Milch-, und Arbeitsleistung gezüchtet. Von einer eigenständigen Murbodner Rasse ist jedoch erst um 1869 die Rede. Parallel dazu wurde das Vieh auch als steirische Landrasse offiziell anerkannt, man begrenzte aber auch die Rassen- und insbesondere Farbmerkmale, die bis heute noch Geltung haben.

Rasch erlangte das Murbodner Rind weit über sein Stammgebiet hinaus Bekanntheit: Schon bald fand es weite Verbreitung im Ostalpenraum und im Alpenvorland. In der Habsburgermonarchie war sein Fleisch vor allem des Geschmacks wegen äußerst beliebt und soll auch von Kaiser Franz Joseph sehr geschätzt worden sein. Die neu definierte Rasse verdrängte schließlich sogar das Mürztaler Rind, welches bis in die Mitte des 19. Jahrhunderts als eine der bekanntesten Rinderrassen galt, heute jedoch nicht mehr als selbstständige Rasse existiert.

Das Murbodner Rind ist eine autochthone Rinderrasse, entstanden unter anderem aus einer Vermischung von Bergschecken mit dem Mürztaler Schlag.

GENERHALTUNG UND RÜCKZÜCHTUNG

Die Erfolgsgeschichte des Murbodner Rinds fand im 20. Jahrhundert nur bedingt eine Fortsetzung: Eine Viehzählung im Juni 1930 ermittelte einen noch wachsenden Bestand von insgesamt 134.000 Tieren auf österreichischem Gebiet. Mit zunehmender Industrialisierung und Spezialisierung der Landwirtschaft, vor allem in Richtung Milchproduktion, verschwand die Rinderrasse jedoch fast vollständig. Zum einen wurden keine Zugochsen mehr gebraucht, zum anderen konnten die Murbodner Rinder mit ihrer genetischen Veranlagung zur Fleischigkeit nicht mit der Forderung nach höheren Milchmengen mithalten.

Zur Verbesserung der Milchleistung wurde das Murbodner Rind deshalb nach dem Zweiten Weltkrieg mit dem Frankenvieh gekreuzt. 1964 fasste man die Rasse mit den ebenfalls seltenen Rassen Kärntner und Waldviertler Blondvieh zum sogenannten Gelbvieh zusammen. In den folgenden Jahren reduzierte sich der Bestand jedoch drastisch und Anfang der 1970er Jahre hielten nur noch ganz wenige Züchter das Murbodner.

Die Gelbviehgenossenschaft Steiermark, der spätere Murbodner Zuchtverband Steiermark, begann 1979 mit großem Engagement die planmäßige Erhaltung des Murbodner Rindes. 1982 startete die Gelbviehgenossenschaft mit Generhaltungsmaßnahmen, gefolgt von Rückzüchtungsaktivitäten. Die Rasse wurde in die Rote Liste der gefährdeten Haustierrassen in Österreich aufgenommen und ist seit 1995 im Rahmen des Österreichischen Pro-

Die zunehmende Spezialisierung der Landwirtschaft auf Milcherzeugung hatte die alte Rinderrasse fast völlig zurückgedrängt.

gramms zur Förderung einer umweltgerechten, extensiven und den natürlichen Lebensraum schützenden Landwirtschaft (ÖPUL) als hochgefährdet eingestuft.

Um auch gegenüber den Konsumenten exzellentes Rindfleisch klar erkennbar hervorzuheben, wurde im Jahr 2007 die Wortbildmarke „Landbeef – Österreichisches Rindfleisch für Genießer" eingeführt. Seit 2009 sind Spezialitäten vom Murbodner Ochsen als „Murbodner Landbeef" im Lebensmitteleinzelhandel erhältlich.

ROBUST, GEDULDIG, INTELLIGENT

Der Bestand an Murbodner Rindern in Österreich betrug im Jahr 2009 wieder rund 3500 Tiere, davon ca. 2500 Muttertiere. Heute liegt der Schwerpunkt dieser Rasse in der Steiermark in der Gegend um Mürzzuschlag, Weiz, Wenigzell, Stanz im Mürztal, Gasen, Teichalm und Fladnitz a. d. Teichalm. Auch in Kärnten, in Niederösterreich und im angrenzenden Slowenien wird die Rasse heute gezüchtet. Da der Nationalpark Kalkalpen besonderen Wert auf die Erhaltung einheimischer, alter Haustierrassen legt, weiden seit einigen Jahren zahlreiche Murbodner auf der dortigen Blabergalm. Aufgrund ihrer genetischen Ausstattung ist diese Gelbviehrasse hervorragend an die österreichische Berg- und Almenlandschaft angepasst. Ihr starkes Fundament prädestiniert sie besonders für die extensive Haltung auf Weiden und Almflächen. Im Winter in Stallungen, im Sommer auf Weiden und Almen gehalten, zeichnen sie sich generell durch Langlebigkeit, hohe Fruchtbarkeit, vorbildliches Weideverhalten und gute Futterverwertung sowie unkomplizierte Geburten aus. Sie gelten als robust, geduldig, fügsam und intelligent. Zudem werden ihre Widerstandskraft, die gute Mastfähigkeit und der rasche Fleischzuwachs besonders geschätzt. Auch für die Mutterkuhhaltung ist das Vieh bestens geeignet.

Das Fleisch vom Murbodner Ochsen ist von feiner, zarter Struktur, Saftigkeit und Feinfasrigkeit. Den hervorragenden Geschmack bringen feine Gerichte wie etwa Lungenbraten oder Beiried sowie Gustostücke wie Nuss, Schale, Tafelstück und Tafelspitz besonders gut zum Ausdruck. Und da das Fleisch des Murbodners saisonal nur zwei- bis dreimal im Jahr erhältlich ist, hat es sich zu einer gesuchten, raren Spezialität entwickelt.

Murbodner Rinder gelten als robust, geduldig, fügsam und intelligent.
Aber auch der rasche Fleischzuwachs wird von den Züchtern geschätzt.

NEUBURGER

Neuburger gilt als typisch österreichische Rebsorte, die heute vor allem in der Thermenregion Niederösterreichs und im Weinbaugebiet Neusiedler See im Burgenland Tradition hat. Initiative Winzer pflegen diese Rarität heute wieder vermehrt und bringen dabei Weißweine von außergewöhnlicher Qualität hervor. Der vornehm-zurückhaltende, manchmal im Duft etwas neutrale Weißwein ist bekannt für seinen nussartigen, vollen, milden Charakter. Als hervorragende Ergänzung zu Fisch, Fleisch und Gerichten mit Saucen stellt der goldfarben schimmernde bis kräftig goldgelbe Wein einen beliebten Speisebegleiter dar. Er überzeugt aber auch als süßer Dessertwein.

VON ANGESCHWEMMTEN REBEN

Untrennbar mit der Geschichte des Neuburgers verbunden ist die traditionsreiche Weinbaugegend in der Wachau. In dieser niederösterreichischen Region betrieben angeblich bereits die Illyrer und später die Kelten um 750 v. Chr. in sehr einfacher Form Weinbau. Unter römischer Herrschaft begann dann vor ca. 2000 Jahren die planmäßige Rebkultivierung. Zu den ältesten Dokumenten, durch die der Weinbau an der Donau nachweisbar ist, gehört die Gedenkschrift „Vita Sancti Severini“ (511 n. Chr.) von Eugippius (ca. 465–533), in der Weingärten in der Nähe von Mautern bei Krems an der Donau erwähnt werden.

Um die Herkunft des Neuburgers ranken sich einige Erzählungen: Einer weit verbreiteten Überlieferung nach fanden die beiden Winzer Christoph Ferstl und Franz Machherndl, die auch als Schiffer tätig waren, um 1860 ein Rebbündel, das bei Arnsdorf in der Wachau ans Ufer der Donau geschwemmt worden war. Die beiden pflanzten das Rebholz aus und konnten bereits 1872 aus dem Traubengut dieser damals noch unbekannten Rebsorte Wein keltern. Von Arnsdorf aus soll die Rebe dann nach Spitz an der Donau gelangt und dort bei der Ruine Hinterhaus, deren Gelände auch als „die Burg“, „Burgberg“ oder „1000-Eimer-Berg“ bekannt ist, ausgesetzt worden sein. So erhielt der Wein seinen heutigen Namen: Neuer vom Burgberg, also „Neuburger“.

Eine andere Quelle bringt den Neuburger mit einem Transport von Weinreisern aus Deutschland in Zusammenhang. So findet sich im Stadtarchiv der Stadt Nürnberg eine Notiz aus dem Jahr 1768: „Aus dem churfürstlichen Auwalde zwohundert Eichen für Weinpressen nach Österreich und Ungarn geflösst, lebende Weinruten mitgeführt und etliche aus dortigem Lande gebracht.“ Eine weitere Legende geht auf die Zeit des 30-jährigen Krieges, genauer auf das Jahr 1632, zurück. Damals soll angeblich einem Kommandanten des schwedischen Heeres in Weissenkirchen in der Wachau als Zeichen des Dankes, da er den Ort vor Plünderung und Brandschatzung verschonte, ein Becher Neuburger ausgeschenkt worden sein. In der Wachau erhielt der Neuburger auch ein eigenes Denkmal: Es wurde 1935 in Oberarnsdorf errichtet, doch bereits 1941 zerstört. 1983 wurde an dessen Stelle eine Weinsäule aufgestellt, die man im Jahr 2000 durch ein neues, kapellenartiges Neuburger-„Memorial“ ersetzte, das dem ursprünglichen Denkmal ähnelt.

Neuburger bewährt sich vor allem auf trockenen Böden. Doch der vermehrte Einsatz von Bewässerungsanlagen verdrängte ihn zunehmend, da die Winzer nicht mehr auf Reben angewiesen waren, die trockene Verhältnisse tolerieren. Mitte des 20. Jahrhunderts hatte der Neuburger das Image des einfachen „Schankweins“. Heute bemühen sich engagierte Winzer wieder verstärkt um Pflege und Vinifizierung dieser für Österreich so typischen und einzigartigen Qualitätsrebsorte und erzeugen Weine von besonderem Geschmack und außergewöhnlicher Qualität.

Neuburger ist eine natürliche Kreuzung zwischen Rotem Veltliner und Silvaner.

GENÜGSAM UND ZÄH

Neuburger stellt geringe Standortansprüche sowohl an den Boden als auch an die Lage. Aufgrund seiner ausgeprägten Trockenheitsresistenz kann man ihn mit gutem Erfolg auch auf trockenen und kargen Böden auspflanzen. Besonders entgegen kommen ihm Urgesteinsböden.

Vor allem die Thermenregion, die sich südöstlich von Wien bis in die Nähe von Wiener Neustadt erstreckt, gilt als optimaler Weinbaustandort für Neuburger. Aber auch das nordburgenländische Weinbaugebiet Neusiedler See bietet hervorragende Voraussetzungen für den erfolgreichen Anbau dieser Weißweintrauben. Dennoch zählt der Neuburger zu den seltenen Rebsorten, nimmt er doch derzeit österreichweit nur eine Anbaufläche von etwa 984 Hektar bzw. 1,9 Prozent der gesamten Rebfläche Österreichs ein.

AUTOCHTHONE QUALITÄTSWEINREBSORTE

Bis vor kurzem war die Abstammung der Rebe unbekannt bzw. galt als nicht gesichert. Genetische Untersuchungen ergaben mittlerweile, dass Neuburger eine vermutlich spontane Kreuzung zwischen den Rebarten Silvaner und Roter Veltliner ist. Die früher lange vermutete Verwandtschaft mit der Rebsorte Weißer Burgunder besteht hingegen nicht, obwohl Neuburger geschmacklich an diesen erinnert.

Die Neuburgertraube ist von mittlerer Größe und mitteldicht. Die Beeren sind rundlich, oval und weisen ein geringes Einzelbeerengewicht auf. Die Haut der Beeren zeigt sich grüngelb, das Fruchtfleisch besitzt keine Farbe.

Die weit über die Landesgrenzen hinaus bekannte Rebsorte zählt wie die malerischen Kellergassen, die Kulturlandschaft und die urigen Heurigen zur wesentlichen Charakteristik Niederösterreichs.

Der Neuburger stellt nur geringe Standortansprüche. Auch auf schweren und kalkreichen Böden gedeiht er recht gut.

Die Lese dieser autochthonen Qualitätsweinrebsorte erfolgt Ende September oder Anfang Oktober. Der Wein wird sortenrein oder verschnitten in facettenreichen Cuvées in Stahltanks, im Holzfass oder als Barrique ausgebaut. Letzteres gibt dem Wein vanillig-holzige Noten.

In jedem Fall braucht der Neuburger eine entsprechende Gradation, also ein angemessenes Mostgewicht, sowie eine mindestens ein- bis zweijährige Reifezeit, um seinen sortentypischen Geschmack optimal entfalten zu können. Bei guten Jahrgängen kann er sehr an Ausdruckskraft gewinnen, vor allem, wenn er eine sorgfältige Kellerbehandlung erfährt und trocken ausgebaut wird. Er eignet sich auch hervorragend zur Erzeugung von Dessertweinen.

Für den Neuburger finden sich zahlreiche Synonyme wie etwa Brubler, Brugler, Féher, Neiburger, Féher Neuburgi ujvari, Neuburg, Neuburger Alb, Neuburger Blanc, Neuburgi, neuburgske, Neuburske, Neue Rebe, Neugurger bijeli, Nojburger, Novogradski oder Ujvari.

Das Terroir verleiht dem Neuburger seinen besonderen Charakter. Der Ausbau im Holzfass gibt ihm dann ein besonders vielschichtiges Aroma.

OBSTLER

Der Obstler ist seit Jahrhunderten in ganz Österreich im kulinarischen Brauchtum fest verankert und ein wichtiger Teil des alpenländischen kulinarischen Kulturgutes. Hinsichtlich seines Geschmackes gehen die Meinungen jedoch auseinander. Diesen zwiespältigen Ruf verdankt der Obstler seiner einstigen Herstellungsweise: Verarbeitet wurde, was sonst keine Verwendung mehr fand – das beeinflusste Qualität und Geschmack negativ. Heute jedoch geht der Trend zur Qualität und macht Obstler zu einer kulinarischen Spezialität, die selbst die größten Kritiker überzeugen kann!

DIE HISTORIE DES „BRENNENDEN WASSERS"

Das Destillationsverfahren war bereits in Mesopotamien, Ägypten und Griechenland lange vor Christi Geburt bekannt. Jedoch wurde Destillation zur damaligen Zeit noch nicht für die Erzeugung von hochprozentigen Getränken, sondern für die Herstellung von Baumaterialien, ätherischen Ölen oder zur Trinkwassererzeugung aus Meerwasser eingesetzt.

Die Alkoholdestillation, wie sie heute bekannt ist, nimmt ihren Anfang vermutlich im arabischen Kulturkreis und wurde um das 12. Jahrhundert über die berühmte medizinische Schule von Salerno (Italien) nach Europa gebracht. Rasch hielt das „aqua ardens", das „brennende Wasser", auch in die christlichen Klöster Einzug.

Im 14. Jahrhundert war die Kunst der Destillation vor allem Sache von Ärzten und Apothekern. Während der großen Pestepidemie um 1350 wurde das „aqua ardens" neben der Krankenbehandlung vor allem als Prophylaktikum eingesetzt. Es sollte zur Verbesserung der psychischen Verfassung und zur Krankheitsabwehr beitragen. Ab dem 15. Jahrhundert nahm die Alkoholherstellung auch in der breiten Bevölkerung zu, und das „Wasser des Lebens" fand seither nicht nur als Heilmittel, sondern in immer größerem Umfang auch als Genussmittel Einsatz.

Hauptrohstoff blieben bis dahin vorwiegend teurer Wein und, vor allem in obstreichen Gegenden, auch Früchte. Die Entdeckung, dass sich auch das deutlich billigere Getreide zu Alkohol destillieren lässt, trug dann wesentlich zur weiteren Verbreitung des hochprozentigen Alkohols bei. Im 16. Jahrhundert verlieh Paracelsus dem „brennenden Wasser" schließlich den Namen „Alkohol", abgeleitet vom arabischen „al-kuhul".

VOM EINSTIGEN „ABFALLPRODUKT" ZUR BEGEHRTEN SPEZIALITÄT

Das Schnapsbrennen stellte seit jeher ein gesellschaftliches Ereignis dar, bei dem Verwandte, Bekannte und die gesamte Nachbarschaft zusammenkamen. Dabei galt das Brennen allerdings meist als reine „Männersache". Die Schnapsverkostung wiederum war anfangs ausschließlich besonderen Anlässen wie Hochzeiten, Ernten oder kirchlichen Feierlichkeiten vorbehalten. Erst später nahm der Alkohol auch im bäuerlichen Alltag eine wichtige Rolle ein und fungierte vor allem bei anstrengenden Arbeiten als Stärkungs-, später auch als Genussmittel.

Das 18. Jahrhundert war dann gekennzeichnet durch einen rapiden Anstieg des Alkoholkonsums. Auf die Qualität des Getränkes wurde jedoch wenig Wert gelegt. Die Herstellung von Hochprozentigem stellte in der bäuerlichen Bevölkerung eine willkommene Gelegenheit dar

Der Weg von der Ernte des Obstes bis zum fertigen Obstler in der Flasche muss mit viel Geduld und Bedacht gegangen werden.

lang liegengebliebenes, oft schon faulendes Fallobst zu verwerten. So kam es, dass nicht nur der Geschmack des Obstbrandes oft sehr eigenwillig, sondern auch seine Qualität meist minderwertig war. Der Ruf des Obstbrandes musste daraufhin starke Einbußen hinnehmen.

Erst mit Zunahme der technologischen Möglichkeiten und dem steigenden Qualitätsbewusstsein der vergangenen Jahre stiegen Qualität und in der Folge auch Image des Obstlers wieder. Heute hat er sich zu einer geschätzten Delikatesse entwickelt.

MARIA THERESIAS BRANNTWEINMONOPOL

Das in Österreich bestehende Branntweinmonopol rührt bereits von Maria Theresia her. Nach dem Ersten Weltkrieg von der Republik Österreich übernommen, besitzt es bis in die Gegenwart, in etwas abgeänderter Form, seine Wirkung.

Sowohl die Zahl als auch die Standorte der Brennanlagen unterliegen in Österreich einer strengen staatlichen Kontrolle. Bei der Verbrauchsteuer, die für das Brennen zu entrichten ist, muss zwischen Verschluss- und Abfindungsbrennerei unterschieden werden.

Abfindungsbrennerei findet vor allem bei bäuerlichen Kleinbrennern Verwendung. Dem Zollamt muss hier bereits vor dem Brennen die Art und Menge der zu brennenden Maische bekannt gegeben werden. Daraus wird die Alkoholsteuer berechnet.

In der Verschlussbrennerei wird hingegen der bereits destillierte Alkohol kontrolliert. Der Alkohol wird dabei unter Zollverschluss destilliert. Durch eine Messstelle können die Alkoholkonzentration und die Durchflussmenge ermittelt und so die Alkoholsteuer berechnet werden. Verschlussanlagen finden sich meist nur in Großbrennereien.

SPRACHLICHES GEWIRR: SCHNAPS, BRAND ODER SPIRITUOSEN

Der Begriff „Branntwein“ gilt als veralteter Ausdruck für alkoholische Flüssigkeiten. Er ist jedoch noch heute in manchen Gesetzestexten zu finden. Die Bezeichnung „Spirituosen“ stammt vom lateinischen Begriff „spiritus“ (Geist) ab. „Spirituosen“ sind als alkoholische Getränke definiert, die für den menschlichen Verzehr bestimmt sind, besondere sensorische Eigenschaften aufweisen und einen Alkoholgehalt von mindestens 15 Volumenprozent besitzen.

„Obstler“, synonym auch „Obstbrand“ genannt, ist ein Erzeugnis, das aus der gemeinsamen Destillation der Maische zweier oder mehrerer Obstarten hergestellt wird. Beträgt der Alkoholgehalt mindestens 37,5 Volumenprozent, darf das Produkt als „Obstler“ tituliert werden.

Weiters findet man auch die Bezeichnung „Schnaps“. Dieser Begriff kommt aus der niederdeutschen Sprache und weist darauf hin, dass Spirituosen meist aus kleinen Gläsern, aus „Stamperln“, in einem schnellen Schluck getrunken werden. Heute verbindet man mit dem Begriff „Schnaps“ meist ein hochprozentiges Destillat von geringer Qualität.

Dem Schnaps darf im Gegensatz zum Brand zusätzlich Ethylalkohol beigefügt werden, wobei jedoch der Anteil des aus Früchten stam-

Maria Theresia führte das Branntweinmonopol ein, demzufolge für das Brennen von Schnaps je nach Art der Brennereien eine Branntweinsteuer zu entrichten ist.

menden Alkohols am Gesamtalkohol mindestens 33 Prozent betragen muss. Zudem ist ein Zusatz von Zucker erlaubt.

DER PREGLER – EINE OSTTIROLER SPEZIALITÄT

Für die Herstellung eines guten Obstlers ist die Verwendung von ausschließlich reifen, optimal besonnten und gesunden Früchten Voraussetzung. Sie werden sorgfältig verlesen, gemeinsam eingemaischt und anschließend – für höchste Qualität – meist doppelt gebrannt. So bleiben Aroma und Geschmack erhalten.

Der typische Obstler besteht aus Äpfeln und Birnen, aber auch Zwetschken dürfen beigemengt werden. Es gibt keine festen Vorgaben bezüglich des Mischverhältnisses zwischen den Obstsorten. Besonders durch die Verwendung von regionstypischen Obstsorten können dabei individuelle Produkte mit ganz besonderer Note hervorgebracht werden.

Neben zahlreichen Spezialschnäpsen wie Obstler mit Enzian, Obstler mit Meisterwurz oder Obstler mit Wacholder gilt vor allem der Pregler als regionale Besonderheit. Früher wurden Schnäpse vom Bauern generell als Pregler bezeichnet. Pregeln, prägeln, brägeln bedeutet so viel wie braten, sieden, schmoren. Noch heute ist das Wort „pregeln" ein gebräuchlicher Ausdruck und bezeichnet in Osttirol das Schnapsbrennen ganz allgemein.

Viele hochwertige regionsspezifische Obstler sind heute wahre Delikatessen.

Der Pregler wird heute aus alten Apfel- und Mostbirnensorten hergestellt. Reife, meist abgefallene Früchte werden in einem Mengenverhältnis von zwei zu eins zwischen Äpfeln und Birnen gebrannt. Die sonnigen Hügel Osttirols, lange Sonnentage und kühle Nächte tragen wesentlich zur Reife der Früchte und zur Entstehung dieser köstlichen Spirituosen-Spezialität bei.

Traditionell hat Obstler seinen fixen Platz in der österreichischen Gastlichkeit, als Begleiter einer zünftigen Brettljause ebenso wie zu gehobener Hausmannskost genossen.

PIELACHTALER DIRNDLN

Die Nutzung der fast in Vergessenheit geratenen Dirndlfrucht hat im niederösterreichischen Pielachtal eine lange Geschichte. Heute werden die Verwertungsmöglichkeiten dieser Wildobstart aus zahlreichen alten Kochbüchern wieder neu entdeckt und Kultivierung und Nutzung der Dirndlfrüchte wieder vermehrt hochgehalten. Besondere Bedeutung hat der aus Dirndln produzierte Dirndlbrand mit seinem einzigartigen Geschmack. Seine ländliche Herstellungstradition lässt sich bis in die Zeit Maria Theresias zurückverfolgen.

LAND DER DIRNDLN

Der Dirndlstrauch ist im niederösterreichischen Pielachtal im Mostviertel südlich der Donau, nicht weit von der niederösterreichischen Landeshauptstadt St. Pölten entfernt, ein prägendes Element der Kulturlandschaft. Man geht davon aus, dass Dirndlsträucher bereits vor mehreren tausend Jahren ins Pielachtal gelangten.

Neben dem Pielachtal ist der Dirndlstrauch auch in anderen Teilen Niederösterreichs, bevorzugt an der Thermenlinie und im Gebiet der niederösterreichischen Voralpen, anzutreffen. Auch in Teilen des Weinviertels, vereinzelt im Waldviertel sowie im Alpenvorland finden sich teilweise günstige Bedingungen für diese Wildobstsorte. Auf den kalkhaltigen Böden und den warmen, sonnenexponierten Südhängen des Pielachtales fühlt sie sich besonders wohl. Man trifft Dirndlsträucher in der Region traditionell als natürliche Grundstücksgrenzen an. Und auch in lichten Wäldern, an Waldrändern und in Hecken sind sie zu finden. Zudem eignen sich die tief reichenden Wurzeln der Sträucher zum Abstützen steiler Hänge und festigen die Erdtrassen der Südhänge des Tals bis heute erfolgreich.

EIN FAST VERGESSENES WILDOBST

Botanisch gesehen zählt der Dirndlstauch zur Familie der Hartriegelgewächse (Cornaceae) und seine Frucht heißt richtigerweise Kornelkirsche. Der lateinische Name lautet Cornus mas, was übersetzt so viel wie „männlicher Hornstrauch" bedeutet. Umgangssprachlich sind zahlreiche weitere Begriffe wie etwa Herlitze und Dirlitze sowie verschiedene Abwandlungen wie Dierlibaum und Dirnstrauch bekannt. In Österreich wird sie schlicht und einfach Dirndl genannt, was historisch auf die Zeit der österreich-ungarischen Monarchie zurückgeführt werden kann. Wie dieser Name entstand, ist jedoch bis heute unklar. Die Bezeichnung „Cornus", der Kornelkirschenbaum, findet sich bereits viel früher, nämlich in den großen Werken römischer Schriftsteller wie etwa Horaz, Ovid, Plinius dem Älteren oder Vergil.

Der Strauch oder auch kleine Baum erreicht eine Höhe von fünf bis zwölf Meter. Es heißt, dass der Dirndlstrauch bis zu 100 Jahre alt wird, manche Quellen sprechen sogar von einem wahrhaft biblischen Alter von bis zu 450 Jahren. Als besondere Attraktion gilt ein Dirndlbaum, der nicht im Pielach-, sondern im benachbarten Traisental in der Nähe der Anthofgrotte steht. Mit einem geschätzten Alter von 1000 Jahren gilt er angeblich als der älteste Dirndlstrauch weltweit. Besonders auffällig ist der Strauch im Februar, wenn sich – noch bevor die Blätter zum Vorschein kommen – die vielen kleinen goldgelb leuchtenden Blüten zeigen und als erste Frühlingsboten einen schwachen Honigduft abgeben.

Kenner schätzen Dirndlschnaps als einen der besten Edelbrände, die Herstellung jedoch ist mühsam und erfordert viel Erfahrung. Guter Dirndlschnaps ist deswegen rar und wertvoll.

Die Kornelkirsche ist eine Steinfrucht. Optisch gesehen weist sie zwar Ähnlichkeiten mit der Kirsche (Prunus cerasus) auf, gehört jedoch einer ganz anderen Ordnung des Pflanzenreichs, den Hartriegelgewächsen, an. Während des Spätsommers verfärben sich die länglich-ovalen Steinfrüchte von korallenrot bis tiefrot oder schwarz. Erst wenn sie beinahe überreif sind, haben sie ihren saftig-säuerlichen, leicht grasigen Geschmack mit intensivem Aroma und dem charakteristischen hohen Extraktgehalt voll ausgebildet. Während der etwa sechs Wochen dauernden, sehr arbeitsintensiven Ernte breiten die Bauern traditionellerweise feinmaschige Netze oder Decken unter den Bäumen aus, schütteln die Früchte vorsichtig von den Ästen, lesen sie sorgsam auf und sortieren sie anschließend von Hand.

DIRNDLN ALS ECHTES UNIVERSALTALENT

So vielfältig wie die Dirndlsträucher sind auch ihre Verwendungsmöglichkeiten. Anfangs stand für die Menschen vor allem die Verarbeitung des sehr dichten und harten Holzes im Vordergrund. Doch schon die alten Römer wussten auch die Dirndlfrucht zu nutzen. So legten sie halbreife Dirndln ähnlich wie Oliven sauer ein. Und bis vor nicht allzu langer Zeit wurden ihre Kerne als Rosenkranzperlen verwendet. Heute haben sich vor allem typische Dirndlprodukte wie Marmeladen, Gelees, Säfte, Liköre und vor allem Edelbrände etabliert.

Auch in der Volksmedizin hat sich die Dirndl als Heilmittel gegen verschiedene Leiden einen Namen gemacht. Bereits im 12. Jahrhundert empfahl Hildegard von Bingen in ihrem medizinischen Werk „Physica" Dirndln gegen Gicht und für den Magen. So heißt es bei Hildegard: „und die Frucht dieses Baumes schadet dem Magen nicht, sie nützt dem Menschen für die Gesundheit". Heute wird vor allem dem Dirndlbrand eine besonders wohltuende Wirkung nach kräftigen Speisen zugeschrieben.

TRÄGER DES WISSENS

Die bäuerliche Tradition zur Herstellung des typischen Dirndlbrands ist im Pielachtal nie abgebrochen. Um über Generationen entstandenes Wissen und Traditionen über alte Obst- und Beerensorten zu pflegen und weiterzutragen, haben sich Bauern der Region Pielachtal

Dirndlsträucher werden im Pielachtal Dirndlstauden genannt, sind aber eigentlich kleine Bäume, die ein biblisches Alter erreichen können.

Kompott aus dem herbsüßen Frischobst ist eine köstliche Spezialität.

Schon seit Jahrhunderten fühlen sich Dirndlsträucher an den Sonnenhängen der Region Pielachtal wohl.

zusammengefunden und 1996 die „Pielachtaler Edelbrandgemeinschaft" gegründet. Heute ist die „Dirndl-Edelbrand-Dörrobstgemeinschaft Pielachtal" die Institution, die sich der Dirndl annimmt.

Umfangreiche Erfahrungen mit der Tradition des Brennens sowie erprobte Rezepturen verleihen dem Brand seinen typischen Charakter. Sein Geschmack zeichnet sich durch einen feinsüßlichen Fruchtcharakter und ein an weiße Trüffel erinnerndes Aroma aus, mit einem zart grasigen und leicht öligen Ton im Abgang.

Dem Dirndlbrand kommt heute ein nationaler Herkunftsschutz zu. Die Bezeichnung „Pielachtaler Dirndlbrand" darf laut Österreichischem Lebensmittelbuch nur dann Verwendung finden, wenn sowohl der Rohstoff aus den Gemeinden des Pielachtales stammt als auch Destillation und Abfüllung ausschließlich in der Region erfolgen.

Auch der Alkoholgehalt ist genau festgelegt und muss zwischen 39 und 45 Volumenprozent liegen. Das traditionelle Wissen rund um diese alte Wildobstsorte beschränkt sich jedoch nicht auf den Bereich der kulinarischen Spezialitäten. Die Pflege und Kultivierung des Strauches trägt auch wesentlich zur nachhaltigen Landschaftspflege bei. Ein Dirndlstrauch wird im Pielachtal nicht gefällt, er genießt hohe Wertschätzung.

Die vollreifen schweren Naschfrüchte von der Größe einer Hagebutte muss man einfach gekostet haben.

PINZGAUER BIERKÄSE

So einzigartig wie die Gegend ist auch der Käse, der im Salzburger Pinzgau daheim ist. Auf den Almen des Nationalparks Hohe Tauern weiden die Kühe, die mit ihrer Milch das besondere Aroma der Blumen und Kräuter in den Pinzgauer Bierkäse bringen. Doch erst wenn er wochenlang behutsam mit Rotkulturen reift, schmeckt der aromatische Magerschnittkäse – der übrigens ohne die Zugabe von Bier hergestellt wird, auch wenn sein Name dies vermuten lassen könnte – so unvergleichlich gut.

NATURSCHÖNHEIT EINER HOCHGEBIRGSLANDSCHAFT

Eingebettet zwischen den Hohen Tauern und dem Steinernen Meer liegt der Pinzgau, der westlichste und größte der fünf Salzburger Gaue. Der Pinzgau hat den flächenmäßig höchsten Anteil am Nationalpark Hohe Tauern, dem größten Nationalpark Mitteleuropas. Er ist landschaftlich geprägt durch felsige Steinberge, sanfte Grasberge und vergletscherte Keesberge.

Seine Kernzone umfasst die Gletscher- und Hochgebirgsregionen und schützt die dortige Urlandschaft. Die Außenzone ist Pflege- und Gestaltungszone. Als Kulturlandschaft bezieht sie die ursprüngliche bäuerliche Nutzung in den Nationalpark mit ein und schützt so die traditionelle Almwirtschaft.

Fast zwei Drittel des Nationalparks Hohe Tauern befinden sich in bäuerlichem Besitz. Bis hinauf auf 2600 Meter Seehöhe erstrecken sich Almen mit bunten Wiesen und Weiden. Die Blumen und Kräuter sind auf das alpine Klima eingestellt, wobei die Höhenlage entscheidenden Einfluss nimmt. Neben Zirbelkiefer, Gletscher-Hahnenfuß und Trollblume gedeihen hier Enziangewächse, Blauer Eisenhut und Schwarzes Kohlröschen. Diese besondere Bergflora bildet die Basis für die regionale Almwirtschaft und ermöglicht eine Weidehaltung der Kühe von Mai bis September. Der vielfältigen, naturbelassenen alpinen Flora verdankt die Milch und damit auch der Pinzgauer Bierkäse die besondere aromatische Note.

WIE DER BIERKÄSE ZU SEINEM NAMEN KAM

Seit vielen Jahrhunderten grasen Milchkühe auf den saftigen Almen des Pinzgaus. Die Tradition der Milchwirtschaft und Käserei in dieser Gegend lässt sich bis ins Mittelalter zurückverfolgen. Ab dem 12. Jahrhundert wurde hier in sogenannten Schwaighöfen das Handwerk der Käserei gepflegt. Der Begriff meint Wirtschaftshöfe des alpinen Raums, die damals an Berghängen oder in den Tälern als spezielle Siedlungsform üblich waren. Die dauernd besiedelten Einzelhöfe wurden hauptsächlich als Sennereien verwendet und der Senner und die Sennerin dementsprechend Schwaig und Schwaigerin genannt.

Sie versorgten in der Regel grundherrliches und eigenes Vieh und produzierten Butter, Topfen und Sauermilchkäse. Einen bestimmten Anteil mussten sie dem Gutsherrn als Zins abliefern, weil sie seinen Grund und teilweise auch sein Vieh nutzten. Im 15. Jahrhundert verschwanden die Schwaighöfe allmählich und wichen anderen Betriebsformen. Bis heute zeugen von ihnen jedoch zahlreiche Flurnamen und die Bezeichnung „Schwaige" für Alm.

Spätestens ab dem 17. Jahrhundert war der Bierkäse in dieser Gegend bekannt. Wie damals üblich wurde er als Magerkäse produziert, denn der von der Milch abgetrennte Rahm war fast vollständig für die Buttererzeugung bestimmt. Seinen Namen hat er angeblich erhalten, weil er früher in biergetränkten Tüchern umwickelt gelagert wurde. So mancher Käsefreund ist allerdings überzeugt, dass es einen ganz anderen Grund für den Namen gibt – wo ein Glas Bier doch gar so gut zu ihm passt ...

Das „bierige" Aroma hat heute nichts mehr mit der Käseproduktion zu tun.

EIN KÄSE, DER KONVENTIONEN SCHÄTZT

Bereits 1951 wurde der Pinzgauer Bierkäse im Rahmen der Stresa-Konvention, einer internationalen Vereinbarung über den Gebrauch der Ursprungsbezeichnungen und Benennungen für Käse, als typischer österreichischer Käse anerkannt. Heute besitzt diese Konvention für den Pinzgauer Bierkäse jedoch keine Gültigkeit mehr. Weil er nach überlieferter Art hergestellt wird, steht der Pinzgauer Bierkäse für kulinarische Tradition und gleichzeitig für eine naturnahe Produktionsweise, die den Schutz der alpinen Kulturlandschaft mit ihrer Artenvielfalt garantiert.

Verwendet wird sowohl Alm- als auch Talmilch aus der Region. Artgerechte Tierhaltung ist dabei Vorraussetzung. Von den rund 1200 Milchbauern, die neben dem Pinzgau auch aus dem angrenzenden Pongau und dem Kaiserwinkel stammen, wirtschaftet etwa die Hälfte nach biologischen Richtlinien. Die Milch wird direkt zur Pinzgau Milch Produktions GmbH in Maishofen gebracht und dort verarbeitet. Freiwillige strenge Kontrollen sichern die Rückverfolgbarkeit vom Bauern bis zum Konsumenten. Die pasteurisierte Kuhmilch wird in der Molkerei mit sogenannten mesophilen Milchsäurebakterien versetzt. Ein Zusatz von Ziegenmilch wäre zwar zulässig, wird jedoch in der Praxis unterlassen. Der Käsebruch wird gewaschen, kaum erwärmt und leicht gepresst.

Seinen besonderen Geschmack erhält der Pinzgauer Bierkäse während der sechswöchigen Reifezeit in speziellen Reifungskellern, wobei er beständig und behutsam mit Rotschmierkulturen gepflegt wird. Er gilt auf Grund seines niedrigen Fettgehalts als aromatische Käsespezialität, die auch für eine figurbewusste Ernährung bestens geeignet ist. Im Handel findet er sich mit 15 Prozent F. i. T., teilweise auch mit noch geringerem Fettanteil.

Die extensive Milchkuhhaltung trägt zur nachhaltigen Aufrechterhaltung der alpinen Kulturlandschaft und zur Erhaltung der Artenvielfalt der Almen bei.

Der herzhafte Käse erhält seinen Geschmack durch eine sechswöchige Reifung bei ständiger Pflege der Naturrinde mit Rotschmierkulturen.

Der herzhafte, magere Schnittkäse zeigt eine glatte Oberfläche mit einer leicht feuchten bis angetrockneten und gleichmäßig verteilten Schmiere, die sich gelb bis rotbraun darstellt. Manchmal ist die Oberfläche mit Pfeffer bestreut. Der Käseteig präsentiert sich gelb bis elfenbeinfarben, schnittfest, geschmeidig und mit kleinen, etwa gerstenkorngroßen Schlitzlöchern. Der typische Rotschmiercharakter bewirkt einen unverwechselbar herzhaften, leicht herben bis pikanten Geschmack.

Der Pinzgauer Bierkäse wird in Blöcken oder Laiben mit einem Gewicht zwischen zwei und fünf Kilogramm in dreieckigen Stücken oder aufgeschnitten angeboten. Bei der typischen Pinzgauer Jause darf der Bierkäse – mit oder ohne Bierbegleitung – nie fehlen. Darüber hinaus erfreuen sich dank seines besonderen Geschmacks Pinzgauer Kasnock'n und Pinzgauer Kaspressknödel großer Beliebtheit bei kulinarischen Genießern. Sie sind mittlerweile fixer Bestandteil der typisch österreichischen Gastronomie.

Bierkäse darf bei einer Pinzgauer Jause nicht fehlen.

PINZGAUER RIND

Traditionelle, naturnahe Tierhaltungsformen in alpinen Gebieten haben das Pinzgauer Rind hervorgebracht, das mit besonderer Anpassungsfähigkeit auch an anspruchsvolle Gegebenheiten aufwarten kann. Die Rinder liefern exzellente Milch sowie vorzügliches Fleisch mit einzigartigem Aroma und vollem Geschmack. Ihre artgerechte, naturnahe Haltung leistet zudem seit Jahrhunderten einen wertvollen Beitrag zur Bewahrung der alpinen Landschaft mit ihrer einzigartigen Pflanzenwelt.

VON TIROLER RÜCKENSCHECKEN UND PONGAUERN

Bereits um 800 v. Chr. brachten die Kelten Vorfahren der Pinzgauer Rinder in ihr heutiges Stammzuchtgebiet, die Hohen Tauern im Salzburgischen. Die Pinzgauer Rasse hat sich aus dem rotscheckigen Bajuwarenrind und dem knochenstarken, einfarbigen Slawenrind entwickelt. Ihr Name stammt von der Salzburger Region Pinzgau ab.

In den Tälern Salzburgs, Tirols und Kärntens, aber auch in der Steiermark und im an Salzburg grenzenden Bayern entwickelten sich im Laufe der Geschichte unterschiedliche Schläge. Sie waren gescheckt, mit starker Braunfärbung oder aber auch schwarz gefärbt. Und genauso unterschiedlich wie ihre Farbgebung waren ihre Namen. Man kannte sie als Pinzgauer, Pongauer, Salzburger Schecken, Mölltaler, Brixentaler, Tiroler Rückenschecken, Traunsteiner oder Berchtesgadner.

Schon um 1820 wurde das Pinzgauer Rind in Gebiete des heutigen Rumäniens, Tschechiens und der Slowakei exportiert. In der österreichisch-ungarischen Monarchie war das Pinzgauer Rind sogar die am weitesten verbreitete Rinderrasse. Bereits 1834 lassen sich auch hornlose Pinzgauer Rinder, die sogenannten Jochberger Hummeln nachweisen. Eine erste Beschreibung der Pinzgauer als „entweder einfärbig braune Rinder oder mit weißem Bauch- und Rückenstrich" stammt von Freiherr von Mesnil aus dem Jahre 1857. Erst mit der Bildung der ersten Züchterverbände am Ende des 19. Jahrhunderts kam es zu einer genauen Rassendefinition und der Festlegung strenger Farbvorschriften.

In früheren Zeiten waren die Pinzgauer klassische Dreinutzungsrinder: Die Bauern hielten sie als wertvolle Milch- und Fleischlieferanten, aber auch, dank ihrer körperlichen Kräftigkeit, als wichtige Arbeitstiere. Noch im 19. Jahrhundert zielte die Zucht hauptsächlich auf starke Zugtiere ab, die nicht nur überall in der Landwirtschaft, sondern auch von Brauereien und in den großen Zuckerrübenanbaugebieten benötigt wurden. Diese starken Zugochsen nannte man „Übertäuerer".

REINZUCHT ALS OBERSTES ZIEL

Wie begehrt die Pinzgauer Rinder waren, bezeugt ihr intensiver Export. Während des Zweiten Weltkrieges verloren die Pinzgauer Rinderzüchter jedoch ihre Eigenständigkeit. Landwirtschaftliche Aktivitäten zur Pflege, Verbreitung und Weiterentwicklung der Rasse wurden stark eingeschränkt. Nach Ende des Krieges wurde 1950 eine Arbeitsgemeinschaft der Pinzgauer Rinderzüchter gegründet. Durch die Aufhebung der Rassenbeschränkungen im Zuge der Ände-

Die Rinderhaltung hat in der Hochgebirgsregion des Pinzgau jahrhundertealte Tradition.

rung der Tierzuchtgesetze zwischen 1965 und 1971 wurde das Pinzgauer Rind jedoch durch „Milchleistungskühe“ in seinem Stammzuchtgebiet zunehmend verdrängt.

Zur Verbesserung von Milchleistung, Euterform und Melkbarkeit wurde 1969 Red-Friesian-Blut eingekreuzt. Dem Konzept, andere Rinderrassen einzukreuzen, stand jedoch ein Teil der Züchter ablehnend gegenüber. Sie behaarten auf der Reinzucht. Heute ist das aktuelle Zuchtprogramm wieder auf Reinzucht ausgerichtet und die Haltung von Pinzgauer Rindern wird im Rahmen des Österreichischen Programms zur Förderung einer umweltgerechten, extensiven und den natürlichen Lebensraum schützenden Landwirtschaft (ÖPUL) gefördert.

EIN BESONDERER LEBENSRAUM

Der Pinzgau erstaunt mit seinem Facettenreichtum: Die reizvolle Heimatregion der bodenständigen Rinder ist eine alpine, fruchtbare Landschaft im Westen des Bundeslandes Salzburg. Die Hochgebirgslandschaft umgeben im Süden die imposanten Hohen Tauern und im Norden die Kitzbühler Alpen sowie das Steinerne Meer. Der Pinzgau hat flächenmäßig den größten Anteil am Naturschutzraum Nationalpark Hohe Tauern. Für die Klimaverhältnisse in der Alpinregion Pinzgau sind kurze, eher kühle Sommer und langandauernde, kalte Winter charakteristisch. Pinzgauer Rinder sind jedoch an die eher rauen Umweltbedingungen ihrer Heimat gut angepasst. Und die klimatischen Verhältnisse haben eine einzigartige Bergflora hervorgebracht, die beste Bedingungen für die Rinderhaltung bietet.

RASSE MIT INTERNATIONALEM RUF

Das Pinzgauer Rind ist mittel- bis großrahmig, verfügt über einen hervorragenden Mutterinstinkt und gilt als robust, leistungsfähig und marschtüchtig. Die Tiere sind charakterisiert durch ihre kastanienbraune Grundfarbe und die typische Weißzeichnung auf Rücken, Kreuz und Bauch sowie an den Vorderarmen und Unterschenkeln. Diese typische Farbzeichnung wird dominant vererbt. Das einzigartig rotbraun gefärbte Fell und die pigmentierten Augen schaffen einen perfekten Schutz gegen UV-Strahlen, auch in extremen Klimagebieten. Eine Besonderheit stellen die heute seltenen, schwarzweiß gefärbten Typen und die genetisch bedingte hornlose Variante, die Jochberger Hummeln, dar.

Heute leben etwa 1.000.000 Abkömmlinge der Pinzgauer in 25 Staaten der Erde auf vier Kontinenten. In Österreich zählt das reinrassig gezüchtete Pinzgauer Rind jedoch zu den gefährdeten Haustierrassen.

OPTIMALE QUALITÄTSVORAUSSETZUNGEN

In Österreich ist das Pinzgauer Rind vor allem als Bio- und Nationalparkrind von großer Bedeutung. Pinzgauer Rinder werden artgerecht mit viel Auslauf gehalten und mit überwiegend hofeigenem Gras, Heu und Silagen gefüttert. Als wichtige Futterergänzung kommt auch Getreideschrot zum Einsatz. Besondere Beachtung wird auf das Wohlbefinden der Rinder beim Transport gelegt, um Stress zu vermeiden. Auch die Schlachtung erfolgt möglichst stressfrei entweder in gemein-

Die Stammheimat des Rindes ist das Gebiet rund um den Großglockner, besonders der Salzburger Pinzgau und Pongau, die Bezirke Kitzbühel und Kufstein in Tirol, Oberkärnten und das Alpenvorland.

REZEPT

RINDSROULADEN

Zutaten für 4 Portionen

24 Rindsschnitzel (Hüftscherzel) à 160 g
Salz
Pfeffer, schwarz, aus der Mühle
Estragonsenf
50 g Karotten
50 g Gelbe Rüben
80 g durchzogener Selchspeck
50 g Essiggurken
Mehl zum Bestauben und Binden
4 EL Öl
100 g Zwiebeln
4 dl Wasser oder Suppe
8 Kapern
1/8 l Sauerrahm
Beilagen nach Wahl

ZUBEREITUNG

Rindsschnitzel klopfen, Ränder einschneiden, salzen, pfeffern, mit Senf bestreichen. Wurzelgemüse schälen und ebenso wie Speck und Gurken in 4 mm dicke Streifen schneiden. Diese auf die Rindsschnitzel legen, zu Rouladen einrollen, mit Zahnstochern, Spagat oder Rouladenklammern fixieren.

Rouladen mit Mehl bestauben. Öl erhitzen, Rouladen allseitig braun anbraten, aus der Kasserolle heben.

Nudelig geschnittene Zwiebeln licht anrösten, 20 g Mehl einmengen, rösten, mit Suppe oder Wasser aufgießen, glattrühren.

Rouladen sowie gehackte Kapern beigeben, zugedeckt am Herd, im Rohr oder im Schnellkochtopf ca. 1,5 Stunden dünsten. Kernig gegarte Rouladen aus der Sauce heben, Sauerrahm und, wenn nötig, noch etwas Mehl einrühren, aufkochen, passieren. Mit Senf abschmecken.

Rouladen vor dem Servieren von Zahnstochern (Spagat/Klammern) befreien.

Als Beilagen bieten sich Erdäpfelpüree, Teigwaren, Häuptel-, Gurken, oder Paradeissalat an.

Das Original Pinzgauer Rind wird als Zweinutzungsrind für Milch- und Fleischerzeugung gehalten.

Zu seiner kastanienbraunen Grundfarbe kommt die charakteristische weiße Farbzeichnung über Rücken, Oberschenkel, Bauch und Unterbrust.

schaftlichen Schlachtanlagen in der Region oder im Schlachthof Salzburg.

Neben der Milch gilt besonders das Fleisch der heute als Zweinutzungsrind gehaltenen Tiere als echte Delikatesse. Wissenschaftliche Untersuchungen der Technischen Universität München bescheinigen dem hellroten Fleisch vergleichsweise überlegene Qualitätsmerkmale. Zartheit, ansprechende Marmorierung, Saftigkeit, typischer Geschmack und geringer Grillverlust sowie Feinfasrigkeit zählen zu seinen Stärken. Das köstliche Fleisch schmeckt in allen Variationen: als zünftiges Gulasch, feiner Kalbs- und Rinderbraten, aber auch in Form delikater Kalbsbratwürstel und anderer Grillspezialitäten.

Die gelungene Vermarktung der Pinzgauer Rinder organisieren zum größten Teil der Rinderzuchtverband Salzburg und die Erzeugergemeinschaft Salzburger Rind (EZG Salzburger Rind). Das exzellente Fleisch des Pinzgauer Rindes ist aber auch bei Direktvermarktern sowie bei kulinarisch interessanten Gastwirten des Nationalparks Hohe Tauern erhältlich.

PÖLLAUER HIRSCHBIRNE

Zuckersüß, hocharomatisch und eigenwillig im Geschmack, so präsentiert sich die Pöllauer Hirschbirne. Der optimal an die lokalen Gegebenheiten angepasste steirische Sämling beherrscht seit Jahrhunderten durch seine mächtigen Baumkronen das Bild rund um das Pöllauer Tal. Er steht heute als Sinnbild für traditionelle Bewirtschaftung, großen Erfahrungsschatz, gelebtes Brauchtum und einzigartigen Innovationsgeist. Ob frisch genossen, zu Saft gepresst, zu Most vergoren, zu Marmelade eingekocht, zu Edelbrand destilliert oder als Kletze: Die Hirschbirne ist ein echtes Original.

LANDSCHAFTLICHE VIELFALT IM HERZEN DER OSTSTEIERMARK

Umgeben von einer Hügelkette zeigt sich das Pöllauer Tal als weitläufiges Talbecken mit vielfältigem Landschaftsbild. Sanfte Hügel, saftige Wiesen und grüne Wälder sowie traditionelle Obst-, Wein- und Gemüsekulturen fügen sich abwechslungsreich ineinander und verleihen der Umgebung einen einzigartigen Charme. Ihrer Auszeichnung mit dem Prädikat „Naturpark“ macht die Region alle Ehre. Neben dem landschaftlichen Reiz bietet die oststeirische Region auch in kulinarischer Hinsicht ein Highlight: die Pöllauer Hirschbirne. Sie ist eine Birnenrarität mit langer Tradition und gilt als wesentlicher Bestandteil der unverwechselbaren regionalen Vegetation.

Dem sorgsamen Umgang der Pöllauer Landwirte mit den landwirtschaftlichen Ressourcen ist es zu verdanken, dass noch heute in der Region zahlreiche Hirschbirnbäume von beachtlichem Alter anzutreffen sind. Die Anpflanzung einiger dieser beeindruckenden „Baumveteranen“ geht nachweislich auf die Zeit um 1870 zurück. Mal wächst die Pöllauer Hirschbirne auf Streuobstwiesen in Form von großkronigen Hochstammbäumen in dichten Baumgruppen, mal fügen sich die Bäume linienartig entlang von Rainen und Wegen in die Landschaft ein. Auch allein stehende Bäume als Zeugen ehemaliger Streuobstbestände sind nicht selten vorzufinden.

Bei milden Klimaverhältnissen und einer Lage von bis zu 1000 Meter Seehöhe fühlt sich die Birne besonders wohl. Sind die Böden zudem noch tiefgründig, nährstoffreich und feucht, ist die optimale Reifung der Birnen garantiert. Auch heute noch gilt die Naturparkregion Pöllauer Tal als Hauptverbreitungsgebiet der Hirschbirne, jedoch ist sie auch bis über die Grenzen des Pöllauer Tales anzutreffen. So finden sich nennenswerte Bestände bis weit in das Steirische Hügelland und das Grazer Bergland hinein.

EIN BLICK IN DIE VERGANGENHEIT

Wann und wo genau die Hirschbirne erstmals in Erscheinung trat, konnte bisher nicht eindeutig geklärt werden. In ihrer Entstehungsgeschichte ist sogar von Napoleon die Rede, dessen Truppen die Hirschbirne angeblich zu Beginn des 19. Jahrhunderts nach Pöllau gebracht haben

Im Frühjahr verwandeln die Hirschbirnenbäume die Region in ein Blütenmeer.

sollen. Nachgewiesen werden konnte, dass die Birne seit 1860, eventuell bereits seit 1800, in der Region bekannt ist. Es ist jedoch nicht auszuschließen, dass das erstmalige Auftreten der Sorte bereits deutlich früher erfolgte. So ist es möglich, dass zwar die Bezeichnung „Hirschbirne" aus dem 19. Jahrhundert stammt, die entsprechende Birnensorte jedoch schon früher unter einem anderen Namen verbreitet war.

Untermauert wird diese Theorie durch zahlreiche historische Schriftstücke, in denen die Hirschbirne oft synonym mit der Wolfsbirne erwähnt wird. Weiters tauchen immer wieder falsche Synonyme wie Rote Weinbirne oder auch Tepka auf.

AUF STEIRISCHEM BODEN GEWACHSEN

Die Hirschbirne gilt als steirischer Sämling, dessen Abstammung vermutlich auf die Schneebirne (Pyrus nivalis) zurückzuführen ist. Die Bezeichnung „Hirschbirne" könnte sich von „Herbstbirne" herleiten, da in der Mundart „Hi(a)rscht" bzw. „Hirscht" für Herbst verwendet wird. Auch ein Zusammenhang mit ihrer Reifezeit „zugleich mit der Hirse" wäre denkbar, ist jedoch unwahrscheinlich, da die Reifezeit der Hirse im Sommer liegt.

Der Pöllauer Hirschbirnenbaum ist besonders anpassungsfähig, widerstandsfähig, langlebig und bringt reiche Erträge. Seine im Vergleich zu anderen Mostbirnensorten relativ großen Früchte sind kleiner als Tafelbirnen. Zudem weisen sie eine gedrungene, von der klassischen Birne abweichende Form auf.

Anfangs noch gelblich grün, verschiebt sich die Farbe der leicht glänzenden, nach Zimt duftenden Schale mit zunehmender Reife in Richtung Gelb. Die üblicherweise trübrote sonnenseitige Deckfarbe geht in Rotorange, im Fallobststadium in Gelb über. Das Fruchtfleisch besitzt eine grobe und feste Textur und gilt als äußerst saftig. Für Mostbirnen typisch sind ihre im Fruchtfleisch enthaltenen Steinzellen.

Überreif, braun und mürbe – so erst schmeckt die Hirschbirne richtig gut und überrascht durch ihr vielfältiges, süßes, leicht sandiges, harmonisches Geschmackbild und ihr berühmtes Kletzenaroma.

MODISCH „ALTMODISCH": MOST, SCHNAPS UND KLETZEN

Die Verarbeitung der Hirschbirne zu verschiedenen kulinarischen Köstlichkeiten blickt in der Region auf eine lange Tradition zurück. So wusste man bereits ab dem 19. Jahrhundert die hervorragende Eigenschaft der Frucht in vielerlei Art und Weise zu nutzen. Besonders große Bedeutung kam der Mostherstellung zu und die Hirschbirne wurde damals sogar als „die in der Steiermark verbreitetste Gattung von Mostbirnen" bezeichnet. Daneben spielte auch die Herstellung des einzigartigen Hirschbirnenbrandes eine wichtige Rolle.

Der größte Bestand an Hirschbirnen-Bäumen ist in der Steiermark im Pöllauer Tal erhalten geblieben – dank der Voraussicht und der Aufmerksamkeit der dortigen Bauern.

Neben der Vergärung zu Most und der Destillation ist ab Mitte des 19. Jahrhunderts bereits eine weitere Verwertungsmöglichkeit der Hirschbirne belegt: In kleinen Dörröfen wurden mit viel Geschick die noch heute weithin bekannten Kletzen hergestellt. Die Erzeugung von gedörrtem Obst aus dem steirischen Sämling entwickelte sich rasch zu einem wichtigen Wirtschaftszweig im Pöllauer Tal und die Kletzen wurden als hochgeschätzte Köstlichkeit sogar bis an die Wiener Märkte geliefert.

Und auch heute noch stehen Most, Kletzen oder Schnaps ihrem damaligen guten Ruf in nichts nach. Der Most zur typischen Brettljause, der Schnaps nach dem Essen oder die Kletzen für die Herstellung des traditionellen Kletzenbrotes sind heute wie früher als Brauchtum fest in der Region verankert.

Auch heute noch werden Hirschbirnen zu Kletzen getrocknet und als hochgeschätztes Dörrobst verwendet.

STEIRISCHER HIRSCHBIRNENBRAND

Der schon in der Pöllauer Ortschronik Ende des 19. Jahrhunderts als Schnapsspezialität des Gebietes um Pöllauberg hervorgehobene Hirschbirnenbrand besticht durch sein intensives, jugendliches Birnenbukett.

Kenner beschreiben ihn als Edelbrandspezialität mit einem adstringierenden Touch von grünen Paprikaschoten und sensationeller Frische mit brillantem Aroma. Er überzeugt durch seine Ausgewogenheit zwischen jugendlicher Leichtigkeit und feurig animierender Kraft und besitzt einen Alkoholgehalt von mindestens 38 Volumenprozent.

Stammen die Birnen ausschließlich aus der Steiermark und werden sowohl Destillation als auch alle weiteren Be- und Verarbeitungsschritte inklusive Abfüllung und Etikettierung ausschließlich in der Region durchgeführt, darf dieser österreichische Qualitätsobstbrand mit der im österreichischen Lebensmittelbuch geschützten Bezeichnung „Steirischer Hirschbirnenbrand" versehen werden.

Zu besonderen Anlässen, als Digestif oder einfach nur so zum Genießen: Steirischer Hirschbirnenbrand ist einzigartig und bei jedem Schluck lassen sich die Findigkeit und der Erfahrungsschatz der Produzenten erkennen und genießen.

REINANKE

Reinanken zählen zu den ursprünglichsten Bewohnern zahlreicher österreichischer Alpenseen. Das überlieferte Wissen über diese Kaltwasserfische mit ihren unterschiedlichen regionalen Erscheinungsformen reicht bis in die Steinzeit zurück. Eng mit dem Vorkommen der Reinanken verbunden ist die traditionelle Seefischerei. Heute sind Reinanken vor allem im Salzkammergut, in Kärnten sowie in Vorarlberg im Bodensee häufig anzutreffen. Egal ob gebraten, gegrillt oder geräuchert, filetiert oder im Ganzen: Immer steht das zarte, aromatische Fleisch der Reinanken im kulinarischen Mittelpunkt, aus dem sich wunderbar leichte Gerichte kreieren lassen.

VOM SALZKAMMERGUT BIS WIEN

Die Ursprünge der Reinanken reichen bis in die Eiszeit zurück. Man nimmt an, dass sie am Ende der letzten Eiszeit mit den Schmelzwasserströmen vom Norden her bis zu den Alpen gelangt sind. Den ursprünglichen Lebensraum der Tiere stellen mit großer Wahrscheinlichkeit von Gletschern ausgeschürfte, mit Süßwasser gefüllte Becken dar. Auch die Seen des Salzkammergutes dürften derart entstanden sein.

Die Fische in den Alpenseen dienten schon früh den Menschen als Nahrung, wie Funde aus Pfahlbautensiedlungen im Mond- und Attersee aus der Zeit um 3000 v. Chr. beweisen. Im 14. Jahrhundert waren Reinanken etwa im Salzburger Zeller See so häufig, dass die Fischer nicht nur den Eigenbedarf decken, sondern auch jährlich rund 27.000 Renken abliefern konnten. Schon damals galt die geräucherte Reinanke als Delikatesse. Um den Fischbestand des Sees noch besser ausnützen zu können, ließ man sogar Zugnetze vom bayerischen Chiemsee kommen. Diese Art der Fischerei fand bei den heimischen Fischern so großen Anklang, dass sie sie exzessiv betrieben. In der Folge ging die Fischpopulation zurück. Erst durch zeitlich limitierte Abfischungsregelungen stieg sie wieder an.

Für den im Salzkammergut gelegenen Wolfgangsee ist der Fang von Reinanken im 16. Jahrhundert belegt. Sogar im fernen Wien bot man diese Fische neben Hausen, Karpfen, Forellen, Saiblingen, Barschen etc. am Hohen Markt feil. Die ältesten systematischen Beschreibungen von Fischen aus Salzkammergutseen, die der Gattung Coregonus zuzuordnen sind, stammen aus dem 19. Jahrhundert. Ab dieser Zeit bis ins folgende 20. Jahrhundert wurden die Bestände jedoch neuerlich stark überfischt. Aufgrund der Konkurrenz mit faunafremden Fischarten und wegen der zunehmenden Gewässerverschmutzung brachen die Bestände schließlich fast völlig zusammen. Die Vielfalt der einst so zahlreich vorhandenen Reinankenarten nahm stark ab. Noch heute gelten manche Arten als gefährdet.

FORMENREICHE ARTENVIELFALT

Hauptverbreitungsgebiete der Reinanken stellen die Alpen- und Voralpenseen dar. In Österreich sind sie vor allem im Salzkammergut im Atter-, Traun-, Mond-, Fuschl-, Wolfgang- und Hallstättersee, in Kärnten im Millstätter-, Wörther-, Faaker-, Weissen- und Klopeinersee und in Vorarlberg im Bodensee häufig anzutreffen. Auch Süddeutschland und die Schweiz zählen zu den Heimatregionen der Reinanke.

Als Reinanken oder Renken bezeichnet man in Österreich Kaltwasserfische der Gattung Coregonus aus der Familie der Forellenfische (Salmonidea). In der Literatur sind synonym verwendete Bezeichnungen wie Coregonen, Felchen, Maräne oder Schnäpel zu finden.

Das Hauptverbreitungsgebiet der Reinanken sind die Alpen- und Voralpenseen unseres Landes.

Die vielen unterschiedlichen regionalen Erscheinungsformen erschweren eine systematische Klassifikation der Gattung Coregonus. Die Arten wirken von der Gestalt her oft sehr ähnlich, sie können daher nur schwer voneinander unterschieden werden. Fast überall gibt es Übergangsformen.

Prinzipiell charakterisieren die Reinanke ihr kegelförmig spitz zulaufender Kopf und ihre kleine Mundspalte. Der Körper ist lang gestreckt mit tief eingeschnittener Schwanzflosse. Die zwischen Rücken- und Schwanzflosse auffallende Fettflosse gilt als wichtiges Merkmal. Der Rücken des Fisches schillert blaugrün. Die Schuppen am Körper zeigen sich relativ groß und glänzen silbern. Reinanken wachsen auf eine Größe von 30–50 cm heran. In nährstoffreichen Seen können sie sogar ein Gewicht von etwa sechs Kilogramm erreichen.

Die Fische ernähren sich von Plankton, kleinen Bodentieren sowie von im Wasser lebenden Insektenlarven, Würmern, gelegentlich auch kleinen Fischen und Fischlaich. Sie halten sich vorwiegend in freien Seezonen auf und benötigen klares, sauerstoffreiches Wasser. Aufgrund der Lebensweise kann man im Wesentlichen die kleinwüchsige Schwebrenken (Blaufelchen) von der großwüchsigen Bodenrenke (Maräne) unterscheiden, die durch eine Reihe von Übergangsformen miteinander in Verbindung stehen. Diese Formenkreise sind am leichtesten durch den Kiemenreusenapparat, also durch die Anzahl der Kiemenreusendornen, zu unterscheiden: Schwebreinanken

Die köstlichen Speisefische werden von April bis Oktober gefangen – meist mit Schweb- oder Grundnetzen.

Frisch gefangene Reinanken sind eine besondere Delikatesse.

Ob geräuchert oder gebraten – der feine Geschmack der Reinanke lässt einem das Wasser im Munde zusammenlaufen.

besitzen zahlreiche schlanke, Bodenreinanke weniger und kürzere Reusendornen. Durch ihr äußeres Erscheinungsbild lässt sich beispielsweise die Reinanke vom deutlich schlankeren, kleineren Riedling (Coregonus danneri) unterscheiden, dessen Verbreitung sich auf den Traunsee beschränkt.

Für die Abfischung von April bis Oktober verwenden Fischer überwiegend Schweb- oder Grundnetze. Mit entsprechenden Ködern ist es aber auch möglich, Reinanken mit der Angel zu fangen. Bedingt durch die Schonzeiten – im Allgemeinen zwischen Oktober und Februar – steht das köstliche Reinankenfleisch nicht ganzjährig zur Verfügung. Umso begehrter ist sein Genuss!

STECKERL- UND STABERLFISCH

Steckerl- und Staberlfische gehören an vielen Seen und Flüssen fest zum traditionellen Speisenangebot. Steckerlfische werden auf 50–60 cm lange Steckerl aus Weichholz gespießt, Staberlfische hingegen auf kleine „Staberln“ von doppelter Streichholzdicke. Steckerlfische waren und sind vor allem eine Spezialität der Donaufischer, besonders jener an den Altarmen des Flusses. Sie räucherten und brieten ihren Fang früher meist direkt an Ort und Stelle über offenem Feuer. Heute kann man die verführerische Delikatesse vielfach direkt neben der Straße erwerben. Staberlfische, auch als Stangerlfische bekannt, finden vorwiegend im Salzkammergut Verbreitung. „Erfunden“ haben sie aller Wahrscheinlichkeit nach die Traunseefischer. Als Steckerlfische kommen traditionell kleinere Fischarten, wie Forellen, Lachsforellen, Reinanken oder Weißfische, in Frage. Für die Zubereitung von Staberlfischen spießt man fast ausschließlich lokaltypische Riedlinge oder kleine Saiblinge auf. Steckerlfische werden geschröpft, Staberlfische eingeschnitten. Beide werden mit Salz sowie einer oft geheim gehaltenen Gewürzmischung eingerieben und anschließend über offenem Feuer knusprig gegrillt. Durch die Rauchentwicklung der Holzkohle wird der Fisch zugleich geräuchert, was dem Fleisch einen intensiv-aromatischen Geschmack verleiht. Die Zubereitung macht darüber hinaus die Gräten so zart, dass Genießer sie mitverzehren können.

ROSENTALER CARNICA-HONIG

Der Honig der Carnica-Biene ist so einzigartig wie diese als besonders sanft geltende Biene selbst. In ihrem Heimatgebiet, dem Kärntner Rosental, fühlt sie sich seit Jahrhunderten bestens aufgehoben. Sie ist von dort heute nicht mehr wegzudenken und Produzentin einer ganz besonderen Honigspezialität, des Rosentaler Carnica-Honigs, den es in hellerer und dunklerer Variante gibt. Kein Wunder, dass sich die nach althergebrachter Tradition mit viel Liebe produzierten Honige der Rosentaler Imker zu einem Exportschlager entwickelt haben.

TAL DER BIENEN

Das Rosental (slowenisch: „Rož") ist ein etwa 40 Kilometer langes Tal im Süden Kärntens, durch das die Drau fließt. Mit seinen bekannten Ortschaften Ferlach, Feistritz, Gallizien, Sankt Jakob und Sankt Margareten ist es Teil des Siedlungsgebietes der Kärntner Slowenen. Geografisch gesehen reicht das Tal von der Drauschleife bei Rosegg im Westen bis zur Mündung der Vellach im Osten. Im Norden wird das Rosental vom Höhenzug der Sattnitz und im Süden, an der Grenze zu Slowenien, von den Karawanken begrenzt. Der Name des Tals leitet sich vom Flurnamen „Rasa" ab, der bereits 876 n. Chr. erstmals urkundlich erwähnt wurde. Seinen heutigen Namen verdankt das Rosental den Herren von Ras oder auch Rasek, den Errichtern der Burg Altrosegg.

VON DER ZEIDLEREI ZUR IMKEREI

Überlieferungen belegen, dass Honigbienen in Mitteleuropa seit tausenden von Jahren heimisch sind. Bereits in der Antike war das heutige Rosental von Honigbienen bevölkert. So beschreibt etwa Vergil (70–19 v. Chr.) in seinem Werk „Gregorica" den Unterschied zwischen der gallisch-germanischen Biene und den sanfteren Bienen, die im südlichen Norikum – einer römischen Provinz, die sich grenzübergreifend über das heutige Gebiet von Österreich und Slowenien erstreckte – vorkamen. Und der griechische Geschichtsschreiber Strabo (63 v. Chr. – 23 n. Chr.) erwähnt Bienenhaltung in der Gegend rund um Villach.

Etwa ab dem 11. Jahrhundert bis ins 18. Jahrhundert gab es in Kärnten ausgedehnte „Zeidelreviere". Unter Zeidlerei oder auch Zedlerei versteht man das gewerbsmäßige Sammeln von Honig wilder oder halbwilder Bienenvölker. Das Wort leitet sich etymologisch vom altdeutschen „zeideln", also Honig schneiden, ab. Von Honig schneiden spricht man deshalb, weil dabei die gesamte Honigwabe erbeutet wird.

Im Laufe des 18. Jahrhunderts übernahm schließlich die Grundherrschaft Hollenburg im Rosental die Überwachung der Imkerei und in der Folge kam es zur Professionalisierung der Bienenzucht. Im 19. Jahrhundert war der gute Ruf der Carnica-Biene bereits so ausgeprägt, dass Baron Rothschütz von Podsmreka (im heutigen Slowenien) die Biene in zahlreiche Länder, unter anderem bis nach Südamerika und Asien, exportierte. Die wissenschaftliche Bezeichnung der Carnica-Biene als „Apis mellifera carnica" wurde 1875 vom deutschen Bienenkundler August Pollmann eingeführt.

Zu Beginn des 20. Jahrhunderts waren im Rosental nicht definierbare Kreuzungen unterschiedlicher Bienenrassen zu finden. Aus Veröffentlichungen des Kärntner Carnica-Züchters

Der Fleiß der Bienen, die Geduld der Imker und eine gesunde Natur stecken im Wahlspruch der Rosentaler Carnica-Imker „ohne Bienen kein Leben".

Hans Peschetz geht hervor, dass sich diese durch das Nebeneinanderhalten unterschiedlicher Bienenvölker teilweise ungewollt entwickelten. Dies bedeutete eine starke Bestandsgefährdung der reinrassigen Carnica-Biene.

Um das Potenzial der Carnica-Bienen zu erhalten, haben sich 1929 Kärntner Bienenzüchter zusammengeschlossen und mit der systematischen Züchtung reinrassiger Bienenvölker begonnen. Sie entstammen dem Bienenstamm „Glockner", der am Fuße des Großglockners, dem höchsten Berg Österreichs, gefunden wurde. Später wurde im Rosental der Carnica-Königinnen-Zuchtverein gegründet. Und seit 1994 widmet sich in Kirschentheuer bei Ferlach ein eigenes Museum der Carnica-Biene. Hier werden die Geschichte und das Wissen über die traditionelle Bienenzucht im Rosental erhalten und weitergeben.

DIE CARNICA-BIENE UND IHR HONIG

Die Carnica-Biene ist eine Unterart der Westlichen Honigbiene. Umgangssprachlich wird sie auch Kärntner Biene, Krainer Biene, Graue Biene, Bergbiene oder schlicht und einfach Carnica genannt. Sie kommt ursprünglich aus dem Balkanraum und ist heute in den südlichen Alpen, in Slowenien und in nördlichen Balkanregionen heimisch. Die natürlich entstandene Rasse hat sich im Laufe der Zeit an die Umweltbedingungen, an das Klima und an die Nektarverfügbarkeit angepasst. Sie ist vom südöstlichen Alpenklima geprägt und kommt mit heißen Sommern und kalten Wintern gut zurecht. Charakteristisch für die schlanke, mittelgroße Biene sind ihre breiten grauen Filzbinden.

Die Carnica-Biene ist eine eifrige Sammlerin, die an guten Standplätzen und je nach Angebot große Honigvorräte anlegt. Mit ihrem langen Rüssel saugt sie Nektar und Honigtau auf und transportiert ihn in ihrer Honigblase zurück zum Stock. Dort wird er an die Stockbienen weitergegeben und eingedickt. Nach mehrmaligem Umschichten im Bienenstock lagern die Bienen den fertigen Honig in Waben über dem Brutnest ein und überziehen ihn mit einer luftundurchlässigen Wachsschicht. Bienenzüchter bezeichnen diesen Vorgang als „verdeckeln". Es ist das Zeichen, dass der Honig reif ist und geerntet werden kann.

Die Carnica-Biene, Apis mellifera carnica, ist außerordentlich sanftmütig und ertragreich und zeichnet sich durch eine hohe Widerstandsfähigkeit aus.

Das Rosental hat in der Bienenhaltung und Bienenzucht eine lange Tradition, die Carnica-Biene ist hier schon seit Jahrhunderten beheimatet.

In einer Landschaft besonderer Schönheit haben sich mehrere Rosentaler Gemeinden zusammengeschlossen, um die Kleinimkerei zu fördern.

Rosentaler Imker bei der Honigernte die Bienen von den Wabenrahmen ab. Zur Bienenabwehr setzen sie nur Rauch von getrockneten Baumschwämmen ein, chemische Abwehrmittel sind untersagt. Danach öffnen sie mit sauberen und trockenen Entdeckelungsmessern händisch die Waben und lassen den Honig entweder sorgfältig abtropfen oder zentrifugieren ihn mit einer Honigschleuder. Mit einem Doppelsieb werden die Wachsteile abgefangen und nach einer Lagerzeit von 14 Tagen wird der Honig in Gläser abgefüllt. Der Carnica-Rosental-Honig erfüllt alle im „Codex Alimentarius Austriacus" und der österreichischen Honigverordnung angeführten Qualitätsmerkmale. Jeder Rosentaler Carnica-Honig wird entsprechend seiner Herkunft mit dem Namen und der Adresse des Imkers gekennzeichnet.

Der Rosentaler Waldhonig – im Glas dunkelbernsteinfarbig – ist im Geschmack kräftig, würzig, etwas herb und nicht sehr süß.

HERRLICHE GESCHMACKSVIELFALT

Rosentaler Carnica-Honig ist eine dickflüssige Honigspezialität. Dem helleren Rosentaler Mischblütenhonig verleihen Wiesensalbei, Löwenzahn und Lindenblüten seine charakteristische Note. Dem dunkleren, bernsteinfarbenen Rosentaler Waldhonig gibt der Honigtau seinen kräftigen, würzigen und etwas herben Geschmack. Er ist weniger süß und enthält eine besondere Zuckerart, die Melezitose.

Die Rosentaler Imker produzieren neben Honig auch Gelée Royale, Propolis, Bienenwachs und Bienenpollen. Die Honigrohstoffe verarbeiten sie zu Honigwein, Likören, Schnäpsen und zu Spezialitäten wie Backwaren mit Honig oder handgeschöpften Schokoladen. Viele der Honigspezialitäten werden regional über Ab-Hof-Verkauf angeboten.

ROSTBRATEN

Einer der bis heute stets beliebten Klassiker der österreichischen Küche ist der Rostbraten. Dahinter verbirgt sich eine traditionelle Rindfleischspezialität, deren Name ursprünglich auf die verwendete Gartechnik, das Braten auf dem Rost, verwies. Heute versteht man unter Rostbraten auch ein sehr saftiges, aromatisches Teilstück des Rindes. Leicht marmoriert, eignet es sich nicht nur für das gleichnamige Gericht optimal. Kenner empfehlen es ebenso für andere köstliche Rindfleischzubereitungen.

URALTE GARMETHODE

Das Braten auf dem Rost, eines der ältesten Garverfahren, praktizierten schon die Römer. Das beweisen Funde von Utensilien aus der damaligen Zeit, etwa Bratroste und römische Kochbücher. So beinhaltet etwa das römische Kochbuch „De re coquinaria" von Apicius, entstanden in der 2. Hälfte des 1. Jahrhunderts v. Chr. und mit Ergänzungen bis etwa 400 n. Chr. versehen, bereits ein Rezept für Fleischrouladen, die auf dem Rost bei kleinem Feuer nach vorangegangener Bräunung in einem steinernen Backofen getrocknet werden.

Auch in der mittelalterlichen Kochliteratur findet das Braten auf dem Rost als Zubereitungsart Erwähnung. Wurde Rostbraten früher ausschließlich auf dem Rost produziert, so setzte sich mit der Zeit zunehmend das Braten und Dünsten in der Pfanne durch. Im „Nutzlichen Koch-Buch" aus dem Jahr 1740 beschreibt Ignaz Gartler eine Zwischenform des gebratenen und gedünsteten Rostbratens: „Nimm ein gutes Lungel-Brätl, schneide nach der Breiten dinne Schnitzel, klopfe es wohl mit dem Messer, ein weinig gesaltzen, brate es auf dem Rost geschwind, richte es in eine Rein, giesse Rind-Suppe und Wein daran, laß 2 Stund gemach dünsten, daß schön marb wird, brenn es ein, gut gewürzt, ein weing Milchrahm und Capry dran."

Um 1800 kannte die Wiener Küche bereits eine Fülle von Rostbraten-Variationen: Es gab gegrillten, gedünsteten, gefüllten, faschierten, gebackenen Rostbraten, Zwiebelrostbraten, Rostbraten mit (Rahm-)Sauce, Kohl, Malaga-Wein sowie gebackenen oder gekochten Zwiebeln. Ferner schätzte man Rostbraten nature, mit Knoblauch, Erdäpfeln, Reis oder Sardellen. In der Ausgabe der „Süddeutschen Küche" aus dem Jahr 1895 führt die renommierte Kochbuchautorin Katharina Prato eine Fülle von Spielarten an, unter anderem schnell gebratenen Rostbraten, solchen mit Zwiebeln, Knoblauch, Rahm oder Sardellen; Rostbraten in brauner Sauce oder heiß abgesotten, Esterházy-, Maschin- und Schwedischen Rostbraten. Insgesamt scheint zu dieser Zeit der Rostbraten eine Hommage an das Rindfleisch gewesen zu sein: Das sogenannte „Ochsenfleisch" galt in der altösterreichischen Küche als unentbehrlich.

EINFLUSS DER KRONLÄNDER AUF DEN VARIANTENREICHTUM

Die Variationen des Rostbratens wurzeln einerseits in der Geschichte der Donaumonarchie, andererseits in der Küchenpraxis. Der Maschinrostbraten beispielsweise leitete seinen Namen vom einst verwendeten Kochgeschirr ab, einer tiefen Kasserolle. Die „Maschin" ist ein besseres „Reindl" – so wird der Maschinrostbraten auch oft mit dem Reinrostbraten gleichgesetzt.

Der Esterházy-Rostbraten wiederum lässt sich auf die ungarische Magnatenfamilie Esterházy zurückführen. Einer Überlieferung zufolge soll es sich bei der Entstehung des Bratens um einen Zufall gehandelt haben: Da die ursprünglich als Garnitur vorgesehenen Trüffeln nicht rechtzeitig auf Schloss Esterházy in Ungarn eintrafen, verarbeiteten die fürstlichen Köche aus Verlegenheit

Der Rostbraten, genau genommen das Teilstück von der 7. bis zu 13. Rippe liegt vor dem Beiried und ist zur Hälfte vom Rieddeckel überdeckt.

jenes Wurzelgemüse, das sie mit dem Rostbraten mitgeschmort hatten, und verfeinerten es mit Kapern und Sardellen.

Der Hunyadi-Rostbraten ist eng mit dem ungarischen Adelsgeschlecht der Hunyadi verknüpft. Und Vanillerostbraten wird nicht – wie sein Name etwa vermuten ließe – mit Vanilleschoten, sondern mit Knoblauch zubereitet. Er hat seinen Ursprung in der Geschichte Alt-Wiens: In wohlhabenden Haushalten pflegte man Speisen mit kostspieligen Gewürzen zu verfeinern, wie z. B. mit Vanilleschoten aus Übersee, die als besonders exklusiv galten. Ein Arbeiterhaushalt hätte sich kaum eine Vanilleschote zum Kochen leisten können. Knoblauch hingegen war sehr günstig zu haben und wurde dementsprechend viel verwendet. So bezeichnete man ihn scherzhaft als „Vanille des kleinen Mannes".

Der Girardi-Rostbraten schließlich verdankt seinen Namen dem altösterreichischen Schauspieler Alexander Girardi (1850–1918). Angeblich war es die Wiener Hofburgtheater-Mimin Katharina Schratt (1853–1940), die diese Spezialität bei einem unangemeldeten Besuch Girardis erfunden hat. Da Girardi Gemüse liebte, jedoch Fleisch nicht sonderlich mochte, soll Katharina Schratt das pikant gedünstete Rindfleisch unter dünn geschnittenem Wurzelwerk und allerlei anderen Zutaten „versteckt" haben.

NOCH MEHR TYPISCHE ROSTBRATENGERICHTE

Die typische Wiener Rostbratenvariante ist der Zwiebelrostbraten, der in der Pfanne gebraten und mit gerösteten Zwiebelringen belegt mundet. Ihn gibt es gleichfalls gedünstet. Eine weitere österreichische Besonderheit stellt der „gefüllte Rostbraten nach Wiener Art" dar. Zudem kennt man gebackenen Rostbraten, Jägerrostbraten, Zigeunerrostbraten, Sardellenrostbraten und Znaimer Rostbraten. Daneben gibt es Ungarischen Rostbraten, Tiroler Rostbraten und Italienischen Rostbraten. Diese zahlreichen Rostbratenvariationen unterscheiden sich zumeist durch die verwendeten Zutaten, die dem Rindfleisch die jeweils entscheidende, individuelle Note verleihen.

Vanillerostbraten wird nicht – wie der Name vermuten ließe – mit Vanilleschoten, sondern mit Knoblauch zubereitet.

Die vielen verschiedenen Ausprägungen dieses Gerichts sind eine einzige Hommage an das österreichische Rindfleisch.

ENTWICKLUNGS-GESCHICHTE EINES GERICHTS

Wurde der Rostbraten, wienerisch „Rossbradl", ursprünglich auf einem Bratrost gegart, so wird heute der typische Wiener Rostbraten immer in der Pfanne gebraten, gebacken oder gedünstet. Auch das verwendete Fleischteil war Veränderungen unterworfen. Während man früher Rostbraten vom Rindsschnitzel zubereitete, kommt heute für das Gericht üblicherweise ein ganz bestimmtes, genau definiertes Fleischstück mit der Bezeichnung „Rostbraten" zum Einsatz.

Das Fleischstück gilt als Teil des „Englischen", wie der längsgespaltene halbe Rücken des Rindes von der Schulterhöhe bis zum Rückgratende heißt. Der Rostbraten, die 7.–13. Rippe, liegt vor dem Beiried und ist zur Hälfte vom Rieddeckel überdeckt. Synonym kennt man das Fleischstück auch unter der Bezeichnung Hohes Beiried oder Rostbratenried im Hinterviertel des Rindes. Der Rostbraten gilt als kräftiges, sehr saftiges und aromatisches Teilstück bester Qualität und ist zudem gut marmoriert, mit Fett durchwachsen und weist eine sehr schmackhafte Fettabdeckung auf.

REZEPT

ZWIEBELROSTBRATEN

Zutaten für 4 Portionen

500 g Zwiebeln
Öl zum Ausbacken und Braten
700 g Rostbratenried oder Beiried
Salz
Pfeffer, schwarz, aus der Mühle
Mehl, glatt, zum Stauben
150 ml Wasser, Suppe oder brauner Fond zum Aufgießen
20 g Butter, kalt
Beilage nach Wahl

ZUBEREITUNG

Geschälte Zwiebeln in feine Ringe schneiden und in reichlich heißem Öl unter ständigem Rühren hellbraun* backen. Mit einem Schaum- oder Gitterlöffel herausheben, mit einem Löffel das Öl aus den Zwiebeln ausdrücken, auf Küchenpapier locker ausbreiten.

Rostbratenried in 4 Scheiben schneiden, Ränder einschneiden, zart plattieren (klopfen), beidseitig mit Salz und Pfeffer würzen. Eine Seite mit Mehl stauben, anpressen. In einer flachen Pfanne Fett erhitzen, Rostbraten mit der bemehlten Seite nach unten einlegen, braun braten, die andere Seite ebenfalls bräunen.

Rostbraten aus der Pfanne nehmen, überschüssiges Fett abgießen, Bratrückstand mit Wasser, Suppe oder braunem Fond ablöschen. Gut durchkochen, Butterstücke unterrühren, Saft eventuell seihen. Rostbraten mit der erstgebratenen Seite nochmals in den Saft legen, warm einige Minuten ziehen lassen.

Rostbraten anrichten, mit Saft übergießen, obenauf knusprige, leicht gesalzene Röstzwiebeln häufen. Als Beilagen empfehlen sich Braterdäpfel und Salzgurken.

** Achtung, die Zwiebeln bräunen, nachdem sie aus dem Fett genommen wurden, noch nach.*

RUSTER AUSBRUCH

Feurig und finessenreich gleicht der goldgelbe bis bernsteinfarbene Wein einem kostbaren Elixier. Mit dem begehrten Weinkeller-Schatz konnte das burgenländische Rust, woher der einzigartige Ausbruch stammt, einst Ruhm und Wohlstand begründen. Heute ist der prämierte Wein besonderer Reife mehr denn je gefragt. Zu etwas Einzigartigem macht ihn auch seine außergewöhnliche Herstellung aus edelfaulen oder überreifen, auf natürliche Weise eingetrockneten Beeren. Er eignet sich wunderbar als Begleiter zum Dessert, aber auch als Aperitif.

REGIONALE VORRAUSSETZUNGEN

Natürliche geologisch-klimatische Bedingungen, das Können der Winzer, die Erfahrung und die Liebe zum Wein sind es, die im gelungenen Miteinander den Erfolg des Ruster Ausbruchs ausmachen. Das besondere Klima am Neusiedler See und die Bodenbeschaffenheit rund um die burgenländische Stadt Rust sind die natürlichen Grundlagen für diesen exzellenten Wein. Doch nur in Jahren mit entsprechenden Klimabedingungen kann Ruster Ausbruch produziert werden.

Der Neusiedler See trägt als Wärmespeicher und durch reichliche Taubildung einen wesentlichen Teil zum Gelingen dieses besonderen Weines bei. Denn der für den Ruster Ausbruch so wichtige Edelpilz Botrytis cinerea entsteht in jenen Gegenden, in denen warme Sommer, ein milder Herbst sowie ausreichende Feuchtigkeit optimale Voraussetzungen für sein Wachstum schaffen. So sind es die seenahen Weingärten, die zuerst von der Edelfäule befallen werden, erst dann folgen die restlichen Rieden.

BEEREN IN HANDLESE

Das edelsüße, dunkelgelbe bis bernsteinfarbene Elixier besticht vor allem durch seine einzigartige fruchtige Finesse, seine ausgeglichene Süße, sein ausgewogenes Säurespiel und natürlich durch seine sogenannte „Botrytisnote", die vom Edelpilz auf den Trauben stammt. Durch den Pilz werden die Weintrauben porös und weich, sie schrumpfen, gefördert von der Tageswärme, rosinenartig zusammen. Dabei konzentrieren sich die Geschmack gebenden Inhaltsstoffe wie Fruchtzucker, Säure und Extrakte. Bei der Ernte weisen die Trauben des Ausbruchs eine besonders hohe Zuckerkonzentration auf. Sie ist im Österreichischen Weingesetz festgelegt und muss mindestens 27° Klosterneuburger Mostwaage betragen, oft werden jedoch bis zu 40° erreicht. Unter der Klosterneuburger Mostwaage versteht man eine traditionelle Maßeinheit, die den Zuckergehalt von Traubenmost in Gewichtsprozent angibt.

Das Lesen der Botrytis-Trauben erfolgt in sorgfältiger Handarbeit und braucht viel Erfahrung und Geschick. Bei der traditionellen Methode werden nur die mit Edelfäule befallenen Beeren in mehreren Lesedurchgängen ausgewählt, das heißt „ausgebrochen". Denn nur sie sind für den Ruster Ausbruch geeignet. Dieses Ausbrechen der Trauben hat dem daraus gekelterten Wein seinen Namen gegeben. Früher wurde speziell die Rebsorte Furmint für die Herstellung des Ruster Ausbruchs verwendet, sie verschwand jedoch nach der Reblauskatastrophe am Ende des 19. Jahrhunderts nahezu ganz. Heute sind vor allem Weißer Burgunder, Chardonnay und Welschriesling die Hauptrebsorten für Ruster Ausbruch. Seine harmonische Süße und seine komplexen Aromen entfaltet der Wein erst nach einigen Jahren der Reife.

Ruster Ausbruch wird aus mit Botrytis cinerea befallenen Trauben gewonnen, deren Ernte von Hand erfolgt. Der Prädikatswein überzeugt durch seine Fruchtigkeit und Süße, sein ausgewogenes Säurespiel und natürlich durch seine spezielle Botrytisnote.

DAS GEHEIMNISVOLLE „R"

In der Region am Neusiedler See ist der Weinbau fest verwurzelt. Schon von den Römern wurde in der Provinz Pannonien Wein angebaut. Nach den Wirren der Völkerwanderung und der Awarenherrschaft wurde um die erste Jahrtausendwende n. Chr. wieder mit dem Anlegen von Weingärten und der Herstellung von Wein begonnen.

Die erste schriftliche Erwähnung von Rust liefert eine Schenkungsurkunde des ungarischen Königs Karl Robert I. aus dem Jahre 1317. Durch das Privileg des Marktrechtes, das Rust 1470 erhielt, konnten sich die Einwohner selbst verwalten und ereichten eine gewisse Eigenständigkeit. Und das Jahr 1479 ist für Rust mit dem Sonderrecht verbunden, bei Weinexporten ins Ausland von der allgemeinen Steuer befreit zu sein.

1524 erteilte Königin Maria von Ungarn den Ruster Bürgern das Recht, auf ihren Weinfässern ein „R" einzubrennen. Dieses Symbol stellte schon zu dieser Zeit eine Herkunftsbezeichnung, gekoppelt mit einem Markenschutz, für die Ruster Weine dar. Das „R" kennzeichnete ausschließlich jene Rebsäfte, die aus den Rieden des Marktes Rust stammten und von den Besitzern selbst erzeugt wurden. Zudem war der Transport dieser Fracht mit einer Steuerprivilegierung verbunden.

Heute stellen vor allem Weißer Burgunder, Chardonnay und Welschriesling die Hauptrebsorten für Ruster Ausbruch dar.

Ruster Ausbruch wird entweder im Holzfass oder im Edelstahltank vergoren und ausgebaut.

Das 17. Jahrhundert markierte einen ersten Höhepunkt in der Erzeugung von Ausbruchwein, mit dem Rust seinen Ruhm und Wohlstand begründen konnte. Denn der exklusive Süßwein war ein begehrter und teurer Ausfuhrartikel. Er adelte auch stets die kaiserliche Hoftafel. Eine Kammerrechnung aus dem Jahre 1634 ist der erste schriftliche Beleg über die traditionelle Herstellung des Ruster Ausbruchs. Aus dem Jahre 1640 wiederum stammt ein Verzeichnis, wonach mehrere Fässer der Schloss Forchtenstein'schen Kellereien mit dem Namen „Rusteraufklauber" benannt wurden.

Der begehrte edle Wein brachte den Ruster Bürgern Privilegien und Freiheiten: Mit 30.000 Litern bzw. 500 Eimern Ruster Ausbruch und 60.000 Gulden erkaufte sich Rust im Jahr 1681 bei Leopold I. das Stadtrecht und wurde so zur „Freistadt" erhoben. Dadurch unterstand sie nur noch dem König.

GÜTESIEGEL FÜR EINMALIGE UNIKATE

Die lange Tradition des Ruster Ausbruchs auch in Zukunft weiterzuführen, das ursprüngliche und traditionelle Wissen rund um seine Herstellung zu erhalten und zu verbessern und seinen erstklassigen Ruf hochzuhalten, sind die Ziele des „Cercle Ruster Ausbruch".

Die Mitglieder dieser 1991 gegründeten Markengemeinschaft haben eine eigene Charta mit Produktionsrichtlinien erstellt. Ruster Ausbruch der Cercle-Mitglieder darf erst nach einer strengen Qualitätsprüfung mit dem Aufkleber „Cercle Ruster Ausbruch" versehen und auf den Markt gebracht werden. Dieses Gütesiegel ist Garantie für höchste Ausbruch-Qualitäten.

Die topographische Lage Rusts zwischen den Ausläufern des Leitha-Gebirges und dem Neusiedler See weist ein spezielles Mikroklima auf, das beste Voraussetzungen für den edelsüßen Ruster Ausbruch bietet.

SACHERTORTE

Die Sachertorte ist nicht nur eine köstliche Schokoladentorte mit besonderem Namen: Das Geheimnis ihres Gelingens liegt in der Ausgewogenheit bester Zutaten, im stufenweisen Prozess des Backens, im sorgfältigen Aprikotieren und in der perfekten Glätte der Glasur. Traditionell wird ein Stück verführerischer Sachertorte mit leicht gesüßtem Schlagobers serviert und zu einer österreichischen Kaffeespezialität genossen. Als klassische Wiener Spezialität hat sie natürlich auch eine außergewöhnliche Entstehungsgeschichte vorzuweisen!

DAS GEHEIMNIS EINES ERFOLGES

Sachertorte repräsentiert nicht nur als weltbekannte Botschafterin österreichische Patisseriekunst. Sie gleicht fast schon einer „süßen Institution". Im Zusammenspiel mehrerer Faktoren liegt das Geheimnis ihrer enormen Beliebtheit: Da ist zunächst einmal ihr Teig, die sogenannte „Sachermasse", bestehend aus Mehl, Butter, Eiern, Zucker und natürlich – Schokolade. Ihr Anteil beträgt mindestens 15 Prozent. Es kommen nur feinste Speiseschokolade, edle Bitterschokolade, conchierte Kakaomasse oder Tunkmasse (Kuvertüre) in Frage. Zur Geschmacksabrundung wird der Sachermasse üblicherweise Vanille, Vanillin oder auch Rum zugesetzt.

Auch die Form der Sachertorte ist eine besondere: Sie besitzt eine typische, leicht abgerundete Oberkante. Diese erreicht man durch die traditionelle Verwendung einer abgerundeten Bodenbackform (wienerisch „Reindl"). Heute werden viele Sachertorten in der gängigen Praxis auch in einer Tortenringform gebacken. Die Kante wird dann im Zuge des Aprikotierens geglättet bzw. abgerundet.

Pure Perfektion spiegelt schließlich die Schokoladenglasur wider. Sie wird seit jeher auf einer Marmorplatte mehrfach tabliert: Dabei streicht der geübte Konditor die Glasurmasse mit einer Palette mehrmals auf die Fläche auf und führt sie wieder zusammen. So kühlt die Glasur ab. Das ist wichtig, um die Sachertorte durch einen perfekt glatten und glänzenden Schokoguss zu krönen.

EIN GLÜCKLICHER ZUFALL

Luxuriöse Kolonialwaren wie Kakaobohnen und daraus hergestellte Schokolade erschienen erstmals im 16. Jahrhundert auf dem kulinarischen Parkett Europas. Schon bald nachdem die Schokolade in die Kochbücher des 18. Jahrhunderts Einzug gefunden hatte, tauchten erste Rezepte für „Cioccolate-Torten" auf. So finden sich in Conrad Haggers „Neuem Saltzburgischem Kochbuch" (1719) oder im „Wienerische bewährten Kochbuch" (1749) von Ignaz Garnter und Barbara Hikmann entsprechende „Vorläufer" der Sachertorte, von denen sich Franz Sacher Anregungen für seine Torte geholt haben soll.

Die Erfindung der Sachertorte, die einem kuriosen Zufall zu verdanken ist, geht auf die Biedermeierzeit zurück: Im Jahre 1832 beauftragte Fürst Wenzel Clemens Metternich seine Hofküche, ein extravagantes Dessert zu kreieren. Just zu diesem Zeitpunkt lag sein Chefkoch jedoch krank im Bett. So bekam jene Aufgabe der damals erst 16-jährige, im zweiten Lehrjahr stehende Franz Sacher (1816–1907). „Dass er mir aber keine Schand' macht, heut Abend!", soll der Staatskanzler den jungen Kocheleven noch ermahnt haben.

Sachertorte ist vielleicht die berühmteste Torte der Welt und sicher die bekannteste Spezialität der süßen Wiener Küche.

Einer Legende zufolge beriet sich Franz Sacher in seiner Not bei der Kreation der Torte mit seiner Schwester, der späteren Wendel-Wirtin vom Nussdorf-Spitz. Was entstand, beglückte seither ganze Generationen: Franz Sacher kreierte die Sachertorte in ihrer Grundform, die bei den hohen Herrschaften außerordentlichen Beifall fand. Bereits 1836 galt die Torte als hoffähig und stand selbstverständlich auch auf der Tafel des österreichischen Kaiserhauses.

Nachdem Franz Sacher einige Jahre in Budapest und Pressburg gelebt und gearbeitet hatte, kehrte er 1848 wieder nach Wien zurück, wo er ein Feinkostgeschäft im ersten Bezirk eröffnete. Sein Sohn Eduard Sacher (1843–1892) trat in des Vaters Fußstapfen: Er vollendete während seiner Lehrzeit beim k. u. k. Hofzuckerbäcker Demel die Sachertorte in ihrer heute bekannten Form, vermutlich inspiriert durch die zu dieser Zeit bereits üblichen Schokoladentorten. Von da an galten perfekter Schokoladenguss, fruchtige Marillenmarmelade und der renommierte Name Sacher als untrennbar miteinander verbunden.

SYMBOL FÜR WIENER LEBENSART

Als eine der ersten präsentierte Katharina Prato in „Die Süddeutsche Küche“ (1858) ein Rezept für eine „Chocolade-Torte à la Sacher“. 1876 eröffnete Eduard Sacher schließlich das Hotel Sacher in Wien, von wo aus die Sachertorte ihren Siegeszug rund um die ganze Welt antrat.

Größere Aufmerksamkeit erreichte die Sachertorte ein paar Jahre später, 1888, als Eduard Sacher einen Leserbrief an die „Wiener Zeitung“ schrieb, da diese in einem Feuilleton über einige weltbekannte Wiener Küchenspezialitäten mit keinem Wort die damals schon berühmte Sachertorte erwähnte:

„Die Sachertorte ist eine Erfindung meines [...] Vaters. Er hat die Torte als junger Koch-Eleve zusammengestellt und wurde selbe beim alten Metternich, wo mein Vater die Kochkunst erlernte, vor 56 Jahren auf die Tafel gesetzt, fand allgemeinen Beifall und trug ihm sehr viel Lob des Fürsten ein. Seit dieser Zeit ist diese Torte [...] erzeugt worden und kann von keinem Koch oder Zuckerbäcker nachgeahmt werden. Der Beweis ist, dass diese Torte von mir täglich auf dem Tische Ihr. Mayestät u. dem h. Kronprinzenpaare steht. Man findet sie in ganz Wien, in allen größeren Städten, kurz überall [...] als eine bekannte Spezialität. Es arbeiten bei mir vier Leute in einer eigens eingerichteten Küche, Tag und Nacht, das ganze Jahr hindurch und manchen Tag werden 200 bis 400 Torten [...] verkauft und verschickt. Nach Paris, Berlin, London und auch übers Meer gehen Sachertorten.“

Mitte des 20. Jahrhunderts landete die Sachertorte schließlich sogar auf dem Richtertisch. Zwischen dem Haus Sacher und der Wiener k. u. k. Hofzuckerbäckerei Demel war es zu Unstimmigkeiten über die Verwendung des originären Tortennamens, die zweite Marmeladeschicht in der Mitte und den Einsatz von Margarine anstelle von Butter gekommen. Das „kulinarjuristische“ Fazit: Nur die vom Hotel Sacher erzeugte Torte darf seither mit dem Präfix „Original“ versehen werden. Die

Das Originalrezept für die berühmte „Original Sachertorte“ wird im Sacher in einem Safe unter Verschluss gehalten und wie ein Schatz gehütet.

„Original Sachertorte“ weist zwei Marmeladeschichten auf, unterhalb der Glasur und in der Mitte der Tortenmasse. Jene des Hauses Demel wurde mit einem dreieckigen Siegel und der Aufschrift „Eduard-Sacher-Torte“ ausgestattet und besitzt nur eine Marmeladeschicht, die direkt unter der Glasur liegt. Welche von beiden man auch immer bevorzugt: Sachertorte gilt heute weltweit als Symbol für Wiener Lebensart und Lebenslust.

Eingeweihte Kreise berichten, das Geheimnis der Sachertorte stecke nicht in den Zutaten der eigentlichen Torte – einer dunklen Schokoladentorte mit etwas Marillenmarmelade –, sondern in der makellosen, dunklen Schokoladenglasur.

REZEPT

SACHERTORTE*

Zutaten für 1 Torte, Durchmesser 23 cm, Höhe 5 cm

Sachermasse
120 g Butter
120 g Kuvertüre, flüssig
60 g Staubzucker
110 g Eidotter
170 g Eiklar
140 g Kristallzucker
120 g Mehl, glatt

Sacherglasur (Schokoladenkonservglasur)
360 g Kristallzucker
150 g Wasser
300 g Kuvertüre, flüssig

ca. 200 g Marillenkonfitüre
zum Füllen und Einstreichen

ZUBEREITUNG**

Für die Torte Butter, Kuvertüre und Puderzucker schaumig rühren. Eidotter nach und nach zugeben. Eiklar mit Kristallzucker zu Schnee schlagen. Beide Massen mischen und das Mehl sorgfältig untermischen.

In einen Tortenring füllen und bei 180 °C ca. 60 Minuten backen. 10 Minuten vor Ende der Backzeit die Temperatur auf 200 °C erhöhen.

Fertig gebackene Tortenmasse auskühlen lassen. Die obere Kante des Tortenbodens leicht abrunden.

Boden einmal durchschneiden und mit Marillenkonfitüre füllen. Einen Tortenkarton unterlegen, Tortenoberseite mit kochend heißer Marillenkonfitüre einstreichen.

Torte auf ein Glasiergitter stellen und eine steife Unterlage (z. B. ein Brett) für die glasierte Torte vorbereiten.

Für die Glasur Kristallzucker mit Wasser aufkochen. Kuvertüre zugeben, durchrühren und bis 110 °C kochen. In ein möglichst kleines Gefäß durchseihen.

Tabliert wird am besten auf einer Steinplatte: Etwa ein Fünftel der Glasur ausgießen und mit einer Palette fest bearbeiten. Gleichzeitig (mit der zweiten Hand) mit einem Kochlöffel die restliche Glasur langsam rühren, damit sich keine Haut bildet.

Die tablierte Glasur wieder in das Gefäß zurückgeben und durchrühren. Diesen Vorgang wiederholen, bis die Glasur die richtige Konsistenz erreicht hat.

Die Torte rasch und mit wenigen Strichen glasieren. Da die Glasur sehr schnell anzieht, bleibt kaum Zeit zum Korrigieren. Deshalb sollte man von vornherein genügend Glasur aufgießen.

Die glasierte Torte sofort auf die vorbereitete Unterlage setzen und die Glasur erstarren lassen. Evtl. übergelaufene Glasur mit einem kleinen Messer wegschneiden und die Torte auf eine saubere Unterlage stellen.

Glasurrückstände können mit wenig Wasser verrührt und beim Kochen der nächsten Glasur mitverarbeitet werden.

** Dieses Rezept ist nicht das geheime Originalrezept von Franz Sacher aus dem Hotel Sacher.*
*** Sachertorte möglichst am Vortag herstellen und nach dem Abkühlen an einem kühlen Ort aufbewahren.*

SALZBURGER NOCKERL

Zart, flaumig, süß – so wird dieser „himmlische Gruß“ aus der österreichischen Mehlspeisenküche beschrieben. Allerdings trifft das nur die halbe Wahrheit. Denn es ist schon ein Phänomen, wie aus ganz einfachen Zutaten – Eier, Zucker und Mehl – ein derart zarter Hauch aus (fast) nichts auf den Tisch gezaubert werden kann. Das Geheimnis um die Erfindung der Salzburger Nockerln ist bis heute nicht geklärt.

SÜSS WIE DIE LIEBE UND ZART WIE EIN KUSS

Salzburger Nockerl sind eine traditionell hergestellte Süßspeise mit Ursprung in Salzburg. Für ihre Zubereitung gilt: In der Einfachheit liegt die hohe Kunst. Das Geheimnis ihres Gelingens bildet die Herstellung eines luftigen Eischnees durch gründliche Trennung von Dotter und Eiklar. Nach dem vorsichtigen Unterheben der Dotter in den mit Zucker steif geschlagenen Schnee wird etwas Mehl unter die Masse gemengt und diese anschließend in Form von üblicherweise drei Nocken kurz im Rohr goldbraun gebacken.

Mit Staubzucker bestreut und auf einer Silberplatte oder auch in einer Auflaufform serviert, soll ihre Form an die verschneiten Salzburger Hausberge zu Winterbeginn erinnern, die als prägend für die geographische Lage der Stadt Salzburg gelten. Gerne wird dazu Preiselbeerkompott gereicht. Ihrer Schwerelosigkeit verdankt die Salzburger Mehlspeise wohl auch ihre Bezeichnung als „Königin der Aufläufe“. Aber so leicht und schwerelos sie aussehen und so luftig sie schmecken, die stets frisch zubereiteten Salzburger Nockerl sind äußerst sättigend. So wissen erfahrene Genießer, dass eine Portion der drei flaumigen „Mehlspeisenberge“ meist den Appetit von zwei Personen stillt.

NOCKERL SIND NICHT GLEICH NOCKERL

Salzburger Nockerl haben wenig gemein mit den allgemein bekannten formfesten Nocken, die fixer Bestandteil der traditionellen österreichischen Küche sind. Diese gibt es sowohl pikant als auch süß in vielen Variationen. Sie werden Nock'n, Nudeln, Spatzen oder Nackerte Buam genannt und zur Suppe wie etwa Grießnockerl, als Hauptspeise wie Kasnocken oder als Dessert wie zum Beispiel Topfennockerl geschätzt. Meist ist ihre Teigkonsistenz relativ fest und mit der luftigen Masse der Salzburger Nockerl nicht vergleichbar.

Diese Luftigkeit ist es, was die Salzburger Nockerl auszeichnet und sie weltberühmt gemacht hat – genau wie die Stadt, die ihnen den Namen gab. Die zentrale Lage am Kreuzungspunkt von Nord-Süd- und West-Ost-Durchzugsrouten sorgte ebenso wie der Reichtum der Fürsterzbischöfe schon relativ früh dafür, dass sich in der Mozartstadt so etwas wie eine „Große Küche“ entwickeln konnte. Seit dieser Zeit hat sich Salzburgs Küche den Ruf erhalten, eine der feinsten in ganz Österreich zu sein.

Heute laden alteingesessene Kaffeehäuser und traditionelle Gasthöfe zum Verweilen ein. Salzburger Nockerl haben sie natürlich alle auf ihrer Karte. Denen hat sogar die Kunst ein Denkmal gesetzt: Der österreichische Komponist Fred Raymond besingt in seiner Operette „Saison in

Salzburg" (1938) Salzburger Nockerln als „Süß wie die Liebe und zart wie ein Kuss [...] ein himmlischer Gruß".

LEGENDÄRE NOCKEN MIT SPANNENDER REZEPTVIELFALT

Die kulinarische Köstlichkeit aus Salzburg blickt auf eine lange Tradition zurück, wenngleich die Meinungen über die wirkliche Entstehung dieser Spezialität aus der Mozartstadt auseinandergehen.

Eine Legende berichtet vom Salzburger Fürsterzbischof Wolf Dietrich von Raitenau (1559–1617), der sich gern von seiner Messalliance, Salome Alt (1568–1633), mit ihren offenbar wunderbaren Salzburger Nockerln verwöhnen ließ. Dabei sei erwähnt, dass immerhin 15 Kinder aus dieser berühmten Liaison der Renaissancezeit hervorgegangen sind. Wolf Dietrich konnte die Verbindung nicht legali-

Aus der luftigen Masse werden große Nockerl in eine feuerfeste Form gesetzt und im Ofen gebacken.

REZEPT

SALZBURGER NOCKERL

Zutaten für 2–3 Portionen

100 ml Obers
6 Eiklar
1 Prise Salz
80 g Kristallzucker
4 Eidotter, versprudelt
1 Prise Vanillezucker
1 EL Rum
60 g Mehl, griffig
30 g Butter
zum Einstreichen
Staubzucker
zum Bestreuen

ZUBEREITUNG

Eine üblicherweise ovale, feuerfeste Auflaufform mit Butter einstreichen, das Obers eingießen und auf dem Herd erhitzen. Die Form sollte heiß sein! Das Backrohr auf 190 °C vorheizen.

Eiklar mit Salz und Zucker steif schlagen (nicht überschlagen). Eidotter, Vanillezucker und Rum vorsichtig und rasch darunterheben.

Mehl über die Eischaummasse streuen und mit einem Schneebesen in kurzen Zügen zu einer cremigen, luftigen Masse vermengen.

Mit einer Teigkarte drei spitze Nocken in die vorgewärmte Auflaufform setzen und bei 190 °C goldbraun backen (ca. 10–12 Minuten).

Die gebackenen Nockerl mit Staubzucker bestreuen und rasch zu Tisch bringen.

Von der berühmten Mozartstadt soll schon Alexander von Humboldt sehr beeindruckt gewesen sein, wird ihm doch der Ausspruch zugeschrieben, er halte die Gegend von Salzburg für eine der schönsten der Welt.

sieren, revanchierte sich aber standesgemäß und schenkte seiner Geliebten das heute so berühmte Schloss Mirabell in Salzburg.

Kulinarhistoriker zweifeln jedoch an dieser Entstehungsgeschichte der nockenförmigen Süßspeise. Denn der für die Herstellung von Salzburger Nockerln benötigte Backofen wurde erst zu Beginn des 19. Jahrhunderts erfunden. Dass dies jedoch kein Hinderungsgrund gewesen sein muss, auch in früheren Zeiten bereits die flaumige Salzburger Spezialität zuzubereiten, zeigen zahlreiche historische Rezepte. Sie deuten darauf hin, dass Salzburger Nockerl ursprünglich nicht im Ofen, sondern in der Pfanne zubereitet wurden.

Der Legende nach hat der Salzburger Fürsterzbischof Wolf Dietrich von Raitenau die Nockerl seiner langjährigen Geliebten Salome Alt sehr geschätzt.

Eines der ältesten Rezepte der Nockerln als „Pfandl-Nockerln“ findet sich bei Marie von Rokitansky und stammt aus dem Jahre 1897. Die Autorin beschreibt in ihrem Kochbuch „Die Österreichische Küche“ pyramidenförmige Nocken, die in Butterschmalz in der Pfanne wie ein Omelett unter zweimaligem Wenden gebacken und anschließend mit Staubzucker bestreut serviert werden.

In der historischen Kochbuchliteratur findet man noch einige weitere spannende Varianten für die Zubereitung der Salzburger Süßspeise. Conrad Hagger, seines Zeichens fürsterzbischöflicher Leibkoch beim Salzburger Kirchenfürsten Ernst Graf von Thun, berichtet in seinem Kochbuch „Neues Salzburgerisches Koch-Buch“ 1719 von „echten“ Salzburger Nockerln, die aus Brandteig als Auflauf hergestellt wurden. Haggers Werk war übrigens ganz wesentlich an der wachsenden Beliebtheit der Salzburger Nockerln beteiligt.

Eine recht komplexe Herstellungsvariante beschreibt Katharina Prato Ende des 19. Jahrhunderts. Dabei werden Schneenockerl in Milch gesotten und anschließend zusätzlich überbacken. Bis heute hat sich schließlich jene aktuelle Rezeptur durchgesetzt, deren luftiges „Geheimnis“ der steif geschlagene Eischnee ist.

SCHILCHER

Der aus der Rebsorte Blauer Wildbacher gekelterte Schilcher präsentiert sich frisch, feinsäuerlich, harmonisch und trocken mit charakteristischem Fruchtbukett und überrascht selbst passionierte Kenner immer wieder aufs Neue. Seinen Namen verdankt der Roséwein seinem schillernden Farbenspiel, das von hellem bis zu dunklem Rosa reichen kann. Auf seine Herkunft ist Verlass, denn der Wein darf nur dann den Namen Schilcher tragen, wenn er zu 100 Prozent aus der Blauen Wildbacherrebe des Weinbaugebietes Steirerland kommt. Die Kennzeichnung mit der Schutzmarke „Weißes Pferd" garantiert dem Konsumenten neben der regionalen Herkunft auch höchste Qualität.

WEINBAUREGION MIT BESONDEREM CHARME

Das landschaftlich vielfältige Hauptanbaugebiet des Schilchers befindet sich im Weststeirischen Hügelland auf 350 bis 600 Meter Seehöhe und umfasst derzeit rund 500 Hektar. Die weithin auch als Schilcherland bekannte Rebpflanzungszone erstreckt sich entlang der östlichen Ausläufer der Koralpe von Ligist im Norden über St. Stefan ob Stainz, Stainz, Deutschlandsberg, Schwanberg bis hinunter nach Eibiswald im Süden, nahe der slowenischen Grenze. Das Klima des Schilcherlandes ist illyrisch geprägt, mit heißen und niederschlagsreichen Sommern und milden Wintern. Die windgeschützten Lagen bewirken darüber hinaus eine starke Erwärmung der Hanglagen und sorgen für eine optimale Reife der Trauben.

Die für die Region typischen kleinen Winzerhäuschen und Kellerstöckl mit ihren weiß gekalkten Grundmauern, ihren vom Wetter gegerbten, holzvertäfelten Wänden und ihren grünen oder roten Fensterläden verleihen der Gegend ihren besonderen Charme und laden zum Verweilen und Degustieren ein.

VARIABILITÄT DURCH REGIONALE VIELFALT

Der Charakter dieser Weinspezialität wird durch die Trauben, aus denen man sie keltert, bestimmt. Die traditionelle Vinifizierung zusammen mit den speziellen Klima- und Bodenverhältnissen dieser Gegend ergibt Schilcherweine mit charakteristischem Aroma. Dennoch besitzt der Schilcher kein einheitliches Geschmacksbild, wird dieses doch stark von der jeweiligen regionalen Bodenzusammensetzung beeinflusst.

In höheren Lagen weist der Boden eine geringe Humusschicht auf und bringt so besonders fruchtige, säurereiche Weine mit Duft nach Johannisbeeren hervor. Der Schilcher aus tieferen Lagen präsentiert sich aufgrund seiner humosen Böden hingegen säureärmer mit ausgeprägtem Erdbeer- oder Holunderblütenaroma.

Vor allem in früheren Zeiten unterschieden sich die Schilcherweine gebietsweise stark in der Farbe. Um St. Stefan ob Stainz sowie Stainz produzierte man den zwiebelschalenfarbenen „Zwiebelschilcher", während im Raum Deutschlandsberg eine wesentlich farbstärkere dunkle Variante gekeltert wurde. Noch heute ist das Farbenspiel des Schilchers, abhängig von der Länge der Maischestandzeit, äußerst vielfältig, und reicht von hellem Rosarot bis zu dunkleren Pinktönen. In den letzten Jahren gingen jedoch die Bestrebungen der Winzer zunehmend in Richtung der Herstellung eines weitgehenden einheitlichen, hellrosafarbenen Weines.

Auf der Schilcherweinstraße, die von Ligist über Stainz und Deutschlandsberg nach Eibiswald führt, können die Spuren des Schilchers verfolgt werden.

HISTORISCHE BEMÜHUNGEN UM EINE BESONDERE REBSORTE

Dieser Wein besitzt eine bemerkenswert lange Tradition, denn schon die Kelten sollen in der La-Tène-Zeit um ca. 400 v. Chr. im Gebiet der heutigen Steiermark einen Wein aus den dort heimischen Wildreben, den Vorläufern der Wildbachertraube, gezogen haben. 1580 datiert die erste schriftlich dokumentierte Erwähnung des Schilchers: Aus einem der ältesten existierenden deutschsprachigen Weinbücher des österreichischen Klerikers und Schriftstellers Johann Rasch leiten Historiker die Bezeichnung „Schilcher" ab.

Vermutungen legen nahe, dass sich diese namentliche Erwähnung des Schilchers darauf zurückführen lässt, dass man in früheren Jahrhunderten einen Wein mit einer rosa bis rötlich schimmernden Farbe allgemein als „Schiller" oder „Schilcher" bezeichnete.

Ab dem 16. Jahrhundert fand der Schilcher auch in Kellerbüchern der steirischen Herrschaften und Klöster Erwähnung. 1842 wurde die Schilcherrebsorte „Blauer Wildbacher" erstmals klassifiziert. Im 19. Jahrhundert galt Erzherzog Johann (1782–1859) als großer Förderer dieses Weines. Er initiierte die erste „Schilcherrebenschule" der Weststeiermark. Unter ihm erreichte die einzigartige Rebkultur auch eine nennenswerte flächenmäßige Ausbreitung.

Auch der steirische Botaniker und Rebenzüchter Fritz Zweigelt (1888–1964) machte sich etwas später mehrfach um den Blauen Wildbacher verdient. Auf seine Initiative hin wurde die Sorte in 40 verschiedene Typen, je nach Herkunft, eingeteilt. „Echter Blauer Wildbacher", „Schlehenblättriger Wildbacher", „Spätblauer Wildbacher" oder „Melber" sind regional übliche historische Namen diverser Typen dieser Rebsorte.

Die Ursprungsgeschichte des Blauen Wildbachers konnte noch nicht eindeutig geklärt werden. Neueste Forschungsergebnisse lassen jedoch die bis zur Mitte des 19. Jahrhunderts vor allem in Mitteleuropa weit verbreitete Rebsorte „Heunisch" als Elternteil vermuten. Die Traube des Blauen Wildbachers ist dickbeerig und kegelförmig. Die rundlichen Beeren sind blau bis schwarz gefärbt und besitzen ein äußerst geringes Einzelbeerengewicht. Das Fruchtfleisch präsentiert sich farblos. Typisch für den Blauen Wildbacher sind zudem seine Robustheit und seine geringe Fäulnisanfälligkeit.

Schilcher wird aus der ausschließlich in der Weststeiermark, im sogenannten Schilcherland, angebauten Wildbachertraube gekeltert.

GARANTIERTE HERKUNFT UND QUALITÄT

„Schilcher" ist eine EU-weit geschützte Bezeichnung. So darf laut Verordnung der Europäischen Union nur jener Wein diesen Namen tragen, der aus Trauben der Rebsorte Blauer Wildbacher gewonnen wird, die in der Weinbauregion Steirerland angebaut wurden.

In der Weststeiermark kann der Schilcher zusätzlich noch das Markensymbol „Weißes Pferd" vom Weinbauverein Schilcherland er-

Die Bezeichnung Schilcher leitet sich von „schillern" ab und bezieht sich auf die Farbe des Weines.

Die erntereife Wildbachertraube ist dunkelblau, die Farbe des Schilchers reicht von dunklem Rubinrot bis zu einem leichten Hellrot.

halten und verweist damit auf die regionale Bedeutung des traditionellen Gestütes Piber, das durch seine weißen Lipizzanerpferde weltweite Berühmtheit erlangt hat. Die Aufgaben des Vereines liegen vor allem in der Interessensvertretung, in der Qualitätsförderung sowie im Schutz des Schilchers und in der Erhaltung seiner Anbauflächen. Der Verein hält auch die Markenrechte am „Weißen Pferd". Schilcher ist ein säurebetonter Wein, der jung getrunken werden sollte, da nur dann seine fruchtige Spritzigkeit und die für ihn typische, lebendige Säure wirklich ausgeprägt zur Geltung kommen.

Als weitere Spezialitäten aus der genussversprechenden „Schilcher Familie" gelten auch Schilchersekt, Schilcher-Frizzante, Blauer Wildbacher als Rotwein, Blauer Wildbacher gleichgepresst, Schilchertresterbrände und Schilcheressig.

Schilchersturm, ein angegorener Most mit weißlichrosa bis weißlichvioletter Färbung und geringem Alkoholgehalt, wird in den Buschenschänken der Weststeiermark im September und Oktober getrunken und traditionell zu gerösteten Kastanien gereicht. Deren leicht nussiger Geschmack harmoniert mit dem Schilcher ganz ausgezeichnet.

Getrunken werden sollten Schilcher und Schilchersekt möglichst ganz jung, da sie sonst ihre typische Säure und Spritzigkeit verlieren.

SCHWEINS-BRATEN

Wenn verführerische Röst-, Kümmel- und Knoblaucharomen in der Luft liegen, dann ist er fertig zum Genuss: der typisch österreichische Schweinsbraten. Einst wie heute fehlt er auf kaum einer Festtafel. Im Laufe der Zeit hat er sich aber nicht nur als Gericht für festliche Anlässe und Feiertage im religiösen Jahreskreis, sondern auch als klassischer Sonntagsbraten etabliert. Stets gerät der Genuss eines saftigen Bratenstückes schon aufgrund seiner meist recht opulenten Größe zu einem geselligen Ereignis quer durch alle sozialen Schichten.

AUSSEN KNUSPRIG, INNEN ZART

Man genießt ihn warm als Hauptspeise oder ebenso gerne kalt zur Jause. In jedem Fall braucht die Zubereitung eines herrlich duftenden Schweinsbratens mit knuspriger Kruste, unter der sich köstliches Fleisch verbirgt, viel Zeit und Erfahrung. Allein das Einschneiden des „Schwartls" verlangt eine eigene Technik und ebenso viel Geschick. Beste Fleischqualität ist ohnehin selbstverständlich. Für Schweinsbraten eignen sich vor allem Karree, Schulter, Schlegel, Schopfbraten oder Bauch. Die Gustostücke stammen oft von traditionellen Schweinerassen wie Mangalitza und Turopolje-Schwein oder von in Österreich häufig anzutreffenden Rassen wie Edelschwein, Landrasse bzw. Pietrain.

Der typisch österreichische Schweinsbraten wird mit Salz, Pfeffer, Knoblauch und Kümmel gewürzt. Er brutzelt so lange im Backrohr, bis er außen knusprig und innen schön zart durchgegart ist. Unverzichtbar, weil es die Gaumenfreude krönt: das geschmackvolle „Safterl", eine Essenz aus allen Gewürz- und Fleischnoten, die beim Braten und Übergießen entsteht. In einigen ländlichen Gebieten Österreichs brät man das Gericht nicht nur, sondern genießt es auch in gesurter oder geselchter Form – als Sur- bzw. Selchbraten. Die klassischen Beilagen zum warmen Schweinsbraten sind vielfältig: gedünstetes Weiß- bzw. Sauerkraut, Erdäpfel-, Servietten-, Semmel- oder Grießknödel zum Auftunken des Saftes, warmer Kraut- oder Gurkensalat, ebenso Reis, Erdäpfel-, Erbsenpüree, Preiselbeeren, Triett (gebähte, gewürzte, gezuckerte, in Saft oder Wein getränkte Semmelschnitten), seltener auch Kompott bzw. Früchte. Kalter Schweinsbraten wiederum kommt meist ganz urig mit Kren und Brot zu Bier oder Most auf den Jausentisch.

SYMBOLTRÄCHTIGES NATIONALGERICHT

Das Schwein stellte früher ein Sinnbild der Fruchtbarkeit, der Nahrungsfülle, aber auch ganz allgemein des Glücks dar. Noch heute isst man in der Silvesternacht einen Schweinskopf oder verschenkt symbolisch ein Glücksschweinchen. Bei vielen alten Völkern war das Schwein nicht zuletzt deshalb ein symbolbehaftetes Opfertier und somit als Speise besonderen Tagen vorbehalten. So pflegten die Menschen beispielsweise beim germanischen Julfest zur Wintersonnenwende Schweine zu opfern und zu essen. Und auch die Kelten erfreuten sich anlässlich ihrer rituellen Stammesfeste am Geschmack von würzigem, auf offener Feuerstelle gebratenem Schweinefleisch. Der Schweinsbraten gehört somit zum kulturellen Erbe dieser Zeit. Als traditionelles Nationalgericht der bayerischen, österreichischen und auch böhmischen Küche zählt Schweinsbraten seit dem Mittelalter zu den wichtigsten Festtagsspeisen. Das klassische Weihnachtsessen am 25. Dezember war damals das Mettenmahl bzw. die Mettensau, ein Schweins-

Deftiger Speckkrautsalat ist ein unerlässlicher Begleiter zum schweinernen Bratl.

braten. Schon im 14. Jahrhundert nennt die Speisenordnung des oberösterreichischen Stiftes St. Florian bei Linz den Surbraten, einen gesurten Schweinsbraten, als Festtagsspeise. Weiters geht aus einer überlieferten Zusammenstellung über die Kost der Meierleute der Herrschaft Schwertberg in Oberösterreich aus der Zeit um 1660 hervor, dass jeder zu Neujahr, Fasching, Ostern, Pfingsten und Weihnachten ein „schweinernes Bratl" erhielt.

Einer oberösterreichischen Speisenordnung aus dem Jahr 1684 zufolge ließ der Pfarrer von Gaflenz für seine Dienstboten an Feiertagen, wie Ostern und Martini, den Tisch reichlich decken. Unter anderem gehörte dazu auch ein „schweinernes Bratl". Das Stift Lambach in Oberösterreich überliefert schließlich aus dem beginnenden 18. Jahrhundert, dass mittags und abends anlässlich von Prälatenfesten „Bratl" serviert wurde sowie „kalt gebratenes Schweinernes" an den Ostertagen.

In österreichischen Kochbüchern der bürgerlichen Küche finden sich erst um 1800 Hinweise auf die Verwendung von frischem, eingesalzenem und geräuchertem Schweinefleisch. In der zweiten Hälfte des 19. Jahrhunderts tauchen

In der österreichischen Küche hat Schweinefleisch in früheren Jahrhunderten eine deutlich geringere Rolle gespielt als heute. Erste Hinweise auf Schweinsbraten als Feiertagsdelikatesse finden sich jedoch bereits Mitte des 15. Jahrhunderts.

dann immer mehr Rezepte für Schweinefleisch auf. Gründe für die zunehmende Beliebtheit von Schweinefleisch waren seine Kostengünstigkeit, die vielseitigen Verwendungsmöglichkeiten sowie seine Nahrhaftigkeit. Außerdem eignete es sich auch für das traditionelle Einsalzen und Selchen bestens. Das gut haltbare Sur- und Selchfleisch musste einst den gesamten Jahresfleischbedarf auf den Bauernhöfen decken. Frisches Schweinefleisch kam im bäuerlichen Alltag nur an Festtagen bzw. unmittelbar nach den Hausschlachtungen, die auf den Höfen stets Festcharakter hatten, auf den Tisch. Bei einem solchen „Sautanz" oder an Festtagen wie etwa Maria Lichtmess, dem Tag des Dienstbotenwechsels, stand das „Bratl" auch am Land als kulinarischer Fixpunkt auf dem Speiseplan.

HISTORISCHE REZEPTVIELFALT

Generell überwog bis ca. 1800 bei vielen Fleischspeisen die säuerliche Komponente. Nach dem „Gräzerischen Kochbuch" (1804) sollte die Hausfrau beispielsweise bei der Herstellung von Schweinsbraten das Fleisch drei Tage in Essig einlegen, darin dünsten oder in brauner Butter, die mit Essig zu einer flaumigen Brühe aufgeschäumt wurde, braten. Ab Mitte des 19. Jahrhunderts wird „Schweinsbraten mit Brotkruste" beschrieben, z. B. in Katharina Pratos Kochbuchklassiker „Die Süddeutsche Küche". Marie von Rokitansky bemerkt in der 1897 erschienenen Auflage ihres Standardwerks „Die österreichische Küche", dass man einen solchen Braten erst am Tische schneiden darf, da die Kruste sonst unansehnlich werde. Sie empfiehlt als Beilage Preiselbeeren oder Senffrüchte.

Nicht unerwähnt bleiben soll auch, dass sich im Zusammenhang mit dem Begriff „Braten" bzw. „Bratl" Ausdrücke mit den unterschiedlichsten Bedeutungen entwickelt haben. So waren zum Beispiel „Bratlgeiger" vagabundierende Musikanten, die um ein Essen spielten – oft dürfte es wohl weniger als ein Bratl gewesen sein. Beim „Bratlschießen" muss der Verlierer beim Eisstockschießen im Gasthaus allen Mitspielern ein Bratl zahlen.

Pfeffer, Salz und viel Knoblauch braucht ein guter Schweinsbraten.

Wichtig ist, den Braten regelmäßig zu über- und untergießen.

Wer will, kann zuletzt noch mit frischem Knoblauch und Kümmel nachwürzen.

REZEPT

SCHWEINSBRATEN (GLACIERTES SCHWEINSKARREE)

Der traditionelle Wiener Schweinsbraten wird nature mit Salz, Pfeffer, Knoblauch und Kümmel gebraten, bis er eine knusprige Schwarte bekommt.

Zutaten für 6–8 Portionen

2 kg Schweinskarre, Rückgrat ausgehackt
Salz
4–5 Knoblauchzehen, zerdrückt
Kümmel, ganz
5 EL Schweineschmalz oder Öl
400 g Karreeknochen, gehackt
ca. 1 TL Mehl, glatt
Beilage nach Wahl

ZUBEREITUNG

Schweinskarree mit Salz, Knoblauch und Kümmel kräftig einreiben. Fett in einer Bratpfanne erhitzen, Knochen beigeben. Karree mit Außenseite nach unten auf die Knochen legen und ins Backrohr (220 °C) schieben.

Von Zeit zu Zeit etwas Wasser untergießen. Braten öfter mit Bratensaft übergießen, nach etwa 1 Stunde (halbe Bratzeit) wenden. Oberseite knusprig braun braten. Karree aus der Pfanne heben und warm stellen.

Knochen rösten, bis das Wasser verdunstet ist. Etwas Mehl einstreuen, rösten, mit Wasser aufgießen. So lange kochen, bis die passende Konsistenz erreicht ist. Saft abseihen, Braten tranchieren.

Klassische Beilagen sind Semmel- oder Serviettenknödel, gedünstetes Weißkraut oder Sauerkraut. In Teilen Niederösterreichs werden auch Waldviertler Knödel zum Schweinsbraten gereicht.

SEESAIBLING

Der Seesaibling gilt als echter Naturschatz der heimischen Alpenseen. In frischen und klaren Hochgebirgsgewässern mit höchster Wasserqualität kann sich der begehrte Speisefisch in seiner vollen Pracht entwickeln. Das reichhaltige, natürliche Nahrungsangebot der österreichischen Seen trägt ein Übriges dazu bei, dass der Seesaibling sein charakteristisches, lachsfarbenes Fleisch mit seiner besonderen Festigkeit, Feinfasrigkeit und dem unübertrefflich zarten Geschmack entwickeln kann. Da schmeckt man eben noch unverfälschte Natur!

IM HERZEN DES SALZKAMMERGUTS

Der Seesaibling besitzt ein hervorragendes Anpassungsvermögen. Selbst Temperaturen von knapp unter Null Grad können ihm nichts anhaben. Diese Eigenschaft macht es dem Fisch möglich, sich in alpinen Regionen bis zu einer Höhe von 2000 Meter in unterschiedlichen Gewässern aufzuhalten, auch wenn diese über mehrere Monate teilweise zugefroren sind.

Solange das Wasser klar, kalt, tief und sauerstoffreich ist und zudem beste Qualität vorweist, fühlt sich der Saibling wohl. Das Ausseerland im Steirischen Salzkammergut mit seinen glasklaren alpinen Seen, wie etwa dem Altausseer See, dem Grundlsee und dem Toplitzsee, bietet dem Seesaibling genau ein solches Revier. Dort kann er zu jener Delikatesse heranreifen, die bis weit über die Grenzen der Region hinaus bekannt ist: dem Ausseerland Seesaibling.

KULINARISCHES EISZEITRELIKT

Der Saibling soll mit den Gletscherströmen am Ende der letzten Eiszeit seinen Weg vom Norden her in die gemäßigten Breiten gefunden und in den europäischen Gewässern als arktischer Wandersaibling Einzug gehalten haben. Erst nach und nach entwickelte sich daraus jene stationäre Saiblingsform, die zur Laichzeit nicht das Gewässer wechselt. Sie erhielt in den kühlen Alpen- und Gebirgsseen den Namen Seesaibling.

Schon früh war der Fisch äußerst begehrt und so wurde er im Mittelalter in sämtliche Gewässer – sogar bis hinauf in das Hochgebirge – eingesetzt. Zu verdanken ist dies vor allem Kaiser Friedrich III. und später seinem Sohn Kaiser Maximilian, die die Verbreitung des Seesaiblings förderten. Trotz der teils harschen klimatischen Gegebenheiten überlebte der Seesaibling und es entwickelten sich in den jeweiligen Gebieten unterschiedliche lokale, optimal an die jeweiligen Bedingungen angepasste Formen.

Vor allem der Seesaibling aus dem Ausseerland war immer besonders hoch geschätzt. Bereits im Mittelalter wurden lebende Fische als Zinsfische in Holzfässern an den Grazer Hof transportiert. Im 16. Jahrhundert ließ sich sogar der kaiserliche Hof den schmackhaften Fisch nach Wien liefern. Aufgrund der langen Wegstrecke, die der Saibling dabei zurückzulegen hatte, wurde er vor dem Transport oft gebraten, geselcht oder in Essig eingelegt.

Allerdings stellte der Fang des Saiblings früher eher eine Ausnahme in der Fischerei dar. Nur vereinzelt wurden Saiblinge mit beschwerten Schleppangeln erbeutet, die eigentlich für größere Beute wie etwa Hechte oder Seeforellen bestimmt waren. Erst die Weiterentwicklung der Fangtechniken erleichterte das Fischen des Saiblings. Vor allem in den Seen des Salzkammer-

Der ausschließlich in den Seen der Alpenregion vorkommende Seesaibling besitzt je nach Lebensraum eine andere Färbung. Von Forellen lässt er sich leicht durch die weißrandigen Bauch- und Afterflossen unterscheiden.

guts hat die traditionelle Seenfischerei mit Netzen über Jahrhunderte hinweg überlebt. Und bis heute ist die Methode des Netzfangens neben dem Angeln mit Köderfischen als erfolgversprechendste Art der Saiblingsfischerei erhalten geblieben.

ÖKOLOGISCHES GLEICHGEWICHT IN GEFAHR

Der Bestand an Seesaiblingen nahm rasch zu und bereits in der Mitte des 19. Jahrhunderts war der Fisch in mehr als der Hälfte aller großen österreichischen Seen anzutreffen. Doch im 20. Jahrhundert geriet der Lebensraum des Seesaiblings aus dem Gleichgewicht: Abwasserbelastung, Überdüngung, Überfischung durch die Berufsfischerei, die Einschleppung und rasante Vermehrung von Flussbarschen sowie ein Überbestand an Hechten drängten den Seesaibling stark zurück.

Heute weiß man, wie viel Fingerspitzengefühl es bedarf, um den Seesaibling in seinem Bestand zu wahren. So wurde im Sinne des Artenschutzes der Schwerpunkt der Saiblingszucht auf ein vermehrtes Arbeiten in Einklang mit der Natur und ein nachhaltiges Management der Fischpopulation, etwa durch Einhalten von Schonzeiten, gelegt. Dadurch wurde ein Aussterben des Seesaiblings gerade noch rechtzeitig verhindert und er konnte sich seine Lebensräume weitgehend zurückerobern.

VIELFÄLTIGER VERTRETER DER LACHSFISCHE

Der Seesaibling (Salvelinus alpinus bzw. Salvelinus umbla) stammt aus der sehr variablen lachsartigen Fischfamilie Salmonidae. Die Fische können zu einer stattlichen Größe von bis zu 75 cm heranwachsen und dabei ein beachtliches Alter von 40 Jahren erreichen. Dies sind jedoch Ausnahmen, denn die Durchschnittsgröße des Saiblings, wie er sich dann später auch auf dem Teller präsentiert, liegt bei 25–35 cm. Eine kleinwüchsige Form des Saiblings ist der Schwarzreuter. Er kommt im Salzkammergut in hochalpinen Seen, wie etwa dem Vorderen Lahngangsee (1494 m Seehöhe) und dem Hinteren Lahngangsee (1622 m Seehöhe) sowie in kleinen Seen im Gebirgszug des Toten Gebirges vor. Voraussetzung für die optimale Entwicklung des Seesaiblings ist ein ausreichendes natürliches Futterangebot. Sein Beutespektrum ist recht groß und besteht im Wesentlichen aus Larven, Muscheln und kleinen Fischen wie etwa Elritzen.

Der schlanke, langgestreckte Repräsentant aus der Familie der Lachsfische zeigt sich in sehr unterschiedlichen, vom Lebensraum abhängigen Farbvariationen. So kann sein Rücken grün, blau oder grau gefärbt und mit hellen Punkten übersät sein. Seine Flanken schimmern grau bis olivgrün, ebenfalls mit hellen, oft roten bis orangefarbenen Punkten.

Allen Lokalformen des Seesaiblings gemeinsam sind jedoch eine weiße Randzeichnung an Bauch-, Brust- und Afterflosse, eine Fettflosse sowie sehr kleine Schuppen. Die fehlende starke Marmorierung auf Rücken und Rückenflosse sowie das fehlende dunkle Band nach dem weißen Saum auf Brust-, Bauch- und Afterflosse grenzen ihn eindeutig vom Bachsaibling ab. Aufgrund des roten Farbtons, den der Fisch auf seiner Bauchseite trägt, ist der Saibling auch als Rotforelle bekannt. Vor allem zur Laichzeit wird diese Färbung besonders intensiv. Einige der weiteren Bezeichnungen für den Fisch spielen ebenfalls auf diese Farbe an: Neben Salbling oder Salmling finden sich Namen wie Rötel, Rotfisch und Rötele.

Wer den feinen Geschmack des Seesaiblings unterstreichen will, darf den Fisch nur vorsichtig und nicht zu lang räuchern. Er eignet sich auch bestens dazu, roh mariniert zu werden.

Seesaiblinge werden umgehend nach dem Fang auf Eis gelegt, um die Frische zu erhalten.

FRISCH AUFGETISCHT!

Völlig zu Recht gilt der Seesaibling als einer der besten Speisefische der Welt. Gefangen, rasch geschlachtet und sofort auf Eis gelegt, garantieren die Fischer Seesaiblinge von bester Qualität. Unverwechselbar macht den Seesaibling sein festes und sehr feinfasriges, weißes bis hellrosa Fleisch, das er dem speziellen Seeplankton zu verdanken hat. Sein milder, zarter Geschmack mit einem Hauch mineralischer Töne lässt Feinschmecker besonders ins Schwärmen geraten. Und ob er knusprig gebraten oder traditionell über Buchenholz geräuchert verspeist wird – darüber liegt die Entscheidung ganz alleine beim Genießer.

ST. LAURENT

Finessenreich, würzig und von kräftigem Rubingranat: Rotwein aus der St.-Laurent-Traube besticht mit intensiver Farbe, elegant-fruchtigem Bukett und geschmacklicher Homogenität. Als Jungwein genossen schmeckt St. Laurent etwas herb und säurebetont. Altweine präsentieren sich samtig-trocken, vollmundig und angenehm gerbstoffhaltig. Meist assoziiert man ihn sowohl in der Nase als auch am Gaumen mit Kirsch- und Weichseltönen. Ebenso typisch sind seine charakteristischen Waldbeeraromen, besonders aber die Kaffee- und Schokoladenoten. In Österreich zählt der St. Laurent zu den anspruchsvollsten Rotweinsorten.

VOM HEILIGEN LAURENTIUS

Die botanischen Wurzeln dieser interessanten Rotweinrebsorte liegen ebenso wie ihr historischer Weg nach Österreich noch im Dunkeln – ihre genaue Herkunft kann bis heute nicht eindeutig geklärt werden. Zudem erschwert die Tatsache, dass bei der St.-Laurent-Rebe im Laufe der Geschichte nachweislich Namensänderungen vorgenommen wurden, ihre historische Rückverfolgbarkeit.

Es wird vermutet, dass sich die Bezeichnung „St. Laurent" vom Namenstag des Heiligen Laurentius am 10. August ableitet, da um diese Zeit die Reifephase der Rebsorte beginnt. Auch eine Ableitung von der sogenannte Laurenzitraube wird häufig angeführt. In früherer önologischer Literatur finden sich auch Beschreibungen als Frühreifer schwarzer Burgunder. Andere Namen waren Jakobitraube und Laurenzitraube. Bei der Jakobitraube dürfte es sich jedoch um die Sorte Blauer Frühburgunder handeln.

Synonyme für St. Laurent sind heute auch Blauer Saint-Laurent, Pinot Saint Laurent, Chvartser, Lorentstraube, Lorenztraube, Lovrenac crni, Lovrijenac, Lovrijenac crni, Saint-Laurent, Saint Laurent noir, Saint Lorentz, Sankt Laurent, Sankt Lorentztraube, Sent Lovrenka, Svatovavřinecké, Svatovavřinetske, Svätovavrinecké, Szent lörine, Szentlörinc sowie Vavrinak.

UMSTRITTENE HERKUNFT

Vermutet wird der geographische Ursprung der Rebsorte im französischen Weinbaugebiet Elsass, wo sie bereits 1850 bekannt war. Gegen eine Herkunft aus Frankreich spricht jedoch, dass dort heute nur sehr wenige St.-Laurent-Reben ausgepflanzt werden, ja die Sorte in Frankreich nicht einmal registriert ist. Auch schriftlich finden sich hierzu keine Belege. So scheint auch die Annahme, dass sich der Name St. Laurent von der gleichnamigen französischen Ortschaft St. Laurent im Bordeaux-Gebiet ableitet, eher unwahrscheinlich.

Es wird jedoch behauptet, dass die Rebsorte zu Beginn des 19. Jahrhunderts durch die Gebrüder Baumann von Österreich nach Bollwiller (Elsass) eingeführt wurde. Der Weinbaufachmann Odart soll sie von der Baumschule der Baumanns bezogen und weinbauliche Versuche damit durchgeführt haben. Aufgrund der guten Resultate der Sorte verbreitete er sie im Elsass und im angrenzenden Württemberg. Anderen Quellen zufolge war es der deutsche Apotheker und Weinbaupionier Johann Philipp Bronner (1792–1864), der Mitte des 19. Jahrhunderts die Rebsorte in Deutschland einführte. Von dort habe sie sich, so heißt es, auch in die Nachbarländer Österreich, Tschechien und Slowakei ausgebreitet.

IM MÖNCHSGEPÄCK GEREIST

Angeblich waren es Wandermönche, die St.-Laurent-Rebstöcke in das niederösterreichische Stift Klosterneuburg brachten. Fest steht, dass das klösterliche Weingut sich bis heute mit seiner Erfahrung und seinem Innovationsgeist um die Züchtung und Pflege dieser Rebsorte besonders verdient gemacht hat. So findet sich beispielsweise in seinen Kellerbüchern aus dem 18. Jahrhundert die Bezeichnung „Schwarzburgunder", womit möglicherweise St. Laurent gemeint ist.

Urkundlich wurde festgehalten, dass das Stift im Jahr 1860 der Obst- und Weinbauschule Klosterneuburg bei deren Gründung „Laurenzer Trauben" schenkte. 1863 legte man erste Versuchsweingärten an. Ab diesem Zeitpunkt begann auch August Willhelm Freiherr von Babo, der erste Direktor der Weinbaufachschule Klosterneuburg, mit dieser Traube zu experimentieren. Die erste urkundliche Erwähnung einer Anpflanzung der Sorte St. Laurent durch das Stift Klosterneuburg stammt aus ihren Kellerbüchern des Jahres 1893: im Kahlenbergerdorf bei Wien „gepflanzt auf Riparia, 2497 Stock auf 2778 Quadratmeter". Im Zuge seines Engagements für die Traubensorte baut seit 1956 das Stift bei Tattendorf im Bezirk Baden in der Ried Stiftsbreite St. Laurent an. Die Anbaufläche nahm im Laufe der Jahre stetig zu. Sie ist mit ihren etwa 40 Hektar heute zur weltweit größten zusammenhängenden St.-Laurent-Pflanzung angewachsen.

Aufgrund des geringen Zuckergehalts der Trauben beträgt der Alkoholgehalt von St.-Laurent-Weinen maximal 13 Volumenprozent.

Die heutigen Hauptanbaugebiete in Österreich sind das burgenländische Weinbaugebiet Neusiedler See und die niederösterreichische Thermenregion. St. Laurent bevorzugt warme, leichte und kalkhaltige Böden, wobei er am besten auf frühen und mittelfrühen Lagen gedeiht. Die Gesamtanbaufläche beträgt derzeit in Österreich rund 800 Hektar, dies entspricht rund fünf Prozent der Rotwein- und etwa eineinhalb Prozent der gesamten Weinanbaufläche. Außerhalb Österreichs wird St. Laurent auch in Deutschland, vor allem in der Pfalz und in Rheinhessen, in Tschechien sowie in der Slowakei kultiviert.

St. Laurent bevorzugt warme, leichte und kalkhaltige Böden und gedeiht am besten auf frühen und mittelfrühen Lagen.

St.-Laurent-Weine eignen sich sowohl für die sortenreine Vinifizierung als auch für Cuvées und den Ausbau im Eichenfass, der sie zu besonderer Samtigkeit heranreifen lässt.

SORTENREIN ODER IN DER CUVÉE

In den letzten Jahren ist ein erfreulicher Aufschwung dieser Rebsorte durch ein deutliches Anwachsen ihrer Anbauflächen zu beobachten. Das mag unter anderem mit dem steilen Aufstieg Österreichs als international anerkanntes Rotweinland während der letzten beiden Jahrzehnte in Verbindung stehen. St. Laurent gilt als Qualitätsweinrebsorte. Botanisch gesehen gehört er vermutlich zur Burgunderfamilie und ist eine Kreuzung zwischen einem Pinot-Sämling und einem bis dato noch unbekannten Partner. Aus der Kreuzung von St.-Laurent- und Blaufränkisch-Trauben wiederum ging in weiterer Folge die österreichische Züchtung der Zweigelt-Rebe hervor.

Die dichte St.-Laurent-Traube besitzt eine mittelgroße Beitraube. Die satt blauschwarzen, ovalen Beeren mit geringem Einzelbeerengewicht und farblosem Fruchtfleisch bauen nicht allzu viel Zucker auf, weshalb bei der späteren Vinifizierung ein natürlicher Grad von 12,5 bis 13 Volumenprozent Alkohol nicht übertroffen werden kann. St. Laurent zählt zu den in Österreich am frühesten reifenden Rebsorten. Die Lese erfolgt im September und bringt eher unregelmäßige Erträge.

St. Laurent zeigt erstklassiges Potenzial nicht nur bei eigenständiger und sortenreiner Weinerzeugung, sondern auch in geschmacklich facettenreichen Cuvées im Verbund mit anderen Rebsorten, insbesondere mit Blaufränkischem. Darüber hinaus eignet er sich für einen längeren Ausbau im Eichenfass. Das verleiht den typischen St.-Laurent-Aromen zusätzlich spannende holzig-vanillige Töne. Ob sortenrein, verschnitten oder mit Barriquenote: Den österreichischen Winzern gelingt es exzellent, den Charakter von St. Laurent mit der jeweiligen Klima- und Lagenstilistik zu verbinden, um schließlich die Einzigartigkeit der Herkunft authentisch ins Glas zu bringen. Weine der St.-Laurent-Rebe sind ideal als Begleiter zu Wildgerichten, Rindsbraten mit kräftigen Soßen, Schinken, Salami und aromatisch-kräftigem Käse.

St.-Laurent-Trauben liefern aber nicht nur markante Weine. Sie werden auch zur Herstellung von hochprozentigem Rotweinlikör, geschmacksintensivem Traubenkernöl, erfrischendem Traubensaft und verführerischen Pralinen weiterverarbeitet. Ja, sogar in Weingelee, das pur, als Brotaufstrich oder als Beilage zu Gebratenem genossen werden kann, finden sie Verwendung.

STANZER ZWETSCHKE

Die Stanzer Zwetschke ist eine alte Zwetschkensorte mit ausgeprägtem Aroma, die im westlichen Teil Tirols gedeiht. Die auf 1000 Meter Seehöhe in südlichen Hanglagen gelegenen Zwetschkengärten von Stanz, Grins und Pians sind mit ihren etwa 20.000 Bäumen eine landschaftliche Besonderheit. Sie gehören zu den höchstgelegenen Obstanbaugebieten Europas. Die Stanzer Zwetschke, die von den Einheimischen auch Stanzer Hauszwetschke genannt wird, umfasst verschiedene lokale Sorten.

DIE LEGENDE VON DER STANZER ZWETSCHKE

Um die Herkunft der Stanzer Zwetschke rankt sich eine Legende. Sie erzählt, dass der Heilige Petrus Canisius im 16. Jahrhundert erstmals auf seinen Wanderpredigten Zwetschkenreiser nach Stanz in Tirol brachte. Damals waren die Bauern der Region auf Selbstversorgung ausgerichtet und nützten zur Bewirtschaftung und Anpflanzung von Obstbäumen jedes noch so kleine Fleckchen Erde. Die ersten Zwetschkenbäume wurden auf den kargen Böden der steilen Berghänge gepflanzt. Im Laufe der Zeit haben sich durch natürliche Vermehrung und Wildwuchs lokale Zwetschkensorten entwickelt und an die flachgründigen Böden und das trockene, inneralpine Klima angepasst.

Bemerkenswert ist, dass Einheimische der Region schon Mitte des 19. Jahrhunderts begannen, den Obstbau und die Vermarktung von frischem und gedörrtem Obst zu forcieren. Auch das Brennen der Früchte zu Schnaps war damals bereits sehr beliebt. Es war jene Zeit, als der Pomologe und Wanderlehrer Josef Falch die erste fachlich geführte Baumschule in der Region gründete. Wenige Jahrzehnte später entstand in Landeck der erste Bezirksverein für Obst und Obstverwertung.

Seitdem wird die Kultivierung des Zwetschkenanbaus in der Region um Stanz gepflegt und weitergeführt. Weitere Bemühungen gab es in der Zwischenkriegszeit, als Händler die Stanzer Zwetschke sogar in München am Markt anboten. Nach dem Zweiten Weltkrieg trat der Obstbau jedoch zunehmend in den Hintergrund. Die Region erkannte den drohenden Verlust der kultivierten Obst- und Zwetschkengärten und entwickelte in der Folge spezielle Förderprogramme zur Erhaltung der Arten- und Sortenvielfalt und der Bewirtschaftung ihrer Obstgärten.

MIT ZWETSCHKENGÄRTEN DIE LANDSCHAFT PFLEGEN

Die örtlichen Bauern haben über lange Zeit Erfahrungen und Wissen gesammelt und gelernt, die Veredelung und Pflege der Stanzer Zwetschkenbäume an die ökologischen und klimatischen Gegebenheiten der Landschaft anzupassen und ihre alten Sorten mit Samen und Wurzelschösslingen auf natürliche Weise zu vermehren. Dieses Wissen wird heute noch von Generation zu Generation weitergetragen. Die traditionelle Bewirtschaftung der Obst- und Zwetschkengärten sichert in der Region neben einer nachhaltigen Landwirtschaft und der so wichtigen Landschaftspflege auch heute noch bäuerliche Existenzen.

Die Hanglage der Obstgärten, unzählige Sonnenstunden sowie die großen Temperaturunterschiede zwischen Tag und Nacht prägen das besonders intensive Aroma dieser ertragreichen Zwetschkensorte – hoch über Landeck auf einem sonnigen Plateau.

STANZER ZWETSCHKEN – REGIONALE TYPENVIELFALT

Die Stanzer Zwetschke umfasst lokale Sorten aus der Gruppe der Hauszwetschken, der Wangenheimer Frühzwetschke und der Italienischen Zuckerzwetschke. Über Jahrhunderte haben sich dabei als Folge der Vermehrung vor Ort lokale Typen herausgebildet. Generell stellt die Stanzer Zwetschke geringe Ansprüche und zeichnet sich durch ihre besonders gute Anpassungsfähigkeit an Boden und Klima aus.

Der Baum wird bis zu zehn Meter hoch und hat meist eine schlanke Krone. Er ist ein Spätblüher und daher durch Blütenfrost nur wenig gefährdet. Die blühenden Zwetschkenbäume mit ihren zu Büscheln gefassten weißen Blüten locken jährlich im Frühling viele Naturliebhaber und Wanderfreunde in die alpine Region. Im Spätherbst hängt das feine Fruchtholz mit den reifen Zwetschken tief vom Baum und das Steinobst wird händisch gepflückt. Die eher kleinwüchsigen länglichen Früchte haben eine satt dunkelblaue Farbe mit glatter Schale und einen flachen, spitz zulaufenden Stein, der sich leicht vom gelblich-grünen Fruchtfleisch löst.

Stanzer Zwetschken schmecken saftig und sehr süß. Ihr ausgeprägtes Zwetschkenaroma wird auf das Zusammenspiel von Sorte, naturgegebenen Faktoren und dem Charakter der Region zurückgeführt. Im Klima und in den sonnigen Hanglagen rund um Stanz gedeiht die alte Zwetschkensorte besonders gut.

Der würzige Geschmack und das unvergleichliche Aroma der Stanzer Zwetschke begeistern beim Genuss der Frischfrucht ebenso wie bei verarbeiteten Produkten.

Zwetschkenfleck schmeckt am besten mit Stanzer Zwetschken – kein Wunder, dass die saftig-süßen Zwetschken und die Spänling genannten Wildpflaumen aus Stanz so begehrt sind.

DIE STANZER ZWETSCHKE IN DER REGIONALEN KÜCHE

Nicht nur die Kultivierung der Stanzer Zwetschken, sondern auch das Wissen über ihre Weiterverarbeitung und regionale Rezepturen hat eine lange Tradition. Stanzer Zwetschken werden gerne als Obst gegessen oder aber zu Marmeladen, Powidl und fruchtigen Zwetschkenröstern verkocht. In der alpenländischen Mehlspeisenküche mit ihrer Vielzahl an Hausrezepten werden die Stanzer Zwetschken auch zu Strudeln, Kuchen und Knödeln verarbeitet.

Heute noch sind Stanz und seine Nachbarorte besonders für ihre Schnapsbrennereien bekannt. Die heimischen Zwetschken werden in rund 180 Brennereien zu Edelbränden und mild schmeckenden Likören verarbeitet. Der Zwetschkenbrand hat ein kräftiges Aroma mit einer typischen Zimtnote und einem leichten Bittermandelgeschmack. Letzerer kommt von den Zwetschkenkernen.

POWIDL

Powidl zählt zu jenen Spezialitäten, die der österreichischen Küche zu ihrer Berühmtheit verhalfen. Was wären Buchteln, Powidltascherln, Germknödel, Liwanzen und Co. ohne das delikate Fruchtmus?

Das aus frischen oder gedörrten Zwetschken bestehende, passierte und anschließend eingedickte Obstmus stammt eigentlich aus Böhmen, fand jedoch schnell seinen Platz in der österreichischen Küche.

Anna Dorn beschreibt 1827 die arbeitsintensive Powidlzubereitung: „Die Zwetschken werden geschnitten, die Kerne herausgenommen, dann in einen großen Kessel geschüttet, […] damit sie sich nur nirgends anlegen oder anbrennen, muß eine Person stets mit einer eigenen, bekannten, langen Rührstange umrühren. Wenn nun die Zwetschken alle zerkocht sind, werden sie […] auf einem Trog oder einer Wanne […] geschöpft, und mit großen hölzernen Kochlöffeln oder eignen Schäufelchen durchgeschlagen, dass die Brühe in die Wanne geht, die Schalen oder Hülsen aber zurückbleiben. Dann, wenn alles durchgesiebt ist, wird diese dickliche Masse wieder in den Kessel geschüttet. Ingwerzehen werden indeß im Töpfchen gekocht, in Stückchen zerschnitten, und nebst zerschnittenen Citronenschalen, auch wohl Nelkenpfeffer und Citronat, bey gelindem Feuer wieder gekocht, und beständig so lange umgerührt, bis es ein dickes, schwarzes stätes Muß ist.“

Powidl ist lange haltbar und wird traditionell in Tontöpfen aufbewahrt. Die Methode, Powidl nur durch Einkochen ohne Zucker oder Gelier- und Konservierungsstoffe herzustellen, hat sich bis heute erhalten.

STEIRERKÄS

Steirerkäs ist nicht gleich Steirerkäs, denn den gibt es in zwei ganz unterschiedlichen Ausführungen: Während es sich beim Ennstaler Steirerkäs um einen intensiv schmeckenden, bröseligen Graukäse handelt, ist der Murtaler Steirerkäs ein glasiger und elastischer Kochkäse. Beide würzigen Käsespezialitäten verbindet, dass es sich um einen Sauermilchkäse handelt, der seit Jahrhunderten regional erzeugt wird. Ob man sich nun für den Murtaler oder doch lieber für den Ennstaler Steirerkäs entscheidet, ist reine Geschmacksache, denn einzigartig sind sie beide.

DURCH ZUFALL ENTDECKT

Angeblich gab es Sauermilchkäse schon vor 7000 Jahren. Es soll reiner Zufall gewesen sein, als die Sumerer entdeckten, dass übrig gebliebene Milch mit der Zeit eindickt und eine feste Konsistenz bildet. Im Altertum griffen die Römer dieses Wissen auf und verbreiteten es in ganz Europa. In der Steiermark kennt man die Kunst des Käsemachens nachweislich seit dem Mittelalter. Vermutlich war Käse damals ein Halbfettkäse aus Ziegen- oder Kuhmilch, jedenfalls ein wichtiges Produkt der einstigen steirischen Almwirtschaften.

Steirerkäs war ursprünglich ein willkommenes Nebenprodukt bei der Buttererzeugung. Um überschüssige Magermilch zu verwerten, entwickelten findige Bauern im Enns- und Murtal zwei ganz besondere regionale Sauermilchkäse: den Ennstaler und den Murtaler Steirerkäs. Bereits im 17. Jahrhundert zählten diese zu den täglichen Grundnahrungsmitteln von Knechten und Kumpeln. Zum Teil haben die Bauern mit ihm auch ihren Zehent abgegolten. Wie sehr die Käseherstellung in der Steiermark in den Alltag von Menschen eingebunden war, zeigt ein Kupferstich aus dem Buch „Georgica curiosa“ (1682) des Landadeligen Wolf Helmhardt von Hohberg.

DER ENNSTALER STEIRERKÄS – G'SOTTEN, PRESST UND AUFBAHT!

Bis heute wird Ennstaler Steirerkäs – ob in familiären Käsereien oder in der Molkerei Gröbming – nach traditioneller überlieferter Rezeptur erzeugt. Jede Almsennerin hat ihr eigenes „Rezept“ für den Ennstaler Steirerkas, daher schmeckt auch jeder Käse anders und sieht anders aus.

Für seine Herstellung wird ausschließlich silofreie Kuhmilch aus der Region verwendet. In einem ersten Schritt wird saure Magermilch – ohne Zusatz von Lab, chemischen Konservierungsmitteln oder Farbzusätzen – in großen Kupferkesseln dickgelegt und erwärmt. Wenn sich der Käsebruch von der Molke trennt, schöpfen ihn die Käser in ein Leinentuch und pressen ihn fest aus. Anschließend salzen und pfeffern sie den krümeligen Magertopfen und stopfen ihn in konische Gefäße mit gelochten Böden, in sogenannte Kaskeen oder Kasstotzen.

Mit einem Deckel verschlossen und Gewichten beschwert bleibt der vorerst frische Käse über Nacht im Herdraum stehen. Dann wird er aus der Form gestürzt und in einem warmen Raum so lange „aufbaht“, bis die Rinde springt und typische Risse zeigt. Erst jetzt wird der junge Käse für vier bis acht Wochen gereift. Durch den Befall mit Edelschimmel und Hefen verfestigt sich die Masse zu einer klumpig-marmorierten Konsistenz.

Der anfangs dunkelgelbe Käse wird mit zunehmender Reife graugrün und gewinnt immer mehr an Aroma. Je nach Alter schmeckt er würzig-pikant bis kräftig, beinahe etwas scharf. Reifer Enns-

taler Steirerkäs enthält viel hochwertiges Eiweiß und mit maximal 0,5 Prozent F. i. T. so gut wie kein Fett. Angeboten wird der Käse in Form von Stöcken oder in wiederverschließbaren Gefäßen.

In vielen Familien der Schladminger Dachsteinregion kommen auch heute noch freitags traditionell frische roggene Krapfen mit Steirerkas auf den Tisch.

Bereits um 1900 setzte er sich aber auch als begehrte Zutat in der steirischen Regionalküche durch. Bis heute beliebte Speisen sind Kasnocken oder Roggene Krapfen mit Steirerkäs. Roggene Krapfen werden aus Roggenmehl mit Wasser oder Milch und Salz hergestellt und in heißem Schweine- oder Butterschmalz herausgebacken. Noch heiß werden sie mit Ennstaler Steirerkäs bestreut und meist noch warm gegessen. Köstlich ist der Steirerkäs auch „pur“, gebröselt auf ein Stück Bauernbrot mit Butter.

DER MURTALER STEIRERKÄS – GEPRESST, GERÜHRT, GEREIFT UND GESCHMOLZEN

Bereits in einer persönlichen Notiz von 1886 beschreibt ein gewisser Schulmeister Karl Reiterer den Steirerkäs als speckigen Sommerkäse, umgangssprachlich auch Schmierkäse genannt, der entweder mit Butter vermengt oder so wie Butter oder Quargel auf Brot gestrichen wurde.

Die Tradition des Murtaler Steirerkäs hat sich in den Hofkäsereien rund um Murau bis heute erhalten. Murtaler Steirerkäs ist ein schnittfester Kochkäse, der aus regionaler Kuhmilch erzeugt wird. Seine besondere Rezeptur haben die Bauern über lange Zeit aus Topfen entwickelt. Je nach Hausgebrauch kann sie etwas abweichen.

KÜMMEL

Kümmel ist nicht nur ein wichtiges Gewürz für Murtaler Steirerkäs, sondern verleiht vielen österreichischen Gerichten wie etwa Schweinsbraten oder Gulasch, aber auch zahlreichen Brotspezialitäten ihren typischen Geschmack. Und in der Hausmedizin ist er vor allem aufgrund seiner verdauungsfördernden Wirkung beliebt.

Der Kümmel (Carum carvi), auch Wiesenkümmel oder Gemeiner Kümmel genannt, zählt zur Familie der Doldenblütler. Er war in Österreich schon im Mittelalter bekannt und zur damaligen Zeit vor allem in Klostergärten zu finden. Die als Würzmittel verwendeten Samen der Kümmelpflanze weisen einen angenehm süßlichen bis kräftigen, intensiven Geruch sowie einen würzigen, leicht brennenden Geschmack auf. Für diesen sind die darin enthaltenen ätherischen Öle verantwortlich.

Der in der österreichischen Küche verwendete aromastarke Kümmel darf nicht mit dem Kreuzkümmel oder dem Schwarzkümmel verwechselt werden. Der Kreuzkümmel, ebenfalls ein Doldenblütler, ist vor allem in der orientalischen Küche weit verbreitet und unterscheidet sich geschmacklich grundlegend von dem in Österreich bekannten Kümmel. Der Schwarzkümmel hingegen gehört zur Familie der Hahnenfußgewächse und hat nichts mit dem typisch österreichischen Kümmel gemein.

Die Erzeugung dieser Käsespezialität verlangt Erfahrung und Fingerspitzengefühl: In einem ersten Schritt wird Kuhmilch durch Zugabe von Milchsäurebakterien, aber ohne Zusatz von Lab, chemischen Konservierungsmitteln oder Farbzusätzen dickgelegt. Dadurch trennt sich der Topfen von der Molke. Um auch den Rest der Molke zu entfernen, füllen die Bauern anschließend den nassen Topfen in Leinensäcke und pressen ihn aus. Nun hat er die richtige Konsistenz, um reifen zu können. Das dauert etwa zwei bis drei Tage. Dazu wird der Topfen in eine flache Schüssel aus Holz, Keramik oder Kunststoff gegeben und mit einem waschbaren Tuch abgedeckt.

Während dieser Zeit wird die Masse immer wieder gerührt, bis der Topfen glasig wird und ein leicht stechender Geruch aufsteigt. Dann wird der reife Topfen gesalzen und mit Kümmel gewürzt und manchmal auch mit etwas Milch vermischt, bevor die Masse in heißer Butter oder Butterschmalz geschmolzen wird. Im bäuerlichen Umfeld geschieht das gelegentlich noch in traditionellen Spezialpfannen auf offenem Holzfeuer. Manchmal wird vor dem Abkühlen auch noch eine Handvoll frischer bröseliger Topfen untergerührt.

Gut gelagerter Murtaler Steirerkäs hat eine blassgelbe bis grünliche Farbe und einen geschmeidig-elastischen Teig. Der köstliche Jausenkäse schmeckt kräftig, mit einer herzhaft würzigen Note. Sein Fettgehalt variiert je nach Rezeptur. Serviert wird er gerne auf frischem Bauernbrot mit hausgemachter Sennenbutter und einem guten Glas Almmilch. Er eignet sich aber auch als würzige Zutat zu frischem Salat, zum Verfeinern von Eierspeisen oder zur Zubereitung der Murtaler Steirerkässuppe.

Die Grundlage für Steirerkäs ist gereifter Magertopfen.

Der schnittfeste, mit Gewürzen, Kochsalz, Schmelzsalzen und Milch verfeinerte Kochkäse, der ursprünglich von den Bauern für den Eigenbedarf produziert wurde, hat einen unverwechselbaren, herzhaft-würzigen Geschmack.

STEIRISCHE KÄFERBOHNE

Es ist eine reizvolle, sonnenverwöhnte Hügellandschaft mit mildem illyrischen Klima, in der die steirische Käferbohne seit langer Zeit angebaut wird. Ihr guter Ruf reicht weit über die Landesgrenze hinaus. Steirische Käferbohnen sind deshalb von besonderer Qualität, weil die regionalen Gegebenheiten der Steiermark, die seit Generationen an die Umwelt angepassten Sorten und die lang zurückreichende Anbau- und Erntetradition optimal zusammenspielen. Heute wächst diese Bohnenspezialität hauptsächlich auf Feldern in den östlich der Mur gelegenen Bezirken Radkersburg, Feldbach, Weiz, Leibnitz, Deutschlandsberg, Graz-Umgebung, Hartberg und Fürstenfeld.

DAS SÜDOSTSTEIRISCHE RIEDELLAND

Weitläufige Streuobstwiesen, fruchtbare Äcker, bunte Mischwälder, wuchernde Heckenraine, zahlreiche Gewässer und Streusiedlungen verleihen der Gegend nicht nur einen gewinnenden Charme, sie bietet auch wertvollen ökologischen Lebensraum. Mit viel Sorgfalt und schonenden Bewirtschaftungsweisen erhalten die Bauern bis heute die beachtliche Naturvielfalt ihrer Heimat, die sie von jeher landwirtschaftlich nutzen.

Wahrscheinlich ist das Zusammenwirken verschiedener lokaler Naturfaktoren mit den geologischen Eigenheiten des Steirischen Hügellandes der Grund, warum die Käferbohne in dieser Gegend so gut gedeiht. Hier wachsen die Bohnen auf fruchtbaren Äckern mit humosen, kalkhaltigen und mineralreichen Lehmböden, wie sie in anderen Gegenden nur selten zu finden sind. Eine weitere Besonderheit ist das für österreichische Verhältnisse sehr milde, vom Mittelmeer beeinflusste illyrische Klima mit langen Vegetationsperioden. Genau richtig für die wärmeliebende steirische Käferbohne, denn in der Klimaregion bietet jede Jahreszeit ideale Wachstumsbedingungen: Ein früher, oft bereits Ende Februar einsetzender feuchter Frühling bereitet den Boden optimal für die Aussaat vor, der Sommer bietet während der Blütezeit ausgiebig Wärme und reichlich Regen und milde Herbsttage lassen die Hülsenfrüchte bis zur Ernte auf dem Feld vollständig ausreifen.

ÜBER LANGE ZEIT TIEF VERWURZELT

Käferbohne nennt man in Österreich die Feuerbohne (Phaseolus coccineus L.). Zum einen wird angenommen, dass sich die Bezeichnung auf den häufigen Befall mit Bohnenkäfern oder auf die optische Ähnlichkeit mit den Flügeldecken der Käfer zurückführen lässt. Sie könnte aber auch durch einen Tradierungsfehler aus dem Begriff „Körnerbohne“ entstanden sein. In anderen Regionen heißt die gesprenkelte Bohne auch Prunkbohne, Blumenbohne, Schminkbohne, Rosenbohne, Türkische Bohne oder Arabische Bohne.

Von Juni bis September bringt die Käferbohnenpflanze ihre attraktiven scharlachroten Blüten hervor.

Bevor die Käferbohne in der Steiermark heimisch wurde, trat sie im 17. Jahrhundert ihren weiten Weg von Zentralamerika nach Europa an. Man vermutet, dass Eroberer und Weltreisende die Käferbohne Ende des 16. Jahrhunderts nach England und Spanien brachten, von wo aus sie sich innerhalb der nächsten 100 Jahre in ganz Mittel- und Nordeuropa verbreitete. Sie könnte aber auch über die Krim nach Osteuropa gelangt sein, worauf möglicherweise ihre Bezeichnung Türkische Bohne zurückzuführen ist. Als gesichert gilt, dass die Käferbohne in der Südoststeiermark seit dem 19. Jahrhundert angebaut wird. Die Einheimischen schätzten sie vor allem wegen ihrer einfachen Lagerfähigkeit. Zudem galten Speisen aus Käferbohnen als besonders nahrhaft.

VIEL SORGFALT – VON DER SAAT BIS ZUR ERNTE

Im Frühjahr, wenn der letzte Frost vorüber ist, werden die Käferbohnen ausgesät. Dann ist der Zeitpunkt genau richtig und das Saatgut kann gut auflaufen. Mit welcher Anbautechnik die steirische Käferbohne nun am besten wächst, das ist eine kleine Wissenschaft für sich. Ursprünglich bauten die Bauern das Gemüse einzig für den Eigenverbrauch im Hausgarten an, wo der Kletterpflanze schlichte Bohnenstangen als Rankhilfe dienten. Im eigenen Garten ist das auch heute noch so.

Später entwickelten, erprobten und verfeinerten die steirischen Bauern verschiedene Methoden, die für den feldmäßigen Anbau besser geeignet waren. Heute pflanzen sie die steirischen Käferbohnen entweder in mit gespannten Drähten und Schnüren aufgebauten Heckenkulturen, ähnlich wie es beim Hopfen geschieht. Das ist jedoch sehr arbeitsaufwändig. Oder sie kultivieren sie in Mischkulturen mit anderen Nutzpflanzen, wie etwa mit Mais oder Sonnenblumen, wo die schlingenden Triebe genügend natürliche Rankhilfen vorfinden.

REZEPT

STEIRISCHER KÄFERBOHNENSALAT

Zutaten für 4 Personen

500 g steirische Käferbohnen, gekocht
1 Zwiebel, rot
Apfelessig
Salz
Pfeffer
Kürbiskernöl
evt. Schnittlauch

ZUBEREITUNG

Die weich gekochten Käferbohnen mit fein geschnittenen Zwiebeln und einer Marinade aus Apfelessig, Salz, Pfeffer und steirischem Kürbiskernöl abmengen.

Anschließend nach Geschmack mit Schnittlauch garnieren.

In einer Portion Bohnen steckt neben viel Magnesium etwa die Hälfte des Tagesbedarfs an Ballaststoffen, Kalium und Eisen.

Das Zentrum der heimischen Käferbohnen-Produktion liegt in der Steiermark. Hier wird die Hülsenfrucht seit dem 19. Jahrhundert angebaut.

Nach der Aussaat geht es schnell, denn die rankende Pflanze hat einen kräftigen Wuchs, je nach Sorte kann sie bis zu fünf Meter lang werden. Von Juni bis September bringt die Käferbohne wunderschöne, meist feuerrote Schmetterlingsblüten hervor. Da die einjährige Pflanze fremdbestäubt wird, sind Einkreuzungen mit anderen Sorten leicht möglich. Der Nachbau kann daher verschiedene Blütenfärbungen und Zeichnungen ergeben; es gibt alle Abstufungen bis hin zu weißblühenden Sorten. Aus den befruchteten Blüten entwickeln sich schließlich die typischen flachfleischigen Hülsenfrüchte mit den nierenförmigen Bohnen, die im Herbst voll ausgereift geerntet werden. Heute erfolgt nur noch ein Teil der Ernte in aufwändiger Handarbeit. Für Mischkulturfelder wurden arbeitserleichternde Spezialdreschmaschinen entwickelt.

90 Prozent der österreichischen Käferbohnenernte kommen aus der Steiermark. Die Bauern erhalten damit nicht nur eine lange Tradition aufrecht, für viele ist sie eine wichtige Einnahmequelle. Mit der Kultivierung der steirischen Käferbohne wird in der Region Nachhaltigkeit gelebt. Sie trägt dazu bei, die regionalen Wirtschaftskreisläufe zu stärken und damit die kleinstrukturierte Landwirtschaft langfristig zu erhalten.

DIE KÄFERBOHNE – EIN STEIRISCHER KLASSIKER

Die steirische Käferbohne ist gesprenkelt, ihr Farbspektrum reicht von violett-schwarz bis braun-beige. Typisch für die Steiermark sind Landsorten und die beiden lang erprobten und an die Umwelt optimal angepassten Sorten Bonela und Melange. Saisonal wird das Gemüse frisch angeboten, meist aber in getrockneter oder eingelegter Form. Gekochte Käferbohnen haben eine feincremige Konsistenz und zeichnen sich durch ihren zarten, nussigen Geschmack aus. Das nahrhafte Gemüse schmeckt aber nicht nur gut, es ist auch sehr gesund. Neben hochwertigem Eiweiß enthalten steirische Käferbohnen eine Reihe von bioaktiven Pflanzenstoffen, deretwegen man den Bohnen krebshemmende, cholesterin- und blutdrucksenkende Wirkung nachsagt. Allerdings dürfen sie nur gekocht gegessen werden, da sie roh das giftige Phasin enthalten. In der regionalen Küche ist die steirische Käferbohne seit langem mit zahlreichen Rezepten vertreten. Typisch ist der Steirische Käferbohnensalat, der meist mit steirischem Kürbiskernöl g. g. A. mariniert wird. Die Bohnen bieten sich aber auch für Suppen, Hauptspeisen und sogar für Desserts an. Jung geerntet können sie wie jede andere Gartenbohne einfach gekocht zubereitet werden. Zum Würzen von Bohnengerichten ist – wie der Name schon sagt – Bohnenkraut gut eignet. Außerdem passen Kümmel und alle in der Mittelmeerregion angebauten Kräuter wie Thymian, Rosmarin und Salbei zu steirischen Käferbohnen.

STEIRISCHER KREN
G. G. A.

Der gute Ruf des besonders fein schmeckenden steirischen Krens ist seit dem 19. Jahrhundert bekannt. Die steirischen Krenwurzen sind vor allem wegen ihrer würzigen Schärfe gefragt. Und sie sind nicht nur geschmacklich etwas ganz Einmaliges. Steirischer Kren gilt als Agrarerzeugnis von besonderer Qualität und darf sich seit 2008 zu jenen Produkten zählen, die europaweit als „geschützte geografische Angabe" ausgezeichnet wurden und damit einem speziellen Herkunftsschutz unterliegen.

DAS HANDWERK DER FECHSER-SELEKTION

Steirischer Kren g. g .A. (Armoracia rusticana) wird traditionell im südlichen Teil der Steiermark angebaut. Die mehrjährige Pflanze gehört zur Familie der Kreuzblütengewächse (Brassicaceae, ehemals Cruciferae). Typisch für steirischen Kren g. g. A. ist sein Aussehen. In der Südsteiermark wird er traditionellerweise durch die arbeitsintensive Fechser-Selektion vegetativ vermehrt. Die Gemüsebauern stecken im Frühjahr die kräftigsten, gerade gewachsenen Seitenwurzeln, sogenannte Fechser, mit entsprechenden Legemaschinen schräg in die Erde. Im Laufe des Sommers legen sie die Krenwurzel noch zweimal frei, um sie in aufwendiger Handarbeit von ihren Seitenwurzeln und Seitentrieben zu befreien. Durch die klassisch steirische Anbauweise kann im Spätherbst oder im zeitigen Frühjahr glatter, gleichmäßig gewachsener Stangenkren mit einem nur leicht gebogenen Kopf und wenigen Feinwurzeln geerntet werden. Die ungefähr 30 cm langen und zentimeterdicken Stangen sind außen braun, innen weiß bis weißgelb und sehr fest.

WÜRZIG SCHARF, ABER NIEMALS BITTER

Im Gegensatz zu anderen Krensorten schmeckt steirischer Kren niemals bitter und besitzt eine besonders würzige Schärfe. Für die Entwicklung der ausgeprägten Geschmacksnote bietet die Südsteiermark ideale natürliche Voraussetzungen: Das Aroma der steirischen Krenwurzel wird auf das Zusammenspiel der Bodenbeschaffenheit mit dem vorherrschenden illyrischen Klima zurückgeführt.

Das Kreuzblütengewächs liebt sonnige bis halbschattige Standorte, nährstoffreiche, tiefgründig gelockerte Böden und das gute Wasserangebot der Region. Die lokalen Braunerdeböden mit hohem Tonanteil garantieren eine gute Wasserführung und schaffen somit günstige Wachstumsbedingungen für die aromatischen Stangen.

STEIRISCHER KREN AKTIVIERT SEIT JEHER DIE LEBENSGEISTER

Die Geschichte des Krens beginnt im antiken Ägypten, wo er bereits 1500 v. Chr. kultiviert wurde. Kren ist vermutlich auch jene Pflanze, die Plinius der Ältere (um 23 v. Chr. – 79 n. Chr.) in seinem Werk „Naturalis Historia" unter dem Namen „Armoracia" beschreibt und sie wegen ihrer medizinischen Qualitäten empfiehlt. Auch der wilde Rettich der Griechen bzw. raphanos agrios – so wird vermutet – könnte mit unserer Krenwurzel ident sein.

Im Gegensatz zu anderen Krensorten schmeckt steirischer Kren niemals bitter und punktet mit seiner besonders raffinierten Schärfe.

Das Wort „Kren“ ist vermutlich ein Lehnwort aus dem slawischen Sprachraum. Im Hochdeutschen wird er Meerrettich genannt. In der Südsteiermark bezeichnet man die Krenwurzel umgangssprachlich auch als „Sarossa-Wurzeln“. Dieser Name geht auf eine steirische Legende aus dem 13. Jahrhundert zurück, als ein Bauer namens Sarossa im Sasstal (Bezirk Feldbach) die Heilwirkung von Kren an seinem kranken Pferd beobachtete und schließlich an sich selbst erprobte. Seither gilt der Kren in der Südsteiermark als heimisch.

Es ist bemerkenswert, dass in dieser Legende eine Beziehung zwischen Kren und Pferd besteht, wird im Englischen Kren doch als „horseradish“ bezeichnet. Allerdings wäre es falsch, aus diesem Wort auf eine Verbindung zwischen der Pflanze und Pferden zu schließen, da etymologisch gesehen „horse“ nicht „Pferd“ bedeutet, sondern eine früher gebräuchliche allgemeine figurative Bezeichnung für „stark, groß, grob“ ist.

Die jüdische Gemeinschaft verwendet die Krenwurzel traditionell beim Sederabend, dem Auftakt des Pessach-Festes. Als eines von sechs verschiedenen Lebensmitteln oder Speisen wird der Maror (Bitterkraut) meistens in Form von Kren serviert. Kren symbolisiert hier das bittere Los der Juden in der ägyptischen Sklaverei.

REZEPT

SEMMELKREN

Zutaten für ca. 4 Portionen

4 Kaisersemmeln vom Vortag, würfelig geschnitten
1/4 l Rindsuppe
Salz
Muskatnuss
6 EL Obers
20–30 g Kren, frisch gerieben

ZUBEREITUNG

Semmelwürfel mit kochender Rindsuppe übergießen. Salz, Muskatnuss und Obers beigeben. Kurz aufkochen, mit Kren vermengen. Semmelkren eignet sich besonders als Beilage zu Tafelspitz.

Mit frisch geriebenem Kren schmeckt hauchdünner Beinschinken auf Schwarzbrot noch einmal so gut.

In der Volksmedizin wird die scharfe Wurzel bereits seit der Antike wegen ihrer Heilkräfte geschätzt. Ihren ätherischen Ölen wird eine reinigende und desinfizierende Wirkung zugeschrieben. Kren enthält sehr viel Vitamin C und ist dadurch ein bewährtes Heilmittel gegen Halsschmerzen, Grippe und Verkühlung. Auch Seefahrer nutzten die Wurzel zum Schutz vor Skorbut, einer einst häufig auftretenden Vitamin-C-Mangelerkrankung. Einzug in die Küche fand Kren erst Ende des 16. Jahrhunderts.

STEIRISCHER KREN ALS SPEZIALITÄT IN ALLER WELT

Ausgehend vom Bezirk Radkersburg wird die Krenpflanze in der Südsteiermark seit 1940 auf Feldern gepflanzt und kultiviert. Seit beinahe 50 Jahren führt der Landesverband steirischer Gemüsebauern ein Register über steirische Krenbauern. Heute organisiert er über eine Arbeitsgruppe den vertragsmäßigen Anbau für steirischen Kren g. g. A. Nur teilnehmende Krenbauern dürfen steirischen Kren g. g. A. als regionale Spezialität anbieten. Sie garantieren eine lückenlose Aufzeichnung vom Anbau bis zum Verkauf und damit die Rückverfolgbarkeit der Herkunft.

DIE STEIRISCHE KRENKÜCHE

In der Küche wird Kren als Gemüse oder Gewürz verwendet. Im Ganzen ist die Wurzel beinahe geruchlos. Wird sie aber geschnitten oder gerieben, verströmt sie einen stechenden und zu Tränen reizenden Geruch. Dafür ist ein schnell flüchtiges Senföl, das Allylisothiocyanat – wie es in der Wissenschaft bezeichnet wird – verantwortlich. Dieser Stoff ist nicht hitzebeständig. Daher wird frisch geriebener Kren nie mitgekocht, sondern erst kurz vor dem Essen warmen Soßen oder Speisen beigemischt.

Traditionelle Speisen sind etwa das Steirische Wurzelfleisch mit Kren und Tafelspitz mit Apfel- oder Semmelkren. In den südsteirischen Buschenschenken gehört frisch geriebener Kren zu jeder Jause, besonders in Kombination mit Schinken wie etwa dem traditionellen Beinschinken.

Der Krenanbau auf den steirischen Feldern entwickelte sich ab 1940 ausgehend vom Bezirk Radkersburg.

WIENER BEINSCHINKEN

Es ist eine herrlich schmeckende Komposition und vor allem bei der traditionellen Osterjause äußerst beliebt und verbreitet: frisch von der Wurzel geriebener würzigscharfer Kren mit mildem Beinschinken.

Der Ursprung der als „Kochpökelware vom Schlögel" definierten Schinkenspezialität ist in der Zeit der k. u. k. Monarchie zu finden. Als Vorläufer wird der Prager Schinken gehandelt, dessen Herstellungsweise Mitte des 19. Jahrhunderts ihren Weg nach Wien fand.

In seiner klassischen Form wird Wiener Beinschinken samt Knochen gepökelt, leicht geräuchert und zu guter Letzt noch schonend gegart. Wird er dann noch nach alter Tradition im Schinkenspanner befestigt und händisch Scheibe für Scheibe in der Waagrechten mit dem sogenannten „Schinkenmesser" fein aufgeschnitten, ist seine Darbietung am Jausenbrettl perfekt. Und immer rühmt er sich für seinen leicht salzigen Geschmack und seine Ausgewogenheit zwischen Fett- und Wassergehalt.

Aber nicht nur in der kalten Küche nimmt der zartrosa Schinken vom hinteren Bein des Schweins einen besonderen Platz ein. In Brotteig eingebacken bereichert der Beinschinken, der heute in einer umfassenden Variantenvielfalt erhältlich ist, auch die warme Traditionsküche und stellt eine althergebrachte Osterspezialität dar.

STEIRISCHER KRONPRINZ RUDOLF

Durch Zufall in der Oststeiermark entdeckt, ist der kleine, rotbäckige und sehr saftige Steirische Kronprinz Rudolf heute aus der Region nicht mehr wegzudenken und gilt als Liebhabersorte unter den vielen Apfelsorten. Zahlreiche Anpflanzungsversuche außerhalb der Steiermark waren zum Scheitern verurteilt, denn diese typisch steirische Sorte hat außergewöhnlich hohe Standortansprüche. Doch trotz seines begrenzten Anbaugebietes ist dieser Apfel, die übrigens als älteste steirische Lokalsorte gilt, bereits bis weit über die Grenzen der Steiermark bekannt.

EIN „ZUFALLSSÄMLING“ VON GROSSER BEDEUTUNG

Der Steirische Kronprinz Rudolf, auch kurz als Kronprinz oder Kronprinzer bekannt, ist keine gezüchtete Apfelsorte, sondern ein sogenannter Zufallssämling. Seine Herkunft ist bis heute noch nicht eindeutig geklärt und auch um seine Entdeckung in der Steiermark ranken sich einige Geschichten. Vermutlich war es aber ein gewisser Johann Klöckner, Rauchfangkehrermeister und seines Zeichens begeisterter Hobby-Obstzüchter aus Wolfgruben bei Gleisdorf in der Steiermark, der um 1860 den Kronprinz Rudolf durch Zufall in seinem Obstgarten entdeckte.

Seinen ersten großen öffentlichen Auftritt vor internationalem Publikum hatte der Apfel im Jahr 1873. Anlässlich der Wiener Weltausstellung wurde er in der Sammlung steirischer Obstsorten präsentiert, und das mit vollem Erfolg! Die prachtvoll gefärbten Früchte fielen dort sofort auf und stießen auf große Begeisterung.

Auch in wissenschaftlichen Kreisen war das Interesse an dieser Sortenrarität rasch geweckt. Der Pomologe Rudolf Stoll veröffentlichte bereits 1881 in der Zeitschrift „Der Obstgarten“ eine erste wissenschaftliche Sortenbeschreibung des Steirischen Kronprinz Rudolfs. Auch Wilhelm Lauche, welcher noch heute als einer der bedeutendsten Pomologen des 19. Jahrhunderts gilt, befasste sich mit der Apfelsorte und trug dadurch wesentlich zum heutigen hohen Bekanntheitsgrad des „Steirers“ bei.

EIN DENKMAL FÜR EINEN HABSBURGER

Es war die Zeit der habsburgischen Doppelmonarchie, als die Apfelsorte erstmals von sich reden machte. Kaiserin Elisabeth hatte bereits einen Knaben zur Welt gebracht und in diesen einzigen Sohn und Thronfolger Kaiser Franz Josephs I. von Österreich-Ungarn wurden große Hoffnungen für die Zukunft und den Fortbestand der Dynastie gesetzt. Um den Thronfolger auch gebührend zu ehren, wurde ihm ein ganz besonderes Denkmal gesetzt: Die neu entdeckte Apfelsorte erhielt den Namen „Steirischer Kronprinz Rudolf“.

Die zur Zeit der Donaumonarchie bekannt gewordene Apfelsorte wurde zu Ehren des Sohns von Kaiserin Elisabeth und Kaiser Franz Joseph I. „Steirischer Kronprinz Rudolf" benannt.

OPTIMALE VORRAUSSETZUNG AUF STEIRISCHEM BODEN

Bereits Ende des 19. Jahrhunderts wurden erste gezielte Anbauversuche des Kronprinzen in ganz Österreich unternommen. Der erhoffte Erfolg blieb jedoch aufgrund der mangelnden Fruchtqualität und der schlechten Entwicklung der Bäume aus, mit Ausnahme der steirischen Obstbaugebiete. Ausschließlich das in dieser Region vorherrschende Klima in Kombination mit der besonderen Bodenbeschaffenheit schien den Ansprüchen dieser sensiblen Sorte zu genügen. Die steirischen Bäume brachten rasch so hohe Erträge, dass der Kronprinz sogar bis auf den Wiener Markt geliefert werden konnte.

Seinen hohen Standortansprüchen ist es zu verdanken, dass der Steirische Kronprinz Rudolf noch heute als eine der letzten bodenständigen, lokal begrenzten Apfelsorten gilt.

Seine traditionell auf Streuobstwiesen wachsenden kräftigen Bäume mit ihren markanten, hochgehenden Kronen prägen das Bild der bäuerlichen Kulturlandschaft und bieten zudem wertvolle ökologische Lebensräume für zahlreiche Tierarten.

EINZIGARTIGER GESCHMACK UND TRADITIONELLE VERWENDUNG

Der Steirische Kronprinz Rudolf ist ein typischer Winterapfel und botanisch gesehen eine der zahlreichen Sorten des Kulturapfels (Malus domestica). Besonders gut gedeihen die Früchte auf Standorten mit kräftigen Böden und in freien Lagen auf mittlerer Höhenlage, wie sie in der Steiermark häufig anzutreffen sind. Sein Anbau ist auch für raue Lagen bestens geeignet. So finden sich in der Region vereinzelt sogar Bäume auf über 1300 Meter Seehöhe. Jedes zweite Jahr bringen die Bäume besonders hohe Erträge.

Die eher kleine bis mittelgroße Apfelfrucht besitzt eine leicht abgeflachte und gleichmäßige runde Form und einen kurzen, festen Stiel. Sie ist zwar schorfanfällig, aber windfest. Die glänzende Schale des Kronprinzers besitzt eine gelbgrüne bis grünlich weiße Grundfarbe, nur jene Seite, die der Sonne zugewandt ist, weist eine intensiv leuchtend rote Farbe auf. Sein weißes, zartes Fruchtfleisch mit mittelfester Konsistenz, sein erfrischender, süß-säuerlicher, sehr saftiger Geschmack und sein würziges Aroma machen den Kronprinz zu einer der beliebtesten Apfelsorten.

Die Ernte erfolgt, je nach Witterung, relativ spät zwischen September und Oktober. Danach kann der Apfel, optimale Bedingungen vorausgesetzt, bis April eingelagert werden, ohne wesentliche Qualitätsverluste zu erleiden. Genau genommen entwickelt der Kronprinz als typischer Winterapfel erst durch eine entsprechende Lagerung seine optimale Genussreife.

Für den Brand werden nur vollreife und handverlesene Früchte der feinwürzigen und regionstypischen Apfelspezialität verwendet.

APFELBRAND MIT GESCHÜTZTER HERKUNFTSBEZEICHNUNG

Aber nicht nur als Tafelobst ist diese Apfelsorte hochgeschätzt. Auch in Form von Most oder zu Süßspeisen verarbeitet erfreut sie sich großer Beliebtheit. Als ganz besondere Spezialität gilt der aus ihr hergestellte Apfelbrand. Die Bezeichnung „Steirischer Kronprinz Rudolf“ darf laut Österreichischem Lebensmittelbuch nur jener Apfelbrand tragen, der zu 100 Prozent aus der Steiermark kommt. Das bedeutet, dass sowohl der Rohstoff aus der Region kommen muss als auch Destillation, Abfüllung und Etikettierung ausschließlich im Bundesland Steiermark durchgeführt werden müssen. Der Kronprinz Rudolf verleiht dem hochprozentigen Destillat, das einen Alkoholgehalt von mindestens 42 Volumenprozent aufweisen muss, ein besonders feines, aromatisches und prägnantes Aroma.

In den Obstgärten entlang der Steirischen Apfelstraße herrschen optimale Bedingungen für das Wachstum und die Reife des „Kronprinz Rudolf“. So erfreut sich diese köstliche Apfelsorte bis heute großer Beliebtheit.

STEIRISCHER MASCHANZKER

Er ist klein und gelblich, besitzt einen unverwechselbaren Geschmack und ist noch dazu ein echter Ur-Steirer. Obwohl der Steirische Maschanzker heute zu den Raritäten im heimischen Obstsortiment zählt, ist diese sogenannte „Winterapfelsorte" weithin bekannt und, ob frisch, als Saft, als Dörrobst, zu Most vergoren oder aber auch als hochprozentiges Destillat, äußerst beliebt. Auch im Apfelstrudel oder als gebackene Apfelringe macht er sich gut. Und beim köstlichen Maschanzker-Reisauflauf ist er ohnehin eine unverzichtbare Zutat. Heute wird dem Erhalt des Maschanzkers zur Bewahrung der Sortenvielfalt der steirischen Streuobstwiesen größte Aufmerksamkeit gewidmet.

VON SAGEN UND MYTHEN

Zahlreiche Geheimnisse und Sagen ranken sich rund um die „verbotene" Apfelfrucht. Sie ist Symbol für Liebe und Fruchtbarkeit, bei Adam und Eva galt sie als Sinnbild der Sünde und Verführung und die Kelten verbanden mit dem Apfel ewige Jugend und immerwährende Schönheit. Zudem gilt die Apfelinsel „Avalon" (vgl. „aballo"= Apfel) in den keltischen Sagen als mystischer und heiliger Ort, an dem wundervolle Apfelbäume wachsen sollen.

Als Zeichen der Macht hielten Kaiser und Könige ein goldenes Zepter und einen vergoldeten „Reichsapfel" in Form einer Weltkugel in ihren Händen. Auch in der Medizin kam ihm stets große Bedeutung zu. So soll schon der griechische Arzt Hippokrates von Kos im 5. Jahrhundert v. Chr. den Apfel zu Heilzwecken angewandt haben und auch Hildegard von Bingen (1098–1179) erwähnt ihn als „heilende Frucht".

Und noch heute ist sein positiver Gesundheitswert aufgrund seines hohen Gehalts an Ballaststoffen, Vitamin C sowie seiner sekundären Pflanzeninhaltstoffe unumstritten. Nicht umsonst heißt es: „An apple a day keeps the doctor away!"

ANBAUGEBIET MIT LANGER HISTORIE

Der Obstbau in der Steiermark kann auf eine traditionsreiche Geschichte verweisen. Die ersten nachweislichen Funde, die auf eine Obstkultur hinweisen, stammen aus der späten Hallstattzeit. Auch die Kelten, die sich in der vorchristlichen Zeit im Donauraum ansiedelten, versuchten sich ebenfalls in der Kultivierung von Obstbäumen.

Die erste urkundliche Erwähnung des Obstbaues auf steirischem Gebiet, ein Dokument aus dem Benediktinerkloster Admont, stammt aus dem Jahre 1074 – ein Beleg dafür, dass vor allem die Klöster darum bemüht waren, die Obstkultur zu fördern.

Insbesondere in der zweiten Hälfte des 19. Jahrhunderts erlangte der Obstbau in der Steiermark wirtschaftliche Bedeutung und spielte als zusätzliches Einkommen für Landwirte eine wichtige Rolle. In der Zeit der österreichisch-ungarischen k. u. k. Monarchie zwischen 1867 und 1918 genossen steirische Äpfel bereits einen sehr guten Ruf. Sie wurden in viele Kronländer der Monarchie verkauft und sogar an den russischen Zarenhof geliefert.

SORTENREICHES „APFELLAND“

Heute ist das Sortenangebot in dem steirischen Gebiet, das sich aufgrund seiner für den Apfelanbau bestens geeigneten lokalen Gegebenheiten als „Apfelland“ einen Namen gemacht hat, beinahe unüberschaubar. Das Sortiment erstreckt sich von alten, traditionsreichen bis hin zu neuen Sorten.

Die von Bergen und Hügelketten geprägte steirische Gegend bietet dem Steirischen Maschanzker beste Standortbedingungen. Traditionell findet man die Sorte südlich der Mur-Mürz-Furche. Aber sowohl die sonnigen freien Hügellagen im Weinklima der Südsteiermark als auch die kühleren, kalten Obstbaugebiete der Südoststeiermark kommen dem Steirischen Maschanzker entgegen. Grundvoraussetzung für seine optimale Entwicklung sind Böden mit guten Nährstoffverhältnissen, denn auf schweren Tonböden oder zu trockenen Lehmböden misslingt sein Anbau.

DER MASCHANZKER – EIN STEIRISCHES URGESTEIN

Geschichtliche Aufzeichnungen deuten darauf hin, dass der Maschanzker schon vor

Die heutige Apfelsorte Steirischer Maschanzker ist wahrscheinlich vor 1800 in der Steiermark entstanden.

1841 in der Steiermark entstanden ist. Seine erste Beschreibung findet er im Jahre 1877 als Steirischer Winterborsdorfer in den Pomologischen Monatsheften. Diese Bezeichnung ist neben seinen weiteren Synonymen wie Steirischer Winter-Maschanzker, Grazer Maschanzker, Maschansker oder auch Eisapfel heute noch bekannt.

Um 1940 heißt es in der Sortenbeschreibung der Gartenbauzeitschrift „Nach der Arbeit“, dass die Apfelsorte seit einer langen Reihe von Jahren in steirischen Gebieten angebaut werde. Sie sei als Handelsapfel wie auch für die Tafel sehr geschätzt und verbreitet und werde in großen Mengen versandt. Die Sorte galt bereits vor Beginn des 20. Jahrhunderts bis gegen 1960 als steirische Handels- und Exportfrucht ersten Ranges.

Das warme Klima der sanften steirischen Landschaft und die guten Nährstoffverhältnisse des Bodens lassen den Maschanzker bestens gedeihen.

EINE FRUCHT MIT CHARAKTER

Der Maschanzker ist spätreif. Ende Oktober geerntet, erlangt er seine Genussreife Ende Dezember und hält bei guter Lagerung bis Juni. Bei seinem herrlichen Geschmack kommen Genießer voll auf ihre Kosten, denn das zarte, aber feste und feinzellige hellgelbliche Fruchtfleisch des Maschanzkers besitzt einen fein säuerlichen, edlen Geschmack. Zudem gilt der Steirische Maschanzker als sehr saftig und vitaminreich.

Die Sorte ist auch heute noch namentlich sehr bekannt, doch viele trauern dem sukzessiven Verschwinden dieses Apfels nach.

Das Aussehen der Sorte präsentiert sich mannigfaltig. Sie tritt als hochgebaute, flachgebaute oder aber auch kleinfruchtige Spielart in Erscheinung. Auch ihre Schalenfärbung variiert, abhängig von den regional auftretenden Temperaturschwankungen im Anbaugebiet. Meist kann der Apfel aber als klein bis mittelgroß und hochgebaut bis rundlich mit grüngelber Grundfarbe beschrieben werden. Bei zunehmender Reife geht sein Farbton in Strohgelb bis Hellgold über, seine Deckfarbe reicht von einem zarten Hellrosa bis hin zu mattem Blutrot. Erkennen lässt sich diese robuste steirische Apfelsorte auch an ihren gelblichen bis weißlichen Schalenpunkten sowie ihren sehr feinen Rostpunkten.

Die Frucht ist nicht nur für den Frischeverzehr bestens geeignet, sie besitzt auch hervorragende Mostqualität und verleiht zahlreichen Süßspeisen wie Apfelstrudel, gebackenen Apfelringen oder Äpfeln im Schlafrock durch ihre Saftigkeit und ihr besonderes Aroma das gewisse Etwas.

STEIRISCHER MASCHANZKER – GESCHÜTZTE SPIRITUOSENSPEZIALITÄT

Auch im Spirituosensortiment ist der Steirische Maschanzker als vollmundige Spezialität mit typisch leichtem Bitterton, elegantem Schalengeschmack und harmonischem Abgang zu finden.

Sortenrein wird er ohne Zuckerzusatz in der Maische hergestellt und besitzt, laut „Codex Alimentarius Austriacus", einen Alkoholgehalt von mindestens 42 Volumenprozent. Weiters kommt dem Steirischen Maschanzker als Edelbrand ein österreichischer Herkunftsschutz zu, dessen Bezeichnung nur im geografischen Gebiet Steiermark verwendet werden darf. So kann sich der Genießer sowohl auf Herkunft als auch auf Qualität verlassen.

REZEPT

ÄPFEL IM SCHLAFROCK

Zutaten für 6 Portionen

- 6 Äpfel, nicht zu groß
- 80 g Vanillecreme
- 50 g Walnüsse, grob gehackt
- Prise Zimt
- 1 EL Rum
- 400 g Blätterteig
- 1 Ei, versprudelt, zum Bestreichen
- 80 g Marillenmarmelade
- 80 g Fondant
- 20 g Mandeln, gehobelt, geröstet
- Vanillesauce als Beilage

ZUBEREITUNG

Äpfel schälen, Kerngehäuse ausstechen. Vanillecreme, Walnüsse, Zimt und Rum abrühren, die Masse in die Äpfel füllen.

Teig 30 x 40 cm groß ausrollen, daraus sechs Rechtecke schneiden. Äpfel auf die Teigstücke legen, Teigränder mit verschlagenem Ei bestreichen, über die Äpfel ziehen und fixieren.

Aus dem Restteig Rosetten ausstechen, mit Ei bestreichen und auf die Teigzusammenschlüsse legen.

Backblech mit Trennpapier belegen, Äpfel rundum gut mit Ei bestreichen, auf das Blech setzen und 15 Minuten rasten lassen.

Im vorgeheizten Rohr bei 210 °C ca. 20 Minuten backen. Nach dem Backen mit erhitzter Marillenmarmelade bestreichen.

Fondant erwärmen, die gebackenen Äpfel dünn damit glasieren und mit Mandeln bestreuen. Heiß auftragen und als Beilage Vanillesauce reichen.

Als Edelbrand genießt sortenreiner Steirischer Maschanzker geografischen Herkunftsschutz.

Äpfel im Schlafrock sind warm oder kalt serviert eine beliebte Mehlspeisenspezialität. Als Beigabe kann Vanillesauce o. Ä. gereicht werden.

STEIRISCHES KÜRBISKERNÖL

G. G. A.

Durch das perfekte Zusammenspiel einzigartiger Klima- und Bodenverhältnisse verbunden mit einem traditionellen, seit Generationen überliefertem Wissen über seine Herstellung ohne Raffination entsteht in der Steiermark eine einmalige Spezialität: steirisches Kübiskernöl g. g. A. Die Basis des dunkelgrünen Kürbiskernöls mit seinem unvergleichlichem Aroma und dem fein nussigen Geschmack bietet der Steirische Ölkürbis, eine ganz besondere Variante des Speisekürbisses. Steirisches Kürbiskernöl erhielt von der Europäischen Union die Auszeichnung als geschützte geographische Angabe (g. g. A.) und unterliegt somit einem Herkunftsschutz.

„AUSGESCHÖLTE KHERN“ UND „KIRBIS ÖELL“

Die Kürbispflanze gehört zu den ältesten Kulturpflanzen der Welt. Die frühesten Funde des gewöhnlichen Kürbis (Cucurbita pepo) datieren aus der Zeit von 10.700 bis 9200 v. Chr. und stammen aus dem Süden Mexikos. Nach Europa kam der Kürbis vermutlich erst nach der Entdeckung Amerikas. Es handelte sich dabei um Kürbisse mit beschalten Kernen, welche auch heute noch in vielen Regionen der Welt kultiviert werden. Als erster Nachweis für den Kürbisanbau in der Steiermark gilt ein Gleinstättener Nachlass-Inventar aus dem Jahre 1697. Darin scheinen „sechs Mäßl“ Kürbiskerne auf.

In einem Ettendorfer Hofübergabe-Inventar aus dem Jahr 1735 finden schließlich erstmals „die ausgeschölten Kürbis-Khern“ Erwähnung. Dies lässt bereits auf das Ölpressen schließen. Ein Fachbuch aus dem Jahr 1739 sagt über den Kürbis„saamen“ unter anderem: „man brauchet denselben offt zu den kühlenden Emulsionen und Milchen, wie auch zu anderen Tränckenund Suppen. Es wird auch ein wiesses, süsses Oel daraus gepresset, welches eine linde, weiche Haut machet, und auch sonsten erweichet.“ Die offensichtlich erste festgehaltene Erwähnung von „Kirbis Öell“ stammt ebenfalls aus dem Jahr 1739. Drei Jahre später, 1742, wurden laut einem Nachlassdokument im steirischen Rassach „14 Pfund Kürbes Öell“ vererbt. Auch Maria-Theresia nahm sich des Kürbiskernöls an und befahl 1773 Kernöl nicht nur als gewöhnliche Speise zu verwenden, sondern auch zur Erzeugung von „Salben und Pflastern“. Anfang des 18. Jahrhunderts soll, neben der kulinarischen und medizinischen, auch eine militärische Nutzung von Kürbiskernöl als Wagenschmiere überlegt worden sein.

Kürbiskernöl, wie es heute bekannt ist, nimmt seinen Ursprung im Jahr 1880, als steirische Landwirte erstmals eine weichschalige genetische Mutante des Kürbisses entdeckten. Rasch erkannten die Steirer das Potenzial dieser Mutation, erprobten den Anbau und begannen mit der züchterischen Weiterentwicklung.

Bis zum Ersten Weltkrieg diente Kernöl jedoch ausschließlich der Selbstversorgung. Die Gewinnung erfolgte mit sogenannte Pressbäumen bzw. der „Steirischen Ölkuh“. Durch die Erzeugung von Kernöl durch das Schlagen auf einen Holzkeil kam die Berufsbezeichnung Ölschläger zustande. Erst mit zunehmender Industrialisierung verschwanden die alten Pressen und wurden durch hydraulische Ölpressen abgelöst.

Ein intensiver Röstvorgang sorgt für ausgeprägten Geschmack. Anschließend wird mechanisch gepresst.

1996 erhielt steirisches Kürbiskernöl einen Herkunftsschutz von der Europäischen Union, 1998 war das Gründungsjahr des Erzeugerrings „Steirisches Kürbiskernöl g. g. A.", der sich mit großem Engagement um die Produktion des so besonderen steirischen Öles und die Pflege seiner Tradition verdient macht.

PERFEKTES ZUSAMMENSPIEL

Angebaut werden darf steirisches Kürbiskernöl g. g. A. nur in der südlichen Steiermark in den Bezirken Deutschlandsberg, Feldbach, Fürstenfeld, Graz-Umgebung, Hartberg, Leibnitz, Radkersburg, Voitsberg, Weiz, im südlichen Burgenland in den Bezirken Jennersdorf, Güssing und Oberwart sowie in den niederösterreichischen Bezirken Hollabrunn, Horn, Mistelbach, Melk, Gänserndorf (eingeschränkt auf den Gerichtsbezirk Zistersdorf) und Korneuburg-Stockerau (eingeschränkt auf den Gerichtsbezirk Stockerau). Die Pressung der Kerne erfolgt ausschließlich in den Bezirken Deutschlandsberg, Feldbach, Fürstenfeld, Graz-Umgebung, Hartberg, Leibnitz, Radkersburg, Voitsberg, Weiz, sowie im südlichen Burgenland in Jennersdorf, Güssing und Oberwart.

Ein spezielles Mikroklima und sandige, gut durchlüftete Lehmböden bestimmen merklich die Qualität des steirischen Kürbiskernöls: Der südliche Teil der Steiermark liegt klimatisch im Einflussgebiet des Mittelmeers, in der illyrischen Klimazone. Insbesondere im Herbst bewirken von der Adria kommende Hochdruckgebiete besonders milde Temperaturen. Große Temperaturschwankungen zwischen Tag und Nacht, relativ hohe Luftfeuchtigkeit sowie zahlreiche Sonnenstunden prägen das Klima in der Steiermark. So gilt die Südsteiermark als eine der sonnenreichsten Gegenden Europas.

Das frisch gepresste Öl muss mindestens sieben Tage rasten, damit sich die Schwebstoffe absetzen können.

MIT GRÖSSTER SORGFALT PRODUZIERT

Heute kultiviert man zur Herstellung von steirischem Kürbiskernöl g. g. A. ausschließlich die weichschalige Mutante Cucurbita pepo var. styriaca. Die Besonderheit dieser natürlichen Mutante des Speisekürbisses stellt die nicht verholzende Samenschale dar. Von der Aussaat bis zur Ölabfüllung zeigen die Hersteller des steirischen Kürbiskernöls g. g. A. ihr besonderes Geschick und ihre jahrelange Erfahrung. Ende April bis Anfang Mai werden die Samen ausgesät. Die Anbauflächen pro Betrieb sind sehr unterschiedlich. Große Anbauflächen nehmen rund fünf Hektar ein; hunderte Betriebe wirtschaften jedoch auf Kleinstflächen. Zwischen Mitte September und Mitte Oktober, abhängig von der Witterung, kann der reife Ölkürbis geerntet werden. Dies erfolgt teils noch auf traditionelle Weise händisch, oftmals aber auch maschinell.

Beim Herausschälen der Kerne aus dem Fruchtfleisch, dem sogenannten Ausheppeln, ist hingegen ausschließlich Handarbeit gefragt. Dieser Vorgang nimmt mehrere Wochen in Anspruch und wird traditionell mit einem Familienfest am Acker verbunden. Ist das Ausheppeln geschafft, werden die Kürbiskerne gewaschen und sorgfältig getrocknet.

Etwa zweieinhalb bis drei Kilogramm schalenlose Kürbiskerne sind für einen Liter steirisches Kürbiskernöl g. g. A. nötig. Die dickbauchigen, dunkelgrünen Kerne kommen in geeignete Mühlen zur feinen Vermahlung. Anschließend setzt man Wasser zu und knetet die entstandene Masse zu einem Brei, den man unter ständigem Umrühren schonend unter Zuhilfenahme eines Rührwerks in einer Pfanne röstet. Die Röstung trennt das in den Kernen enthaltene Eiweiß vom Öl. Dabei kommt es zu einer deutlichen Verminderung des Wassergehalts und der typisch vollmundig nussige Geschmack mit den edlen Röstaromen entsteht. Je intensiver der Röstvorgang ist, desto ausgeprägter wird der Röstgeschmack. Eine laufende Kontrolle der Masse auf Geschmack, Konsistenz und Körnung versteht sich von selbst.

Der geröstete Kernbrei wird anschließend mechanisch gepresst. Das Öl kann dabei ohne chemische Hilfsmittel gewonnen werden. Anschließend rastet das frisch gepresste Öl mindestens sieben Tage, damit sich die Schwebstoffe absetzen. Der Erfahrung des Pressmeisters kommt hier eine besondere Bedeutung zu.

GESCHÜTZTE SPEZIALITÄT

Ein Kontrollsystem gewährleistet, dass für die Erzeugung von steirischem Kürbiskernöl g.g.A. ausschließlich in dem geschützten Gebiet angebaute Kürbiskerne verwendet werden. Jede Flasche steirisches Kürbiskernöl erhält eine Banderole und eine individuelle Kontrollnummer. Dies garantiert die lückenlose Kontrolle vom Feld des Bauern bis auf den Ladentisch. Die Bezeichnung „steirisches Kürbiskernöl g.g.A." auf einer Flasche stellt sicher, dass bei der Herstellung die strengen Qualitätskriterien erfüllt worden sind.

Steirisches Kürbiskernöl g.g.A. ist eine naturbelassene Spezialität. Weder die Beimengung von Fremdölen noch von chemischen Zusätzen wie etwa Konservierungsstoffen ist erlaubt. Um dennoch eine möglichst lange Haltbarkeit des Öles zu gewähren, sollte dies stets kühl und dunkel gelagert werden. So hält das „steirische Gold" mindestens neun Monate.

VERFÜHRERISCHE KULINARIK

Steirisches Kürbiskernöl gibt nicht nur so manchen Haupt- und Nachspeisen (Tipp: Vanilleeis mit einem Spritzer Kürbiskernöl!) den letzten Pfiff. Es eignet sich auch bestens zur Verfeinerung von cremigen Suppen und leckeren Salaten. So gilt etwa der Steirische Käferbohnensalat mit einem kräftigen Schuss echt steirischem Kürbiskernöl als beliebte Delikatesse.

Zudem bringt steirisches Kürbiskernöl g.g.A. in Kombination mit Käse seine einzigartigen Aromen und seine geschmackliche Harmonie kulinarisch ganz besonders spannend zur Geltung. Als regionale Kürbisspezialitäten sind Knabberkerne, Kürbiscremesuppe, Kürbiskernaufstrich und zünftige Kernöleierspeise bei Genießern sehr gefragt.

Je mehr Sonne die Kürbisse auf den Feldern beim Reifen bekommen, umso besser sind Fruchtausfärbung, Aroma und Geschmack der dickbauchigen Kerne.

Nur in genau festgelegten Bezirken dürfen die Kerne für steirisches Kürbiskernöl g.g.A. gepresst werden.

Die Einhaltung der Qualitätskriterien der Kürbiskernmasse wird laufend überprüft.

SUBIRER BIRNENBRAND

Die Saubirne zählt heute zu den wenigen erhaltenen Lokalsorten Österreichs. Doch die Birne aus Vorarlberg musste sich ihren guten Ruf erst erkämpfen, führte sie doch lange Zeit ein Schattendasein und galt als angeblich gerade gut genug für die Verfütterung an Schweine. Dieses Image verlor sie jedoch rasch, als vor rund 120 Jahren Vorarlberger Bauern erstmals die heute als Subirer Birnenbrand bekannte Edelbrandspezialität herstellten. Heute gehört die Saubirne zu den bekanntesten Mostbirnensorten und der aus ihr hergestellte Brand gilt als echte Delikatesse.

DIE GEHEIMNISVOLLE BIRNE AUS DEM LÄNDLE

Die Saubirne, auch Subira, Haberbirne oder kleine Hutzelbirne genannt, ist eine typische Vorarlberger Mostbirnensorte mit langer Tradition. Das Vorkommen der Saubirnen beschränkte sich ursprünglich auf das Vorarlberger Unterland, also die Region entlang des Alpenrheins von Dornbirn bis zur nördlichen Landesgrenze nahe dem Bodensee. Heute ist die Sorte im Gegensatz dazu fast im gesamten Bodenseeraum anzutreffen.

Dichte, beständige Nebelschwaden im Frühjahr sowie im Herbst und der starke Föhn, der oft schlechte Witterung verdrängt, sind ein typisches Charakteristikum der Region. Die Temperaturen werden im Wesentlichen durch den Bodensee bestimmt, denn dieser beschert der Region ein angenehm mildes Klima – ideal für die Saubirne!

DIE LEGENDE UM DIE SAUBIRNE

Wie die Saubirne zu ihrem Namen kam, darum ranken sich einige Legenden. Hat die Birne ihre etwas verächtlich klingende Bezeichnung doch ganz und gar nicht verdient!

Oft wird behauptet, dass der Name Su(bira) daher rührt, dass die Lokalsorte früher den Schweinen (den Sauen, Su) verfüttert wurde. Eine andere Version besagt, dass es die Schweine waren, die erstmals auf diese Köstlichkeit aufmerksam machten, und man so erst auf die Idee kam, aus den süß duftenden, aber bitter schmeckenden Früchten einen edlen Brand zu destillieren.

Diese Behauptungen werden jedoch durch historische Schriftstücke widerlegt. Denn diese beweisen, dass die Vorarlberger schon vor vielen Jahrzehnten über die Bedeutung der Saubirne Bescheid wussten und sich das vorzügliche Aroma dieser Birnen zur Destillation hervorragender Brände zu Nutze machten. Allerdings wurden sie nicht sortenrein gebrannt, sondern dem Obstler zur Verfeinerung beigemengt, um ihm eine besondere Geschmacksnuance zu verleihen.

Im Vorarlberger Volksmund ist die Bezeichnung „Su" auch dann gebräuchlich, wenn etwas wider Erwarten nicht gut schmeckt, oder das Wort wird gar als Kraftausdruck verwendet. Auch daher könnte der Name der Birne rühren, denn im vollreifen Zustand, wenn sie vom Baum fällt, verströmt sie einen unwiderstehlichen Birnenduft und lädt geradezu ein, in sie hineinzubeißen. Die Enttäuschung lässt allerdings nicht lange auf sich warten: Viele kleine harte Körner im

Die Subira, wie sie schon seit eh und je in Vorarlberg genannt wird, ist eine typische Lokalsorte, die hauptsächlich im Vorarlberger Unterland, also von Dornbirn bis zur nördlichen Landesgrenze, vorkommt.

Fruchtfleisch, sogenannte „Steinzellen“, und der herbe Abgang veranlassen den Genießer möglicherweise zu der typischen Vorarlberger Ausdrucksweise „Su!“, also Su-Bira.

Eine weitere plausible Namenserklärung bezieht sich auf ihre Verwendungsmöglichkeiten. Gerade in jenen Zeiten, die durch Lebensmittelknappheit geprägt waren, wurde Obst vorwiegend als Frisch- oder Dörrobst verzehrt oder zu Most verarbeitet. Die Subira war jedoch weder zum Essen noch zum Mosten geeignet und fand deshalb viele Jahrzehnte lang keinerlei Verwendung. Vielleicht kommt daher ihr etwas abwertender Name.

Die Birnen wachsen sowohl auf Hochstämmen als auch auf kleinkronigen Bäumen, die gegen bisher bekannte Krankheiten resistent sind.

EINZIGARTIGE VORARLBERGER BIRNENSORTE

Der sommergrüne Subirabaum wurde früher vorwiegend als Hochstammform gezogen, heutzutage ist die Saubirne auch auf kleinkronigen Bäumen zu finden. Aus botanischer Sicht ist sie eine der zahlreichen Sorten der Kulturbirne (Pyrus communis) aus der Familie der Rosengewächse (Rosaceae).

Die Saubirne wächst bis in höhere Regionen und stellt keine hohen Ansprüche an Standort oder Anbau, jedoch ist das Aroma in sonnigen und höheren Lagen besonders optimal ausgeprägt. Sie gilt als sehr robuste Sorte und konnte sich gegen sämtliche bisher bekannten Krankheiten erfolgreich zur Wehr setzen.

Die Birnen sind klein, eher rauschalig und gelblich mit sehr viel Gebräune. Das Fruchtfleisch ist recht grobzellig und trocken, jedoch hocharomatisch. Ihr Geschmack ist süß-säuerlich, doch wegen des hohen Gerb- und Bitterstoffgehaltes auch sehr herb.

JUGENDLICHER BRAND MIT VIEL FINESSE

Die Vorarlberger Brenner verbindet mit der Mostbirnensorte ein ganz besonderer Stolz. Galt der Saubirnenbrand früher als Außenseiter unter den Kernobstbränden, so zählt er heute zu den bekanntesten Spezialitäten im sogenannten Ländle.

Zahlreiche Brennereien haben sich in den letzten Jahren der Saubirne angenommen und stellen mit viel Fingerspitzengefühl hervorragende Edelbrände von unvergleichbarem Aroma und höchster Qualität her. Im Rohzustand eher ungenießbar, vereinen sich im Destillat die scheinbar widersprüchlichen Duft- und Geschmackseigenarten der Birne zu einem harmonischen Gaumenerlebnis.

Subirer Birnenbrand ist eine geschützte EU-Gemeinschaftsmarke.

Der Subirer Birnenbrand wird als zartgliedrig, aber gleichzeitig rassig, kraftvoll und von zartherber Würze beschrieben. Am Gaumen dicht und lang, besticht er durch zitronige Akzente, einen fruchtigen Abgang sowie durch seinen ausdrucksvollen, rustikalen Birnenduft. Zudem eignet er sich besonders gut für längere Lagerung.

GESCHÜTZTE VORARLBERGER SPEZIALITÄT

Subirer Birnenbrand gilt laut Österreichischem Lebensmittelbuch als geschützte Bezeichnung. Demzufolge darf der Brand nur dann diese Bezeichnung tragen, wenn der Rohstoff ausschließlich aus Vorarlberg kommt sowie Destillation, Be- oder Verarbeitung einschließlich Abfüllung und Etikettierung dort durchgeführt werden. Zusätzlich muss der Subirer Birnenbrand als Österreichischer Qualitätsobstbrand einen Alkoholgehalt von mindestens 40 und maximal 45 Volumenprozent aufweisen. Darüber hinaus wird dem Brand ein weitreichender Markenschutz gewährt, denn der Subirer ist eine geschützte EU-Gemeinschaftsmarke.

Was einem Vorarlberger Brenner die Sorte Subirer bedeutet, kann kaum in Worten ausgedrückt werden.

SÜDBURGEN-LÄNDISCHE WEIDEGANS

In den 1960er Jahren waren sie fast gänzlich aus den südburgenländischen Dörfern verschwunden. Heute sind wieder Scharen von Gänsen zu sehen und ihr markantes Schnattern zu hören. Seitdem die alte Tradition der Gänsehaltung auflebt, werden Wiesenflächen, die in der Vergangenheit nicht bewirtschaftet wurden, durch eine extensive Nutzung gepflegt. Das Vieh im weißen Federkleid trägt aber nicht nur zur Landschaftspflege bei, sondern erfreut sich auch in kulinarischer Hinsicht, als besonders saftig und zart schmeckendes Martinigansl, großer Beliebtheit.

DIE SANFTEN HÜGEL DES SÜDBURGENLANDES

Im Osten von Ungarn, im Süden von Slowenien und im Westen von der Steiermark begrenzt schmiegt sich das Südburgenland im äußersten Osten Österreichs zwischen die Ostalpen, die Karpaten und das Pannonische Becken. Klimatisch ist das Südburgenland besonders begünstigt. Dank der milden, ausgeglichenen Temperaturen und zahlreichen Sonnenstunden gilt die Region als beliebtes Ausflugsziel. Mit „Willkommen im Land der Sonne“ begrüßt das Burgenland seine Besucher schon an der Landesgrenze und verweist damit auf die mehr als 2000 Sonnenstunden im Jahr.

WAS DEN BURGENLÄNDISCHEN LANDESPATRON MIT DER HAUSGANS VERBINDET

Als 1921 das Burgenland als jüngstes Bundesland zu Österreich kam, wurde der Heilige Martin zum Landespatron erkoren, obwohl er 316 (oder 317) ein Stück jenseits der Grenze des heutigen Burgenlandes geboren wurde, nämlich im ungarischen Szombathely (Steinamanger). Warum? Weil sich eine schöne Legende um Martin rankt, der als Sohn eines römischen Tribuns später zum Bischof von Tours geweiht wurde. Man erzählt, der Heilige Martin habe sich in einem Gänsestall versteckt, um der Bischofswürde zu entgehen. Durch das Geschnatter der Gänse sei aber sein Versteck verraten worden. Am 11. November 1925 feierten die Burgenländer zum ersten Mal „Martini“, das Fest ihres Landespatrons. Seitdem wird dieser Festtag traditionell mit einem „Ganslessen“ begangen.

DIE SÜDBURGENLÄNDISCHEN WEIDEGÄNGER

Aus der in ganz Mitteleuropa heimischen Wildgans, auch Graugans genannt, hat sich durch Domestizierung die Hausgans entwickelt. Sie ist im Gegensatz zur Wildform nur beschränkt flugfähig. Die lateinisch korrekte Bezeichnung lautet Anser anser f. domestica. In der hianzischen Mundart spricht man von der Gaons, wenn die weibliche Gans gemeint, und vom Gaoneisa, wenn vom Gänserich die Rede ist. Wobei sich die ästhetischen Tiere mit dem weißen Gefieder anhand äußerer Merkmale so gut wie gar nicht in Männchen und Weibchen unterscheiden lassen.

Im Rohr zeigt sich der Unterschied zwischen einer herkömmlichen Mastgans und der berühmten südburgenländischen Weidegans sehr schnell.

Die Tiere können 70–90 cm lang werden und wiegen zum Zeitpunkt der Schlachtung zwischen vier und sechseinhalb Kilogramm. Mit ca. einem Jahr werden Gänse geschlechtsreif; pro Jahr können sie an die 60 Eier legen. Die treuen Tiere leben monogam ihr ganzes Leben mit ein und demselben Partner. Wohl deshalb gilt die Gans als Symbol für eheliche Treue und Liebe.

RENAISSANCE DER HEIMISCHEN WEIDEGANS

Das Burgenland war einst die größte Gänseweide der ehemaligen Donaumonarchie und der Besitz großer Gänseherden keine Seltenheit. Jeden Morgen zogen die Gänse allein los zu ihren Weideplätzen und kehrten am Abend wieder nach Hause zurück.

Auf Grund ihrer vielseitigen Nutzbarkeit genossen die Tiere hohes Ansehen. Nicht nur das zarte Gänsefleisch war äußerst beliebt, auch Gänseschmalz, Grammeln und Federn waren begehrt. An Winterabenden trafen sich die Frauen zum gemeinsamen „Federnschleißen". Die Federnanteile wurden mit der Hand vom Kiel getrennt und während der Arbeit wurde gesungen und getratscht. Dieses Brauchtum förderte die Dorfgemeinschaft und bewahrte traditionelle Volkslieder vor dem Vergessen.

Doch trotz der langen Tradition drohte die Gans aus den südburgenländischen Dörfern zu verschwinden. Bis sich eine Gruppe innovativer Bauern 2002 zusammenschloss und den Betriebszweig der Gänsehaltung wieder aufnahm. Seitdem schnattern wieder Gänse auf Wiesen und Weiden des Südburgenlandes.

Dem südburgenländischen Vorbild folgend haben sich mittlerweile auch weitere Gebiete der traditionsreichen Gänsehaltung angenommen. Vor allem in Oberösterreich in der Region um Schlierbach und auch in der Steiermark hat das weiße Federvieh mittlerweile seinen festen Platz eingenommen und wird dort mit großem Erfolg gehalten und vermarktet. Besonders in den letzten Jahren entwickelte sich die österreichische Weidegans zu einem Inbegriff von besonderer Qualität. Dieser Erfolg ist vor allem

Weidegänse werden artgerecht, naturnah und extensiv gehalten. Die Tiere haben nach der sechsten Lebenswoche ständigen Auslauf und dürfen frisches, saftiges, burgenländisches Weidegras fressen.

Feine Gänsedaunen sind als Polster- und Deckenfüllung durch nichts zu ersetzen.

dem Engagement der Gemeinschaft „Österreichische Weidegans" zu verdanken.

BESONDERE HALTUNG BEDINGT BESONDERE QUALITÄT

Bereits die Bezeichnung „Weidegans" verrät, dass die Weidehaltung bei dieser Delikatesse eine ganz besondere Rolle spielt. Die Gänse werden in naturnaher Weise nach strengen Richtlinien gehalten. Die Aufzucht der südburgenländischen Weidegans basiert auf der Erfahrung der Gemeinschaft „Österreichische Weidegans" und dem traditionellen Wissen der Landwirte, die sich auf die Kunst des natürlichen Mästens verstehen und die Haltung der Herden an die Gegebenheiten der Umwelt anpassen. Durch diese tiergerechte und stressfreie Haltung wachsen die Weidegänse in 26 Wochen oder mehr zu köstlichen Martinigänsen heran und pflegen zudem das umliegende Grünland.

WAS WÄRE DER HERBST OHNE DAS TRADITIONELLE MARTINIGANSL?

Die schonende Mästung ergibt das typische dunkle, zarte und feinfasrige Fleisch der südburgenländischen Weidegänse. Kenner schätzen den geringen Bratverlust durch das gute

REZEPT

GEBRATENES MARTINIGANSL

Zutaten für 4–6 Portionen

750 g Äpfel, entkernt
200 g Dörrzwetschken
50 g Butter
1 Gans, ca. 3,2 kg
Salz
Pfeffer

Majoran, gerebelt
Beifuß

Mehl zum Binden
Geflügelsuppe, klar, zum Aufgießen

ZUBEREITUNG

Äpfel vierteln und zusammen mit den Dörrzwetschken in Butter dünsten. Die Bauchhöhle der geputzten und innen gewürzten Gans damit füllen.

Die Gans außen mit Gewürzen gut einreiben, mit der Brustseite nach unten in eine große Pfanne legen und ca. eine Stunde bei 180 °C unter mehrmaligem Übergießen braten. Dann die Gans auf den Rücken drehen und wieder ca. eine Stunde braten.

Wenn bei einer Stichprobe das Fleisch weich ist, wird die Gans auf ein Gitter gelegt und nochmals ca. 10 Minuten bei 220 °C gebraten, bis die Haut knusprig ist.

Inzwischen den Saft entfetten, mit etwas Mehl binden, mit etwas Geflügelsuppe aufgießen und eine leicht sämige Sauce herstellen. Gansl vierteln und mit extra gereichter Sauce servieren.

Safthaltevermögen, den geringen Fettgehalt und den besonderen Geschmack. Zur Ganslzeit im Herbst wird der knusprige Gänsebraten traditionellerweise mit Rotkraut und Semmelknödeln serviert, mancherorts auch mit Erdäpfelknödeln. Das Gänseklein wird zu sämigen Einmachsuppen verkocht. Auch Spezialitäten wie Gänseleber oder Gänseschmalz als Brotaufstrich sind typisch für die Region.

„Rent a goose“ ist ein besonderes Angebot der heimischen Bauern: Die Kunden können sich ihre Gans schon im Frühjahr auf der Weide aussuchen und zwischendurch besuchen, bevor sie im November als zarter Braten auf ihrem Tisch landet. Bei „Rent a goose – Gastro“ wird die ausgewählte Gans von einem der kooperierenden Gastwirte zubereitet.

SULMTALER HUHN

In früheren Zeiten eroberte das Sulmtaler Huhn Festtafeln von Kaisern und Fürsten, heute sind das saftige Fleisch und die hochwertigen Eier des „Kaiserhuhns" mehr denn je als regionale Delikatessen gefragt. Die in der Steiermark beheimateten Tiere haben sich über Jahrhunderte optimal an die Region angepasst. Viel Bewegung an der frischen Luft und eine artgerechte Fütterung tragen wesentlich zur Hochwertigkeit des Fleisches und der Eier bei. Und schließlich wird die Qualität auch vom traditionellen Wissen um Zucht und Haltung der Hühner bestimmt.

AUS FRUCHTBAREM RAUM

Das traditionelle Zuchtgebiet des Sulmtaler Huhns befindet sich im gleichnamigen Tal und dessen Umgebung in der Südsteiermark. Das Sulmtal ist 50 Kilometer lang, es liegt zwischen Koralpe und Mur und gilt als eines der fruchtbarsten steirischen Täler. Es erhält seinen besonderen Reiz durch die Vielfalt der bäuerlichen und landwirtschaftlichen Struktur, gekennzeichnet durch Wein-, Obst- und Getreidebau, saftige Wiesen und üppige Wälder.

Im Hauptzuchtgebiet herrscht illyrisches Klima. Es zeichnet sich durch hohe Luftfeuchtigkeit, relativ hohe Niederschlagsmengen und hohe Temperaturen in der Vegetationsperiode aus. Begünstigt durch die klimatischen Bedingungen wurde in der Region traditionell vor allem Maisanbau betrieben, weshalb sich auch die Geflügelmast mit Mais anbot.

WECHSELVOLLE HISTORIE

Das Sulmtaler Huhn stammt vom Steirischen Landhuhn, einer Unterart des Mitteleuropäischen Landhuhnes, ab. Erste Erwähnungen des sogenannten „Steirerhuhns" gehen bis auf das 14. Jahrhundert zurück. Zwischen dem 17. und dem 19. Jahrhundert galt Geflügel aus der Steiermark als besondere Spezialität. Der Genuss des Steirerhuhns aus dem Sulmtal erlebte an den Höfen der österreichisch-ungarischen Monarchie eine Blütezeit. Auch der steirische Kapaun wurde wegen seiner Größe und der besonderen Zartheit des wohlschmeckenden Fleisches in großer Zahl ins Ausland exportiert. Dort fand er an großen Adelstafeln besten Anklang. Das steirische Sultmal galt, neben der französischen Bresse, als das namhafteste „Hühnergebiet" der damaligen Zeit. Im 19. Jahrhundert bildeten die steirischen Geflügelhändler sogar eine eigene Gilde, die „Kapaun-Fratschler". Zu dieser Zeit war das Steirerhuhn jedoch durch massive Einkreuzungen anderer Rassen in seinem ursprünglichen Bestand bedroht und Legeleistung und Fleischqualität verschlechterten sich. Armin Arbeiter, Vizepräsident des ersten steiermärkischen Geflügelzuchtvereins, gelang um 1900 die züchterische Rückführung auf das Steirische Landhuhn, dem er den Namen „Sulmtaler" gab. Auf internationalen Geflügelausstellungen erhielt die Rasse höchste Anerkennung.

Die Folgezeit war für die Sulmtaler-Bestände sehr wechselvoll. Drastische Rückgänge prägten die Zeit des Ersten Weltkrieges, eine rein auf Legeleistung ausgerichtete Zucht und damit der Rückgang von Körpergewicht und Mastfähigkeit die des Zweiten Weltkrieges. Während in den bäuerlichen Zuchten der Nachkriegszeit noch Sulmtaler Hühner zu finden waren, gerieten die Rasse und ihr Potenzial schließlich auch aufgrund des Ausbaus industrieller Masthuhnzüchtungen nahezu in Vergessenheit. Ende der 1980er Jahre besannen sich jedoch einige Züchter wieder der besonderen Qualität dieser alten Rasse. Die heutige Sulmtaler

Von jeher beheimatet zwischen Streuobstwiesen, Weinhügeln, Kastanien- und Mischwäldern, hat das Sulmtaler Huhn eine jahrhundertelange Geschichte.

VermarktungsGmbH, 2007 gegründet, bewahrt sie vor dem Aussterben.

VOM AUSSTERBEN BEDROHTES ZWIEHUHN

Das Sulmtaler Huhn ist ein stark gewachsenes, kräftiges Zwiehuhn, das heißt es liefert sowohl Fleisch als auch Eier. Es wird als rasch wüchsig, temperamentvoll, legefreudig, robust, wetterhart und widerstandsfähig beschrieben. Es ist idealerweise leicht mästbar.

Hennen werden fast ausschließlich in sogenannter „Weizenfarbe" gezüchtet, ihre Legeleistung beträgt ca. 150 Eier pro Jahr. Hähne sind kastanienbraun, die Flügelbinden, Brust, Bauch, Schwanz und Schenkel glänzen dunkelgrün.

Das steirische Geflügel lebt in Gruppen von 200 bis 600 Tieren zwischen 24 und 28 Wochen in Freilandhaltung zwischen Streuobstwiesen, Weingärten, Kastanienbäumen und in Mischwäldern. Tagsüber im Freien gehalten, werden die Tiere in der Nacht zum Schutz in wetterfeste Stallungen gebracht. Auch Scharrräume stehen ihnen zur Verfügung. Der natürliche Auslauf wird mit mindestens acht bis zehn Quadratmetern je Huhn bemessen.

Sulmtaler Federvieh sucht sich seine Nahrung überwiegend selbst, darunter Kräuter, Klee oder Kleintiere sowie Insekten, bevorzugt auf Wiesen, Weiden und Äckern. Der restliche Bedarf wird durch Zusatzfutter wie Mais, Bohnen, Erbsen, Sonnenblumenkerne, Presskuchen von Kürbiskernen oder Graspellets gedeckt. Der aktuelle Bestand an Sulmtaler Hühnern in Österreich beträgt nur rund 5000 Tiere. Die Rasse wurde daher in die Rote Liste der gefährdeten Haustierrassen aufgenommen.

SULMTALER – DAS ORIGINAL

Die Wort-Bild-Marke „Sulmtaler" garantiert, dass das Produkt von einem reinrassigen

Erkennbar ist der Genussbotschafter des Sulmtals auf freiem Feld am typischen Schopf und Wickelkamm und bei Tisch am unvergleichlichen Geschmack.

Huhn stammt, bei dem alle Haltungs- und Futterstandards eingehalten wurden und dessen Herkunftsgebiet in der Südsteiermark liegt. Echte „Sulmtaler" sind freilich nur von September bis Februar erhältlich.

Das Sulmtaler eignet sich nicht als Backhendl – es ist jedoch das ideale Brathuhn.

Die Züchtung der steirischen Hühner erfolgt unter ebenso tiergerechten wie qualitätsorientierten Richtlinien der Sulmtaler VermarktungsGmbH. Der Einsatz von Hormonen, Wachstumsbeschleunigern und Antibiotika ist selbstverständlich tabu, gentechnisch freies Futter verpflichtend. Sämtliche Partnerbetriebe, ob Bauernhöfe oder Futtermittellieferanten, müssen sich genau an die Vorgaben für Zucht, Auslauf, Fütterung und Hygiene halten.

Die südsteirischen Zuchtbetriebe bieten dem Sulmtaler Huhn ideale Lebensbedingungen.

Dank artgerechter Haltungsweise und optimaler Ernährung kann jenes kräftig-geschmackvolle, zarte Hühnerfleisch erzeugt werden, das das Sulmtaler Huhn auszeichnet. Es ist reich an Vitaminen, Mineralstoffen, Spurenelementen und ungesättigten Fettsäuren. Das Fleisch der Kapaune ist noch zarter und besonders feinaromatisch. Das Sulmtaler Hendl ist ein klassisches Brathuhn, als Backhuhn ist es hingegen wegen seiner Größe weniger gut geeignet.

Die Eier dieser Hühnerrasse zeichnen sich durch ihren besonderen Geschmack und das intensive Safrangelb des Dotters aus und werden unter anderem für die Herstellung von regionalen Backwaren und Mehlspeisen wie zum Beispiel der „Untersteirischen Poganze" verwendet. Im Sulmtal wird darunter ein Gebäck aus Strudelteig verstanden, das mit Topfen, Eiern, Schlagobers und verschiedenen Kräutern gefüllt ist. Die „Aufg'setzte Henn" wiederum ist eine besonders köstliche und ursprüngliche Spezialität, ein mit Semmeln, Kräutern und Innereien gefülltes Sulmtaler Huhn, zu dem mitgebratene Kartoffeln serviert werden.

Das Sulmtaler Huhn lebt in artgerechter Freilandhaltung und genießt mindestens acht bis zehn Quadratmeter Auslauf pro Tier.

TAFELSPITZ

Er ist wohl der bekannteste Repräsentant der heimischen Rindfleischküche und hat seinen Ursprung im 19. Jahrhundert, in der kulinarischen Welt der Donaumonarchie. Sogar in der altösterreichischen Literatur, im „Radetzkymarsch" von Joseph Roth (1894–1939), ist er verewigt: der traditionelle Tafelspitz. Untrennbar ist der Tafelspitz mit seinen klassischen Beilagen verbunden, mit denen er, in Scheiben geschnitten, serviert wird: Schnittlauchsauce, Semmel- und Apfelkren, Gemüse, geröstete Erdäpfel und Cremespinat sind seine kongenialen „Genusspartner".

EIN BESONDERES STÜCK FLEISCH

Der Tafelspitz ist eine der berühmtesten Spezialitäten der Wiener Küche. Für das altösterreichische Gericht wird traditionell das gut abgehangene, feinfasrige Stück Rindfleisch vom Schlögel („Knöpfel") eines jungen Ochsen verwendet. Der wie das Gericht bezeichnete Fleischteil, der Tafelspitz, schließt an das sogenannte „Tafelstück" an und erhält seinen Namen vom charakteristischen Schnitt der Fleischteilung. Er ist leicht an seiner Form erkennbar, die an der oberen Rundung einen schmalen Fettrand aufweist, der zusätzlich Geschmack gibt. Die Zubereitung des Tafelspitz, das Kochen, Köcheln bzw. Sieden des Rindfleischstückes im Ganzen, braucht Finesse, Erfahrung und Zeit.

DER BAUCH VON WIEN

Hauptlieferant für die Fleischversorgung der Kaiserstadt Wien war das Rind. Bevorzugt mit Rindfleisch von „ungarischen, galizischen und deutschen Mast-, Weide- und Bauernochsen", die auch aus weiter entfernten Gebieten herangetrieben werden konnten, füllte die Stadt ihren Bauch. Schon seit dem 15. Jahrhundert war der Rindfleischverbrauch in Wien dementsprechend hoch. Für gesottenes Rindfleisch wurden Mastochsen aus der ungarischen Puszta bevorzugt. Ihr Fleisch wies jene Zartheit, Saftigkeit und Würze auf, die das Gericht erst zu einer so begehrten Spezialität gemacht hat. Da dem Wiener sein Rindfleisch stets etwas Besonderes war, verwundert es nicht, dass auch das Zerlegen des Rindes nach Wiener Art im Laufe der Zeit zu einer regelrechten Kunst erhoben wurde.

Denn nur in der Kaiserstadt kannte jeder, der als echter Connaisseur gelten wollte, die Unterschiede zwischen den mannigfaltigen Rindfleischspezialitäten. Das ist übrigens noch heute so. Jedes Rindfleischgericht bedarf einer bestimmten Fleischqualität, die die unterschiedlichen Teile bieten: Sich auszukennen mit Tafelspitz, Tafeldeckel, Rieddeckel, Beinfleisch, Fledermaus, gestutzter Rippe, Kavalierspitz, Kruspelspitz, Hüferschwanzel, Schulterschwanzel, Schulterscherzel, magerem Meisl, weißem Scherzel usw. erforderte entsprechendes Sachwissen. „Wer nicht über mindestens ein Dutzend Stücke von gekochtem Rindfleisch sachkundig sprechen konnte", schrieb der Feuilletonist Joseph Wechsberg humoristisch, „gehörte in Wien nicht dazu, gleichgültig, wieviel Geld er verdiente oder ob der Kaiser ihm den Titel eines Hofrats oder Kommerzialrats verliehen hatte."

Der Legende nach wurde der Tafelspitz als der Vertreter des gekochten Rindfleisches schlechthin im berühmten Hotel Sacher in Wien „erfunden" – und zwar nicht für Kaiser Franz Joseph I., sondern für seine hohen Militärs. Die legendäre Anna Sacher soll aus deren Not eine genüssliche Tugend gemacht haben: Franz Joseph I. aß bei offiziellen Hofbanketts sehr rasch und von jedem Gang nur wenige Bissen. Nach der strengen Hofetikette durfte aber keiner der Gäste, bevor oder nachdem der Kaiser das Besteck in die Hand genommen bzw. weggelegt hatte, essen

Mit Zigarren, Hunden und viel Geschick machte Anna Sacher das Wiener Hotel Sacher und den legendären Tafelspitz weltberühmt.

Dieser Umstand war natürlich sehr zum Leidwesen jener k. u. k. Militärs an der Hoftafel, die noch nicht einmal eine Speise serviert bekommen hatten, während der Kaiser schon wieder sein Besteck weglegte. Um ihren Hunger zu stillen, mussten sie im Anschluss essen gehen. Anna Sacher empfing die hungrigen Gäste von der kaiserlichen Tafel, wusste aber nie genau, wann sie bei ihr erscheinen würden. So ließ sie für die hohen Militärs ein Gericht vorbereiten, das stundenlang vor sich hinkochen konnte und dabei sogar noch besser wurde – den Tafelspitz.

EIN GERICHT – EINE LEBENSPHILOSOPHIE

Gekochtes Rindfleisch und Suppe haben eine lange gemeinsame Geschichte. Sie können ohne einander gar nicht existieren: ohne Rindfleisch keine Suppe und ohne Suppe kein gekochtes Rindfleisch. Die Suppe wird daher gerne mit dem Rindfleisch gemeinsam aufgetragen.

Die Frage nach der Art der Rindfleischzubereitung – gesotten oder doch lieber gebraten – war im alten Wien durchaus umstritten. Da es aber stets eine Sache des persönlichen Geschmacks ist, welcher Garmethode man den Vorzug gibt, wurde dieser kulinarische Disput nie wirklich entschieden.

In der kaiserlichen Hofküche war jedenfalls schon in der ersten Hälfte des 19. Jahrhunderts gekochtes Rindfleisch Standard. Wirkliche Popularität erlangte das Altwiener Siedefleisch aber schließlich durch Kaiser Franz Joseph. Für die private Hoftafel genügte ihm einfache Kost, wie gekochtes Rindfleisch mit Beilagen, etwa Kohl oder Kohlrabi, ein Teller frisch geriebener Kren, einige junge Zwiebeln und altbackenes Brot zum Auftunken des Saftes. Großen Wert legte er angeblich darauf, dass sein Gustostückchen vom Blondvieh stammte.

Das schlichte Gericht fand schließlich den Weg ins Bürgertum und auch in viele Restaurants und Gasthöfe. Gekochtes Rindfleisch entwickelte sich zu einem tragenden Teil Wiener Lebens- und Genussphilosophie, die bis zum Zweiten Weltkrieg alle Krisen überstand. Danach verschafften engagierte Gastronomen dem Wiener Klassiker wieder seinen verdienten Platz. Während viele Speisen der klassischen Wiener Küche aus den Kronländern bzw. Ungarn stammen, ist das gekochte Rindfleisch eine originäre Wiener Spezialität.

KLASSISCHE SUPPENEINLAGEN

Nirgendwo anders findet man eine so ausgeprägte Suppenkultur wie in der Wiener Küche. Von zahlreichen Nockerln-, Knödel- und Strudelvarianten reicht das Angebot bis hin zu Frittaten, Schöberl, Schlickkrapferln, Nudeln und vielem anderem mehr.

Typische Suppenknödel sind unter anderem Leberknödel (aus Rindsleber, Nierenfett und Semmelwürfeln), Tiroler Speckknödel (aus Semmeln und Speck), Bröselknödel (aus Butter, Ei und Weißbrotbröseln) oder Markknödel (aus Mark und Semmeln).

Schöberl (aus Eidotter, Schnee, Mehl und Salz) werden auf einem Backblech gebacken und in Rhomboide geschnitten. Verschiedenste Varianten entstehen durch weitere Zutaten wie Leber, Schinken, Grieß, Kohl oder Gemüse. Farfeln wiederum bestehen aus einem mit der Hand abgebröselten Teig, Frittaten sind in Streifen geschnittene Palatschinken.

Backerbsen (goldbraun herausgebackene, erbsengroße Kügelchen), Lungenstrudel (mit Kalbsbeuschel gefüllter Strudelteig) und die den Kärntner Kasnudeln ähnlichen Schlickkrapferl sind weitere Klassiker. Nicht zuletzt finden auch die aus Butter und Grieß mit einem Löffel geformten Grießnockerln großen Anklang.

Optisch bestens aufeinander abgestimmt kommen die hellen Einlagen traditionell in die dunkle Suppe, die dunklen Einlagen in die helle Suppe. Und eine gute Portion Schnittlauch obendrauf verleiht der kräftigen Brühe nicht nur den entscheidenden geschmacklichen, sondern auch den farblichen Akzent.

REZEPT

TAFELSPITZ

Zutaten für 8–12 Portionen

200 g Zwiebeln, mit Schale
300 g Wurzelwerk (Sellerie, Gelbe Rüben, Karotten, Petersilwurzel)
1 kg Rindsknochen
ca. 4,5 l Wasser

1 Tafelspitz, ca. 2,5–3 kg
15 Pfefferkörner
1/2 Porree
etwas Liebstöckel
Salz
4 EL Schnittlauch, geschnitten

ZUBEREITUNG

Zwiebeln halbieren, in der Pfanne an der Schnittfläche sehr dunkel, fast schwarz rösten. Wurzelwerk waschen und schälen. Knochen warm waschen, Wasser zum Kochen bringen.

Tafelspitz, Knochen und Pfefferkörner ins Wasser geben. Schwach wallend kochen, die Garzeit beträgt insgesamt ca. 3–4 Stunden.

Eine Stunde vor Garende Wurzelwerk, Porree, Liebstöckel und Zwiebeln beigeben. Schaum ständig abschöpfen. Fertig gegartes Fleisch aus der Suppe heben; Suppe würzen und durch ein feines Sieb oder Tuch seihen.

Tafelspitz aufschneiden, mit Suppe begießen, salzen und mit geschnittenem Schnittlauch bestreuen.

Der Tafelspitz, ein spitz zulaufendes, zartes Stück aus der Keule des Rindes, darf nicht zu stark kochen, sondern nur schwach wallend in der Suppe köcheln, der erst am Ende der Garzeit Salz hinzugefügt wird.

TEE- & WEIHNACHTS-BÄCKEREI

Sie werden aus Mürb- oder Lebkuchenteig oder Makronenmasse zubereitet, verfeinert mit Zutaten wie Schokolade, Nüssen, Marmelade oder Marzipan und sind in ihrer Vielfalt kaum zu übertreffen. Von Hand geformt, dressiert oder mit Formen ausgestochen werden sie oft kunstvoll verziert. Als „Krapferl", „Taler", „Letzln" oder einfach „Kekse" haben süße Kleingebäcke in Österreich eine lange Tradition. Während Teegebäck immer Saison hat, werden Weihnachtskekse zur Advent- und Weihnachtszeit gebacken. Schon allein der unverkennbar aromatische Duft, den sie beim Backen verströmen, macht Gusto auf mehr!

BEGEGNUNG VON ABERGLAUBE UND KAFFEEHAUSKULTUR

Bereits die Ägypter bereiteten kleine Honigkuchen zu, die sie ihren Toten als Beigabe mit ins Grab legten. Auch in Indien formte man bereits um 3000 v. Chr. handliche Bissen aus Nougat und Marzipan. Kekse im heutigen Sinn haben ihren Ursprung vermutlich im antiken Rom. Dort entstand im 3. Jahrhundert v. Chr. ungesüßtes Waffelbiskuit.

In gesüßter Form gehen Kekse auf die Niederländer zurück, die kleine getrocknete Kuchen als haltbare Seemannsnahrung schätzten. Erzählungen zufolge liegt der Ursprung des heutigen Weihnachtsgebäcks in mittelalterlichen Klöstern, in denen erlesenes, opulent gewürztes Backwerk zum Gedenken an die Geburt Jesu üblich war. Doch bereits aus vorchristlicher Zeit ist das rituelle Backen von Kleingebäck – in seinem Ursprung dem heidnischen Glauben entnommen – zu besonderen Anlässen bekannt, wie Ausgrabungen und frühe bildliche Darstellungen belegen. Weiters wird vermutet, die Weihnachtsbäckerei könnte auf einen abergläubischen Brauch zurückgehen, der darin bestand, dass man in den Nächten zwischen Weihnachten und Neujahr die bösen Geister der „Wilden Jagd" mit allerlei Süßem zu besänftigen und zu vertreiben versuchte.

Die heute so kunstvoll hergestellten und verzierten Weihnachtskekse gehen wohl überwiegend auf die Biedermeierzeit (1815–1849) oder auf die Zeit der Wiener Ringstraßenepoche Ende der 1890er Jahre zurück. Das Backen von Teegebäck wiederum entwickelte sich vor allem parallel zum zunehmenden Konsum von Kaffee, Tee und Kakao im 17. und 18. Jahrhundert. Gleichzeitig mit der Gründung des ersten Wiener Kaffeehauses im Jahr 1684 entstanden eine Reihe von Gebäckarten und -formen, die das Aroma, den Duft und den Genuss des Kaffees betonen sollten und das vornehme Kaffeekränzchen komplettierten.

Bis ins 19. Jahrhundert blieben Kekse auf Grund der hohen Preise von Zucker, Mandeln und Kakao Luxuserzeugnisse. So waren etwa die luxuriösen Makronen, ein Gebäck aus Mandeln, Zucker und Eiklar, bis zum Preisverfall beim Zucker Reichen vorbehalten. Erst als viele vormals unerschwinglichen Rohstoffe auch für die ärmere Bevölkerung zugänglicher wurden, verbreitete sich das Backen der Leckereien auch in einfachen Haushalten. Gegen Ende des 19. Jahrhunderts entwickelte sich das Vanillekipferl dank der Möglichkeit, die teuren Vanille-

schoten durch das billigere synthetische Vanillin zu ersetzen, rasch zum erfolgreichsten aller österreichischen Weihnachtskekse.

PHILOSOPHIE DER SORTENVIELFALT

Besonders „alteingesessen" unter den heimischen Kleingebäcken sind Ischler Törtchen. Es gibt sie in zwei Varianten: Die eine, feine, besteht aus zwei Mürbteigscheiben, die mit Parisercreme oder Schokoladebuttercreme sowie Marmelade gefüllt, in Kuvertüre getunkt und mit Mandeln verziert werden. Bei der anderen, der weihnachtlichen Variante, sind in den Mürbteig geriebene Haselnüsse eingearbeitet. Die Törtchen verfeinert innen eine Fülle aus Marillenmarmelade, außen eine Glasur. Die Entstehung der Ischler Törtchen geht auf die 1950er Jahre zurück, kreiert wurden sie vom Konditormeister Richard Kurth.

Linzer Augen, Verwandte der Linzer Torte, bestehen ebenfalls aus zwei Scheiben Mürbteig, welche Konfitüre zusammenhält. Die obere Scheibe hat je nach Größe ein Loch in der Mitte oder drei „Augen". Als eine Variante gelten Spitzbuben. Für sie wird der Teig zu einer Kugel geformt, in der Mitte eingedrückt und die entstandene Mulde mit heißer Marmelade gefüllt. Linzer Kipferl, ein mürbes, marmeladegefülltes Spritzgebäck, dessen Enden in Schokolade getunkt werden, sowie braune und weiße, mit Marmelade verfeinerte Wiener Kipferl stehen ebenfalls zur Auswahl.

Echte Klassiker unter den Keksen sind die Vanillekipferl. Aus Mürbteig mit reichlich Mandeln und Vanillezucker hergestellt, werden sie nach dem Backen durch Bestreuen mit einer Mischung aus Vanille- und Staubzucker vollendet. Makronen bzw. -konfekte, kalt oder geröstet produziert, mit Marmelade zusammengesetzt und mit temperierter Kuvertüre halb getunkt, stellen ebenfalls eine sehr beliebte Nascherei dar. Werden zur Herstellung neben oder anstelle von Mandeln andere Zutaten verwendet, bringt dies die Bezeichnung zum Ausdruck, z. B. bei Nuss- oder Kokosmakronen.

REZEPT

VANILLEKIPFERL

Zutaten für 30 Stück

300 g Mehl, glatt
1 Eidotter
1 TL Vanillezucker
Prise Salz
1 MS Zimt, gemahlen
250 g Butter
100 g Staubzucker
180 g Walnüsse, gerieben
Mehl zum Ausarbeiten
Vanillezucker, mit Staubzucker vermischt, zum Wenden

ZUBEREITUNG

Mehl sieben, Dotter mit Vanillezucker, Salz und Zimt verrühren. Butter kleinwürfelig schneiden und mit Mehl grob verkneten (es können noch Butterstücke bleiben). Staubzucker, Walnüsse und Dottergemisch dazugeben und zu einem glatten Teig verkneten. Teig in Frischhaltefolie gewickelt etwa 30 Minuten kalt stellen.

Teig auf leicht bemehlter Arbeitsfläche durchkneten und in vier gleich große Portionen teilen. Jede Teigportion zu fingerdicken Rollen formen und diese in kleine Scheiben schneiden.

Scheiben zu Kipferln formen. Kipferl auf ein mit Backtrennpapier ausgelegtes Blech legen und im vorgeheizten Rohr bei 180 °C etwa 12 Minuten backen. Kurz überkühlen lassen und in mit Vanillezucker vermengtem Staubzucker wenden.

Alternative: Die gebackenen Vanillekipferl sofort mit Vanille-Staubzucker besieben, auskühlen lassen, dann nochmals besieben. Man erspart sich das Wenden im Vanille-Staubzucker und die Kipferl brechen nicht so leicht.

Tipp: Vanille-Staubzucker lässt sich ganz einfach selbst machen: Man nehme 3 Vanilleschoten, schneide sie der Länge nach auf, gebe sie mit 500 g Staubzucker in ein luftdicht verschließbares Gefäß und lasse sie einige Tage stehen.

Traditionsreiche Wiener Caféhäuser und Konditoreien habendie hohe Kunst der Patisserie zur Perfektion gebracht.

Das Wort „Makrone“ wurde uns in der französischen Form „macaron“ vermittelt und geht auf das italienische Wort „maccarone“, „maccherone“ (feiner Teig) zurück. In Wien heißen sie liebevoll Mandelbusserl, Kokosmakronen werden Kokosbusserl genannt.

Bei der Herstellung von Husarenkrapferln wird Mürbteig zu Kugeln mit einer marmeladebefüllten Vertiefung in der Mitte geformt. Fünf pyramidenartig mit Marmelade aufeinandergesetzte und mit Zucker bestreute Mürbteigscheiben ergeben Wiener Krapferl.

Mit Sterntüllen zu Bögen, Rosetten, Stangerln, Ringerln, Biskotten usw. dressiertes Gebäck ergibt feine Spritzkekse. Florentiner wiederum sind in der Regel runde oder eckige Plätzchen, die mit gehobelten oder gestiftelten Mandeln, Honig, Zucker, Butter, Obers und Aranzini auf kuvertüregetunktem Boden locken.

Lebkuchen, Zimtsterne, Schokolade- und Kokosbusserl, Mandel-, Schokolade- oder Pignolienkipferl, Schokoladekrapferl, Vanillescheiben, Hausfreunde mit kandierten Früchten oder Rothschildbiskotten und viele Köstlichkeiten mehr ergänzen die „Welt der Keksspezialitäten“.

Kekse mit feiner Marzipan- oder Marmeladenfüllung und mit unterschiedlichsten Zutaten – die Vielfalt der Tee- und Weihnachtsbäckerei ist schier unbegrenzt.

HOCHZEITSBÄCKEREI

Hochzeitsbäckerei ist eine vor allem im Osten Österreichs gern gepflegte Tradition. Schon Wochen vor dem großen Ereignis werden Unmengen von Keksen angefertigt, die nicht nur exzellent schmecken, sondern auch optisch beeindrucken sollen. Traditionell wurde im Haus der Braut unter Anleitung von Hochzeitsbäckerinnen, die von Hochzeit zu Hochzeit zogen und über ein enormes Repertoire an Rezepten verfügten, gebacken. Dabei probierte man oft besonders schwierige Rezepte aus, um vorangegangene Hochzeiten zu übertrumpfen.

Typische Hochzeitsgebäcke sind gefüllte Datteln, Palmblätter, Kaffee- und Dotterkrapferl, Mandelkipferl, Kokos- und Honigbusserl, Schaumrollen, Haselnuss-Stangerl, mit Buttercreme zusammengesetzte Teeherzerl, mit Nuss oder Mohn gefüllte Hochzeitsbeugel sowie Hochzeitskranzl, mit Rosen, Blättern, Schnecken, Vögeln und Ähnlichem verzierte Germteigzöpfe. Vanillekipferl, Husarenkrapferl und zahlreiche weitere Keksvariationen gehören ebenfalls zum Repertoire der Hochzeitsbäckerei.

Dem Brauch folgend erhalten noch heute bei manchen Hochzeiten alle Gäste als Geschenk ein Paket dieser süßen Köstlichkeiten, das sogenannte „Bschoadbinkerl“. Und noch heute gilt: Je aufwändiger und größer das „Bschoadbinkerl“, desto besser behält man die Hochzeit in Erinnerung.

TIROLER ALM-/ALPKÄSE G. U. & TIROLER BERGKÄSE G. U.

Als Botschafter aus Tirol erzählen sie von saftigen Wiesen und Weiden, vom nachhaltigen Wirtschaften der Bauern, vom Geschmack bester Kuhmilch und von der Kunst des Käsemachens: Tiroler Alm-/Alpkäse g. U. und Tiroler Bergkäse g. U. Der wesentliche Unterscheid der beiden Käsespezialitäten liegt in der Herkunft ihrer Milch. Während für den Tiroler Alm-/Alpkäse g. U. ausschließlich Almmilch in Frage kommt und er nur während der Zeit der Almvegetation hergestellt wird, kann für den Tiroler Bergkäse g. U. Alm- oder aber auch Talmilch verwendet werden.

DEM HIMMEL SO NAH

Nordtirol zieht seine schmale Spur zwischen Salzburg und Vorarlberg mitten durch die Alpen. Im Zentrum der Region liegt Innsbruck – die „Hauptstadt im Gebirg“. Das Südtiroler Ahrntal fungiert als natürliche Grenze und trennt das gebirgige Osttirol mit dem höchsten Gipfel Österreichs – dem Großglockner (3798 m) – von Nordtirol.

Das raue Gebirgsklima bringt kalte, schneereiche Winter und feuchte Sommer, wobei die inneralpinen Täler vergleichsweise mildes Wetter haben. Die Niederschläge konzentrieren sich wegen des Einflusses der Westwetterzone auf den nördlichen Alpenrand und nehmen nach Süden hin ab. Die typischen und teilweise heftigen Föhnwinde sorgen für ein schnelles Abtrocknen der Böden und Pflanzen. Durch die intensive Sonneneinstrahlung in hohen Lagen, die kurze Vegetationszeit und die großen Temperaturschwankungen zwischen Tag und Nacht hat sich eine besonders robuste, artenreiche und würzige Flora entwickelt, welche den Käsesorten ihren aromatischen Geschmack verleiht.

TIROLER KÄSEGESCHICHTE

Schon seit jeher wird in den Regionen Tirols die leicht verderbliche Milch in Form von Käse haltbar gemacht. Ursprünglich wurde nur Magerkäse erzeugt, erst nach und nach setzte sich Hartkäse durch. Seinen Siegeszug trat er nicht zuletzt deswegen an, weil er sich gut als haltbarer Lebensmittelvorrat für den Winter bewährte und sich zudem auch besser über weite Strecken transportieren ließ. So verlegten sich die Tiroler auf das „Süß- oder Fettsennen“, drosselten die Butterproduktion und ließen mehr Fett im Käse.

Historische Schriftstücke belegen, dass diese Arbeitsweise schon im 16. Jahrhundert üblich war. So beschreibt eine Urkunde im Tiroler Landesarchiv aus dem Jahr 1544 den Auftrieb von Kühen auf die Wildschönauer Holzalm und die Aufteilung von Käse und Butter auf die einzelnen Bauern. Damals wurde der Käse in speziellen Holzgefäßen, sogenannten „Thesen“,

Die stattlichen Laibe des Tiroler Alm-/Alpkäses g. U. haben ein Gewicht von 30 bis 60 Kilogramm.

Saftige Bergwiesen bieten die idealen Voraussetzungen für die Erzeugung der schmackhaften Tiroler Käsespezialität.

ins Tal gebracht. Bei einigen Bauern ist von „Spär"-Thesen die Rede, damit war Magerkäse gemeint. Bei anderen ist bereits von „guet Thesen" und „guet Käß" die Rede – ein Ausdruck, der als Hinweis auf Fettkäse gewertet wird.

In der zweiten Hälfte des 19. Jahrhunderts war das Fettkäsen bereits die vorherrschende Praktik auf den zahlreichen Tiroler Alpensennereien geworden. Und weil auch größere Distanzen kein Problem mehr waren, lieferten die Tiroler schon längst bis nach Wien und Berlin.

TIROLER ALM-/ALPKÄSE

Tiroler Alm-/Alpkäse g. U. wird oberhalb der Dauerbesiedelungsgrenze auf bis zu 2500 Meter Seehöhe hergestellt. Der Käse heißt im Tiroler Oberland westlich von Innsbruck traditionellerweise „Alpkäse", im Tiroler Unterland jedoch „Almkäse". Dass der Käse ausschließlich während der 90 bis 120 Tage dauernden Almvegetationsperiode hergestellt werden darf, macht ihn zu einer ganz besonderen Spezialität. Denn im Unterschied zur Talmilch besitzt reine Almmilch zahlreiche Vorzüge. So weist sie etwa einen erhöhten Fettgehalt, einen geringeren Anteil an gesättigten Fettsäuren sowie einen erhöhten Gehalt an ernährungsphysiologisch wichtigen ungesättigten Fettsäuren wie Linol- und Linolensäure, Öl- und Elaidinsäure auf. Die Milch wird an Ort und Stelle ohne Transport und Zwischenlagerung verarbeitet. Die Zugabe von Milch aus Talbetrieben ist verboten. Die Rohmilch wird weder thermisiert noch pasteurisiert oder zentrifugalentkeimt, sondern in naturbelassener Form verkäst. Bevor der Senner die Almmilch verkäst, bleibt sie über Nacht in fassähnlichen Gefäßen aus Holz, den sogenannten Holzgepsen, stehen. Am nächsten Tag wird der Rahm sorgfältig abgeschöpft. Dann kommt die gereifte Milch gemeinsam mit der am Morgen gewonnenen Milch in einen Sennkessel aus Kupfer, wird auf dem Holzfeuer erwärmt und mit Milchsäurekulturen und natürlichem Lab versetzt. Anschließend zieht der Senner die Käseharfe von Hand durch die eingedickte Milch und zerteilt sie zum sogenannten Bruch. Mit der Harfe bestimmt er die Körnung des Käsebruchs, der für den Tiroler Alm-/Alpkäse g. U. erbsengroß sein sollte.

Dann folgt das typische Brennen des Käsebruchs. Dabei wird er unter regelmäßigem Rühren auf etwa 50 °C erhitzt und einer Nachkäsung unterzogen. Sobald sie die gewünschte Konsistenz erreicht hat, wird die Masse mittels Fangtuch und Schiene aus dem Kessel gehoben, in Käseformen gefüllt und ausgepresst. Teilweise geschieht dies noch mit schweren Steinen, hydraulisch oder mittels Hebelwirkung.

Der frische Käse kommt nun bis zu zwei Tage in ein Salzbad, um eine schöne Rindenschmiere zu garantieren. Schließlich reift er viereinhalb bis sechs Monate, oft noch in Naturkellern, zu einer würzigen Spezialität heran. Während dieser Reifephase wird der Käse mit Salzwasser, dem anfangs auch Rotschmierkulturen beigefügt werden können, geschmiert. Zu Beginn geschieht dies noch täglich, später in immer längeren Intervallen. So kann sich die Rinde perfekt ausbilden. Daneben existieren auch Käsevarianten mit trockener Schmiere.

Lange Erfahrung und viel Geschick garantieren den unverwechselbaren Geschmack des Tiroler Bergkäses g. U.

Die „Goldreserven" werden regelmäßig fachmännisch auf Aussehen, Geschmack, Geruch und Konsistenz beurteilt.

TIROLER BERGKÄSE

Zur Herstellung des Tiroler Bergkäses g.U. kommt rohe, silofreie Alm- oder Talmilch zum Einsatz, für deren Qualität es genaue Vorschriften gibt. Und mit viel Geschick und einer hauseigenen Rezeptur drückt der Käsemeister jedem Laib einen persönlichen Stempel auf, wenn er die Milch nach überlieferter Art und Weise verkäst. Tagesfrisch wird diese zur Sennerei gebracht, teilweise entrahmt und mit natürlichem Kälbermagenlab und Milchsäurekulturen versetzt. Weder Zusatzstoffe noch Labersatzstoffe oder gentechnisch hergestelltes Lab sind erlaubt. Nach einiger Zeit wird der Käsebruch unter ständigem Rühren auf etwa 52 °C erwärmt, solange bis das Milcheiweiß die richtige Körnung aufweist.

Dann wird die Masse in einer Käseform unter Druck gepresst, damit die überflüssige Molke austritt. Zur Bildung einer Rindenschmiere kommt der frische Käse für einige Tage in ein Salzbad. Seine Reifezeit beträgt mindestens fünf Monate. Die Laibe von Tiroler Bergkäse g.U. werden zweimal pro Woche sorgfältig mit Salzwasser behandelt.

FORMVOLLENDETE KÄSESPEZIALITÄTEN AUS TIROL

Am Ende landet der ausgereifte Hartkäse in Laibform im Verkaufsregal: Der Tiroler Alm-/Alpkäse g.U. hat eine gelbe bis bräunliche Rinde, die sich grifffest und rissfrei, gelegentlich auch mit einer dünnen, angetrockneten Schmiere zeigt. Der geschmeidige Teig der 30 bis 60 Kilogramm schweren Laibe ist nur spärlich mit erbsen- bis kirschgroßen Löchern versetzt und präsentiert sich elfenbeinfarbig bis hellgelb. Sein aromatisch-pikanter Geschmack bringt den Sommer aus den Bergen mit. Tiroler Almkäse ist nur begrenzt verfügbar: von Oktober bis Mitte März.

Der ganzjährig verfügbare Tiroler Bergkäse g.U. besitzt eine geschmierte, angetrocknete, braungelbe bis braune Rinde. Die etwa erbsengroße, eher spärliche Rundlochung ist matt bis glänzend und gleichmäßig verteilt. Der Teig ist schnittfest bis geschmeidig, elfenbeinfarbig bis hellgelb. Sein Laibgewicht beträgt mindestens 12 Kilogramm. Er präsentiert sich mit einem angenehm milden, leicht nussigen Geruch, der seinen aromatischen, dezent pikanten Geschmack erahnen lässt. Um zu vermitteln, dass sie auf besondere Art und Weise und nur örtlich begrenzt produziert werden, sind Tiroler Alm-/Alpkäse und Tiroler Bergkäse als Produkte mit geschützter Ursprungsbezeichnung (g.U.) registriert und können sich damit im europaweiten Wettbewerb als regionale Spezialitäten behaupten.

TIROLER BERGSCHAF

Das Tiroler Bergschaf ist als relativ junge Rasse aus Kreuzungen von Bergamaskerschaf und verschiedenen bodenständigen Landschafrassen bzw. Schlägen, wie etwa dem Steinschaf, hervorgegangen. Die robuste, fruchtbare, alpintaugliche Rasse wird sowohl für die Almwirtschaft als auch zur Landschaftspflege eingesetzt und liefert nicht nur hochwertiges Fleisch, sondern auch feine Wolle. Sein zartes, würziges Fleisch wurde von der modernen Küche als besondere Spezialität wiederentdeckt. Die gefragte Delikatesse bringt köstliche Abwechslung in den kulinarischen Alltag und wird gerade bei ernährungsbewussten Genießern aufgrund des geringen Fettgehaltes sehr geschätzt.

VON DER „ARME-LEUTE-KUH“

Schafe zählen zu den ältesten Haustieren der Welt. Sie versorgen die Menschheit bereits seit der frühen Steinzeit mit Fleisch, Milch, Fell und Wolle. Tirol als Hochgebirgsland eignete sich seit jeher gut für die Schafhaltung. Dort finden seit dem 12. Jahrhundert sogenannte Schwaigen, eine Sonderform der intensiven Viehwirtschaft, häufig Erwähnung. Schwaighöfe als spezielle Siedlungs- und vor allem Wirtschaftsform im alpinen Raum wurden vielfach als Dauersiedlungsform von den Landesherren zum Zweck der Viehzucht selbst gegründet.

Bis zum Ende des 14. Jahrhunderts herrschte auf den Tiroler Schwaighöfen die Schafzucht vor. Somit kann die Haltung der Schafherden auf den ausgedehnten Almen der gebirgigen Region auf eine jahrhundertealte Tradition zurückblicken. Noch im ausgehenden Mittelalter war Lamm- und Hammelfleisch reichlich in der österreichischen Bergbauernküche zu finden. Bis zum 19. Jahrhundert ging jedoch die Schafzucht in Österreich weitgehend zurück: Das Schwein verdrängte immer mehr das – vielfach abwertend als „Arme-Leute-Kuh“ betitelte – Schaf.

Die Entstehung des Tiroler Bergschafs geht auf die Zwischenkriegszeit im 20. Jahrhundert zurück. Es ist im Wesentlichen auf Kreuzungen des norditalienischen Bergamaskerschafes mit lokalen Rassen wie etwa dem Schnalser oder dem Bschlabser Schaf sowie verschiedenen Schlägen des Steinschafes zurückzuführen. Die daraus entstandenen Schafe wurden in der Abgeschiedenheit der Gebirgstäler Österreichs und der Schweiz weitergezüchtet. Zunächst gab es verschiedene Schläge, die man in den 1930er Jahren zusammenfasste und vereinheitlichte. Durch Selektion entwickelten sich die heutigen typischen Zuchtmerkmale des Tiroler Bergschafes. 1937 wurde schließlich mit der Reinzucht der Tiere begonnen und seit 1938 existiert eine Herdbuchführung. Bis etwa 1950 diente die Schafzucht hauptsächlich der Wollproduktion. Als jedoch Schafwolle durch den Einsatz von Baumwolle und Kunstfasern als textiler Rohstoff an Bedeutung verlor, trat in der Folge die Fleischproduktion vermehrt in den Vordergrund und das hellrosa-zartfasrige Lammfleisch wurde zu einer beliebten Delikatesse.

STÄMMIG, GEBIRGSTAUGLICH UND FRUCHTBAR

Heute gilt das Tiroler Bergschaf als die verbreitetste Schafrasse Österreichs. Vor allem in Vorarlberg, Tirol, Salzburg, Kärnten und der Steiermark ist es häufig anzutreffen. Außerhalb von Österreich ist es zudem in Deutschland, der Schweiz sowie in Südtirol zu finden. Das Tiroler

Das Fell des Tiroler Bergschafs ist reinweiß und wird zweimal pro Jahr geschoren, um die begehrte Wolle zu gewinnen.

In der Abgeschiedenheit der österreichischen Gebirgslandschaften wurden traditionell Schafe gezüchtet.

Bergschaf ist ein stämmiges, mittelgroßes bis großes Tier. Ein tiefer Rumpf, ein langer, gerader Rücken, kompakte Schultern, ein leicht fallendes Becken, kräftige Beine und harte Klauen charakterisieren sein Erscheinungsbild. Sein schmaler, auf der Stirn bewollter, hornloser Kopf weist eine typisch vorgewölbte Nasenpartie und lange, breite Hängeohren auf.

Die Rasse gilt als anpassungsfähig, robust und genügsam. Durch ihre Steig- und Trittsicherheit sowie Widerstandsfähigkeit ist sie besonders für die Beweidung von Alpflächen prädestiniert. Sie gilt daher als idealer „Landschaftspfleger" der Tiroler Almen. Ein wesentliches Merkmal stellt die hohe Fruchtbarkeit der Mutterschafe mit einem Wurf von durchschnittlich zwei bis zweieinhalb Lämmern jährlich dar. Die weiblichen Tiere weisen ausgeprägte Mutterinstinkte auf sowie gute Eutergesundheit und ausreichende Säugeleistung. Die Schafe werden in Herden unterschiedlicher Größe gehalten, wobei der Durchschnitt bei 20 Muttertieren liegt. Den Winter verbringen sie in Aufstallungen, im Sommer leben sie meist drei bis vier Monate auf der Alm.

Die Tiere sind ideal an die rauen Bedingungen ihrer alpinen Heimat angepasst.

ZARTES FLEISCH UND FEINE WOLLE

Auf den Gebirgsweiden steht den Tieren eine Vielzahl aromatischer Kräuter und Pflanzen zur Verfügung. Diese verleihen dem Fleisch ein ganz besonderes Aroma und hervorragenden Geschmack. Die Bergschafe liefern aber nicht nur köstliches, zartes Fleisch, auch ihre Wolle ist äußerst begehrt. Gezüchtet wird das Tiroler Bergschaf reinweiß. Das Vlies darf keinerlei Pigmente aufweisen. Es besteht idealerweise aus schlichter bis gewellter Wolle von mittlerer Feinheit. Um den jährlichen Wollertrag von drei bis fünf Kilogramm bei Widdern und zweieinhalb bis vier Kilogramm bei weiblichen Schafen zu sichern, erfolgt die Schur zweimal jährlich.

Zu den mit dem Tiroler Bergschaf verwandten Rassen zählen das Braune, das Weiße und das Schwarze Bergschaf sowie das Fuchsfarbene Engadinerschaf. Die weißen Tiroler Bergschafe dürfen nicht mit den Weißen Bergschafen verwechselt werden: Erstere erscheinen nicht nur wesentlich größer und rahmiger, sondern sie besitzen auch eine etwas feinere Wolle.

Lammpfandl ist ein traditionelles Gericht der Alpenregion.

TIROLER STEINSCHAF

Als älteste Schafrasse der Region ist das Tiroler Steinschaf noch heute in alpinen Gegenden zu finden. Seine Ursprünge gehen auf das ausgestorbene Zaupelschaf und auf bodenständige, besonders gebirgstaugliche Landschläge zurück. Nahezu alle Bauernhöfe hielten einst zur Selbstversorgung kleine Steinschafherden; selbst in den entlegensten Bergtälern. Im Zillertal wurden die Tiere früher auch als Graue Schafe, im Ötztal wohl wegen der grau-blautönigen Farbe auch als Blobe Schafe bezeichnet (blobe ist tirolerisch für blau). In den Jahren ab 1930 begann in Tirol jedoch die Verdrängung der heute als gefährdet geltenden Rasse. Um sie zu schützen, starteten um 1974 der Aufbau einer Zuchtorganisation und die herdbuchmäßige Betreuung.

Das Tiroler Steinschaf zeichnet sich durch lebhaftes Temperament, Genügsamkeit und hohe Vitalität aus. Bedingt durch seine Trittsicherheit, Widerstands- und Anpassungsfähigkeit ist es für die Haltung in extremen, für Rinder unzugänglichen Hochgebirgszonen optimal geeignet. Die robusten, mittelgroßen bis großen, hageren, überwiegend silber- bis anthrazitgrauen, selten weißen Tiere leben heute fast über ganz Tirol verbreitet. Die Hauptzuchtgebiete liegen im Tuxer- und im Zillertal, am Weerberg, in Osttirol im Ötz-, Oberinn- und Brixental sowie in der Wildschönau. Züchter finden sich aber auch in Salzburg, der Steiermark, Nieder- und Oberösterreich sowie in Bayern.

TIROLER GRAUKÄSE
G. U.

Das über Jahrhunderte erhaltene handwerkliche Geschick und viel Erfahrung bei der Erzeugung von Sauermilchkäse bringen eine ganz besondere Tiroler Spezialität hervor: den Tiroler Graukäse g. U. Einzigartig, vielleicht sogar etwas gewöhnungsbedürftig, ist sein pikanter, würziger Geschmack. Unverkennbar ist er auch durch seine bläulich- bis grün-graue Rinde mit ihren zarten, landkartenartigen Rissen. Die Besonderheit dieser alpenländischen Käsespezialität ist durch die „geschützte Ursprungsbezeichung" seitens der Europäischen Union offiziell anerkannt.

KÖSTLICHE TIROLER KÄSETRADITION

Bäuerliche Betriebe und kleinere Sennereien praktizierten seit vielen Jahrhunderten die Herstellung von Graukäse. Sauermilchkäse wurde sogar schon im Mittelalter produziert. Vor der Einführung der Labkäserei um etwa 1830 stellte die Produktion von Sauermilchtopfen und -käse eine willkommene und noch dazu rentable Möglichkeit der Magermilchverwertung dar. Derartiges berichtete schon W. Winkler in einem Artikel zur Milchwirtschaft in Österreich, als er von einem mit Schimmel überzogenen und durchwachsenen Sauermilchkäse, dem „Grau- oder Blaukäse, Radstädter Tauernkäse" in Vorarlberg, Tirol und Salzburg schrieb.

Eine weitere historische Erwähnung findet der Graukäse 1879 bei A. Trientl, der über die auf den Bauernhöfen sehr geschätzte Graukäserei zur Verwertung der bei der Buttererzeugung anfallenden Magermilch berichtete. Auf den Gehöften hatte sich die Herstellung etablieren können, weil der Käsungsprozess sehr einfach und die im Rahmen der Berglandwirtschaft gewonnene Milch für diese Art der Käseherstellung hervorragend geeignet ist. Den Graukas fabrizierten die Bauern in früheren Zeiten aus der sogenannten Restmilch. Diese sammelte man oft tagelang, wodurch die Kuhmilch automatisch sauer wurde. Nach dem Erhitzen salzten die Bauern die Käserohmasse, pressten sie in Holzformen und legten diese zum Reifen in den Käsekeller. Aufgrund der dort herrschenden Bedingungen begann der Käseteig aufzureißen. Durch diese Risse wanderte der Schimmel in das Innere des Käses und gab der Spezialität Aroma und Geschmack. Nach diesem grauen Schimmel erhielt der Graukas auch seinen Namen.

Käsereitechnologisch löste dann Mitte des 19. Jahrhunderts die Fettkäserei diese Form der Milchverarbeitung weitgehend ab. Erfreulicherweise konnte sich aber die mengenmäßig nicht unbedeutende und auf die Region Tirol beschränkte Verarbeitungsvariante des Graukäses weiterhin behaupten. Dem einst nur als Nebenerzeugnis produzierten Käse kam rasch der Charakter einer eigenständigen Kreation zu.

VOM WERDEN UND REIFEN

Ausschlaggebend für den besonderen Geschmack und die Qualität der Tiroler Milch ist der Pflanzenreichtum der Tiroler Alpentäler. Die Fütterung der Rinder mit silofreiem Futter in Kombination mit einer artgerechten Tierhaltung ermöglicht erst die Entstehung dieser hochwertigen Käsespezialität. Als Rohmaterial für die Herstellung des Tiroler Graukäses g. U. kommt rohe oder pasteurisierte Alp- oder Talmilch zum Einsatz. Meist handelt es sich dabei um Magermilch. Der Käse darf ausschließlich von befugten Erzeugern bzw. Verarbeitern und im Rahmen der bäuerlichen Milchverarbeitung hergestellt werden.

Es handelt sich um Sauermilchkäse, der durch Milchsäuerung ohne Labzusatz entsteht. Die Magermilch wird zunächst durch Säuerungskulturen, meist Säurewecker, zu Sauermilchtopfen dickgelegt. Unter langsamem Rühren folgen das Nachwärmen und der „Brennvorgang". Nach Zugabe von Salz und Pfeffer kommt es zur Formpressung des so behandelten Topfens. Die Reifezeit beträgt bei Zimmertemperatur ca. 10–21 Tage. Die Reifungsgeschwindigkeit hängt vor allem vom Gefüge des Käses ab. Je kompakter der Käse, umso langsamer und je lockerer er ist, desto schneller verläuft die Reifung. Sie geht als sogenannte „Oberflächenreifung" von außen nach innen unter dem Einfluss von Hefen, Milchschimmel und grauen Schimmelstämmen vor sich.

Tiroler Graukäse g. U. weist im jüngeren Stadium meist eine krümelige Struktur sowie einen topfigen Kern auf, im reifen Zustand zeigt er sich speckig, mit einzelnen, nicht durchgereiften Topfenstückchen. Die pikante Spezialität kann auch von außen nach innen mit grau- bis graugrünem Edelschimmel durchädert sein oder einen weißen Kern haben. Der Teig ist in der Randzone oft etwas trocken, im reifen Zustand nach innen gelb-speckig. Graukäse zeigt in Tirol eine regionsspezifische Ausprägung: im Oberinntal speckig, gut durchgereift, im Unterinntal topfig, nur sehr langsam reifend.

TRANSPARENTE QUALITÄTSKRITERIEN UND ZÜNFTIGE KULINARIK

Tiroler Graukäse g. U. hat einen mild säuerlichen Geschmack, solange der Kern noch topfig ist. Je reifer er wird, desto geschmeidiger und saftiger sein Teig und umso pikant-wür-

Tiroler Graukäse g. U. wird in sorgfältiger Handarbeit aus speziell behandeltem Sauermilchtopfen hergestellt.

REZEPT

TIROLER KASPRESSKNÖDEL

Zutaten für etwa 20 Kaspressknödel

500 g Knödelbrot
1 Zwiebel
Salz
Pfeffer
Petersilie
ca. 350 g Graukäse
ca. 150 g Bierkäse
ca. 1/4 l Wasser oder Milch
3 Eier
etwas Mehl
Butterschmalz

ZUBEREITUNG

Zwiebel fein hacken, goldgelb anrösten und unter das Knödelbrot mischen. Käse evt. entrinden und feinwürfelig schneiden. Käse, Salz, Pfeffer und Petersilie gut mit dem Knödelbrot vermengen. Die Eier mit dem Wasser oder der Milch verrühren, in das Brot einarbeiten und kurze Zeit stehen lassen. Zuletzt mit etwas Mehl binden.

Aus dem Teig Laibchen formen, bei schwacher Hitze goldgelb in Butterschmalz herausbacken. Die Knödel noch heiß in Rindsuppe oder einfach mit einem grünen Salat servieren.

ziger bis scharf sein Geschmack. Er kommt in Laib- und Stangenformen von ein bis vier Kilogramm auf den Markt und eignet sich auch hervorragend für eine kalorienbewusste Ernährung, da er mit unter 5 Prozent F. i. T. als nahezu fettfrei gilt.

Tiroler Graukäse g.U. wird auch unter dem Gütesiegel „Qualität Tirol" vertrieben. Es gewährleistet qualitativ hochwertige Produkte aus regionaler und kleinbäuerlicher Erzeugung von erlesenem Geschmack und Aroma. Die Käsespezialität darf lose, unter Vakuum oder in kontrollierter Atmosphäre abgepackt, als ganzes Stück, geteilt oder aufgeschnitten verkauft werden. Aber auch hier gelten genaue Vorschriften, denn Verpackung, Aufschnitt und Portionierung dürfen ausschließlich im Bundesland Tirol erfolgen. Das EU-Logo „Geschützte Ursprungsbezeichnung" auf dem Käseetikett gilt somit als Garant für unverfälschte Gaumenfreuden mit Tiroler Herkunft.

Graukäse hat durch seine Herstellungstradition in vielen bäuerlichen Kochrezepten einen festen Platz. Klassisch isst man ihn mit etwas Butter auf Bauernbrot oder serviert ihn mariniert mit Essig, Öl und frischen Zwiebeln. Dazu passt ebenfalls ein kräftiges Bauernbrot.

Beliebte regionale Schmankerln sind weiters die herzhafte Graukas-Suppe, Brennsuppe mit Graukas, deftige Graukas-Nocken, Tiroler Kaspressknödel, Zillertaler Krapfen und Graukäseknödel.

Die Reife dieser köstlichen und so gut wie fettfreien Käsespezialität benötigt ca. 10–21 Tage und erfolgt bei Zimmertemperatur.

TIROLER GRAUVIEH

Das Tiroler Grauvieh zählt zu den ältesten Rinderrassen des Alpenraums. Die sehr robusten, meist silbrig- bis eisengrau gefärbten Hausrinder mit ihrem typischen roten Haarschopf haben sich über einen langen Zeitraum an die lokalen – zum Teil rauen – Gegebenheiten der hochalpinen Regionen Tirols gewöhnt. Heute ist reinrassiges Tiroler Grauvieh als seltene erhaltungswürdige Nutztierrasse in Österreich anerkannt und wird im Rahmen des österreichischen Generhaltungsprogramms gefördert.

DIE HEIMAT DES TIROLER GRAUVIEHS

Das Hauptweidegebiet des Tiroler Grauviehs liegt in Nordtirol. Dort ist es vom Wipptal bis zur Region Oberes Gericht im Westen, einschließlich des Inntals und der südlichen Seitentäler des Inns, anzutreffen. Das Landschaftsbild Nordtirols wird von zahlreichen alpinen Almweiden mit steilen Abhängen geformt, die sich über fast die Hälfte der Landesfläche erstrecken. Die seltene Rinderrasse ist aber auch in Osttirol, zum Teil in anderen Bundesländern sowie in der Schweiz, in Südtirol und in Bayern anzutreffen.

Das Klima zwischen dem Wipptal und dem Oberen Gericht entspricht dem eines geschützten inneralpinen Raums. Im Sommer regnet es, je nach Region, unterschiedlich viel, während die Winter eher trocken und sehr kalt sind. Fröste und Eistage sind keine Seltenheit. Selbst im Hochsommer erreichen die Tagestemperaturen in einer Seehöhe von 1500 bis 2500 Meter oftmals nicht mehr als 8 °C – 19 °C. Bedingt durch die rauen Gegebenheiten sind die Vegetationsperioden sehr kurz. Je nach Tal- bzw. Höhenlage wächst auf den Tiroler Almweiden eine ganz unterschiedliche Alpenflora, oftmals finden sich geschützte wildwachsende Pflanzenraritäten. Die örtliche Artenvielfalt hängt von den jeweiligen Bodengegebenheiten, der Höhenlage und den kleinklimatischen Besonderheiten ab. Mit der über Generationen tradierten extensiven Viehhaltung sorgen die Tiroler Bauern bis heute dafür, die Natur dieser besonderen Berglandschaft für ihre Nachkommen zu pflegen und zu erhalten.

EIN ALTES HAUSRIND MIT INTERNATIONALER KLASSE

Entsprechend seiner Klassifikation gehört das Tiroler Grauvieh einer Untergruppe des Grauviehs, dem Grey Mountain, an. Davon leitet sich auch der internationale Zuchtname Tyrol Grey ab. Im Englischen wird es auch Tyrolese Grey Cattle oder Grey Alpine genannt.

Das einfarbige Fell des Tiroler Grauviehs erscheint silbrig- bis eisengrau, manchmal bräunlichgrau mit helleren und dunkleren Flecken. Die Haut ist schwarz. Charakteristisch sind neben seinem roten Haarschopf auch die schwarzen Hornspitzen und seine harten schwarzen Klauen. Das genügsame und robuste Rind zeichnet sich durch einen guten Futterinstinkt aus. Es ist langlebig, fruchtbar und von recht lebhaftem Wesen. Über die Jahrhunderte hinweg hat sich das Tiroler Grauvieh an die extremen Wetterbedingungen und an die ausgeprägten Temperaturschwankungen gut gewöhnt.

2615 607

WIE SICH DAS „TORFRIND" ZUM TIROLER GRAUVIEH ENTWICKELTE

Verschiedenen Funden zufolge wurde das Tiroler Oberland bereits tausende Jahre vor Christi Geburt von Völkern aus Südostasien besiedelt. Etwa um 1000 v. Chr. sollen diese ein einfarbiges Kurzhornrind mit nach Mitteleuropa gebracht haben. Dieses „Torfrind", das bos brachyceros, gilt als Urvorfahre des heutigen Tiroler Grauviehs. Bereits der römische Schriftsteller Plinius der Ältere (um 23–79 n. Chr.) erwähnt die hohe Milchleistung dieser Alpenkühe. Später, während der Zeit der Völkerwanderungen im 1. Jahrhundert n. Chr., siedelten sich die Alemannen in Tirol an und brachten großrahmiges Vieh mit.

Der Ostgotenkönig Theoderich der Große (um 454–526 n. Chr.) verordnete schließlich per Erlass, dieses neue Rindvieh mit dem kleineren, bereits heimischen Tier zu kreuzen. Bedingt durch die Abgeschiedenheit der einzelnen Tiroler Bergtäler entwickelten sich nach und nach verschiedene lokale Schläge wie Oberinntaler, Lechtaler und Wipptaler.

Um 1874/1875 ließ das damalige k. u. k Ackerbau-Ministerium die lokalen Rinderrassen der Alpenländer erstmals klassifizieren und ihren Nutzwert beschreiben. In der Folge gründeten örtliche Rinderbauern Ende des 19. Jahrhunderts die ersten Viehzuchtgenossenschaften. Nach und nach begannen sie zwischen Braun- und Grauvieh genauer zu differenzieren, bis Anhänger des Tiroler Grauviehs schließlich 1908 eine eigene Grauviehgenossenschaft bildeten. Sie fürchteten um den Bestand des Grauviehs und sahen die Gefahr einer zu starken Vermischung mit anderen Rinderrassen. Im Zuge der organisierten Zucht führten sie die ursprünglichen Landschläge zum einheitlichen Tiroler Grauvieh zusammen.

Lange Zeit setzten die Bauern ihre Grauviehochsen vorwiegend als kräftige Zug- und Arbeitstiere bei beschwerlicher Feldarbeit ein. Aber auch das Ochsenfleisch wurde als Besonderheit hoch geschätzt. Während des Ersten Weltkriegs verringerte sich der Grauviehbestand drastisch und die Rinderrasse war in der Folge vom Aussterben bedroht. Um dieser Gefährdung entgegenzutreten,

Viele Kühe hören auf ihren Namen und erkennen den Hirten an dessen Gestalt.

Mit den saftigen Wiesen und Weiden im Tal und den ausgedehnten Almen bieten sich hier ideale Bedingungen für die Haltung gesunder und vitaler Tiere.

gründeten die Gemeinden Fiss, Serfaus, Ladis und Fließ im Jahr 1922 die ersten Vereine zur Förderung des Grauviehs, die sich 1924 zum Tiroler Grauviehzuchtverband zusammenschlossen. Im Jahr 1933 wurde erstmals ein für alle Zuchtgebiete gültiges Zuchtziel festgelegt. 1993 erfolgte dann die Gründung der Initiative Qualitätsmarkenfleischprogramm „Angelus" exklusiv für Tiroler Grauvieh.

MIT VIEL ENGAGEMENT UND MÜHE AM BERGBAUERNHOF AUFGEZOGEN

Heute nützen Tiroler Bergbauern das alte Hausrind als Mehrnutzungsrasse für Milch und Fleisch. Mehr als drei Viertel dieser Bauern gehören der Erschwerniszone 3 und 4 nach der Österreichischen Bergbauernverordnung an. Viele von ihnen wirtschaften nach biologischen Richtlinien. Aufgrund der landwirtschaftlich beschränkt nutzbaren Fläche halten die Bauern durchschnittlich nur vier Graurinder pro Hof.

Die Jungochsen werden mit etwa neun Monaten von der restlichen Herde abgetrennt. Die meisten von ihnen verbringen den Sommer auf der Alm, manchmal sogar zwei Saisonen. In der kalten Jahreszeit werden die Jungochsen in artgerechten Laufställen gehalten und mit hofeigenem Heu gefüttert. Die strengen Richtlinien der „Angelus"-Initiative verbieten die Verwendung von Milchaustauschfutter sowie verschiedenen Importfuttermitteln wie Soja oder Maissilage. Einzig während der Endmast ist es erlaubt, den Tieren eine Getreideschrotmischung zu füttern. Das garantiert die besondere Fleischqualität.

Das frische Fleisch des Tiroler Grauviehs ist – je nach Alter – kirsch- bis dunkelrot und zeigt eine regelmäßige Marmorierung. Erst nach einer zweiwöchigen Fleischreifung bildet es seinen kräftig-satten Geschmack, seine Saftigkeit und Zartheit aus. Dann zergeht es förmlich auf der Zunge.

Tiroler Grauvieh hat ein einfarbig silber- bis eisengraues Fell, wobei Kopf, Hals und Rumpf angeraucht sind.

TIROLER SPECK
G. G. A.

Altbewährte Tradition, höchste Qualität und unverwechselbarer Geschmack werden bei der Herstellung des Tiroler Specks g. g. A. großgeschrieben. Nur beste Fleischstücke und eine milde Räucherung über Buchen- und Eschenholz, unterstützt von ausgesuchten Gewürzen, verleihen dem Speck seinen herrlichen, kernigen Geschmack. Am Ende präsentiert er sich mit einem würzigen Rauchton am Gaumen – ehrlich und authentisch. Die berühmte Speckspezialität aus den Tiroler Bergen garantiert höchsten Genuss und ist durch die Europäische Union als geschützte geografische Angabe geschützt.

IM KÖNIGREICH DER BERGE

Das zweigeteilte Tirol liegt mitten im Herzen der Alpen. Von der Schweizer Grenze im Südwesten bis zur deutschen Grenze im Nordosten zieht das Inntal einen markanten Scheitel quer durch Nordtirol. Links und rechts zweigen prächtige Seitentäler ab und von diesen wiederum zahlreiche kleine, romantische Nebentäler.

Im Zentrum der Region, dort, wo sich Unterinntal und Oberinntal begegnen, liegt Innsbruck – die „Hauptstadt im Gebirg". Im Norden ragen die Bergketten der Nördlichen Kalkalpen empor. Im Süden thront das Urgestein der Zentralalpen, zu massigen Bergstöcken geformt, bis zu den Hochalmen begrünt, darüber eisige Gletscher. Auch Osttirol ist von einem Kranz steil aufragender Berge umrahmt, der höchste Gipfel Österreichs – der Großglockner (3798 m) – ist mit dabei.

Das raue Gebirgsklima bringt kalte, schneereiche Winter und feuchte Sommer. Die typischen und teilweise heftigen Föhnwinde sorgen für ein schnelles Abtrocknen der Böden und Pflanzen. In den inneralpinen Tälern ist das Wetter vergleichsweise mild und besonders im Herbst laden beständige Schönwetterperioden zu ausgedehnten Wanderungen ein. Womit wir beim Speck wären: Denn in dieser Gegend ist er bei jeder zünftigen Marend, einer Zwischenmahlzeit am späten Nachmittag oder frühen Abend, mit dabei. Eine Jausenstation ohne Speck gibt es hier nicht.

HIER GEHT'S ZUM SPECK

Früher gab es praktisch auf jedem Tiroler Bauernhof einige Schweine für die Eigenversorgung. Weil es an Kühlmöglichkeiten mangelte, machten die Bauern aus der Not eine Tugend und erfanden den Tiroler Speck. So wurde das Schweinefleisch auf köstliche Art und Weise haltbar gemacht.

Mittlerweile ist die Speckproduktion seit Jahrhunderten ein fester Bestandteil der bäuerlichen Tradition und wird von Generation zu Generation überliefert. In historischen Erwähnungen lassen sich viele Hinweise darauf finden. So erwähnen Nikolaus Graff und Hermann Holzmann in der „Geschichte des Tiroler Metzgerhandwerks und der Fleischversorgung des Landes" eine Preisfestsetzung für das Pfund Speck aus dem Jahr 1573. In anderen Textstellen wird darüber berichtet, dass Schweinefleisch in großen Stücken für den privaten Verbrauch zu Speck verarbeitet wurde: „Der Großteil des Schweines wurde gesurt, dann geselcht und kam als Speck und Selchfleisch auf den Tisch."

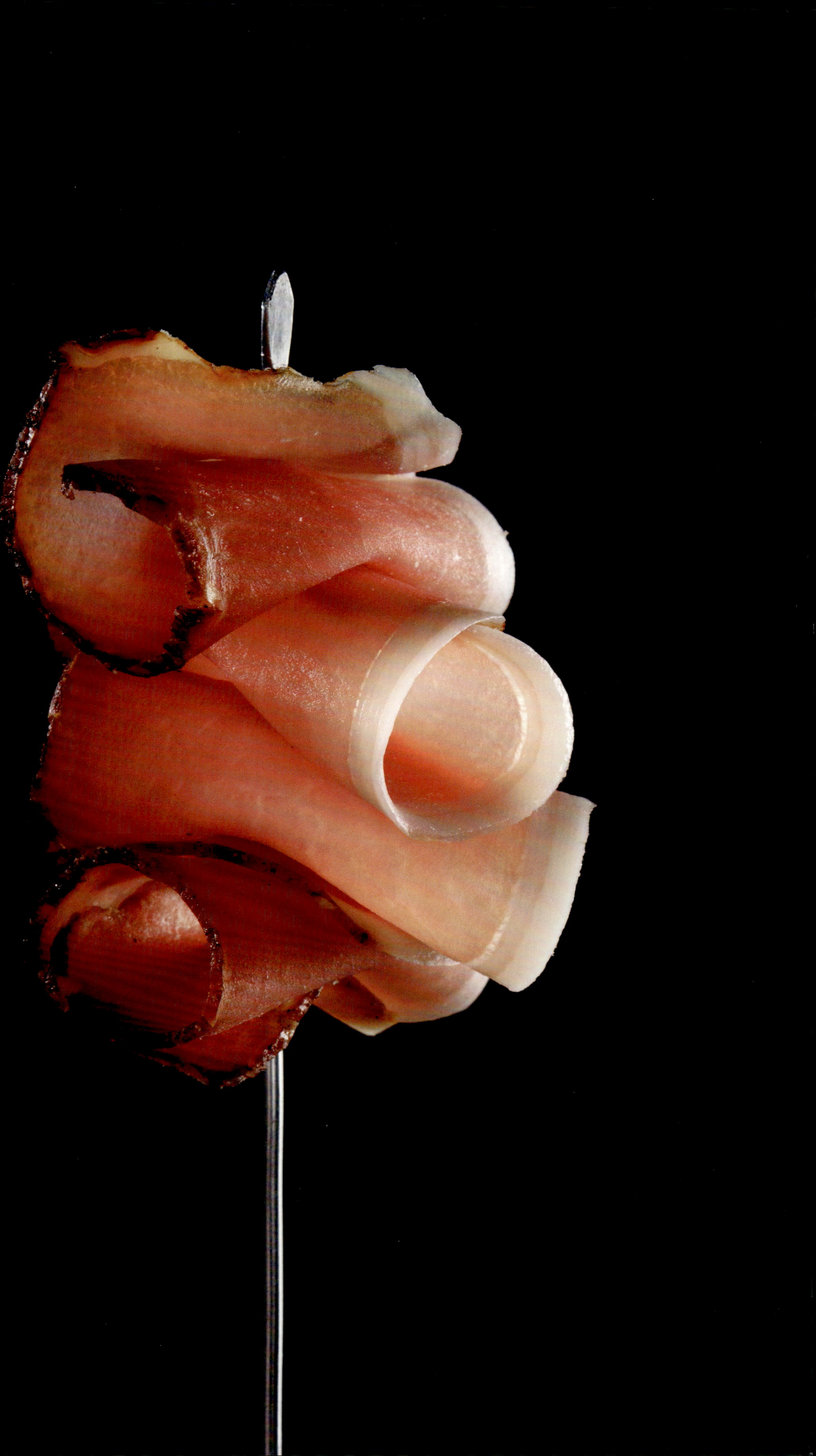

Die weitgehend unberührte Naturlandschaft Tirols mit dem europaweit höchsten Waldanteil bietet die richtigen Grundlagen für die Erzeugung des berühmten Specks.

Bis heute wird das Wissen um die Herstellung des Tiroler Specks g. g. A. sorgsam bewahrt und seine Rezeptur hat sich in all dieser Zeit kaum verändert. Die ausgewählten Fleischstücke werden zuerst gepökelt, dann über Holz geräuchert, um sie anschließend luftig, dunkel und hängend reifen zu lassen. Und doch gibt es feine Unterschiede, die jeden Speck zum Unikat machen: wie die verwendeten Gewürze gemischt und dosiert werden, auf welche Art und wie lange der Speck geräuchert wird und schließlich wie lange er reifen darf. So gut wie jeder Tiroler Speckselcher hat sein eigenes, kleines Geheimnis. Ein altes Sprichwort bringt wohl am treffendsten zum Ausdruck, was der Speck für die Menschen in der Region bedeutet: „Der Speck ist von den Gottesgaben eine der besten, die wir haben."

Damit der Speck seinen intensiven Geschmack erhält, wird er zwei bis drei Monate über Buchen- und Eschenholz geselcht, um dann in einem kühlen, dunklen Keller auszureifen.

VON DER WAHRHEIT AM GAUMEN

Aus dieser überlieferten Tradition bildete sich eine allgemeine Auffassung für die heutige, gewerbliche Herstellung des Tiroler Specks g. g. A. Schon beim traditionellen Zuschnitt der Fleischstücke wird das altbewährte Wissen bedacht. Die verschiedenen Teile des Schweins werden zu Bauch-, Karree-, Schulter-, Schopf- oder Schinkenspeck verarbeitet. Dazu werden die ausgesuchten Fleischstücke trocken „eingesurt". Sie kommen also nicht in eine Salzlake, sondern werden mit trockenem Salz, wenig Pfeffer und weiteren ausgewählten Gewürzen sorgfältig eingerieben.

In dieser Würzmischung bleiben die Stücke je nach Stärke des Fleisches mehrere Wochen lang und werden dabei regelmäßig behutsam massiert und umgelegt. Spritzpökelung und Poltermaschinen sind beim Tiroler Speck g. g. A. tabu. Anschließend kommen die Speckseiten raus aus dem Salz und rein in die „Selch", wo sie bei einer Temperatur von maximal 20 °C mild über Buchen- oder Eschenholz geräuchert werden. Schließlich darf der Tiroler Speck g. g. A. langsam weiterreifen. Unter ständiger Kontrolle trocknet er bei konstanter Luftfeuchtigkeit langsam aus, bis er am Ende seine typische Abtrocknung erreicht.

Bei diesem Vorgang verliert der Speck einen guten Teil seines Gewichts, dafür gewinnt er seine einzigartige Beschaffenheit, die ihn so besonders macht. Damit der Tiroler Speck g. g. A. so schmeckt, wie er schmecken soll, darf er weder zu kurz noch zu lange trocknen. Auch hier zeigt sich das alte handwerkliche Können der Tiroler Speckmacher. Denn wenn die Lufttrocknung nicht lange genug währt, bleibt der Speck weich und wässrig. Hängt der Speck jedoch zu lange, kann er sein Aroma nicht perfekt entfalten. Doch das wissen die Tiroler ganz genau ...

Von Tiroler Speck g. g. A. darf immer ein besonderes Geschmackserlebnis erwartet werden. Die blutrote bis bräunliche Fleischfarbe und der schöne weiße Speckanteil kündigen es an, genau wie der aromatische, leicht rauchige Geruch. Am Gaumen offenbart der Tiroler Speck schließlich seine ganze Würze, bei der sich die salzige Note dezent im Hintergrund hält.

Mittlerweile ist die luftgetrocknete Spezialität aus den Tiroler Bergen mit einer geschützten geografischen Angabe (g. g. A.) versehen. Nur Speck, der in Tirol erzeugt wird, darf als Tiroler Speck g. g. A. bezeichnet werden. Es ist jedoch eine rechtliche Eigenart einer geschützten geografischen Angabe (g. g. A.), dass der Rohstoff, sprich in diesem Fall die Schweine, aus der genannten Region stammen können, aber nicht müssen. Bei verpacktem Tiroler Speck g. g. A. im Handel garantiert daher nur das zusätzliche angebrachte rot-weiße AMA-Gütezeichen, dass die Schweine für die Speckproduktion aus Österreich stammten.

Das Wissen um die Geheimnisse der Speckerzeugung wird in der Region seit Jahrhunderten von Generation zu Generation weitergegeben.

Der kernig-würzige Speck mit dem unverwechselbaren Aroma gehört zu den bekanntesten Spezialitäten Tirols.

TUX-ZILLERTALER RIND

Geschichte und Kulinarik in sich vereinend, präsentiert sich das Tux-Zillertaler Rind als eine der ältesten Rinderrassen Tirols. Aufgrund seiner Robustheit und ausgezeichneten Fleischqualität war es im 19. Jahrhundert äußerst begehrt und galt einst als dominante Rasse im Tiroler Unterland. Heute ist das Tux-Zillertaler Rind zu einer echten Rarität geworden. Sie sind als hoch gefährdet eingestuft, weshalb man sich jetzt wieder vermehrt der Rinder annimmt, um das Aussterben der Rasse zu verhindern. Einen wichtigen Beitrag dazu liefert ihre Förderung im Rahmen des Österreichischen Programms zur Förderung einer umweltgerechten, extensiven und den natürlichen Lebensraum schützenden Landwirtschaft (ÖPUL).

WERTVOLLE NATURLANDSCHAFT MIT HOCHGEBIRGSCHARAKTER

Vor dem Panorama der Zillertaler Alpen mit ihren zahlreichen Gletschern breitet sich das malerische Zillertal Richtung Norden aus und schmiegt sich zwischen die Tuxer Alpen im Westen und die Kitzbüheler Alpen im Osten. Als breitestes südliches Seitental des Inns reicht das Zillertal von Strass im Zillertal bis nach Mayrhofen. Die aus Granitgneis und Glimmerschiefer aufgebaute Gruppe der Zentralalpen weist alle Merkmale eines typischen Hochgebirges auf, mit ihren klaren Formen, eisigen Gletschern, gipfelreichen Kämmen und steilen Bergriesen. Und auch das Klima ist typisch für das Hochgebirge. Starke Temperaturunterschiede zwischen Tag und Nacht lassen kräftige und gesunde Pflanzen wachsen. Im Frühling und Herbst können starke Föhnwinde auftreten, die für ein schnelles Abtrocknen der Böden und der Pflanzen sorgen. Besondere Boden- und Klimaverhältnisse bringen prächtige alpine Pflanzen wie Alpenaster, Alpenleinkraut, Arnika, Enzian und Trollblume hervor. Durch diese regionalen Gegebenheiten fühlt sich das Tux-Zillertaler Rind besonders wohl.

ZUWANDERER ODER EINHEIMISCHER?

Als Vorläufer des Tux-Zillertaler Rindes wird das aus der Schweiz stammende Eringer Rind gehandelt. Womöglich kam dieses bereits zur Römerzeit bekannte Rind mit Siedlern ins Tiroler Zillertal und vermischte sich mit dort heimischen Schlägen. Die zahlreichen Ähnlichkeiten des Eringer Rindes mit dem Tux-Zillertaler ließen diese Entstehungstheorie zumindest vermuten. Möglich wäre aber auch, dass die Übereinstimmungen in Aussehen und Verhalten beider Rinder reiner Zufall sind und die Tiroler Rasse das Ergebnis bodenständiger Rinderzucht ist.

VOM TUXER UND ZILLERTALER ZUM TUX-ZILLERTALER

Die Rassenbezeichnung Tux-Zillertaler Rind stammt erst vom Ende des 20. Jahrhunderts, ist also relativ neu. Zuvor wurde zwischen dem schwarzen Tuxer und dem braunroten Zillertaler unterschieden: zwei Rinderschläge, die aufgrund ihrer Farbdifferenzierung ehemals als eigenständige Rassen angesehen wurden.

Die in Vergessenheit geratenen Trachten der Region Tux-Zillertal erfreuen sich seit einigen Jahren wieder zunehmender Beliebtheit.

Im Zillertal war einst nur der schwarz gefärbte Tuxer Schlag mit seiner typischen Weißfärbung im Lenden- und Schwanzbereich anzutreffen. Bedingt durch den Trend hin zu dunklen Rindern Anfang des 19. Jahrhunderts war der Schlag alsbald auch außerhalb Tirols anzutreffen. Bis nach Oberbayern und Südtirol gelangten die Tiere. Eine durch die internationale Zuchtausstellung in Paris 1856 ausgelöste neuerliche Trendwende bekam das Tuxer jedoch stark zu spüren. Die zuvor noch äußerst beliebten dunklen Rinder kamen plötzlich aus der Mode und wurden durch hellere Rassen, wie etwa Pinzgauer, Simmentaler, Montafoner und Oberinntaler Grauvieh, ersetzt. Zudem wurden dem schwarzen Tuxer rote Schläge, wie das Pinzgauer, eingekreuzt. Daraus entstand dann das braunrote Zillertaler Rind. Ende des 19. Jahrhunderts war das Tuxer bereits zu einer echten Seltenheit geworden und höchstens noch im Zillertal anzutreffen. Auch das Verbreitungsgebiet des neu entstandenen Zillertaler Rindes war stark begrenzt, es wurde vorwiegend in den Gegenden um Fügen und Zell im Zillertal gehalten.

Sowohl das Tuxer als auch das Zillertaler Rind besaßen beeindruckende gute Eigenschaften, die angeblich sogar die russischen Zaren erkannten. Sie ließen solche Rinder nach Russland bringen, wo diese Einfluss auf die Entstehung zahlreicher russischer Rinderrassen genommen haben sollen. Die ausgeprägte Ähnlichkeit sowie die nahe Verwandtschaft führten im 20. Jahrhundert schließlich dazu, dass das schwarze Tuxer und das rotbraune Zillertaler ab 1995 zu einer Rasse, dem Tux-Zillertaler Rind, zusammengefasst wurden.

In den 1970er Jahren gab es weltweit nur noch 30 Tux-Zillertaler Rinder. Doch dank einiger Idealisten konnte die Rasse gerettet werden.

Der Tuxer Farbschlag ist schwarz, der Zillertaler braunrot.

DAS TUX-ZILLERTALER RIND ALS FÜHRER UND BESCHÜTZER

Lange Zeit war das Tux-Zillertaler Rind vor allem aufgrund seiner Kampflust begehrt. Die Querfalte auf dem Nasenrücken, die insbesondere beim Zillertaler zu finden war, verlieh den Rindern schon rein äußerlich das Aussehen von Stieren. Zudem galt diese Falte als Zeichen großer Macht.

Gerade bei der Weidehaltung machte man sich die Stärke der Tux-Zillertaler Rinder zu Nutze. Oftmals hielten sich Bauern eine Tux-Zillertaler Kuh, um der restlichen Herde gute Weideplätze zu sichern und sie vor Angriffen anderer Rinder zu schützen. Tux-Zillertaler Rinder nahmen in der Herde stets eine Sonderstellung ein. Die Tiere galten als Einzelgänger und waren gegenüber anderen Rindern meist dominant. Etwa im Brixental war bis um 1925 die Haltung einer solchen „Glockkuh" üblich.

Eindeutigere Aufteilungen der Besitzverhältnisse auf den Almen zu Beginn des 20. Jahrhunderts sowie bessere Fütterung der Tiere machten den Kampf um die besten Weideplätze hinfällig und das Tux-Zillertaler verschwand zunehmend von den Tiroler Almen. Der Zweite Weltkrieg und verschiedene Krankheiten ließen das Tux-Zillertaler beinahe aussterben. Mitte der 1970er Jahre hatte sich die Zahl der Tux-Zillertaler Rinder weltweit bereits auf 30 Stück dezimiert.

RETTUNG IN LETZTER SEKUNDE

Dem Engagement der Vereinigung der Tux-Zillertaler-Züchter, der Herdbuchführung sowie durchdachten Anpaarungsprogrammen ist es zu verdanken, dass die Rasse dennoch bis heute erhalten geblieben ist. Mittlerweile gilt der Rinderzuchtverband Tirol als verantwortliche Organisation für die österreichweite Betreuung der Tiere. Die Erhaltung der genetischen Vielfalt und damit der typischen Eigenschaften und des Aussehens des Tux-Zillertaler Rindes stehen dabei im Vordergrund. Bis auf ihre Farbe sind der Tuxer und der Zillertaler Schlag kaum voneinander zu unterscheiden. Sowohl das schwarz gefärbte Tuxer als auch das braunrote Zillertaler Rind zeigen eine gut bemuskelte, mittelrahmige Statur. Sie tragen eine charakteristische weiße Zeichnung in der Kreuzgegend, auch „Feder(l)" genannt, am Unterbauch bzw. Euter, an der Unterbrust sowie an der Schwanzspitze. Das Flotzmaul ist von einem braunen Ring umgeben, Hornspitzen und Klauen sind dunkel.

Neben ihrer hervorstechendsten Charaktereigenschaft, der Kampflust, sind Tux-Zillertaler Rinder zudem äußerst widerstandsfähig, vital, fit, genügsam und langlebig. Dank ihrer optimalen Anpassung an die in der Region vorherrschenden Bedingungen, ihrer guten Futterverwertung, der außerordentlichen Weidetauglichkeit sowie ihrer Eignung sowohl als Milchvieh als auch zur Mutterkuhhaltung erfreuen sich Tux-Zillertaler Rinder höchster Beliebtheit unter den Züchtern.

Viel Bewegung an der frischen Bergluft sowie saftige Wiesen tragen das Übrige dazu bei, dass das Tux-Zillertaler durch seine ausgezeichnete Fleischqualität mit besonderer Feinfasrigkeit und Saftigkeit punktet. Sein erhöhtes Muskelfett macht das Fleisch zudem ganz besonders zart und äußerst schmackhaft.

Bunt geschmückt werden die Tux-Zillertaler Rinder beim jährlichen Almabtrieb ins Tal gebracht.

An die in der Region vorherrschenden Bedingungen sind die Tiere optimal angepasst.

UHUDLER

Sein Geschmack erinnert an fruchtige Waldbeeren, unterlegt von einer deftigen Säurenote und dem typischen „Foxton“. Die Farben des roten Uhudlers reichen von zartem Rosa bis Ziegelrot, die des weißen Uhudlers von blassem Stroh- bis hin zu hellem Goldgelb. Seine Geschichte ist ebenso wechselvoll wie spannend. Vom einst stiefmütterlich behandelten Haustrunk ist der sogar kurze Zeit verbotene Wein mittlerweile längst zu einer beliebten Rarität des Südburgenlandes avanciert.

KLEINES ANBAUGEBIET MIT BESONDEREM CHARME

Die Heimat des Uhudlers ist das sonnige Südburgenland. Die ausgedehnte, im Südosten Österreichs auf rund 300 Meter Seehöhe gelegene Region hat sanft hügeligen Charakter. Sie wird im Osten von Ungarn, im Süden von Slowenien und im Westen von der Steiermark begrenzt. Die Lage am Übergang von der Zentralzone der Ostalpen zum Westungarischen Tiefland sowie der Übergang zum pannonischen Klimabereich sind die bestimmenden Geofaktoren für dieses fruchtbare Gebiet. Klimatisch ist das Südburgenland milder und weniger heiß als das restliche Bundesland. Das Anbaugebiet des Uhudlers umfasst derzeit rund 38 Hektar, wobei die Hauptanbaugebiete der Reben die Gemeinden Heiligenbrunn im Bezirk Güssing und Elterndorf im Bezirk Jennersdorf bilden.

VOM „HAUSTRUNK“ UND VERBOTENEN REBSAFT ...

Die wechselvolle Geschichte des Uhudlers geht auf die Zeit nach der großen Reblauskatastrophe mit den Zerstörungen von Rebanlagen in Europa im 19. Jahrhundert zurück. In der Folge wurden reblausresistente amerikanische Reben als Unterlage ausgesetzt, auf die Europäerreben aufgepfropft wurden. Amerikanerreben ohne Veredelung werden als Direktträger bezeichnet. Direktträgersorten haben so klingende Namen wie Concord, Delaware, Elvira und Ripatella. Aus Trauben von Direktträgern wird heute Uhudler gewonnen.

Im Laufe des 20. Jahrhunderts kam der Uhudler jedoch in Verruf. Es wurde behauptet, dass der Wein von Direktträgern einen hohen Anteil an Methanol enthalte und daher gesundheitsschädlich sei. Im Jahr 1929 folgte zunächst eine gesetzliche Kennzeichnungspflicht. 1936 kam es zum Auspflanzungsverbot für Direktträgerweine. 1937 folgte dann das Verbot von Weinverschnitten mit Erzeugnissen aus Direktträgerreben. Nach dem Zweiten Weltkrieg verschlimmerte sich die Situation um den Uhudler weiter: Im Jahr 1946 wurde die Rodung der Uhudlerflächen bis auf 25 Prozent veranlasst. 1961 verbot man die Inverkehrbringung von Direktträgerweinen, ergänzt durch die Beschränkung, sie nur mehr als „Haustrunk“ verwenden zu dürfen. Ausschank und Verkauf waren verboten. 1971 griff das Parlament noch weiter in die Trinkgewohnheiten der lokalen Bevölkerung ein: Per Gesetz zog man eine mengenmäßige Obergrenze für den „Haustrunk“ Uhudler mit 400 Litern pro Kopf und Jahr ein. Sein vorläufiges Aus kam 1985: Der Begriff des „Haustrunkes“ wurde im Zuge der gesetzlichen Verschärfungen als Folge des österreichischen Weinskandals aus dem Weingesetz genommen. Damit war der Uhudler komplett verboten. Bis zu Beginn der 1990er Jahre blieb es dabei.

HUDLER

... ZUR GEFRAGTEN/ BELIEBTEN/BEGEHRTEN WEINSPEZIALITÄT

Doch zur selben Zeit begann sich das Blatt für die südburgenländische Rarität zu wenden. Der 1987 gegründete „Verein der Freunde des Uhudler" setzte sich zum Ziel, den Uhudler wieder in Verkehr zu bringen. Aufgrund dieses Engagements wurde der Wein 1992 im Rahmen einer Weingesetznovelle erneut in das österreichische Weingesetz aufgenommen und darf seit 1. August 1992 wieder in Verkehr gebracht werden.

Die Aufnahme in das Bundesgesetz veranlasste auch den Burgenländischen Landtag kurz darauf, per Verordnung die für den Uhudler verwendeten Direktträgersorten „vorübergehend" zuzulassen. Das gilt bis 31. Dezember 2030. Mit dem gesetzlichen Auslaufen dieser Regelung 2030 wird das nächste spannende Kapitel in der Geschichte des Uhudlers folgen. Er könnte dann nämlich wieder vor einem Produktionsverbot stehen. Gerade sein im Laufe der Zeit so wechselvoller Weg ist es aber, der dem Uhudler einen besonderen Ruf als regionale und traditionelle Spezialität eingebracht hat. Damit ist der Uhudler für seine Heimatregion auch zu einem wichtigen Symbol geworden.

GEMISCHTER SATZ AUS „HECKENKLESCHERN"

Die Bezeichnung „Uhudler" entstand Ende 1950 im Südburgenland. Der Ursprung des Namens geht auf mündliche Überlieferungen zurück. Eine verbreitete Legende erzählt, dass Weinbauern nach übermäßigem Genuss des Rebsaftes in den Kellern von ihren Frauen zu Hause mit den Worten „Du siehst aus wie ein Uhu!" begrüßt wurden. Eine andere Anekdote besagt, dass der Name von einem Tongefäß, dem „Udler", einer Art Plutzer mit zwei Löchern, herrührt. Heute sind Wort-Bild-Marken mit dem Wortlaut „Uhudler" sogar beim österreichischen Patentamt registriert und ausschließlich für das Südburgenland reserviert. Dem Uhudler ähnliche Direktträgerweine aus der Steiermark werden übrigens als Suhudler oder Juhudler bezeichnet.

Die für den Uhudler vinifizierten Rebsorten sind resistent gegen die Reblaus und andere Krankheiten. Deshalb müssen sie (fast) nicht gespritzt und gedüngt werden. Für den Uhudler werden die Traubensorten Concord, Delaware, Elvira und Ripatella gemischt verwendet. Diese Direktträger werden in Österreich auch gerne als „Rabiatperle" oder „Heckenklescher" bezeichnet. Diese negativ

Das milde südburgenländische Klima verwöhnt die Weintrauben mit zahlreichen Sonnenstunden.

Nur Wein aus der Gegend Güssing, Oberwart und Jennersdorf (Südburgenland) darf die Bezeichnung Uhudler tragen.

besetzten Bezeichnungen für alkoholstarke Weine von minderer Qualität gehen darauf zurück, dass der Genuss rabitat, also rücksichtslos und aggressiv, mache bzw. zum Gleichgewichtsverlust führe und man dann in Folge „in die Hecke klescht".

Genau genommen ist Uhudler ein Gemischter Satz und hat aufgrund des höheren Pektingehaltes der „Amerikanertrauben", also der Direktträgersorten, einen geringfügig höheren, jedoch gesundheitlich nicht bedenklichen Methanolgehalt als Wein aus europäischen Rebsorten.

ZÜNFTIGE QUALITÄT IN TONPLUTZERN

Durch fundiertere Ausbildung der Produzenten, bessere Kellertechnik, verstärkte Weingartenarbeit sowie sorgfältige Kontrollen durch den „Verein der Freunde des Uhudler" konnte die Qualität des Uhudlers in den letzten Jahren deutlich gestärkt werden. Eine Kostkommission prüft jährlich die Uhudler-Weine der Mitgliedsgemeinden auf Sortencharakter, Reintönigkeit und Sauberkeit, um so die hohe Qualität zu sichern. Jene Uhudler-Spezialitäten, die diese strenge Prüfung bestehen, dürfen die gemeinsame, patentierte Wort-Bild-Marke tragen.

Die südburgenländische Spezialität darf ausschließlich mit einem Anhänger oder Etikett versehen in klassischen Ein-Liter-Flaschen oder zünftigen Viertelliter-Tonplutzern von ganz bestimmter Form in den Verkehr gebracht werden. Auch verarbeitet zu Sekt, Schnaps, fruchtigen Säften oder milden Essigen sowie als raffinierte Verfeinerung für Marmelade- und Schokoladespezialitäten, für Käse („Blauhudler") und für Gerichte der südburgenländischen Küche ist der Uhudler äußerst beliebt.

Uhudler wird aus sogenannten Direktträgertrauben hergestellt, wie z. B. Isabella- und Elviratrauben. Geschmacklich erinnert er intensiv an Erdbeeren.

Der „Verein der Freunde des Uhudler" kontrolliert die Qualität der Weine und vergibt die patentierte Wort-Bild-Marke „Uhudler".

UNGARISCHES STEPPENRIND

Auf den Weiden rund um den Neusiedler See grasen heute wieder die einzigartigen Ungarischen Steppenrinder. Umfangreiche Bemühungen des Nationalparks Neusiedler See – Seewinkel und die lange Erfahrung der regionalen Bauern haben die einst vom Aussterben bedrohte alte Nutztierrasse sowie die für die Gegend typische Form der Beweidung wieder heimisch werden lassen.

DAS ALTE HAUSRIND MIT DEN VIELEN NAMEN

Das Ungarisches Steppenrind oder Ungarisches Graurind ist auch bekannt als Nationalpark Neusiedler See – Seewinkel Steppenrind. Auch die ungarischen Bezeichnungen Szilaj, Magyar szürkemarha und Magyar alföldi sind üblich. Sein Name lautet korrekterweise „Bos primigenius taurus Rasseschlüssel 53 UST".

Die ausgewachsenen Tiere haben ein silber- bis aschgraues Fell, durch das ihre dunkle Haut durchschimmert. Das Maul, die Augenumgebung, die Ohren, die Hornspitzen, die Klauen und sogar die Schwanzquaste sind schwarz gefärbt. Die beträchtlich langen Hörner sind elegant nach oben geschwungen, ähnlich einer antiken Lyra. Das Rind ist schlank, mittel- bis großrahmig gebaut und gilt als anspruchsloses, langlebiges Tier, das leicht kalbt. Es hat sich über lange Zeit an seinen Lebensraum optimal angepasst.

DER NATIONALPARK, EINE ARTENREICHE NATURLANDSCHAFT

Das Steppenrind ist in einem Gebiet mit ganz besonderen landschaftlichen Gegebenheiten heimisch: im Nationalpark Neusiedler See – Seewinkel. Weite zusammenhängende Weideflächen sind hier ebenso charakteristisch wie der Neusiedler See mit seinem Schilfgürtel und seinen Lacken.

Gemeinsam mit dem ungarischen Fertő-Hanság Nemzeti Park bildet der Nationalpark Neusiedler See – Seewinkel heute ein etwa 300 Quadratkilometer großes, grenzüberschreitendes Naturschutzgebiet, das von der Weltschutzorganisation IUCN (International Union for Conservation of Nature) anerkannt wurde. Seine außergewöhnliche Fauna und Flora zählen zum UNESCO Welterbe. Hier wachsen Pflanzenraritäten wie die Salzkresse, die pannonische Salz-Aster, der Queller, der Stengellose Tragant, der Österreichische Salbei und das Federgras.

Der Nationalpark Neusiedler See – Seewinkel wird von fünf besonderen Landschaftszügen umgrenzt: im Westen vom Leithagebirge, einem Ausläufer der Alpen, und im Norden von den großen Schotterterrassen der Parndorfer Platte, die vermutlich aus der eiszeitlichen Donau stammen. Im südöstlichen Teil dehnt sich bis weit in das ungarische Staatsgebiet die Niedermoorlandschaft des Waasen-Hanság aus. Im Osten hingegen erstreckt sich die Tiefebene des Seewinkels mit seinen vielen Lacken, ein in dieser Form in Europa einzigartiges Landschaftsschutzgebiet.

Das Steppenrind hat bereits extreme klimatische Veränderungen des kontinentalen Klimas überstanden. Auch heute verbringt es das ganze Jahr unter freiem Himmel – im Stall fühlt es sich nicht wohl.

In der Kleinen Ungarischen Tiefebene liegt der Neusiedler See, einer der wenigen Steppenseen Europas. Auf Ungarisch heißt er Fertő tó, was übersetzt soviel wie Sumpf bedeutet.

DIE WÄRMSTE REGION ÖSTERREICHS

Zu der unvergleichlichen Landschaft gesellt sich ein außergewöhnliches Klima. In der Gegend rund um den Seewinkel herrscht ein pannonisches, leicht kontinental geprägtes Klima vor. Die Temperaturen können im Jahresverlauf stark schwanken, meist sind die Sommer sehr heiß und die Winter empfindlich kalt. In unmittelbarer Nähe des Neusiedler Sees spürt man die Wirkung der großen Wasserflächen als Temperaturpuffer. Besonders in der Nacht, wenn der See auskühlt, gibt er Wärme und Luftfeuchtigkeit an die Umgebung ab. Er trägt zu einer langen Vegetationsperiode von rund 250 Tagen bei und schafft damit ideale landwirtschaftliche Voraussetzungen.

Ein Wahrzeichen der Gegen um den Neusiedler See sind die vielen Störche, die hier leben.

WIE DAS GRAUE STEPPENRIND KAM UND BEINAH WIEDER VERSCHWAND

Über Jahrhunderte prägte die Viehwirtschaft das Landschaftsbild der Region. Das Steppenrind war gemeinsam mit anderen Nutztieren im Burgenland lange Zeit die Lebensgrundlage für Land und Leute. Es kam wahrscheinlich im 9. Jahrhundert mit der Einwanderung der Magyaren, einem finno-ugrischen Volksstamm, aus dem Osten in das Ungarische Tiefland. Vom 14. bis ins 19. Jahrhundert soll es hier die bevorzugte Rinderasse gewesen sein, manche Quellen huldigen es sogar als das „Nationalrind Ungarns".

Das Fleisch des Ungarischen Steppenrindes schätzten die Menschen weit über seinen Lebensraum hinaus. Schon damals trieben Hirten große Wanderherden zu verschiedenen Schlachtviehmärkten in Österreich, Mähren, Deutschland und Italien. So wurden zwischen 1549 und 1551 rund 200.000 dieser Rinder nach Wien gebracht, 43.620 Rinder allein im Jahre 1650.

Bis ins frühe 20. Jahrhundert galten die robusten Hausrinder, vor allem die Ochsen, als zuverlässige Arbeitstiere und an vielen Orten weideten große Viehherden. Nach einer alten Bauernregel trieben die Hirten die Steppenrinder jeden Morgen zwischen Gregori (12. März) und Michaeli (29. September) gemeinsam mit anderen Hoftieren auf die dorfnahen, offenen Weideflächen. Diese traditionelle Form der Viehhaltung wurde bis nach dem Zweiten Weltkrieg gepflegt. Sie trug dazu bei, dass sich die äußerst artenreiche Steppenlandschaft und die Hutweide entwickeln konnten.

Doch Umstellungen in der Landwirtschaft und Viehzucht verdrängten die alte Rinderrasse nach und nach, bis es schließlich nur mehr sechs Stiere und 187 Kühe gab. Nach dem Niedergang der Viehwirtschaft in den 1970er Jahren teilten die Urbarialgemeinden weite Teile der gemeinschaftlichen Weide- und Wiesenflächen auf, die in der Folge als Ackerland oder Weingärten genutzt wurden. Die feuchtsalzigen, unproduktiven Gegenden blieben sich selbst überlassen und begannen langsam zu verbuschen oder zu verschilfen.

DIE ALTE HAUSRINDRASSE WURDE GERETTET

Mitte der 1980er Jahre drohten wertvolle Lebensräume durch Nicht-Nutzung verloren zu gehen. Seltene heimische Haustierrassen wie etwa das Graue Steppenrind, der europäische Weiße Esel, der Wasserbüffel, das Mangalitza-Schwein und das Przewalski-Pferd drohten auszusterben. Quasi in letzter Minute fanden sich das Nationalparkmanagement und örtliche Bauern zusammen, um gemeinsam im Sinne des Naturschutzes die einzigartigen Biotope und alten Tierrassen zu erhalten.

Die Nationalparkverwaltung ist ein registrierter Biobetrieb zur Viehhaltung mit wissenschaftlicher Begleitforschung. Auf den Weiden des Vorgeländes des Neusiedler Sees grasen heute wieder an die 500 Ungarische Steppenrinder, wie etwa im Gebiet um Sandeck-Neudegg, südlich der Gemeinden Apetlon und Illmitz oder im Bereich der Zitzmannsdorfer Wiesen. Nur in der kalten Jahreszeit, wenn auf den Wiesen kein Futter zu finden ist, wird den Rindern hofeigenes Bioheu zugefüttert.

Das ungarische Steppenrind war nicht nur ein zuverlässiges Zugtier, seine Milch und sein Fleisch waren wichtige Nahrungsmittel und sein Fell schützte die Hirten im ganzen Jahr vor Sonne und Regen.

Das Fleisch der Steppenrindes schmeckt eher kräftig und wird gern mit feinen Wildkräuteraromen versetzt.

DER FEINE GESCHMACK DER PUSZTA

Heute ist das Fleisch dieser besonderen Rinderrasse das ganze Jahr über verfügbar. Die Bauern achten jedoch darauf, dass immer nur ein kleiner Bestand der Tiere geschlachtet wird. Meist sind das Tiere im Alter zwischen zweieinhalb und drei Jahren und mit einem Schlachtgewicht von rund 550 bis 700 Kilogramm. Die Schlachtung erfolgt möglichst stressarm, ohne lange Transportwege. Dafür sorgt die gute Zusammenarbeit mit lokalen Fleischereibetrieben.

Kenner beschreiben das Fleisch des Steppenrindes als besonders schmackhaft. Es ist leicht durchzogen, enthält wenig Fett und weist eine kurzfasrige, feste Konsistenz auf. Dies ist für Steppenrinder wärmerer Klimazonen typisch, denn bei ihnen erfolgt die Fettablagerung vor allem im Bereich der Bauchhöhle.

Die Vermarktung erfolgt gemeinsam mit regionalen Fleischereien. Die Palette der angebotenen Spezialitäten reicht vom Frischfleisch bis zu Nationalparkwürsteln, Graurinderwurst und Nationalparkschinken. Sie wird sowohl für private Feinschmecker als auch für die Gastronomie angeboten.

VORARLBERGER ALP- UND BERGKÄSE G. U.

Käse machen können sie, die Menschen im Ländle. So gut, dass sie dafür ausgezeichnet werden: Ihr Vorarlberger Alp- und Bergkäse ist mittlerweile als geschützte Ursprungsbezeichnung registriert. Kein Wunder, spiegeln diese Käsereiprodukte doch in unnachahmlicher Weise die Eigenheit der Region samt der traditionellen Käsekultur der Vorarlberger wider. Und auch die üppige Vorarlberger Alpenflora hinterlässt ihre Spuren im Käse und ist für den besonders aromatischen Geschmack verantwortlich. Daraus entstehen köstliche Gerichte wie beispielsweise Käseknödel, Käseknöpfle oder die berühmten Käsespätzle.

EIN STÜCK ÖSTERREICH ZWISCHEN BODENSEE UND ARLBERG

Vorarlberg – im einheimischen Dialekt schlicht Ländle genannt – liegt im äußersten Westen Österreichs, umgeben von Wasser und Bergen: im Norden vom Bodensee, im Westen vom Rhein, im Osten und im Süden von den Alpen. Auf kleinstem Raum präsentiert sich hier eine erstaunliche Landschaftsvielfalt in charmanter und kleinstrukturierter Form mit den mediterran anmutenden Ufern des Bodensees, den sanften, üppig grünen Voralpenhügeln und imposanten Gipfeln im Hochgebirge.

Das Klima ist stark atlantisch geprägt und durch milde, schneereiche Winter und eher kühle Sommer charakterisiert. Das Lechtal und das Montafon gehören im Winter zu den sonnigsten Gebieten Österreichs und das Große Walsertal ist als „Schneeloch“ bekannt. Ausgeprägte Föhnwinde beschleunigen im Frühjahr die Schneeschmelze und verlängern dadurch die Vegetationsperiode. Die Hälfte der landwirtschaftlichen Nutzfläche wird alpwirtschaftlich genutzt. Dass die Bergflora so bunt gedeiht, lässt sich auf die speziellen Boden- und Klimaverhältnisse zurückführen, aber auch darauf, dass die Bauern ihre „Bündt“ (Bergweiden und -wiesen) schonend und nachhaltig bewirtschaften.

WORAUF DAS LÄNDLE ZU RECHT STOLZ IST

Die traditionelle Käsekultur lässt sich in Vorarlberg über Jahrhunderte zurückverfolgen und hat sich in all dieser Zeit kaum verändert. Schon während des 17. Jahrhunderts wurde das Käsehandwerk so praktiziert, wie wir es heute in Vorarlberg erleben. Es gibt schriftliche Belege, dass das Süßsennen – auch Fettsennen genannt – damals bereits üblich war. Die Einheimischen wurden von zuwandernden Sennern aus dem Appenzell in die Kunst der Fettsennerei eingeweiht. Die typischen Käsespezialitäten wie der Vorarlberger Alp- sowie Bergkäse entstanden.

Zuvor war in der Region nur der Sauerkäse (Sura Kees) bekannt, für dessen Herstellung die Milch so gut wie vollständig entrahmt wird. Mit der anfallenden Butter bezahlten die Senner ihre Steuern an die Obrigkeit. Doch gegen Ende des 17. Jahrhunderts verdrängte die neue Technik der Hartkäseproduktion den Sura Kees immer mehr, nicht zuletzt, weil sich der Alpkäse

so gut als haltbarer Lebensmittelvorrat für den Winter bewährte. Allerdings konnten die Bauern nun, bedingt durch die Hartkäseherstellung, nur noch wenig Butter an die Herrschaft abführen. Doch obwohl diese auf ihren Butterlieferungen bestand und mehrmals ein Verbot des Fettsennens anordnete, war der Umbruch nicht aufzuhalten. Ab dem 18. Jahrhundert hatten sich der Vorarlberger Alp- und der Bergkäse endgültig etabliert. Einzig im Montafon hat sich der traditionelle Sura Kees bis heute erhalten.

ALPKÄSE – BERGKÄSE: DER FEINE UNTERSCHIED

Während für die Herstellung von Vorarlberger Bergkäse g. U. sowohl Alm- als auch Talmilch zum Einsatz kommen, geht es bezüglich der Milchherkunft für den Vorarlberger Alpkäse g. U. strenger zu: Ohne Ausnahme darf hierfür ausschließlich Almmilch verwendet werden. Das Verbot der Zugabe von Milch aus Talbetrieben bedingt, dass der Alpkäse nur zeitlich begrenzt, während der Sommermonate, auf den Alpen produziert wird.

Beim Vorarlberger Alpkäse g. U. wird die rohe Almmilch ohne Transporte und Zwischenlagerung an Ort und Stelle verarbeitet. Sie wird weder thermisiert noch pasteurisiert oder zentrifugalentkeimt, sondern in naturbelassener Form verkäst. Ihr voller Geschmack bleibt erhalten und findet sich auch im Käse wieder. Die am Abend gewonnene Milch bleibt über Nacht in traditionellen flachen Holzschalen, den Gebsen, stehen. Am nächsten Tag wird der Rahm zur Erreichung des gewünschten Fettgehalts händisch abgeschöpft. Diese teilweise entrahmte Milch kommt gemeinsam mit der vollfetten Morgenmilch in einen Sennkessel aus Kupfer, wird erwärmt und mit Milchsäu-

Die Vorarlberger Käsemacher fühlen sich der Qualität ihrer delikaten Produkte verpflichtet.

REZEPT

KÄSSPÄTZLE

Zutaten für 6 Personen

Salz
Muskatnuss, frisch gerieben
6 Eier
600 g Mehl, doppelgriffig
80 g Vorarlberger Alp- oder Bergkäse
80 g Räßkäse
80 g Bregenzerwälder Schnittkäse
Pfeffer, schwarz, gemahlen
60 g Butter
150 g Röstzwiebeln (siehe Seite 243)
Beilage nach Wahl

ZUBEREITUNG

1/4 Liter Wasser mit Salz, Muskatnuss und Eiern verschlagen. Mehl sieben und mit einem Kochlöffel kurz daruntermengen, und zwar so, dass noch ein wenig Mehl sichtbar bleibt. Den Spätzleteig sofort durch ein Spätzlesieb in kochendes Salzwasser drücken, einmal aufkochen lassen, aus dem Wasser heben und abtropfen lassen. Abwechselnd eine Lage Spätzle und eine Lage geriebenen Käse in eine feuerfeste Schüssel geben und mit Salz und Pfeffer würzen. Mit heißer Butter übergießen und die goldbraun gerösteten Zwiebeln darüber verteilen. Eventuell noch kurz ins heiße Rohr stellen. Als Beilage reicht man meist Kartoffelsalat.

rekulturen und natürlichem Lab versetzt. Anschließend zieht der Senner die Käseharfe von Hand durch die eingedickte Milch und zerteilt diese dadurch zum sogenannten Bruch. Mit der Harfe bestimmt der Senner die Körnung des Käsebruchs. Je kleiner die Bruchstücke, desto mehr Molke tritt aus und umso fester wird der fertige Käse.

Die Entnahme des Käsebruchs erfolgt händisch mit Hilfe von Käsetüchern und ohne die Verwendung von Käsefertigern. Der Käsebruch wird auf 51,5 – 52,5 °C erhitzt und in Laibe gepresst. Während der anschließenden Reifephase von mindestens drei bis sechs Monaten werden die Laibe regelmäßig mit Salzwasser gebürstet, damit sich die Rinde ausbilden kann. Am Ende der Reifungszeit präsentiert sich der Vorarlberger Alpkäse g. U. elfenbeinfarbig, schnittfest und geschmeidig mit einer erbsengroßen, runden Lochung. Seine angetrocknete, körnige Rinde ist braungelb bis braun, sein Fettgehalt liegt über 45 Prozent F.i.T. Sein Geschmack ist mild, aromatisch, mit zunehmendem Alter pikant.

Beim Vorarlberger Bergkäse g. U. läuft der Erzeugungsprozess recht ähnlich ab. Es darf jedoch neben Almmilch auch Talmilch verwendet werden. Für die Milchanlieferung sind nur Betriebe mit extensiver Grünlandbewirtschaftung – ohne Silagefütterung – zugelassen. Die Milch darf weder thermisiert noch pasteurisiert und auch nicht zentrifugalentkeimt werden. Mit viel Feingefühl wird die Milch in der Käserei teilweise entrahmt, angewärmt und mit natürlichem Kälbermagenlab und einer speziellen Molke- bzw. Milchsäurekultur dickgelegt. Durch den Einsatz von Molkekulturen unterscheidet sich der Vorarlberger Bergkäse wesentlich von anderen Käsespezialitäten.

Seit Hunderten von Jahren betreiben Vorarlberger Bergbauern in den gebirgigen Höhenlagen ihrer Heimat Land- und Viehwirtschaft.

In die Herstellung von Vorarlberger Alp- und Bergkäse g. U. fließt viel traditionelles Wissen ein.

Nachdem sich eine Gallerte gebildet hat, kommt die Käseharfe zum Einsatz, die die Masse in erbsengroße Körner zerteilt. Der Käsebruch wird anschließend auf 51–52,5 °C „gebrannt“. Wenn er die richtige Festigkeit hat, hebt ihn der Käsemeister mit einem Käsetuch vorsichtig aus dem Kessel und presst die typischen Laibe. Nach einer kurzen Ruhezeit werden die Käselaibe für zwei bis drei Tage in ein Salzbad getaucht. Im Reifekeller entwickelt sich der Käse dann über mehrere Wochen, mindestens jedoch drei bis sechs Monate, und wird dabei zweimal pro Woche mit Salzwasser gebürstet. Während dieser Zeit entsteht ein glatter, geschmeidiger und schnittfester Käseteig. Er ist elfenbeinfarbig bis hellgelb und hat eine etwa erbsengroße, runde und gleichmäßig verteilte Lochung. Die braungelbe bis braune, körnige Rinde ist fallweise mit einer dünnen, angetrockneten Schmiere überzogen. Sein Fettgehalt mit etwa 50 Prozent F.i.T. bringt das charakteristische, würzige bis pikante Aroma voll zur Geltung.

GESICHERTE HERKUNFT UND QUALITÄT

Sowohl Vorarlberger Alpkäse als auch Vorarlberger Bergkäse sind als geschützte Ursprungsbezeichnung (g. U.) registriert. Sie tragen damit eine Auszeichnung, die nur Produkten zusteht, die örtlich begrenzt und auf ganz besondere Weise hergestellt werden. Beide Käsesorten unterliegen strengen Qualitätsmaßstäben. Die hohen Standards basieren sowohl auf gesetzlichen Reglementierungen als auch auf umfangreichen freiwilligen Selbstkontrollen und Qualitätsprogrammen der beteiligten Betriebe.

VORARL-BERGER RIEBELMAIS

Früher galt der Riebelmais als lebenswichtige Ernährungsgrundlage der bäuerlichen Bevölkerung im Rheintal. Traditionell arbeitende Bauern sorgten dafür, dass die alten Landmaissorten, die den Vorarlberger Riebelmais botanisch ausmachen, bis heute erhalten geblieben sind. Denn die kleinen Feldfrüchte weisen kulinarisch großes Potenzial auf: Daher soll der ernährungsphysiologisch wertvolle Vorarlberger Riebelmais wieder einem breiteren Publikum angeboten werden. In der Gastronomie Vorarlbergs ist er bereits eine sehr gefragte Regionalspezialität für kreative Gerichte.

VOM „TÜRKEN“

Die ältesten bekannten Maiskörner stammen aus der Zeit zwischen 5200 und 3400 v. Chr. und wurden in Südmexiko gefunden. Ende des 15. Jahrhunderts gelangte der Mais aus Mittelamerika nach Europa. Von Spanien kam er nach Venedig. Noch heute finden sich im Veneto und im Friaul alte Mais-Genotypen, insbesondere Weißmaistypen, die dem in Vorarlberg angepflanzten Riebelmais ähnlich sind. Fälschlicherweise wurde aber seine Herkunft im Osmanenreich vermutet, weshalb der Riebelmais oft als Türgga bezeichnet wird.

Der Riebelmais scheint jedenfalls der älteste Lebensmittelmais nördlich der Alpen zu sein. Das erste Auftreten des „Türkens“ im Rheintal fällt in die Mitte des 17. Jahrhunderts. Im 19. Jahrhundert baute man ihn fast ausschließlich zum Zweck der Eigenversorgung an. Darüber hinaus galt Riebelmais auch als Tauschprodukt für Milch, Butter und Käse.

Das Jahr 1869 kennzeichnet den Höhepunkt des „Türkens“ in der Landwirtschaft. Mit der Eröffnung der Arlbergbahn 1884 gelangte jedoch vermehrt Getreide aus dem Osten Österreichs und aus Ungarn durch den Arlbergtunnel nach Vorarlberg. Weizen wurde daraufhin billiger, der Brotkonsum stieg, und der Maisanbau wurde sukzessive zurückgedrängt. Ab dem 20. Jahrhundert baute man Riebelmais immer häufiger als Grün- und Silomais für Futterzwecke an.

Die letzte Blütezeit erlebte der Riebelmais in Vorarlberg nach dem Zweiten Weltkrieg, denn er lieferte auf kleinen Flächen hohe Erträge. Die Öffnung der Zonengrenzen mit dem Staatsvertrag 1955, bessere Verfügbarkeit von Getreide aus Ostösterreich, billigere Weizenimporte und das Auftauchen ertragsstärkerer, amerikanischer Hybridmaissorten verdrängten den Riebelmais jedoch für einige Zeit.

ERHALTUNG GENETISCHER RESSOURCEN

Vorarlberger Riebelmais zählt zu den Hartmaissorten. Er besticht durch die weiße Farbe des Mehlkörpers sowie seinen typisch süßlichen Geschmack. Aus alten Sorten wie zum Beispiel Weißem Rheintaler, Weißem Vorarlberger Frühmais, Unterländer, Weißem Rheintalmais, Nenzinger Frühmais, Kematener, Weißem Vorarlberger und Gelbem Vorarlberger, die heute botanisch nicht mehr unterschieden werden, entstand schließlich der Vorarlberger Riebelmais.

Lange wurde Riebelmais als Arme-Leute-Gericht verschmäht, heute erlebt er eine Renaissance.

Die Sicherung seiner genetischen Ressourcen erfolgt in erster Linie durch eine regelmäßige landwirtschaftliche Kultivierung. Fanden Aussaat, Düngung, Unkrautbekämpfung und Ernte über Jahrzehnte nur im gärtnerischen Maßstab auf Flächen von 20 bis 200 Quadratmeter für den Eigenbedarf händisch statt, erfolgte erst in jüngster Zeit ein mechanisiertes Anpflanzen auf Großflächen, das schrittweise ausgeweitet wird.

Deshalb startete 2005 das Projekt „Riebelmais in Vorarlberg", um die alte Landsorte botanisch zu sichern, ihren Feldbau zu forcieren und ihn als regionales Erzeugnis im Handel zu platzieren. Damit folgt man auch in Vorarlberg Bestrebungen der Schweiz, die den „Rheintaler Ribelmais" bereits im Jahr 2000 als AOC-Produkt (Produkt mit geschützter Ursprungsbezeichnung) ausweisen ließ.

EINE GENÜGSAME LANDMAISSORTE

Die Heimat des Vorarlberger Riebelmais, das gebirgige Vorarlberg, ist das westlichste Bundesland Österreichs und grenzt im Osten an Tirol, im Westen an Liechtenstein (Rhein), im Süden an die Schweiz und im Norden an Deutschland.

Seine Hauptanbaugebiete liegen im Rheintal zwischen der Landeshauptstadt Bregenz und Feldkirch auf 412 bis 500 Meter Seehöhe. Einzelne Kleinflächen finden sich auch im Walgau und den angrenzenden Hanggemeinden im Vorderen und Mittleren Bregenzerwald sowie im Leiblachtal. Der anspruchslose Riebelmais wächst generell auf den unterschiedlichsten Bodentypen, vor allem dann, wenn ausreichend Nährstoffe und Feuchtigkeit verfügbar sind. Das in der Region vorherrschende milde und niederschlagsreiche Klima mit dem charakteristischen, häufigen Föhn kommt dem Riebel sehr zugute.

Vorarlberger Riebelmais, dessen Ursprung man in der Türkei vermutete, wird seit 350 Jahren im Vorarlberger und im Schweizer Rheintal angebaut.

1947 wurden in Vorarlberg noch ca. 600 Hektar Riebelmais angebaut, heute wird er nur noch auf ca. 30 Kleinflächen kultiviert.

MODERNE VERMARKTUNG UND TRADITIONELLE VERWENDUNG

Während geschätzte 50 Selbstversorger die Körner erst kurz vor der Verwendung in kleinen Lohn- oder Hofmühlen vermahlen lassen, transportiert man die maschinell geernteten Maiskörner einer geringen Zahl landwirtschaftlicher Betriebe zu einem Verarbeitungsunternehmen in der nahen Schweiz. Dort erfolgen Trocknung, Reinigung und Vermahlung. Die gereinigten Maiskörner werden wie früher auf Walzenstühlen oder einer Steinmühle mit Keimling, Kleie- und Mehlanteil bis zur gewünschten Feinheit vermahlen. Es entstehen Maisgrieß, Maisdunst und Maismehl, die wieder zurück nach Vorarlberg gehen.

„Echter Vorarlberger Riebelmais" wird unter der Marke „Ländle Riebel" direkt sowie über den Lebensmitteleinzelhandel vertrieben. Die Ländle Qualitätsprodukte Marketing GmbH gibt Richtlinien für die Erzeugung von Vorarlberger Riebelmais heraus und kontrolliert ihre Einhaltung. Wichtig dabei: der regionale Anbau, der Einsatz des gesicherten Saatgutes und eine geringe Saatdichte. Über alle Arbeitsgänge und Düngemengen erfolgen sorgfältige Aufzeichnungen.

Die Spezialität aus dem Rheintal findet vorwiegend für die Herstellung von abgeröstetem Maiskoch in unterschiedlichen Variationen Verwendung. Hier wird Riebelmaisgrieß in gesalzener Milch und Wasser aufgekocht und anschließend mit Butter(-Schmalz) unter ständigem Stochern („Riebeln") abgeröstet. Danach nennt man diese einfache Maisbreispeise „Riebel".

Der Riebel gilt als ein in Vorarlberg, Liechtenstein und der Ostschweiz geschätztes und beliebtes Gericht. Die Rezepte wurden über Generationen weitergegeben, wodurch es eine Fülle an verschiedenen Zubereitungsarten gibt. Riebel wird zum Frühstück, aber auch mittags und abends gegessen. Mit Milch oder Kaffee übergossen, wird er zum „Stopfer". Früher wurde der Riebel oft schon am Vortag gekocht und am nächsten Tag erst geröstet. Im unteren Rheintal serviert man auch den Hafaloab, einen länglich geformten Knödel, der klassisch mit Riebelmais hergestellt wird.

REZEPT

RIEBEL

Zutaten für 4–6 Portionen

1/2 l Wasser
1/2 l Milch
1 Prise Salz
175 g Weizengrieß
175 g Maisgrieß, hell
60 g Butterschmalz
30 g Butter
Zucker zum Bestreuen
Beilage nach Wahl

ZUBEREITUNG

Wasser mit Milch und Salz aufkochen, Weizen- und Maisgrieß unter ständigem Rühren einrieseln lassen und aufkochen.

Anschließend eine Stunde rasten lassen. Danach im heißen Butterschmalz rösten, dabei zerkleinern und oft wenden.

Zuletzt die Butter dazugeben. Der Riebel ist fertig, wenn er goldgelb und bröselig ist. Nach Belieben mit Zucker bestreuen.

Als klassische Beilagen werden Apfelmus, Apfel-, Heidelbeer- oder Hollerkompott gereicht.

WACHAUER MARILLE
G. U.

Die von der UNESCO als Weltkulturerbe anerkannte Wachau überrascht mit einer außergewöhnlichen Mischung aus kultivierter Landschaft und üppig gedeihender Natur. Ein ganz besonderes Erlebnis sind die fruchtbaren Obstgärten entlang des Donauufers, wenn sie sich im Frühling in ein duftendes Blütenmeer verwandeln. Hier wachsen Mandeln, Pfirsiche, Äpfel und Birnen. Die bekannteste Obstsorte ist aber die Wachauer Marille, deren guter Ruf bis weit über die Grenzen reicht. Weil ihre unverwechselbare Qualität auf die typischen naturgegebenen Faktoren wie Wachauer Klima und Boden sowie auf die Erfahrungen einer langen Anbautradition zurückzuführen ist, hat die EU die Wachauer Marille mit dem besonderen Ursprungssiegel g. U. ausgezeichnet.

DAS WELTKULTURERBE AN DER DONAU

Dort, wo das südliche Waldviertel mit dem Dunkelsteinerwald zusammentrifft, erstreckt sich zwischen Melk und Krems eine wahre Zauberlandschaft: die Wachau. Vor langer Zeit grub sich hier die Donau durch ein Plateau aus Granit und Gneis. So entstand das enge Donautal, das mit seinen steil abfallenden Hängen, bunten Mischwäldern, schroffen Felsen und den sonnenverwöhnten Weinbergterrassen eine ganz besondere Romantik ausstrahlt. Der magere, aber ökologisch wichtige Trockenrasen und das Flussbett der Donau mit seinem schmalen angrenzenden Auwald schaffen wichtige Rückzugsgebiete für gefährdete Tier- und Pflanzenarten. Und gleich direkt neben der Donau liegen auch die malerischen Obstgärten, in denen die Wachauer Marille wächst.

DER REBLAUS SEI DANK!

Wenn man es ganz genau nimmt, hat die Wachauer Marille ihre Berühmtheit einer Zwerglaus zu verdanken, die Ende des 19. Jahrhunderts aus Nordamerika nach Europa eingeschleppt wurde und weite Teile der damals vorhandenen Rebanlagen vernichtete. Doch die Geschichte der Marille als solcher beginnt natürlich schon viel früher. Die wildwachsenden Vorfahren der Marille sollen aus China abstammen. Bisher wurde vermutet, dass die Römer diese Frucht in unsere Breiten brachten. Neueren Forschungen nach ist aber ziemlich sicher, dass die Marille ihren Weg über die Donau in die Wachau fand. Denn in der Gedenkschrift über den heiligen Severin schreibt Eugippius (ca. 465–533 n. Chr.), dass zur Römerzeit in der Wachau bereits Obstbau betrieben wurde.

Der älteste schriftliche Nachweis der „Maryln“ findet sich jedoch erst in einer aus dem Jahr 1509 stammenden Briefsammlung, die im Starhembergischen Archiv in Eferding bei Linz aufliegt. Dass die Marille in manchen deutschsprachigen Gebieten Aprikose heißt, liegt übrigens daran, dass sich der französische Name „abricot“ nach West- und Norddeutschland verbreitete. In Österreich sowie in Süddeutschland und der Schweiz wurde hingegen der vom italienischen „armellino“ über das Wort „Amarellen“ abgeleitete Name Marille heimisch.

Als sich dann im 19. Jahrhundert die Reblaus auf den heimischen Weinstöcken breitmachte und beinahe alle Weinpflanzungen zerstörte, suchten Wachauer Weinbauern nach einem gewinnbringenden Ersatz, der sich in ihrer Region gut kultivieren ließ, und fanden ihn in der Marille. Gemeinsam mit Obstbau-Fachleuten und örtlichen Baumschulen wurden an den Standort angepasste Marillensorten entwickelt, wie etwa die regionaltypische Klosterneuburger Marille.

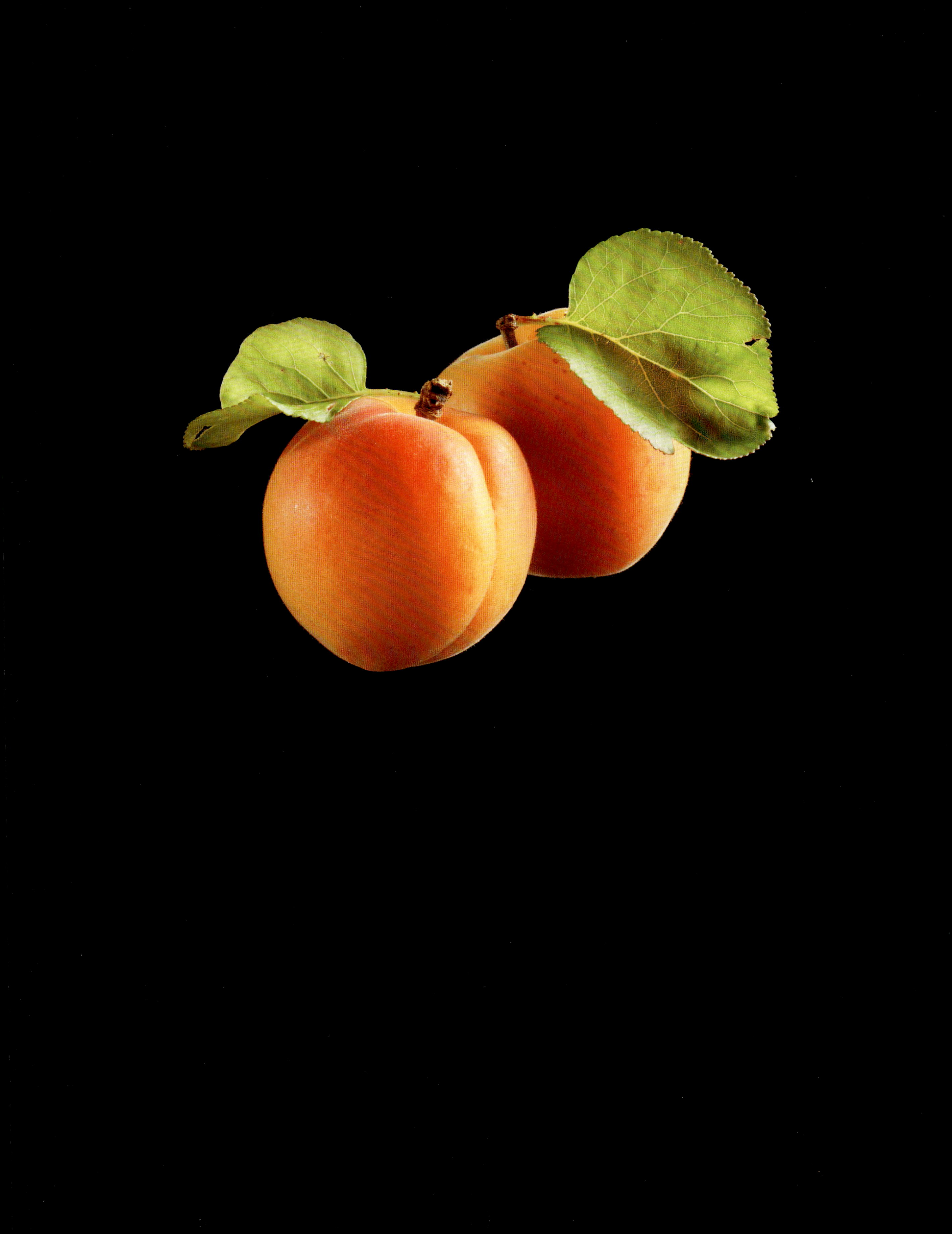

Der herrliche Geschmack dieser Steinfrüchte entsteht durch das besondere Klima, das in den idyllischen Marillengärten der Wachau herrscht.

Eine wahre Hochblüte erlebte der Wachauer Marillenanbau in den 1950er Jahren, als Bahn und Auto die Transportmöglichkeiten erweiterten. Damals entstanden regelrechte Marillenplantagen, denn für viele Landwirte war die köstliche Frucht eine wichtige Einnahmequelle. In den 1990er Jahren organisierten sich die örtlichen Marillenbauern und setzten sich gemeinsam für den Schutz und die Erhaltung der Wachauer Marille ein. 2003 gründeten sie den Verein zum Schutz der Wachauer Marille, dem heute etwa 200 Mitglieder angehören. Sie garantieren mit ihrer „Original Wachauer Marille" sowohl die Herkunft als auch eine einzigartige Geschmacksqualität.

DER WACHAUER AROMAGÜRTEL

Mit dem Namen Wachauer Marille g.U. dürfen nur Marillen bezeichnet werden, die aus der Region Wachau-Mautern-Krems stammen. Die Region umfasst die Gemeinden Aggsbach-Markt, Albrechtsberg, Bergern im Dunkelsteinerwald, Droß, Dürnstein, Furth, Gedersdorf, Krems, Maria Laach, Mautern, Mühldorf, Paudorf, Rohrendorf bei Krems, Rossatz-Arnsdorf, Senftenberg, Spitz, Stratzing, Weinziel am Wald und Weißenkirchen.

Viele Faktoren spielen für die unvergleichliche Qualität der Wachauer Marille g.U. optimal zusammen. Der Boden besteht zum Teil aus verwittertem Urgestein, in tieferen Lagen mischt sich Löß dazu und im Tal neben der Donau zum Teil auch Sand. Ebenso vielfältig wie die Bodenbeschaffenheit ist auch das Wachauer Kima. Vom Osten her reicht trockenes und gemäßigtes pannonisches Klima in das Donautal, und das Waldviertel schickt aus dem Norden kühlere, oft feuchte Luft durch die Wachauer Gräben. Schließlich sorgt die große Wasseroberfläche der Donau dafür, dass viel Sonnenlicht reflektiert wird. Das Zusammenspiel dieser Faktoren ist für die Entwicklung des gehaltvollen Geschmacks der Wachauer Marille sehr wichtig.

EIN RUNDGANG DURCH DEN MARILLENGARTEN

Botanisch gesehen zählt der Marillenbaum (Prunus armeniaca) zu den Rosengewächsen. Als Erziehungsform ist der Meterstamm mit Rundkronenerziehung, Pyramiden- oder Hohlkrone verbreitet.

Während der Blüte- und der Reifezeit mag es die Marille gerne warm. Daher werden die Bäume mit ausreichendem Abstand gepflanzt, denn nur so kann das für die Geschmacksausbildung so wichtige Sonnenlicht zu den vielen Früchten durchkommen. Wenn sich die Marillen schließlich honiggelb färben und an einer der Backen bräunliche bis rötliche Punkte bekommen, dann ist die Zeit der Ernte angebrochen. Und die ist knapp bemessen: Während etwa drei Wochen im Hochsommer ernten die Obstbauern die begehrte Frucht. Weil sie immer nur ganz reife Marillen pflücken, wird ein Baum pro Saison bis zu fünfmal durchgeerntet. Die sehr arbeitsaufwändige Ernte erfolgt nach wie vor per Hand, wozu die Marillenbauern einen traditionellen Pflückkorb verwenden: die typische Marillenzistel. Ihre nach unten spitz zusammenlaufende Form erleichtert die Ernte im Astgewirr und nimmt den Druck auf die im Pflückkorb weiter unten liegenden Marillen. Die Steinfrüchte der bekanntesten Sorte Klosterneuburger Marille sind rund, leicht kegelförmig zugespitzt und haben eine samtig-weiche Haut. Ihr oranges bis leicht rötliches, festes Fruchtfleisch ist saftig und niemals mehlig. Der unvergleichliche Geschmack der Frucht ist vom optimalen Zusammenspiel von Zucker und Säure geprägt.

REZEPT

MARILLENKNÖDEL

Zutaten für 4 Personen

Nudelteig

210 g Butter
Prise Salz
Schale einer halben Zitrone, gerieben
1 Ei
1 Eidotter
150 g Mehl, glatt
400 g Topfen (10 %)
15 Marillen
(eher kleine Exemplare)
15 Stück Würfelzucker
130 g Semmelbrösel
Staubzucker zum Bestreuen

ZUBEREITUNG

60 g handwarme Butter mit Salz und Zitronenschale schaumig rühren. Ei und Eidotter untermengen. Mehl sowie Topfen beifügen und zu einem glatten Teig kneten. 3–4 Stunden im Kühlschrank rasten lassen. Marillen waschen und abtrocknen. Kern mit einem Kochlöffelstiel herausdrücken. Würfelzucker anstelle des Kerns in die Frucht füllen.

Aus dem Teig eine ca. 5 cm dicke Rolle formen, in Scheiben schneiden. Die Scheiben flachdrücken, Marillen darin einhüllen und Teig vorsichtig verschließen. Knödel in siedendes Wasser einlegen, zart wallend kochen, einmal leicht anstoßen, damit sie sich drehen. Brösel in einer Pfanne in die Butter einrühren, goldbraun rösten. Knödel aus dem Wasser heben (Garzeit: ca. 12 Minuten), abtropfen lassen, in Butterbröseln wälzen, mit Staubzucker bestreuen.

Auf den sonnigen Hügeln, Felsen und Steinterrassen links und rechts der Donau mit ihren berühmten Burgruinen, Wehrkirchen und vielen anderen Kulturdenkmäler gedeihen die aromatischen Marillen.

Wachauer Marillen finden heute umfassend Verwendung: ob frisch vom Baum, in verführerischen Marillenknödeln, in der traditionellen Süßspeise Wäschermädeln, in fruchtigen Kuchen und Strudeln, süßem Kompott, Nektar oder gar als köstlicher Edelbrand oder Likör. Und dass Marillenmarmelade bis heute mit Marillen aus der Wachau einfach am besten gelingt, liegt an deren bemerkenswert hohem Pektingehalt.

Weil sie so besonders ist, verdient die Wachauer Marille eine Ehrung: Alljährlich wird in Krems das Marillenfest gefeiert. Umgeben von Musik und Tanz können hier verschiedene, oft hausgemachte Spezialitäten mit Wachauer Marillen verkostet werden. Und wem das nicht genug ist, der kann beim traditionellen Marillenkirtag in Spitz gleich weiterschlemmen.

Die Wachauer Marille zeichnet sich durch ihre unvergleichliche Süße und ihr einzigartiges Aroma aus.

REZEPT

WÄSCHERMÄDELN

Zutaten für 12 Stück

250 g Mehl
2 Eidotter
1/4 l Milch, Wein oder Bier
2 Eiklar
Vanille- oder Staubzucker zum Bestreuen

ZUBEREITUNG

Mehl mit Eidottern und Flüssigkeit zu einem festen Backteig rühren. Eiklar zu Schnee schlagen und untermengen. In Butterschmalz goldbraun herausbacken, mit Zucker bestreuen.

Ob die (Wiener) Wäschermädeln ihren Namen der Form verdanken, die an die weiblichen Rundungen der Damen des gleichnamigen Berufsstandes erinnern, oder ob ihr Genuss in jene freudige Stimmung versetzt, wie man sie bei den lebenslustigen Wiener Wäschermädeln kannte, ist ungewiss. Gewiss ist hingegen, dass die Wäschermädeln eine ganz besondere Gaumenfreude darstellen – vielleicht auch gerade deshalb, weil ihr Genuss saisonal beschränkt ist. Nur vollreife Marillen kommen zum Einsatz. Diese werden entkernt, mit einer aromatischen Mischung aus Marzipan und Marillenbrand gefüllt und mit Backteig umhüllt. Hier stehen Milch-, Wein- oder Bierbackteige zur Wahl.

Ein naher Verwandter der Wäschermädeln sind die Schlosserbuben. Für diese Köstlichkeit der österreichischen Küche werden gedörrte Zwetschken statt Marillen verwendet. Und an die Stelle der Marzipanfüllung können alternativ geschälte Mandeln treten.

WALDVIERTLER BLONDVIEH

Das Waldviertler Blondvieh gehört untrennbar zum Waldviertel, denn bereits seit der Besiedelung der Region ist diese autochthone Rinderrasse dort beheimatet. Dementsprechend optimal sind die einfärbig hellroten bis semmelblonden Tiere an das raue Klima im Norden Niederösterreichs angepasst. Einst als Arbeitstiere geschätzt, werden sie heute vor allem aufgrund ihrer herausragenden Fleisch- und Milchqualität geschätzt. Das dunkle, marmorierte, äußerst zarte, fettarme und besonders saftige sowie feinfaserige Fleisch besticht sogar ungewürzt durch seine natürliche Geschmacksintensität. Ebenso überzeugt auch die aromatische und sehr bekömmliche Milch.

KULTURLANDSCHAFTSPFLEGE DURCH RINDER

Die nach ihrem Waldreichtum benannte Heimat des Waldviertler Blondviehs liegt im nordwestlichen Niederösterreich. Das Waldviertel wird im Süden durch die Donau, im Südwesten durch Oberösterreich, im Nordosten und im Norden durch Tschechien und im Osten durch den Manhartsberg begrenzt.

Die mit Wiesen, Ackerflächen und Wäldern durchzogene Landschaft mit Höhen bis zu etwa 1000 Meter ist Teil des Böhmischen Massivs und setzt sich aus Graniten und Gneisen zusammen. Charakteristisch sind die leichten, sandigen Böden, Braunböden-Podsolböden sowie Braunböden und Semipodsole. Das Klima im Waldviertel zeigt sich typisch kontinental geprägt.

Die steilen Weideflächen der Region gestalten die maschinelle Bearbeitung schwierig. Umso bedeutsamer ist es, dass die Viehhaltung die Bewirtschaftung der Flächen sichert und das Aufkommen von Sträuchern und Wäldern verhindert. So leistet sie einen wichtigen Beitrag zur Aufrechterhaltung der einzigartigen Kulturlandschaft des Waldviertels. Die spezielle Artenvielfalt an Gräsern und Kräutern im Grünfutter und das daraus erzeugte Heu liefern die Basis für den köstlichen Geschmack des im Waldviertel produzierten Fleisches und der Milch.

UREINWOHNER DER REGION

Rinder sicherten der Menschheit seit ihrer Sesshaftwerdung das Überleben, indem sie als Milch- und Fleischlieferanten, aber auch als nützliche Arbeitstiere dienten. Das Waldviertler Blondvieh hat weit zurückreichende historische Wurzeln. Das Entstehen der ersten bäuerlichen Siedlungen im stärker besiedelten östlichen Teil des Waldviertels geht auf den Beginn der Jungsteinzeit zurück. In der späteren Bronzezeit wurde auch das Hochland des Waldviertels besiedelt und womöglich bereits zur Weidewirtschaft genutzt. Seit dieser Zeit züchten die Bewohner dieses Gebietes Vorläufer des Blondviehs, einst vorrangig als Arbeits- und Zugtiere.

Die genaue Abstammung der Rasse Waldviertler Blondvieh ist jedoch umstritten bzw. gibt es dazu mehrere Theorien. Eine besagt, dass sich das Blondvieh aus der Vermischung des altillyrisch-keltischen Rindes mit dem Ungarischen Steppenrind entwickelte. In der Folge wurde vermutlich das Frankenvieh eingekreuzt. Eine weitere Theorie geht ebenfalls davon aus, dass das Ungarische Steppenrind an der Entstehung des Waldviertler Blondviehs beteiligt war

Das Waldviertler Blondvieh entwickelte sich wahrscheinlich ursprünglich aus der Vermischung des altillyrisch-keltischen Rindes mit dem Ungarischen Steppenrind.

Zudem sollen bis 1880 auch regelmäßig die Rassen Mürztaler und Mariahofer eingekreuzt worden sein.

Wiederum andere Quellen sprechen davon, dass die Rasse aus der Vermischung von altillyrisch-keltischem Rind mit Frankenvieh und regelmäßiger Einkreuzung von Mürztaler und Mariahofer Rindern entstanden sei. Ebenso sollen Böhmische Schecken sowie Grauvieh und Simmentaler aus der Schweiz an der Entstehung beteiligt gewesen sein. Bereits im Jahr 1881 beschreibt Franz Zoepf in seinem Werk „Rinder des oberen Donauthales in Ober- und Niederösterreich" die Tiere des Waldviertels als „sehr hell, häufig aber auch gelb und insbesondere in der Nähe der Grenze zu Böhmen rötlich."

Die Qualität des Fleisches vom Waldviertler Vieh wird in „Die Rinderzucht im In- und Auslande" aus dem Jahr 1905 als ausgezeichnet beschrieben. Im 19. Jahrhundert existierten bereits mehrere regionale Schläge wie Gföhler, Zwettler oder Raabser, die kaum Unterschiede aufwiesen. Ab der Wende vom 19. zum 20. Jahrhundert trugen sie dann gemeinsam die Bezeichnung Waldviertler Blondvieh.

HOCHGEFÄHRDETE RASSE

Zu dieser Zeit war im Alpenraum das Waldviertler Blondvieh weit verbreitet. Das Fleisch der Tiere galt als beliebte Spezialität in den Kreisen der höheren Gesellschaft und soll auch von Kaiser Franz Joseph sehr geschätzt worden sein. Die Rasse setzte sich auf Grund ihrer guten Eigenschaften rasch durch. 1933 wurde der „Verband Waldviertler Blondvieh" gegründet. 1954 erreichte der Bestand an Waldviertler Blondvieh seinen Höhepunkt: Insgesamt 173.600 Stück weideten in Niederösterreich.

Als jedoch ab den 1960er Jahren Quantität, schnelles Wachstum sowie starke Leistung in den Vordergrund rückten, wurde die Zucht zunehmend auf das leistungsstärkere Fleckvieh umgestellt. Es verdrängte das Waldviertler Blondvieh weitgehend. In der Folge war die Rasse beinahe vom Aussterben bedroht. Nur ganz wenige Restbestände blieben erhalten, aus denen 1982 mit den letzten 23 Kühen und drei Stieren ein Zuchtprogramm zur Erhaltung begonnen wurde. Seither steigt ihre Zahl kontinuierlich. Noch heute gilt das Waldviertler Blondvieh jedoch als hochgefährdete Rasse.

Neben Niederösterreich finden sich derzeit auch in Oberösterreich, der Steiermark und in Vorarlberg einzelne Bestände von Waldviertler Blondvieh. Die Erhaltung der Rasse wird im Rahmen des Österreichischen Programms zur Förderung einer umweltgerechten, extensiven und den natürlichen Lebensraum schützenden Landwirtschaft (ÖPUL) gefördert. Als Zuchtorganisation zeichnet der Niederösterreichische Genetik Rinderzuchtverband verantwortlich.

WIDERSTANDSFÄHIG, ROBUST UND UMGÄNGLICH

Waldviertler Blondvieh ist ein mittelgroßes, durchschnittlich bemuskeltes und eher feinknochiges Rind mit schmalem Körperbau. Kopf und Rumpf sind langgestreckt, die Wamme, jene von der Kehle bis zur Brust oder zum Bauch herabhängende Hautfalte mit reichlich Fettgewebe, ist wenig ausgeprägt. Die Fellschattierungen der Rasse reichen von einfärbig hellrot bis semmelblond. Das Haarkleid ist fein, kurz anliegend, weich und glänzend. Die Klauen und Hörner sind gelbgrau, die Hornspitzen schwarz.

Das nur langsam wachsende, spätreife Vieh stellt wenig Ansprüche. Passend zur ursprünglichen Nutzung als Zug- und Arbeitstier ist es sehr gehorsam und umgänglich. Weiters zeichnet es sich durch ausgeprägte Langlebigkeit und gute Fruchtbarkeit aus. Nahezu 90 Prozent der Blondviehkühe sind Muttertiere, denn die leichtkalbigen Kühe besitzen einen ausgeprägten Muttertierinstinkt. Ihre Milchleistung fällt hingegen im Vergleich zu leistungsstärkeren Rindern niedriger aus, ebenso sind die Tagesgewichtszunahmen vergleichsweise gering. Dafür aber besticht die ausgeprägte Widerstandskraft und Robustheit der Rasse. Die Tiere haben sich im Laufe der Zeit bestens an die regionalen Bedingungen angepasst.

Neben ihrer idealen Eignung für die Mutterkuhhaltung und ihrer Bedeutung für die Landschaftspflege steht Waldviertler Blondvieh heute besonders für Fleisch von exzellenter Qualität, das sich bestens für die Zubereitung von klassischen altösterreichischen Gerichten wie Tafelspitz mit Semmelkren, Zwiebelrostbraten, Kesselgulasch oder Kalbsschnitzel eignet. Das langsame Wachstum und der gemäßigte Gewichtszuwachs der Tiere lassen darüber hinaus die Milch sehr bekömmlich werden.

Bis in die 1960er Jahre war die Rasse auf vielen Weiden Niederösterreichs zu finden. Sie gilt als anspruchslos, gesund und langlebig, die Kühe haben sehr gute Muttereigenschaften.

Das Fleisch des Waldviertler Blondviehs eignet sich hervorragend für altösterreichische Rindfleischspezialitäten wie Tafelspitz und Co.

WALDVIERTLER GRAUMOHN G. U.

Seit dem 13. Jahrhundert hat eine legendenumwobene Kulturpflanze nachweislich im Waldviertel Tradition: der Waldviertler Graumohn. Als echter Waldviertler Graumohn g. U. gilt jener, der auf Feldern der Bezirke Zwettl, Gmünd, Waidhofen/Thaya, Horn und in den nördlich der Donau gelegenen Regionen von Krems-Land und Melk wächst. Die besondere Qualität des auf diesem Anbaugebiet im Waldviertel kultivierten Graumohns hat dazu geführt, dass Waldviertler Graumohn europaweit als Produkt mit „geschützter Ursprungsbezeichnung" anerkannt wurde.

WO IM NORDEN DIE STEINE WACKELN

Das Waldviertel ist ein Urgesteinsplateau im nördlichen Niederösterreich. Geografisch betrachtet erstreckt es sich nördlich der Donau von der Wachau bis zum Böhmerwald an der Grenze zur Tschechischen Republik. Im Westen trennt der Weinsberger Wald das Waldviertel vom oberösterreichischen Mühlviertel und im Osten wird es vom Manhartsberg begrenzt. Die Hochlandregion ist ein südlicher Ausläufer der Böhmischen Masse. Hier findet man Granit, Gneis, kristallinen Kalk und in der Horner Bucht auch Löß.

Das dünn besiedelte Gebiet zeigt eine erstaunliche landschaftliche Vielfalt. Im Norden wechseln sich einsame Hochmoore und Heidelandschaften mit reizvollen Flusstälern und Teichgebieten ab. Darin eingebettet finden sich moosbewachsene Granitblöcke und die berühmten „Wackelsteine". Das südliche Waldviertel präsentiert sich vor allem als beliebte Wanderregion. Und das östliche Waldviertel ist von einer landwirtschaftlich genützten Hügellandschaft mit zum Teil schluchtartigen Tälern geprägt.

BESTENS AUFEINANDER ABGESTIMMT

Die Region und der Waldviertler Graumohn g. U. passen optimal zueinander. Graumohn liebt unkrautarme, sorgfältig vorbereitete Böden; dafür eignen sich die oft kargen Waldviertler Äcker besonders gut. Und das kühle und trockene Klima mit seinen kurzen Vegetationszeiten ist für ihn genau das Richtige. Der Tau der kühlen Nächte und die heißen Sonnentage lassen den Waldviertler Graumohn g. U. besonders prächtig gedeihen.

Nachhaltiges Wirtschaften und die Bewahrung regionaler Kleinbetriebe ist vielen Waldviertlern ein Anliegen. Doch die topografischen und klimatischen Verhältnisse machen die vorwiegend kleinstrukturierte Landwirtschaft zu einem aufwändigen Unterfangen. Um der Region nach langem wirtschaftlichen Niedergang eine Perspektive zu geben, haben aufgeschlossene Waldviertler Bauern eine alte Tradition wiederbelebt: den Anbau von Alternativkulturen. Seit geraumer Zeit wachsen im Waldviertel wieder alte regionalspezifische Kulturpflanzen wie etwa der Waldviertler Graumohn.

Die Geschichte des Mohns reicht bis in die Steinzeit zurück; Waldviertler Graumohn wurde einst sogar an der Londoner Börse gehandelt.

VOM KLOSTERGARTEN ZUR REGIONALEN WAPPENBLUME

Mohn war in Mittel- und Südeuropa schon seit dem Altertum bekannt. Über Klostergärten fand der Graumohn schließlich seinen Weg ins Waldviertel. Überlieferungen zufolge kultivierten und veredelten Waldviertler Mönche bereits im frühen Mittelalter Gartenmohn, um aus seinem milchigen Saft Schlaf- und Heilmittel gegen Schmerzen herzustellen. Belegt werden kann dies mit dem ältesten Urbar des Stiftes Zwettl, dem Urbar des Abtes Ebro von 1280, sowie den Waldviertler Zehentbüchern des späten 13. Jahrhunderts. Nach und nach wusste auch die Bevölkerung um die Besonderheit des Zwettler Mohns – wie er damals noch hieß – und griff das Wissen der örtlichen Mönche auf. Eine Agrarstatistik der k. u. k. Monarchie besagt, dass es um 1912 im Waldviertel etwa 1200 Hektar Mohnäcker gab. Die Beliebtheit des Mohns reichte bis weit über die Grenzen. Bis etwa Anfang der 1930er Jahre notierte er sogar an der Londoner Handelsbörse. Aufgrund fehlender Mechanisierung, Umstrukturierungen in der Landwirtschaft und steigender Billigimporte ging der arbeitsintensive Mohnanbau im Waldviertel jedoch im Laufe des 20. Jahrhunderts stark zurück.

MOHNZELTEN

Mohnzelten sind eine allseits beliebte Süßspeise, deren Ursprung in der traditionsreichen Waldviertler Bauernküche zu finden ist. Während die Mohnzelten in der Vergangenheit als wichtiger Energielieferant bei harten Feld- oder Waldarbeiten sowie als Festtagsgebäck, etwa am Heiligen Abend, dienten, gibt es sie heute über das ganze Jahr. Nichtsdestotrotz sind sie auch heute noch besonders zur Weihnachtszeit beliebt und werden auf Märkten angeboten.

Das Geheimnis der süßen Zelten liegt in ihrer Einfachheit: Eine Mohnmasse – je nach Rezeptur mit Zucker, Butter, Honig oder Marmelade, Vanille und Zimt verfeinert – wird in einen leichten Kartoffelteig gehüllt, zu kleinen, flachen Kuchen geformt und im Ofen gebacken. Oft sind die Mohnzelten auf ihrer Unterseite noch mit den Buchstaben IHS, dem Christusmonogramm, verziert.

Auf ihr Aussehen verweist übrigens auch ihr Name, denn das aus dem Germanischen stammende Wort Zelten steht für flache Kuchen.

Die süße Fülle aus saftigem Waldviertler Graumohn g. U. wird von einer Hülle aus Erdäpfelteig umfangen.

Erst in den 1980er Jahren konnte dieser Abwärtstrend gestoppt werden, als sich Gleichgesinnte zusammenfanden, um die alte Waldviertler Mohntradition wieder neu zu beleben. Mit dem „Waldviertler Sonderkulturenverein" starteten sie eine Initiative zur Förderung landwirtschaftlicher Alternativprogramme. Und sie waren erfolgreich: Aktuell werden wieder an die 500 Hektar Mohnäcker bewirtschaftet. Bis heute überwacht der Verein den Anbau von Waldviertler Graumohn g. U. und führt strenge Qualitätskontrollen durch.

DIE BLUME DES WALDVIERTELS

Waldviertler Graumohn g. U. gehört zu den Schlafmohn- bzw. Ölmohnsorten (Papaver somniferum L.) und ist als Schüttmohn bekannt. Die Samenkapseln des Waldviertler Graumohns g. U. öffnen sich als eine der wenigen Mohnsorten bei der Reife, sodass die Samen gewonnen werden können, ohne dass man die Kapsel zerstören muss.

Neben lokalen Waldviertler Landsorten gibt es die beiden registrierten Sorten Edel-Weiß und Edel-Rot. Waldviertler Graumohn g. U. wird zeitig im Frühjahr ausgesät. Wenn er auf Schnee gesät wird, gedeiht er wunderbar – so heißt es im Volksmund. Es dauert ungefähr 70 bis 90 Tage, bis die Mohnfelder in voller Blütenpracht erstrahlen. Heute ist die Mohnblüte eine beliebte Touristenattraktion, die jährlich viele neugierige Besucher anlockt. Doch man muss schnell sein, denn die Mohnblüten sind nur wenige Tage geöffnet.

Ist der Mohn endlich reif, machen sich die Felder durch ein rasselndes Geräusch bemerkbar. Dann lösen sich die Samenkörner von den Scheidewänden und sammeln sich am Boden der inzwischen braun verfärbten und trockenen Kapsel. Jetzt ist Zeit für die Ernte. Das geschieht entweder mit eigens entwickelten Erntemaschinen oder traditionell von Hand. Bei trockener Witterung schneiden die Bauern Kapsel für Kapsel ab. Die Samen werden durch die Löcher unterhalb des Narbenkranzes in vorbereitete Tücher geschüttelt. Anschließend wird der erntefrische Mohn gereinigt und kontrolliert, denn nur einwandfreier Mohn ist gut lagerfähig und von erstklassiger Qualität.

Waldviertler Graumohn g. U. wächst aufgrund der örtlichen Bedingungen nur langsam. Das bringt Vorteile: Die nierenförmigen grauen Mohnsamen werden dadurch besonders groß und haben einen bemerkenswert hohen Ölgehalt. Der hohe Anteil an ungesättigten Fettsäuren macht ihn besonders für die gesundheitsbewusste Ernährung interessant. Und Suchtgefahr besteht höchstens in Hinblick auf das Genusserlebnis – denn der Morphingehalt des Waldviertler Graumohns g. U. ist heute vernachlässigbar gering.

Aus der Regionalküche ist Waldviertler Graumohn nicht mehr wegzudenken. Mit seinem feinen, mild-nussigen Geschmack eignet er sich für Torten, Nudeln, Knödel, Tatschkerln, Zelten, Strudel und auch für edles Mohnöl.

Früher musste man die Mohnkörner mühevoll von Hand in einem Mohnstößel zerstampfen. Heutzutage kann Mohn in handbetriebenen oder maschinellen Mohnmühlen einfach gequetscht werden.

REZEPT

MOHNNUDELN

Zutaten für 4 Personen

500 g Erdäpfel
250 g Mehl
1 Ei
Salz
80 g Butter

150 g Mohn, gemahlen
50 g Zucker
Kirschwasser
Staubzucker und Zimt zum Bestreuen

ZUBEREITUNG

Erdäpfel kochen, schälen, mit einer Gabel zerdrücken und in einer Schüssel mit Mehl, Ei und wenig Salz vermischen. Daraus einen lockeren Erdäpfelteig zubereiten und zu fingerdicken, gleich großen Nudeln formen. Salzwasser zum Kochen bringen und die Nudeln darin leicht wallend ziehen lassen, bis sie aufsteigen.

Inzwischen die Butter auf kleiner Hitze in einer Pfanne zerlassen, Mohn und Zucker hinzufügen und mit einem Schuss Kirschwasser ablöschen.

Nudeln gründlich abtropfen lassen, in der Mohn-Zucker-Masse wälzen, mit Staubzucker und Zimt bestreuen und heiß servieren.

WEINGARTEN-KNOBLAUCH

Ausgehend von den Steppengebieten Asiens fand Knoblauch schon vor langer Zeit seinen Weg in unsere Breiten. Und mitten in den heimischen Weingärten traf er ideale Bedingungen an, um sich zu einer regionalen Besonderheit entwickeln zu können, die bis heute erhalten geblieben ist: Weingartenknoblauch. Mit seinem typischen Aroma ist er besonders beliebt in der regionalen Gewürzküche, als marinierter Weingartenknoblauch, in Scheiben geschnitten als Auflage auf dem Schmalzbrot oder als Bestandteil der traditionellen Hauerjause.

„VANILLE DES ARMEN MANNES“

Knoblauch zählt neben Getreide zu den ältesten Kulturpflanzen der Menschheit. Von den Steppengebieten Zentral- und Südasiens aus, wo er vor mehr als 4000 Jahren erstmals kultiviert wurde, verbreitete sich Knoblauch als Gewürz- und Nahrungspflanze über Ägypten bis nach Europa.

Auch in der indischen Mythologie nimmt Knoblauch seinen Platz ein. So soll er bei einem Streit der Götter um den Nektar der Unsterblichkeit entstanden sein. Der Nektar sollte unter den Gottheiten gleichmäßig aufgeteilt werden, doch in die Götterrunde hatte sich auch ein Dämon eingeschlichen. Als dieser erkannt wurde, ließ man ihn festnehmen und enthaupten. Doch der Dämon hatte bereits seinen Anteil am Nektar erhalten. Bei seiner Enthauptung fiel ein Tropfen, der sich noch im Mund des Bösewichtes befunden hatte, zu Boden. Vermischt mit seinem Blut entsprang daraus eine Pflanze mit so fürchterlichem Geruch, dass selbst die Fliegen tot zu Boden fielen: der Knoblauch.

Rasch wurden die heilenden Kräfte des Knoblauchs sowie seine antiseptische Wirkung bekannt und schon im Mittelalter fand er – insbesondre durch Klöster – weite Verbreitung. Vor allem in der bäuerlichen Bevölkerung war Knoblauch sehr beliebt und ein willkommener Ersatz für teure Gewürze, die aus Übersee importiert werden mussten, wie etwa Pfeffer und Vanille. Diesem Umstand verdankte er auch seine Bezeichnung „Vanille des armen Mannes“. In der wohlhabenden Bevölkerung hingegen stieß Knoblauch aufgrund seines intensiven Geruchs zunächst auf Ablehnung. Doch bald lernte auch diese Knoblauch schätzen.

DER KNOBLAUCH UND DER WEINGARTEN

Weingärten zählen zu den ältesten Elementen der europäischen Kulturlandschaft und existieren vermutlich seit dem Beginn des planmäßigen Weinbaus durch die Römer um etwa 280 n. Chr. In der Folge gingen bedeutende Impulse von der Kirche aus und der Weinbau erfuhr eine stetige Zunahme.

In Österreich erreichte der Weinbau im 16. Jahrhundert einen ersten Höhepunkt, Weingärten waren beinahe in jedem der heutigen Bundesländer anzutreffen. Bis Anfang des 20. Jahrhunderts herrschte jedoch in den Weingärten ein regelrechtes Durcheinander. Reben wurden nicht in Zeilen gepflanzt, die Vermehrung erfolgte durch Ableger und geerntet wurde ein „gemischter Satz“. Und mitten in dieser Unordnung der Reben gediehen neben Obst und Gemüse auch Gewürzpflanzen. So auch der Weingartenknoblauch, der sich bis heute seinen traditionellen Standort im Weingarten erhalten hat.

Der Knoblauch wird mit dem Spaten herausgenommen und anschließend luftig und schattig zum Nachreifen und Trocknen aufgehängt.

Wie und wann genau das Lauchgewächs seinen Weg in die heimischen Weingärten fand, kann nur vermutet werden. Mündlichen Überlieferungen zufolge wurde Knoblauch durch Landarbeiter zur Zeit der Donaumonarchie in die noch heute typischen Weinregionen Niederösterreichs, Wiens und des Burgenlandes gebracht.

Im Laufe der Zeit setzte sich verstärkt die maschinelle Bodenbearbeitung in den Weingärten durch. Diese brachte zwar Erleichterung im Weinbau, doch wurde der Knoblauch zusehends seines natürlichen Standortes zwischen den Reben beraubt. Viel Engagement der Landwirte, das Sammeln verschiedener Herkünfte und die Eintragung der Sorte Laaer Weingartenknoblauch im EU-Sortenkatalog führten dazu, dass man sich heute wieder vermehrt des Weingartenknoblauchs annimmt. Und da seine genetische Besonderheit überzeugt, wird er heute nicht nur in Weingärten, sondern auch auf Äckern gezielt kultiviert. Zudem erfährt die Sorte Laaer Weingartenknoblauch als „seltene landwirtschaftliche Kulturpflanze" im Rahmen des Österreichischen Programms zur Förderung einer umweltgerechten, extensiven und den natürlichen Lebensraum schützenden Landwirtschaft (ÖPUL) besondere Förderung.

Sonnige, milde Lagen sowie tiefgründige und nährstoffreiche Lößböden, wie sie häufig in den Weingebieten Niederösterreichs und im Burgenland anzutreffen sind, kommen ach dem Weingartenknoblauch entgegen. Denn dort, wo sich der Wein in seiner vollen Pracht entwickeln kann, findet auch der Weingartenknoblauch optimale Voraussetzungen.

DER GESPALTENE LAUCH

Knoblauch (Allium sativum) gehört zur Familie der Lauchgewächse (Alliaceae) und ist sowohl Gemüse als auch Gewürz. Etymologischen Erklärungen zufolge kann das Wort „Knoblauch" als „gespaltener Lauch" übersetzt werden. Das althochdeutsche Wort „klobalouh" bedeutet spalten und steht in Bezug zu der in einzelne Teile gespaltenen Zwiebel. Beim Wort „Lauch" kann eine Verwandtschaft zum Wort „Locke" (indoeuropäisch leug = sich biegen) angenommen werden. Die lateinische Bezeichnung für Knoblauch könnte sich von olere für riechen oder aber auch von all für scharf, brennend und sativus für angebaut, kultiviert oder aber auch von hallesthai für herausspringen ableiten.

WEINGARTENKNOBLAUCH ALS TYPISCHE LANDSORTE

Die Bezeichnung „Weingartenknoblauch" stellt einen Sammelbegriff für traditionelle Knoblauchvarietäten Ostösterreichs dar, die ursprünglich in Weingärten kultiviert wurden. Eine genaue Definition, eine exakte Klassifizierung oder eine allgemein gültige Sortenbeschreibung sind nicht verfügbar. Das Vorkommen des Begriffs ist weitgehend auf die Weingebiete Wiens, Niederösterreichs und des Burgenlands beschränkt.

Weingartenknoblauch kann zumeist dem Typ des Schlangenknoblauchs (Allium sativum var. ophioscorodon) zugeordnet werden. Der Achterschleifen bildende Schaft ist ein charakteristisches Merkmal dieses Typs. Zudem weist Weingartenknoblauch alle Merkmale einer Landsorte auf: Er entstammt nicht aus einer zielgerichteten Züchtung und hat sich in einer spezifischen Region durch kontinuierlichen Anbau entwickelt und verbreitet. Weiters wird er oft nach traditionellen Methoden kultiviert.

Typische Sorten sind etwa der Laaer Weingartenknoblauch sowie der Langenloiser Weingartenknoblauch. Weingartenknoblauch gilt insgesamt als äußerst variabel. Es existieren

Traditionell wurde Weingartenknoblauch noch im Weingarten direkt nach der Ernte zur Schmalzbrot-Jause genossen.

Weingartenknoblauch findet fast ausschließlich in der eigenen Küche Verwendung, leider werden nur geringe Mengen auf Wochenmärkten oder ab Hof verkauft.

unterschiedliche Herkünfte, aber auch innerhalb einer Herkunft treten nicht selten Abweichungen auf.

Die Vermehrung des Weingartenknoblauchs erfolgt rein vegetativ über Zehen sowie über Brutzwiebeln. Die Vermehrung über Brutzwiebeln bietet entscheidende Vorteile, wie etwa die Widerstandsfähigkeit gegenüber Schädlingen. Die unterirdische Knoblauchzwiebel besteht – je nach Niederschlagsmenge im Anbaugebiet – aus sechs bis acht relativ großen Zehen, die meist einreihig um den Schaft angeordnet sind. Eine blau-violette Schale umschließt das „Knoblauchhappel", wie die Knoblauchzwiebel auch genannt wird. Große Sorgfalt bei der Auswahl des Saatgutes, der Einhaltung von Fruchtfolgen, der Anpflanzung, der Bodenbearbeitung sowie der händischen Ernte garantieren beste Qualität. Schlussendlich wird der Weingartenknoblauch für mehrere Wochen nachgereift und getrocknet.

Früher wie auch heute noch diente die Kultivierung von Weingartenknoblauch in den österreichischen Weinbaugebieten vorwiegend der Selbstversorgung. Vormals wurde er oft direkt nach der Ernte von den Arbeitern im Weingarten in Scheiben geschnitten und als Auflage auf einem Schmalzbrot verzehrt. Die Schmalzbrot-Tradition hat sich bis heute erhalten. Aber auch in der regionalen Gewürzküche ist Weingartenknoblauch sehr beliebt, denn durch sein meist scharfes und intensives Aroma macht er jedes Gericht zu einem ganz besonderen Geschmackserlebnis.

Eingelegte Knoblauchzehen sind eine ganz besonders feine Würzspezialität.

WEINGARTEN-PFIRSICH

Im Weingartenpfirsich verbinden sich zwei Geschichten auf spannende Art und Weise: die des Pfirsichs und jene der Rebe. Ob Klima, Boden oder Lage: Was dem einen gut tut, kommt auch dem anderen entgegen. Während der Weingarten eines der ältesten Elemente der europäischen Kulturlandschaft darstellt, ist der Pfirsich in Europa eine relativ junge Frucht. Ihr gemeinsames Auftreten schuf jene besonderen Pfirsichselektionen, die inmitten von Rebpflanzungen optimal gedeihen. Zudem prägt die nachbarschaftliche Beziehung der beiden in den Rebgärten einzigartig und abwechslungsreich das wunderschöne Landschaftsbild vieler Weinregionen Österreichs.

KONGENIALE PARTNER

Die Geschichte des Pfirsichs als Nutz- und Kulturpflanze beginnt im Fernen Osten: Die frühesten Anbauversuche sind in China, wo der Pfirsich als Symbol der Unsterblichkeit gilt, für die Zeit um 2000 v. Chr. dokumentiert. Die Frucht gelangte in das Gebiet des heutigen Irans und Iraks sowie weiter nach Kleinasien. So nannten die Römer den Pfirsich Prunus persica (persische Pflaume), was seine Herkunft unterstreicht.

Im Mittelmeerraum, wo ihn die Römer heimisch machten und er gute Wachstumsvoraussetzungen fand, wird er nun seit vielen Jahrhunderten kultiviert. Zu den Reben gesellte sich der Pfirsich in den Weinbaugebieten Österreichs aber erst relativ spät, nämlich ab dem 18. Jahrhundert. So findet er in einer Weingartenordnung von 1749 Erwähnung. Darin wird zum Fastenhauen, dem ersten Behacken der Weinberge im Frühjahr, jener Zeitpunkt empfohlen, an dem „die Pferschablüa (Pfirsichblüten) dem Hauer in den Nacken rieseln“.

Aufschwung brachte dem Weingartenpfirsich das 19. Jahrhundert: Aus Amerika eingeschleppte Pilzkrankheiten sowie die ab 1860 einsetzende Reblausplage verwüsteten die österreichischen Weinbaugebiete beinahe vollständig. Die indirekte Bekämpfung der Reblaus erfolgte durch die Veredelung der heimischen Weinstöcke mit reblaustoleranten Rebpflanzen. Es dauerte jedoch Jahrzehnte, bis die Umstellung abgeschlossen war. Alternativ wurde in der Zwischenzeit der Weingartenpfirsich verstärkt gepflanzt. Das Bild eines Weingartens Anfang des 20. Jahrhunderts muss man sich recht bunt vorstellen: Die Rebstöcke standen weder in Zeilen noch waren sie angebunden. Mitten in diesem „Durcheinander“ gediehen Gemüse, Gewürzpflanzen und Obst, wie etwa Pfirsiche. In Österreich sowie in fast allen Weinbauregionen Europas selektionierte man gezielt kleinfruchtige Pfirsichbaum-Sämlinge, die besonders gut an die Bedingungen im Rebberg angepasst waren.

FÖRDERUNG DER BIODIVERSITÄT

Der Pfirsich (Prunus persica oder Amygdalus persica nach Linné, 1753) gehört zur Familie der Rosengewächse (Rosaceae) und zur Gattung Prunus. Der Weingartenpfirsich bildete sich im Laufe der Jahre in allen Weinregionen Österreichs auf natürliche Weise heraus. Der Baum bevorzugt neben mildem Klima sandhaltige, durchlässige, tiefgründige, humose, feuchte und nahrhafte Böden mit geringem Kalkgehalt. Um gute Fruchtgröße und Fruchtqualität zu erhalten, sind ein jährlicher Rückschnitt zur Anregung der Triebkraft sowie ein Ausdünnen des reichlichen Fruchtansatzes von Hand notwendig.

Die hübschen rosa Blüten erfreuen im zeitigen Frühjahr das Auge.

Weingartenpfirsiche zeigen typische Merkmale von Landsorten, da sie nicht aus zielgerichteter Züchtung stammen. Sie hatten ursprünglich sogar Wildobstcharakter. Früher und teilweise bis heute werden sie über den Samen, also den Pfirsichkern, und nicht durch Veredelung vermehrt. Die aus Kernen wild aufgegangenen Sämlinge graben die Winzer aus und pflanzen sie an geeigneten Stellen zwischen den Reben wieder an.

Zusätzlich wurden im Laufe des 20. Jahrhunderts verschiedene Edelsorten aus Europa und den USA nach Österreich eingeführt. Sie vermischten sich mit den ursprünglichen Typen und erhöhten die Sortenvielfalt. So konnte der Weingartenpfirsich eine große genetische Breite entwickeln, die es ihm ermöglichte, sich an spezifische, regionalklimatische Bedingungen optimal anzupassen. Heute gibt es frühreifende, rotbackige Weingartenpfirsiche genauso wie spätreifende, grüne Typen. In jedem Fall stellt der Weingartenpfirsich als Partner der Rebstöcke ein wichtiges Element zur Förderung der Biodiversität im Weinberg dar.

INTENSIV AROMATISCH, LEICHT HERB-WÜRZIG

Weingartenpfirsiche sind eher kleinwüchsig, dafür aber unempfindlicher gegen Krankheiten und Schädlinge als der normale Pfirsich. Generell weisen sie eine ausgeprägte Robustheit gegenüber Mehltau, Kräuselkrankheit, Winter- und Blütenfrost auf. Die Früchte variieren je nach Standort und Sorte in ihren Eigenschaften. Sie fühlen sich leicht pelzig an, können grün-gelb bis leicht roséfarbig sein und besitzen vielfach rot gefärbte Backen. Das saftige Fruchtfleisch ist hell-weiß bis rötlich, um den Kern herum auch stark rot.

Was die Früchte den Augen versprechen, halten sie am Gaumen: Sie schmecken intensiv aromatisch, leicht bitter bis herb, aber auch zum Teil mit würziger Note. Der Geschmack der Früchte hängt vom Wasserangebot ihres Standortes ab. Die Qualität profitiert von einer gleichbleibenden Feuchtigkeit bis kurz vor der Ernte. Optimal ist es, die Früchte zwei bis drei Tage vor der Essreife zu pflücken. Auch beim Erntezeitpunkt zeigen sie sich mit den Reben solidarisch: Sie reifen Ende August bis Anfang September – relativ spät, aber just zur Zeit der Weinlese.

Der wunderbaren Früchte zeichnen sich durch ihren kräftigen, aromatischen Geschmack, den verführerischen Duft und ihre Widerstandsfähigkeit aus.

Da ihr Fruchtfleisch nur leicht süß schmeckt, stellen Weingartenpfirsiche eine exzellente Erfrischung dar, werden aber überwiegend verarbeitet, weniger frisch genossen. So stellt man aus ihnen fruchtige Marmelade, feine Säfte, köstlichen Kompott und süßen Likör her oder verfeinert sie zu hochprozentigem Brand. Pikanten Chutneys geben sie süßlichen Pfiff.

EINZIGARTIGE SORTENRARITÄTEN

Beeindruckend präsentieren sich die Sortenraritäten des Weingartenpfirsichs. Der Rote Weingartenpfirsich, auch Roter Weinbergpfirsich genannt, ist eine sehr alte, eher kleine, gut steinlösende Sorte. Das rote Fleisch schmeckt intensiv würzig. Der robuste, grünrote Weiße Weingartenpfirsich besticht mit weißem Fruchtfleisch und typischem Wildpfirsichgeschmack. Eine lokale Sorte, die aus dem Weinviertel stammt und 1995 kartiert und selektioniert wurde, ist der Eibesthaler Weingartenpfirsich. Die widerstandsfähigen Früchte sind klein mit heller Schale und weißem Fruchtfleisch. Der Geschmack hält sich eher neutral.

Der Wachauer Weingartenpfirsich wird als Pfirsich von kräftigem, aromatischem Geschmack und großer Widerstandsfähigkeit beschrieben. Die Frucht ist mittelgroß, mit rot und gelb gefärbter Schale, die leichte Behaarung aufweist. Sie hat helles, saftiges Fruchtfleisch, welches vom Kern her eine starke Rotfärbung zeigt. Die Frucht schmeckt sortentypisch intensiv mit leichtem Mandelton.

Weingartenpfirsiche gehören zum typischen Landschaftsbild der Wachau.

Der kräftig-aromatische Steirische Weingartenpfirsich, Typ „Innerhofer 3“, stammt aus dem Hügelland der Weinregion Südweststeiermark und entstand 1960 als neue Pfirsichsorte. Sie ähnelt in Aussehen und Geschmack dem Wachauer Verwandten. Der Red Robin schließlich vertritt eine alte, bewährte Weingartenpfirsichsorte mit dunkel-rötlichem Fruchtfleisch und angenehmer Säurenote.

Die traditionelle Anbauweise zeigt Pfirsichbäume zwischen Rebstöcken – eine ideale Nachbarschaft.

WELSCH-RIESLING

Er strahlt meist in gelbgrünen Nuancen und besitzt ein Bukett, das an grünen Apfel und Zitrusfrüchte erinnert. Der Welschriesling ist ein typisch frisch-fruchtiger Sommerwein, der den Genießer mit seiner frischen Säure überzeugt. Die Herkunft dieser in Österreich weit verbreiteten Rebsorte, die eine große qualitative Spannbreite auszeichnet, ist jedoch bis heute nicht eindeutig geklärt. Auf jeden Fall spielt er nicht nur im Inland eine wesentliche Rolle auf dem „önologischen Parkett“, sondern ist aufgrund seines typischen Geschmacksprofils auch im Ausland gefragt.

ITALIEN, FRANKREICH ODER RUMÄNIEN?

Die Wurzeln des Welschrieslings liegen bis heute im Dunkeln: So gibt es über den geographischen Ursprung und die Abstammung dieser Rebe auch unter Experten verschiedene Theorien: Eine besagt, dass Welschriesling aus der französischen Champagne stammt und über Deutschland, konkret über Heidelberg, in die Habsburgermonarchie gelangte. Von dieser Annahme gingen Experten wie Hermann Goethe (1837–1911), Ampelograph und Direktor der damals steiermärkischen Weinbauschule in Marburg an der Drau, aus. Die Sorte hätte wegen ihrer französischen Abstammung und der Ähnlichkeit der Trauben mit jenen des Rieslings den Namen „Wälschriesling“ erhalten. Goethe berichtet auch, dass der Welschriesling vom Rhein in die Steiermark gekommen sei und den größten Teil der Weingärten des Landes einnehme. Auf Grund seiner vielen guten Eigenschaften verbreitete man ihn auch in Niederösterreich und Ungarn.

Mit großer Wahrscheinlichkeit kann jedoch – entgegen der Theorie der französischen Abstammung – davon ausgegangen werden, dass der Welschriesling aus Italien kommt, da er in vielen Ländern „Riesling italico“ heißt. So wäre es möglich, dass die Rebe von Italien ausgehend in die altösterreichischen Kronländer verbreitet wurde. Eine weitere Theorie weiß zu berichten, dass die Sorte aus Rumänien stamme, da sie in Tschechien Rizling Vlassky genannt wird. Das Wort „Vlassky“ leitet sich vom slawischen „Vlaska“ ab und steht für „Walachei“, eine Region in Rumänien, in der die Rebe sehr gut gedeiht. In Rumänien selbst heißt Welschriesling jedoch Riesling italico, was wiederum den Schluss nahe legt, dass die Sorte doch aus Italien stammen könnte. Das Wort „Welsch“ könnte sich auf das Welschenland – die frühere Bezeichnung für Italien, aber auch für Frankreich – beziehen, was wiederum die beiden wesentlichsten Herkunftsannahmen zulässt.

SPANNENDE VERWANDTSCHAFT

Bereits Ende des 19. Jahrhunderts besaß Welschriesling einen guten Ruf. So schrieb schon der Weinfachmann Julius Jablanczy 1881 in „Der Weinbau und die Kellerwirtschaft“ über die Qualitäten des Weines: „Die Weine des Wälschriesling sind sehr gute Tischweine, stehen immer gut im Preise, werden von Händlern gerne gekauft, auch eignen sie sich recht gut zum Verschneiden und Vermischen mit schweren Weinen.“

Welschriesling schmeckt am besten jung, er ist als fruchtiger, leichter und rassiger Sommerwein beliebt.

Die Hauptverbreitungsgebiete des Welschrieslings in Österreich liegen heute vorwiegend im Burgenland, vor allem am Neusiedler See, der Region Neusiedler See Hügelland, in Niederösterreich vorwiegend im östlichen Weinviertel sowie in der Steiermark, insbesondere in den südlichen und südöstlichen Teilen. Hier ist die größte flächenmäßige Ausdehnung in Österreich. Die Gesamtanbaufläche für Welschriesling beträgt hierzulande derzeit etwa 3500 Hektar und nimmt ca. 12 Prozent der Weißweinflächen und etwa acht Prozent der gesamten Weinbaufläche Österreichs ein. Somit stellt Welschriesling nach Grünem Veltliner, der eine Gesamtfläche von rund 17.150 Hektar (33 Prozent der gesamten Weinbaufläche Österreichs) aufweist, die zweithäufigste Weißweinsorte Österreichs dar.

Außerhalb Österreichs wird Welschriesling auch in Südosteuropa, Ungarn, Südtirol und Norditalien kultiviert. So verwundert es nicht, dass die Sorte über zahlreiche international verbreitete Bezeichnungen verfügt: etwa Aminea Gemela, Biela Sladka, Glasica, Grasavina Talijanska, Laski Rizling, Nemes Olasz Rizling, Olasriesling, Petit Riesling, Petracine, Rakusky Rizling, Riesler, Riesling Italian, Vlashskii, Rismi, Ryzlink Vlasský oder Talijanski Rizlin.

Früher war in Österreich im Volksmund die Bezeichnung Riesler üblich. Der in manchen Gebieten übliche Name Riesling ist jedoch insofern falsch, als keine botanische Verwandtschaft zu dieser Rebsorte besteht. Die am nächsten verwandten Sorten sind Elbling (in Österreich Grobriesling) und Verduzzo. Der Weinexperte Ferdinand Regner vermutet, dass der Welschriesling aus dem Elbling, der ältesten Weinsorte Europas, herausselektiert wurde. Dabei dürfte er aber bereits eine Kreuzung mit Verduzzo oder einer anderen nahe verwandten Sorte darstellen.

Die durch mittelstarken, aufrechten Wuchs charakterisierte, spätreifende Rebsorte bringt regelmäßigen Ertrag. Sie benötigt tiefgründige, nährstoffreiche und mittelschwere Bö-

Zur südsteirischen Weinstraße gehören Welschriesling und Klapotetz.

Welschriesling wird heute in Stahltanks, großen Eichenfässern oder in Barriques vinifiziert, sowohl reinsortig als auch zu Cuvees verschnitten.

den in frühen und warmen Lagen, die nicht zu trocken sein dürfen. Die Stöcke besitzen eine hohe Kalkverträglichkeit und bevorzugen vor allem windgeschützte Südhänge, sind aber empfindlich gegenüber Trockenheit. Die Welschriesling-Traube ist mittellang und sehr dicht. Die Beeren besitzen eine rundliche Form und weisen ein sehr geringes bis geringes Einzelbeerengewicht auf. Die Haut der Beeren ist gelb-grün, das Fruchtfleisch farblos. Die Lese erfolgt Ende Oktober.

VON FRUCHTIG-FRISCH BIS WÜRZIG-KOMPLEX

Welschriesling wird heute in Stahltanks, in großen Holzfässern oder in Barriques (kleinen Eichenholzfässern) vinifiziert, sowohl reinsortig als auch zu Cuvées verschnitten. Auf Grund seiner Fruchtaromatik eignet er sich zudem besonders gut als Grundwein für die österreichische Schaumweinerzeugung. Meist wird er heute in Österreich jedoch als trockener, durchgorener, schlanker bis mittelkräftigen Wein ausgebaut. So schätzt man ihn und so überzeugt er als erfrischender Wein für die wärmere Jahreszeit oder als Speisenbegleiter, besitzt jedoch kein großes Lagerpotenzial. Äußerst würzig-komplex taucht er parallel dazu als langlebigere Variante, etwa in Form von Ausbruch, Spätlese, Beerenauslese oder Trockenbeerenauslese im typisch österreichischen Sortiment auf. In jungen Jahren hat der Wein zunächst eine zartgrüne bis zartstrohgelbe Farbe. Im Alter bei entsprechender Flaschenreife sowie bei höheren Prädikatsweinen ist er strohgelb bis gelbgrün. Seine auffallend große Qualitätsspanne ist nicht nur vom Ausbau, sondern auch stark von Jahrgang, Standort und Lagerung abhängig.

Welschriesling passt gut zur mediterranen Küche mit ihren Nudelgerichten, Risotti, Fischspezialitäten und Pizzen. Fondue und Raclette komplettiert er ebenso fein. Weiters ist er ein bestens geeigneter Speisebegleiter zu Kalbfleisch und Salaten, zur Brotzeit sowie zu mildem Käse. Gern wird er auch als Aperitif oder „Gspritzter“ mit Soda- oder Mineralwasser getrunken.

WIENER PLUNDER-GEBÄCK

Außen resch und innen fein-mürb: Plundergebäck stellt in Österreich eine besondere Art beliebter Backwaren dar. Bei seiner Herstellung lockert der Konditor den Grundteig – im Gegensatz zum ähnlich herzustellenden Blätterteig – mit Germ. Anschließend wird in die Masse kunstvoll, Schicht für Schicht, Butter oder Margarine eingezogen. Zu den beliebtesten und bekanntesten Plunderspezialitäten, die heute noch als traditionelle Kaffeegebäcke gelten, zählen Kolatschen, Schnecken oder Fruchtplunder.

PLUNDERTEIG – DIE KUNST DES TOURIERENS

Die köstliche Grundlage für zahlreiche typisch österreichische Gebäcke, der Plunderteig, stellt eine Sonderform des Hefeteiges dar. Seine Beschaffenheit liegt zwischen der des Hefe- und jener des Blätterteiges. Er wird daher auch als Hefebutter- oder Butterblätterteig bezeichnet. Im Gegensatz zu Hefeteig wird Plunderteig jedoch kühl ausgearbeitet und bei stärkerer Hitze rasch gebacken. Der Unterschied zum Blätterteig liegt in der Zugabe von Backhefe, fallweise zusätzlich auch von Backtriebmitteln.

In die Grundmasse des Teiges zieht der Konditor bei der Zubereitung schichtweise Butter, Buttererzeugnisse, Margarine oder Speisefette ein: Diese Patisseriekunst ist als Tourieren bekannt. Historiker vermuten, dass diese kunstvolle Art, Teig herzustellen, aus dem Mittelmeerraum stammt. Jedenfalls waren es die Kreuzritter, die derartige Teige nach Mitteleuropa brachten.

Der Teig und der sogenannte Fettziegel müssen bei dieser Technik die gleiche Konsistenz aufweisen. Ist die Butter zu weich, wird sie beim Einarbeiten, wiederholten Ausrollen und Zusammenschlagen aus dem Teig gedrückt. Ist sie zu hart, verbindet sie sich schlecht mit dem Teig und bricht beim Tourieren. Je mehr Ziehfett man in den Grundteig einarbeitet, desto mehr Touren benötigt der Teig. Plunder besteht in der Regel aus 27, sogenannter dänischer Plunder sogar aus 36 Schichten. Nach dem Tourieren muss der Teig dünn ausgerollt rasten, um anschließend weiter verarbeitet werden zu können.

Im Zuge der Herstellung erfährt Plunderteig eine mehrfache Lockerung: Vor dem Backvorgang nimmt er durch die Hefe an Volumen zu. Während des Backprozesses hebt der Druck des entstehenden Wasserdampfes die Teigschichten, er „plundert". Daher auch der Name „Plundergebäck". Ofenfrische Backwaren aus Plunderteig sind sehr mürbe im Geschmack, besitzen eine geschichtete, lamellenartige Struktur und eine resche Krume. Nach dem Backen werden sie entweder leicht angezuckert oder aprikotiert und anschließend mit Fondant dünn abgeglänzt.

KOLATSCHEN – ÖSTERREICHISCHE MEHLSPEISE BÖHMISCHEN URSPRUNGS

Die bekannteste Repräsentantin der Plundergebäcke ist die Kolatsche, auch Golatsche oder Tascherl genannt und mit Mohn-, Nuss-, Powidl-, Apfel- oder Topfenfülle verfeinert. Ihre Bezeichnung leitet sich vom tschechischen Wort „kolac" ab, das ursprünglich jede Art von

Kuchen meinte. Der Name „Kolatsche“ nimmt vermutlich auf die früher übliche Radform (tschechisch „kolo“ = Rad) Bezug. Denn einst wurden die Teigstücke für Kolatschen einzeln rund ausgerollt oder rund ausgestochen. Gut am Rand verschlossen, konnte die wertvolle und köstliche Fülle beim Backen nicht austreten. Im Laufe der Jahre fanden Kolatschen auch Einzug in die einschlägige Kochbuchliteratur. So entdeckt man etwa im „Granatapfel-Kochbuch“ von 1687 das Rezept „Die guten böhmischen Golatschen“. Im 18. Jahrhundert führten österreichische Bäcker die Kolatschen sogar in Dänemark ein. Dort wurden sie als „Wienerbröd“, Wienerbrot, bezeichnet und in vielen Varianten hergestellt.

Im 19. Jahrhundert unterscheidet das „Appetit-Lexikon“ Spielarten wie böhmische, Karlsbader und Troppauer Kolatschen. Katharina Prato führt in ihrem bekannten Werk „Die gute alte Küche“ (Ausgabe 1895) zahlreiche Kolatschenvarianten an, wie etwa Topfenkolatschen ohne Zucker, mit Mandeln, Weinbeeren, Lebkuchen und Rosinen oder solche mit Mohn-, Nuss- oder Zwetschkenfülle.

Die Kolatschen wurden entweder rund oder viereckig in Taschenform zubereitet. Im Zuge der Technisierung am Übergang vom 19. zum 20. Jahrhundert erleichterten Maschinen das Ausrollen der Teige in den Bäckereien. Dadurch konnte man rationeller und ohne Teigrückstände mit quadratischen statt runden Teigstücken arbeiten. Fortan begann die bis heute bekannte eckige Form die bis dahin übliche runde abzulösen.

VERFÜHRERISCHES GEBÄCK IN ZAHLLOSEN FORMEN

Ein weiterer Klassiker unter den Plundergebäcken sind mit Nüssen, Zimt und Rosinen gefüllte Schnecken. Die Herstellung von Gebäcken in Schneckenform hat eine weit zurückreichende Geschichte. Bereits die Ägypter stellten spiralförmige Backwaren her, vermutlich um dem Essen zusätzlich symbolhaften Charakter zu verleihen. Auch im Brauchtum Oberösterreichs sind derartige Spiralgebäcke zum Neujahrsfest überliefert: Die Forschung geht davon aus, dass sie die Sonne verkörpern und deshalb als Symbole für Licht, Wärme, Leben und Fruchtbarkeit gelten.

Weiters gehören kunstvoll geflochtene Kränze und Croissants zu den köstlichen Plundergebäck-Varianten. Feine Schleifen mit Mohn- oder Nussfülle, Nusskronen – Plunderteiggebäcke mit Nussfülle, die vor dem Backen fünfmal eingeschnitten und wie Kronen auf Bleche gesetzt werden – sowie Plunderteigstrudel, gefüllt mit Äpfeln, Mohn, Nuss oder Topfen, ergänzen das facettenreiche Portfolio. Auch Früchteplunder in verschiedenen Formen, gefüllt mit Topfen oder Vanillecreme und mit Früchten der Saison belegt, stehen zur Wahl. Einst wie heute gelten Plunderteigbackwaren als Bestandteil der typischen „Wiener Kaffeejause“. Denn sie sind die perfekte Begleitung zu den klassischen Wiener Kaffeespezialitäten. Der typische, unaufdringliche Eigengeschmack des Plunderteiges unterstreicht dezent das Aroma und den Duft des Kaffees. Im geschmacklichen Zusammenspiel ergibt sich so ein vollendet harmonischer Genuss.

Plunderteig wird aus feinsten Rohstoffen gefertigt, kann mit unzähligen Spezialitäten verfeinert werden und darf bei keiner Kaffeejause fehlen.

KAFFEEHAUSSPEZIALITÄTEN

Das Wiener Kaffeehaus blickt auf eine mehr als 300-jährige Tradition zurück. Die klassischen Kaffeespezialitäten, gereicht mit dem obligaten Glas Wasser, sind in ihrer Vielfalt und Raffinesse einzigartig. In Wien ist der Mokka (oder Schwarze) mit dem Espresso vergleichbar und bildet die Grundlage vieler Wiener Kaffeezubereitungen. Ein kleiner Mokka, mit doppelter Wassermenge gebrüht, wird zum Verlängerten. Mit separater Milch oder Kaffeeobers serviert, ist der Mokka ein Kleiner Brauner, bei doppelter Kaffeemenge ein Großer Brauner.

Ein Kleiner Mokka mit viel Schlagobers wird goldbraun und damit zur Schale Gold. Ein Mokka mit nur einigen Tropfen Kaffeeobers ähnelt farblich den Kapuzinerkutten, daher der Name Kapuziner. Die Wiener Melange besteht zu gleichen Teilen aus Kaffee und heißer Milch, garniert mit Milchschaum. Tritt an die Stelle des Milchschaums Schlagobers, spricht man vom Franziskaner.

Der Einspänner ist ein Großer Mokka mit Schlagobershaube, serviert in einem Henkelglas. Mit Kirschwasser oder Rum veredelt und zusätzlich zum Schlagobers mit einer Kirsche garniert, handelt es sich um einen Fiaker. Angeblich haben ihn Wiener Pferdekutscher zwischen zwei Fuhren im Henkelglas getrunken. Als Kaisermelange schließlich überrascht ein großer Mokka mit Dotter, Honig und Cognac. Und der sogenannte Maria Theresia bringt als Doppelter Mokka mit einem Schuss Orangenlikör, Obers und eventuell Rohrzucker im Stielglas serviert Abwechslung. Nicht zu vergessen ist natürlich auch der Wiener Eiskaffee, ein Großer, kalter Mokka mit Vanilleeis.

REZEPT

TOPFENGOLATSCHEN

Zutaten für 20 Stück

Butterziegel
350 g Butter
50 g Mehl, glatt
Mehl für die Arbeitsfläche

Vorteig
500 g Mehl, glatt
35 g Germ
ca. 200 ml Milch
40 g Kristallzucker
1 TL Vanillezuckrer
1 MS Salz
2 Dotter
Schale einer Zitrone (unbehandelt), abgerieben

Topfenfülle
60 g Butter
500 g Topfen, passiert
Schale einer halben Zitrone (unbehandelt), abgerieben
120 g Staubzucker
1 Ei
2 TL Stärkemehl
1 TL Vanillezucker
Prise Salz

Mehl zum Ausarbeiten
1 Ei zum Bestreichen
Staubzucker zum Bestreuen

ZUBEREITUNG

Für den Butterziegel gut gekühlte Butter in kleine Stücke schneiden, gut mit Mehl verkneten und auf einer leicht bemehlten Arbeitsfläche mithilfe einer Teigkarte zu einem Ziegel (10 x 20 cm) formen; zugedeckt kalt stellen.

Für den Vorteig Mehl in eine Schüssel sieben. Germ zerbröseln und mit 1/8 l kalter Milch, Zucker und Vanillezucker verrühren, bis sich die Germ vollständig aufgelöst hat. Germ mit Mehl, Salz, Dotter, restlicher Milch, Zitronenschale und Butter zu einem glatten, festen Teig kneten. Teig auf einen bemehlten Teller legen, kreuzweise einschneiden und ca. 5 Minuten rasten lassen. Vorteig auf bemehlter Arbeitsfläche mit einem Nudelwalker, von der Mitte ausgehend, ausrollen. Butterziegel in die Mitte des vierlappigen Teiges legen, die Teiglappen nacheinander über dem Fettziegel zusammenschlagen und die Teigenden festdrücken.

Teig anschließend, von der Mitte ausgehend zu einem Rechteck auswalken. Von links und rechts je ein Drittel des Teiges zur Mitte hin einschlagen, sodass nun drei Teiglagen übereinanderliegen. Teig in Klarsichtfolie wickeln und etwa 20 Minuten kühl stellen. Teig mit der Längsseite nach unten auf die Arbeitsfläche legen und nochmals wie oben beschrieben ausrollen und übereinanderlegen. Teig anschließend etwa 30 Minuten im Kühlschrank rasten lassen. Für die Füllung Butter schmelzen. Topfen mit Zitronenschale, Staubzucker, Butter, Ei, Stärkemehl, Vanillezucker und Salz glatt rühren.

Teig auf einer bemehlten Arbeitsfläche ca. 2,5 mm dick ausrollen. Quadrate mit 10 cm Seitenlänge schneiden. Ei verquirlen und die Teigränder damit bestreichen. Topfenfülle in kleinen Portionen in die Mitte der Teigstücke setzen.

Die Ecken der Quadrate zur Mitte ziehen, über der Füllung falten und festdrücken. Aus den Teigresten kleine Quadrate schneiden und als Verschluss auf die Golatschen setzen. Golatschen in größeren Abständen auf ein Blech legen, mit Klarsichtfolie zugedeckt an einem warmen Ort (ca. 30 °C) 30 Minuten aufgehen lassen.

Im vorgeheizten Rohr bei 180 °C 15 Minuten backen. Golatschen abkühlen lassen, vom Blech nehmen und mit Staubzucker bestreut anrichten

WIENER SCHNITZEL

Das Wiener Schnitzel zählt in Österreich zu den absoluten Lieblingsspeisen bei Alt und Jung. Zartes Kalbfleisch von einer hauchdünnen Panier ummantelt, resch herausgebacken, eine goldbraun-knusprige Verlockung mit frischen Petersilienerdäpfeln – einfach eine perfekte Gaumenfreude! Das Wiener Schnitzel ist zu Recht einer unserer bekanntesten Klassiker und aus der österreichischen Küche nicht wegzudenken. Auch weltweit besitzt es kulinarischen Ruhm.

FINESSENREICHE SCHLICHTHEIT

Das nach der Hauptstadt Österreichs benannte Schnitzel ist hierzulande ein allgegenwärtiges Gericht. Es stellt wohl auch den Inbegriff österreichischer Kulinarik dar. Im Mittelpunkt steht eine schichtweise mit Mehl, verschlagenem Ei und Semmelbröseln panierte und anschließend kross ausgebackene, dünne Fleischschnitte, die traditionell vom Kalbsschlögel stammt, wie etwa Kalbsnuss, Schale (Kaiserteil) oder Frikandeau.

Beste Kalbfleischqualität ist dabei ein Muss. Die Fleischränder werden zuerst etwas eingeschnitten, das Fleisch sorgsam plattiert und beidseitig gesalzen. Für die Panier verschlägt man die Eier mit einer Gabel. Das mürbe Fleisch wird zuerst beidseitig in Mehl gewendet, durch die Eiermasse gezogen und abschließend mit Semmelbröseln umhüllt. Die Brösel für die Panier sind am besten, wenn sie aus altbackenen Kaisersemmeln frisch gerieben wurden. Die Brösel werden jedoch stets nur leicht angedrückt. So können sich beim Backen zwischen Bröselschicht und Fleisch durch Aufblähen kleine Luftpölsterchen bilden, die Panier „souffliert" an einigen Stellen, während sie sich verführerisch goldbraun färbt.

Anschließend erhitzt man reichlich Fett in einer Pfanne. Unabdingbar für das Gelingen des Schnitzels ist die ideale Temperatur des Fettes. Eine durch das Wasser gezogene Gabelspitze muss beim Hineinhalten in das Fett ein kräftiges Zischen verursachen. Erst dann ist das Fett heiß genug und das Schnitzel kann darin langsam beidseitig goldbraun ausgebacken werden. Nachdem es aus der Pfanne gehoben wurde, lässt man es noch kurz abtropfen.

Die Zugabe einer Zitronenscheibe oder -spalte zum Wiener Schnitzel, um die Panier mit dem Saft zu beträufeln, hat Tradition. So serviert, gehören in Butter geschwenkte und mit Petersilie bestreute Erdäpfel als klassische Beilage ebenso wie Kartoffel-, Gurken-, Paradeis-, Mayonnaise- oder Blattsalat dazu.

DIE PANIER ALS ZEICHEN VON LUXUS UND WOHLSTAND

Wo Menschen begannen, Reste zu verwerten, dürfte der Ursprung der Panier liegen. Man verarbeitete das alte Brot unter anderem zu Bröseln, um damit Saucen sowie Suppen zu binden und einzudicken. Und irgendwann buken findige Köche wohl damit ummantelte Speisen in schwimmendem Schmalz aus. So findet man schon im 12. Jahrhundert in Konstantinopel in Teig gehülltes und anschließend in Fett ausgebackenes Fleisch.

Gold gilt ebenfalls als Vorläufer goldbrauner Panier. Wer es sich in der Lombardei des 15. und 16. Jahrhunderts leisten konnte, ließ sein Essen mit Blattgold überziehen, teils aus diätetischen Gründen, teils um den eigenen Wohlstand zur Schau zu stellen. Dieser Brauch gelangte auch nach Venedig. Blattgold war damals relativ teuer und als der verschwenderische Luxus überhand nahm, verbot der Rat der Stadt 1514 schließlich das Vergolden von Speisen. Die Köche suchten einen adäquaten Ersatz für das Blattgold und sollen ihn in der Panier gefunden haben.

In der Kochbuchliteratur tauchen die ersten Erwähnungen von in Bröseln gebackenen Schnitzeln, den Vorläufern des Wiener Schnitzels, allerdings erst recht spät auf. Der früheste Beleg für „Gebachene Schnitzeln" findet sich im „Kleinen Österreichischen Kochbuch" von 1798.

Der Name Schnitzel entstand wahrscheinlich aus dem Begriff „Schnitzelein". Bereits im 17. Jahrhundert kannte man die Bezeichnung Schnitzel bzw. Schnitzlein für handtellergroße Fleischschnitten, jedoch fanden diese Begriffe nur selten Verwendung. Geläufiger waren zur damaligen Zeit – und dies bis ins 19. Jahrhundert – die Ausdrücke „Schnitz" und „Schnitzchen".

Erst zwischen Ende des 19. Jahrhunderts und Anfang des 20. Jahrhunderts etablierte sich der Begriff „Wiener Schnitzel" in der Kochliteratur endgültig. Als solcher findet er erstmals in einem böhmischen Kochbuch Erwähnung. Das Universallexikon kannte den Ausdruck Wiener Schnitzel bereits 1893 und nennt dafür als Synonym „Kaiser-Schnitzel". Davor wurde das Gericht unter anderem als „Kalbsschnitzel" sowie „eingebröselte oder panirte Schnitzeln" bezeichnet.

DIE LEGENDE VON RADETZKY UND SEINEM COSTOLETTA MILANESE

Es ist nicht verwunderlich, dass sich zahlreiche Geschichten um die Entwicklung eines so gefragten Gerichtes wie Wiener Schnitzel ranken. Vor allem jene Geschichte vom berühmten Feldmarschall Graf Radetzky, der das Schnitzel nach Wien gebracht haben soll, ist weit verbreitet. So soll dieser 1848/49 als Generalkommandant der österreichischen Armee bei seinem Aufenthalt in Italien Bekanntschaft mit dem „Costoletta milanese", dem Mailänder Kotelett, gemacht haben. Angeblich war er davon so begeistert, dass er Kaiser Franz Joseph von der Speise in Kenntnis setzte, welcher wiederum das Rezept bei Hof sofort ausprobieren ließ.

Zum Wiener Schnitzel passt am besten Erdäpfelsalat – der österreichische Klassiker schlechthin!

SCHWEINE- ODER BUTTERSCHMALZ?

Ob das Wiener Schnitzel am besten mit Schweine- oder mit Butterschmalz gelingt, ist und bleibt eine ewige Streitfrage. Die alte Wiener Schule schwört für das Gelingen des perfekten Wiener Schnitzels eindeutig auf Schweineschmalz. Angeblich vermag ausschließlich jenes Schmalz, das durch Ausschmelzen von Schweinefettgewebe gewonnen wird, dem Nationalgericht seinen unverwechselbaren Geschmack zu verleihen.

Doch darüber lässt sich streiten, denn auch die Verwendung von Butterschmalz ist weit verbreitet und findet ebenfalls eine große Anhängerschaft – Geschmäcker sind nun mal verschieden. Andere wiederum schwören ohnedies auf eine Mischung aus Schweine- und Butterschmalz, um dem Schnitzel eine ganz besondere, nussige Note zu verleihen. Die feine Küche kennt auch die Variante, das Schnitzel nach dem Herausbacken in Schweineschmalz in etwas aufgeschäumter Butter zu wenden.

Eines ist auf jeden Fall klar: Ganz egal, welches Fett man verwendet, an der Menge darf nicht gespart werden. Das Wiener Schnitzel muss beim Herausbacken schwimmen!

REZEPT

WIENER SCHNITZEL

Zutaten für 4 Portionen

600 g Kalbsfrikandeau oder Schale (Kaiserteil), pariert
Salz
2 Eier
Mehl, glatt
Semmelbrösel
Butterschmalz oder Öl
Zitronenspalten oder -hälften
Beilagen nach Wahl

ZUBEREITUNG

Kalbfleisch je nach Produktwahl mit Einfach- bzw. Klappschnitt portionieren, sodass 4 Schnitzel entstehen.

Ränder leicht einschneiden, Schnitzel mit Klarsichtfolie bedecken und zart plattieren. Die Stärke der Schnitzel ist individuell auf den persönlichen Geschmack abgestimmt, misst jedoch im Normalfall ca. 6 mm.

Schnitzel beidseitig gleichmäßig salzen, Eier mit Gabel verschlagen. Schnitzel in Mehl beidseitig wenden, durch Eier ziehen und danach in Semmelbröseln wenden. Brösel zart andrücken und Schnitzel anschließend vorsichtig abschütteln.

Reichlich Fett (Tiefe etwa 2–3 cm) in passender Pfanne erhitzen. Schnitzel in heißes Fett einlegen. Unter wiederholtem Schwingen der Pfanne die Schnitzel bräunen. Mit einer Fleischgabel vorsichtig wenden, fertig backen und mit einer Backschaufel aus der Pfanne heben.

Schnitzel abtropfen lassen, mit Küchenkrepp überschüssiges Fett abtupfen. Mit Zitronenspalten oder -hälften auftragen. Als Beilagen empfehlen sich Erdäpfel-, Gurken-, Paradeis-, Mayonnaise- oder Blattsalat sowie Petersilerdäpfel.

Anstelle des Koteletts entschieden sich die kaiserlichen Köche angeblich jedoch für saftige Stücke vom Kalbsschlögel. Für die Panier nahm man an Stelle der Weißbrotbrösel knusprig braune Semmelbrösel. So soll das Schnitzel seinen Weg nach Österreich gefunden haben.

Mittlerweile konnte jedoch nachgewiesen werden, dass es sich bei dieser Geschichte um eine reine Erfindung handelt. Wer weiß, ob der Ursprung des Wiener Schnitzels überhaupt in Italien zu suchen ist?

Belegt ist jedenfalls, dass in der Wiener Küche schon lange vor Radetzkys Zeit vielerlei Fleischteile paniert und in Fett schwimmend ausgebacken wurden. Das köstliche Gericht eroberte das gesamte Kaiserreich und fand Eingang in die Küche der Bevölkerung, wenn auch zunächst als reine Festtagsspeise. Erst viel später avancierte es zum heute typischen Sonntagsgericht.

VARIATIONSREICH AUF HÖCHSTEM NIVEAU

Das „Österreichische Nationalgericht" hat etliche lukullische Spielarten: Eine populäre Variante tauscht Kalb- mit Schweinefleisch. Da streng genommen das Wiener Schnitzel jedoch nur aus Kalbfleisch bestehen darf, erhält die Variante vom Schwein daher in Österreich den Namen „Schnitzel Wiener Art" oder „Wiener Schnitzel vom Schwein".

Das Surschnitzel wiederum bereitet man wie das Wiener Schnitzel zu, nur wird Surfleisch verwendet. Das Pariser Schnitzel ist dem Wiener Schnitzel sehr ähnlich. Man stellt es ebenfalls aus Kalbfleisch her, wendet es aber lediglich in Mehl und verschlagenem Ei, ohne abschließende Semmelbröselschicht.

Das Cordon bleu, ein paniertes Schnitzel vom Kalb, überrascht mit einer Füllung aus Käse und Schinken. Und wenn zwischen zwei Semmelhälften ein kaltes Wiener Schnitzel hervorlugt, dann sind wir bei einem herzhaft-köstlichen Imbiss, dem Schnitzel-Semmerl.

WIESEN-WIENERWALD ELSBEERE

Direkt vor den Toren Wiens liegt der Wienerwald, der sich wie eine große Schleife von Klosterneuburg bis Baden zieht. An der westlichen Peripherie, wo sich der dichte Wald lichtet und eine sanfte weitläufige Wiesenlandschaft beginnt, findet man das Reich der Elsbeere. Mit ihren prächtigen großen Kronen schaffen die mächtigen Bäume ein einzigartiges Landschaftsbild. Im Wiesenwienerwald hat es heute wieder Tradition, die bis zu 200 Jahre alten Elsbeerbäume zu pflegen und zu erhalten und ihre erlesenen Früchte frisch oder getrocknet für die Herstellung verschiedener Delikatessen zu verwenden. Als eine hochgeschätzte Rarität gilt der edle Elsbeerbrand.

DER WIESENWIENERWALD – DAS ELSBEERREICH

„Die grüne Lunge Wiens" nennen die Wiener ihren Wienerwald gerne. Das beliebte Naherholungsgebiet wird von seiner höchsten Erhebung, dem Schöpfl (893 m), in zwei ganz unterschiedliche Landschaften geteilt. Während sich in Richtung Wien ein dichter, geschlossener Wald erstreckt, findet sich auf der anderen Seite des Schöpfls eine weitläufige, sanfte Landschaft: der Wiesenwienerwald. Hier wurde der Wald schon im frühen Mittelalter von Bauern gerodet. Eine abwechslungsreiche Gegend mit saftigen Wiesen, fruchtbaren Äckern und Weiden sowie kleineren Waldflächen entstand. Ein besonders beeindruckendes Naturerlebnis bieten hier die sommergrünen Elsbeerbäume. Im sanften Hügelland des Elsbeerenreichs wachsen sie freistehend auf Wiesen oder Feldrainen, seltener am Waldrand und prägen damit die malerische Kulturlandschaft. Die schweren, tiefgründigen Böden und das milde, feuchte Klima mit vielen warmen Sonnenstunden lassen die Wiesenwienerwald Elsbeere hier gut gedeihen und ihr einzigartiges Aroma ausbilden.

IN DER VOLKSMEDIZIN SCHON FRÜH ALS JUWEL GESCHÄTZT

Der Elsbeerbaum findet sich schon seit Jahrtausenden in den Laubwäldern Mitteleuropas bis hin zum Kaukasus. Auch den alten Römern war er wohlbekannt. Im Mittelalter wurde die Elsbeere auf Märkten angeboten und in der Volksmedizin wurde sie gern wegen ihrer Wirkung gegen langwierige Verdauungsstörungen eingesetzt. Wahrscheinlich leitet sich von daher einer der vielen Namen dieser besonderen Beere ab: Ruhrbirne. Die älteste bekannte Erwähnung als Elsbeere stammt übrigens vom Reformator Martin Luther (1483–1546), der sie zur Behandlung seiner kranken Frau Katharina anforderte.

Man schätzt, dass es im Wiesenwienerwald heute noch an die 300–400 Elsbeerbäume mit einem beachtlichen Alter von bis zu 200 Jahren gibt. Um die prachtvolle Landschaft des Wiesenwienerwaldes zu schützen und zu fördern, wurde 2007 ein Verein zur Erhaltung, Pflege und Vermarktung der Elsbeere gegründet. Mitglieder des Vereins haben sich zum Ziel gesetzt, für die besondere Beere mehr Aufmerksamkeit zu erreichen. Sie erhalten und pflegen nicht nur die alten Bäume, sondern pflanzen auch neue und haben Teile des Wiesenwienerwaldes zum Elsbeerreich ausgerufen.

DIE ELSBEERE – DIE KÖNIGIN DER BEEREN

Der Elsbeerbaum (lat. Sorbus torminalis L.) ist ein Rosengewächs und gehört zur Gattung der Mehlbeeren. Sein wissenschaftlicher Name leitet sich von den lateinischen Wörtern „sorbere“, das schlürfen bedeutet, und „torminalis“ – gut gegen Kolik – ab und spiegelt seine Bedeutung in der Volksmedizin wider. Übrigens ist die Elsbeere in anderen Regionen unter zahlreichen Namen vertreten: Adlitzbeere, Atlasbaum, Arisbeere, Schweizer Birnbaum oder Wilder Sperberbaum sind nur einige davon. In guten Lagen wird der Elsbeerbaum bis zu 20 Meter hoch, während er in kargen Gebirgslagen strauchartig klein bleibt.

Aus Elsbeeren wird in mühevoller Arbeit ein Schnaps destilliert, der gerne als „König der Obstbrände“ bezeichnet wird.

Der Baum trägt erst nach einigen Jahren Früchte: Nur Exemplare, die älter als zwölf Jahre sind, bilden im Frühling, etwa von Mai bis Juni, weiße rispenförmige Blüten, aus denen sich ca. fünf bis 15 Beeren pro Dolde entwickeln. Die Beerenfrüchte werden im Herbst reif, in der Zeit von September bis Oktober. Die etwa daumennagelgroßen, runden bis ovalen Beeren sind rötlichgelb und färben sich mit der Vollfreife rötlichbraun. Durch Frosteinwirkung werden die anfangs noch harten Beeren teigig und ihr Tanningehalt sinkt. Deshalb sollten die Beeren möglichst erst nach dem ersten Frost geerntet werden. Sie schmecken leicht säuerlich und entfalten mit zunehmender Reife schließlich einen mandel-marzipanähnlichen, sandig-mehligen Geschmack.

Juwel des Wienerwaldes – von Mai bis Juni zieren die zarten Blüten der Elsbeere die Bäume.

Die Wiesenwienerwald Elsbeere ist ein lichtliebender heimischer Baum, der Ebenen und Südhanglagen bevorzugt.

ELSBEERENERNTE – EINE MÜHE, DIE SICH LOHNT

Seit Generationen werden im Wiesenwienerwald die Früchte des Elsbeerbaumes geerntet und frisch oder getrocknet gegessen oder zu verschiedenen Spezialitäten verarbeitet. Doch es ist eine mühevolle Arbeit, bis man diese Beeren genießen kann. Denn sie fallen nicht ab. Nur per Hand können die wertvollen Früchte geerntet werden. Und weil Elsbeeren eine nicht nur bei Menschen beliebte Delikatesse sind, muss man auch darauf achten, dass den Pflückern keine Vögel zuvorkommen.

Mit Gurten gesichert und mit Stoffsäckchen ausgerüstet klettern sie auf langen Leitern die Bäume hinauf. Sehr vorsichtig entfernen sie die kleinen Äste mit den Früchten und Blättern, denn die Knospen des nächsten Jahres dürfen sie nicht verletzen. Damit die Beeren gleichmäßig nachreifen, werden sie an einem kühlen, trockenen Ort gelagert. Erst dann kippen die Bauern die Zweige mit den Früchten auf einen Tisch und in geduldiger Familienarbeit werden die Beeren händisch von ihren Ästen abgerebelt. Elsbeeren haben einen hohen Gehalt an Vitamin C und besitzen viel Pektin und Fruchtsäure, weshalb sie sich auch für die Herstellung von Marmelade, Mus und Kompott hervorragend eignen. Auch in der Holzwirtschaft ist das besondere Holz des Elsbeerbaumes hoch begehrt. Von jeher schätzen Tischler und Drechsler, Instrumentenmacher und Bildhauer das harte, zähe, weißgelbe Holz. Für das begehrteste aus Elsbeeren hergestellte Produkt, den Elsbeerenbrand, werden die Beeren eingemaischt und durch Wasserzugabe bei einer Temperatur um 20 °C vergoren. Der doppelt gebrannte Elsbeerenbrand wird mit destilliertem Wasser auf Trinkstärke herabgesetzt. Wird der Elsbeerenbrand schließlich mindestens ein Jahr in Dunkelheit und bei mäßiger Wärme gelagert, präsentiert er sich als ausgewogener, lieblich schmeckender Edelbrand mit mandelartigem Geruch. Er ist ein ganz besonders kostbares Tröpfchen. Wer von diesem wohlschmeckenden Destillat ein Schlückchen nehmen will, sollte allerdings rasch zugreifen. Denn Elsbeerbrand oder Adlitzbeerbrand, wie er oft auch genannt wird, ist ein weit über die Grenzen hinaus begehrtes Gut, und die Nachfrage ist stets größer als das Angebot.

WILD-SCHÖNAUER KRAUTINGER-RÜBE

Der Anbau der vitaminreichen Krautingerrübe blickt auf eine lange Tradition zurück. Sie brachte der ländlichen Bevölkerung in höher gelegenen Regionen wie der Tiroler Wildschönau vor allem im Winter willkommene Abwechslung auf dem kargen Speisezettel. Besondere Aufwertung erhielt die Stoppelrübe aus Tirol durch Kaiserin Maria Theresia. Sie setzte fest, dass Schnaps aus der „Krautinger" nur in der Wildschönau und in sonst keinem Gebiet der Monarchie gebrannt werden durfte. Mit diesem Privileg legte die Monarchin den Grundstein für die Einzigartigkeit des bis heute hergestellten Destillates.

VON RÜBENKRAUT UND RÜBENHONIG

Die ältesten europäischen Samenfunde der Stoppelrübe stammen aus steinzeitlichen Siedlungen des nördlichen Alpenvorlandes. Im Mittelmeerraum war die Rüber im antiken Griechenland und im alten Rom bereits eine wichtige Anbaupflanze. Theophrast, ein griechischer Philosoph und Naturforscher (um 371–287 v. Chr.), nannte sie gongylis (griechisch runde Rübe). Der griechische Arzt Pedanius Dioskurides (1. Jahrhundert n. Chr.) beschrieb in seinem Werk „Materia Medica" die Wirkung der Weißen Rübe. Eine aufschlussreiche Darstellung der Kultivierung und Konservierung durch Milchsäuregärung der rapa, wie die lateinische Sprache die Rübe nennt, stammt vom römischen Landwirtschaftsautor Columella (um 35–65 n. Chr.). Einer der wesentlichsten Beweise der großen Bedeutung der Stoppelrübe als knollige Feldfrucht ist zudem eine Abbildung im „Wiener Dioskurides", einem byzantinischen Werk aus der Zeit um 512 n. Chr. Die Bedeutung der Rübe für die Ernährung von Mensch und Tier nahm auch in den Alpenregionen im Laufe der Zeit stetig zu. Sie blieb über viele Jahrhunderte eine wichtige Feldfrucht und ist im alpinen Raum sogar in Familienwappen zu finden, was auf ihre Unentbehrlichkeit als Nahrungsgrundlage hinweist. Im Kräuterbuch des Otto Brunfels aus dem Jahr 1532 erscheint erstmals die Abbildung einer Herbstrübe. Sie galt zur damaligen Zeit als üblicher Bestandteil der Dreifelderwirtschaft.

Bis die Kartoffel großflächig angebaut wurde, war die Rübe eine der wichtigsten Hackfrüchte zur bäuerlichen Selbstversorgung. Frische Rüben aß man als Zwischenmahlzeit, zur Jause oder belegte damit zum Frühstück das Brot. Ihre Blätter, die im Winter im Keller hellgrün austrieben, wurden als Salat verzehrt. Fermentierte Rüben, sogenanntes Rübenkraut, bot den Bauern vitaminreiche Nahrung im Winter: Die Rüben wurden mit speziellen Krautmessern auf einem Krautbrett gehackt, in ein Holzfass gefüllt, eingestampft, zugedeckt und beschwert. Nach fünf bis sechs Wochen war das Rübenkraut vergoren und fertig zum Verzehr. Das beim Zerteilen der Rüben anfallende Wasser fand ebenso Verwendung. Es wurde für das Marinieren von Salat und als Essigersatz herangezogen. Oder man kochte das Rübenwasser bei großer Hitze unter ständigem Rühren ein, bis es eine dickliche Konsistenz aufwies. Dieser „Honig" diente als Brotaufstrich oder „Eintunckn".

Hoch über dem Inntal im Tiroler Unterland liegt eines der schönsten Hochtäler Europas: die Wildschönau.

EINE ROMANTISCH-FELSIGE REGION

Die Wildschönau, die Heimat der Krautingerrübe, ist ein imposantes Hochtal in den Kitzbüheler Alpen. Es gehört zu den südlichsten Gemeinden des politischen Bezirks Kufstein in Tirol und erstreckt sich auf 24 Kilometer Länge über die vier Dörfer Niederau, Oberau, Auffach und Thierbach sowie zahlreiche Weiler.

Entwässert wird die landschaftlich so abwechslungsreiche Region im Osten vom Wörgler Bach in Richtung der historischen Tiroler Stadt Wörgl und von der Wildschönauer Ache durch die Kundler Klamm. Das einzigartige Hochtal mit seinen alpinen Klimaverhältnissen gilt als sonnig und schneesicher mit relativ hohen Niederschlagsmengen. Der erzarme Boden setzt sich aus metamorphem und vulkanischem Gestein zusammen. Weicher Buntsandstein verleiht den Bergen ihre sanften Formen. Das gute Wasserspeichervermögen der Böden sowie das warme und feuchte Wetter bieten optimale Bedingungen für Wachstum und Anbau der genügsamen Wildschönauer Krautingerrübe. Ihre Anbauflächen liegen auf einer Seehöhe von bis zu 2000 Meter.

EIN STÜCK BODENSTÄNDIGKEIT

Die Wildschönauer Krautingerrübe, eine weiße Stoppelrübe (Brassica rapa ssp. Rapa), gehört botanisch zur Familie der Kreuzblütler (Brassicaceae). Ihr Aussehen kann je nach Sorte etwas variieren, im Allgemeinen erscheint sie rundlich und platt. Der Rübenkopf mit einem Durchmesser von ungefähr 20 cm zeigt sich vorwiegend rötlich bis bläulich gefärbt, die Rübenunterseite erscheint weißlich. Die Stoppelrübe ist unter einer Vielzahl von Bezeichnungen bekannt: Rübm, Ruibm, Ruibe, Ruabn, Robn, Krautrübm, Fetzruabn, Gratscharuibe, Herbischtruibe, Wadlruibe, Wossoruibe, Tellerruibe oder Blattruabn. Ihre harntreibende Wirkung brachte der Knolle Dialektnamen wie Soachrübm oder Bettsoacharübm ein. Die Bezeichnungen Mai- bzw. Herbstrübe weist auf den zweimaligen Anbau im Jahr hin, wobei die Krautingerrübe traditionell eine Herbstrübe ist.

Der Rübensamen wird sorgfältig ausgewählt, wobei die meisten Bauern ihn selbst vermehren und speziell auf kleinen Flächen noch händisch aussäen. Die Ernte der Krautingerrübe fällt in den Oktober, wenn sie als Herbstrübe angepflanzt wurde, ansonsten in den Juli. Nach der Ernte werden die Blätter entfernt, die Rüben sorgfältig gereinigt und danach weiterverarbeitet bzw. direkt von den Bauern, über Bauernmärkte oder auch im Bauernladl vermarktet.

DIE WILDSCHÖNAUER UND IHR KRAUTINGER

Auf ganz besondere Art und Weise wird bis heute die kulinarhistorisch so verwurzelte Rübe in der Tiroler Wildschönau verwendet, nämlich zur Herstellung des Krautinger-Brandes. Das Privileg, aus Rüben Schnaps zu brennen, verlieh Kaiserin Maria Theresia in ihrer Regierungszeit (1740–1780) den Bauern der Wildschönau, um ihnen einen Zuverdienst zu ermöglichen. Insgesamt 51 Bauern erteilte die Monarchin das Monopol, den vergorenen Saft der Stoppelrübe in der Wildschönau zu brennen.

Noch heute ist die Gemeinde Wildschönau zur Krautingererzeugung privilegiert, denn die Spirituose steht als Spezialität mit geschützter geografischer Angabe im Österreichischen Lebensmittelbuch. Dieses legt fest, dass diese Spezialität nur dann die Bezeichnung „Krautinger“ erhalten darf, wenn der Rohstoff aus dem Bundesland Tirol stammt, wobei die Fertigstellung ausnahmslos in der Gemeinde Wildschönau erfolgt. Die traditionelle Herstellungsweise dieser hochprozentigen Spezialität hat sich bis heute weitgehend erhalten: Nachdem die gereinigten Rüben fein zerkleinert wurden, trennt man mit einer Packpresse Saft und Rübenstücke und erhitzt das Ganze in großen Kesseln, bis sich die Masse auf etwa ein Drittel reduziert. Der Sud wird abgekühlt in Gärfässer gefüllt. Während heute Reinzuchthefen zugesetzt werden, verwendete man früher das „Gmachtl", das man durch die Vermischung der Hefe mit einem Liter handwarmen Sud herstellte. Dieses „Gmachtl" durfte etwa 48 Stunden aufgehen, dann setzte man es dem abgekühlten Sud zu. Die Vergärung dauerte etwa eineinhalb bis zwei Tage.

Vom Arzneimittelschränkchen ins Rampenlicht des kulinarischen Interesses – der Rübenbrand hat eine beachtliche Karriere gemacht.

Die Wildschönauer brennen den Krautinger zweimal, wobei sie den Brennkessel traditionell mit Buchenholz feuern. Bevor die Spirituose trinkfertig ist, wird sie noch auf einen Alkoholgehalt von 39–49 Volumenprozent verdünnt. Der Geschmack des Krautingers wird als sehr eigenwillig und einzigartig beschrieben. Er erinnert intensiv an Gemüse. Noch heute ist der hochprozentige Krautinger nicht nur Genussmittel, sondern Lebenselixier und Volksmedizin zugleich. In früheren Zeiten hatte auch die Rübe selbst große volksmedizinische Bedeutung: Das Rübenkraut sollte die Immunabwehr stärken, der saure Saft des Rübenkrautes wiederum dem Magen guttun. Äußerliche Anwendungen bei Fieber, Geschwüren, Abszessen und Gelenksentzündungen sind nach wie vor bekannt.

Die rundlichen Stoppelrüben werden direkt von den Bauern, über den Wildschönauer Bauernmarkt bzw. im Wildschönauer Bauernladl vermarktet.

ZWEIGELT

Das Geschmacksprofil des Zweigelts bietet primäre Weichsel- und Beerenaromen, daneben finden sich mitunter auch Anklänge an Tabak. Die nach ihrem Züchter Friedrich Zweigelt benannte Kreuzung ist die mittlerweile am häufigsten verbreitete Rotweinsorte Österreichs. Die dezente Stilistik des Zweigelts macht ihn zu einem wunderbaren Begleiter für erfrischende Salate, klassische Wild- und Rindfleischgerichte sowie für gegrilltes Lamm und Geflügel. Nudel- und Pilzgerichte, Gemüseaufläufe und g'schmackige Weich- oder Schnittkäse ergänzt der heimische Weinklassiker ebenfalls optimal.

VOM SÜFFIGEN „ROTBURGER“ …

Der Weinbau auf dem Gebiet des heutigen Österreichs blickt auf eine jahrtausendealte Geschichte zurück. Nach ersten keltischen Weinbauversuchen gestaltete sich die önologische Historie sehr wechselvoll: Römische Truppen, die in den Donauraum vorstießen, trieben den Rebbau voran. Mit der Beendigung ihrer Herrschaft wurden im Zuge der Völkerwanderungen die österreichischen Weinberge zum Großteil verwüstet. Im frühen Mittelalter gilt Karl der Große als großer Förderer des Weinbaues im östlichen Raum seines Reichs. Die Wende vom ersten zum zweiten nachchristlichen Jahrtausend kann als Zeit der ersten Hochblüte der Weinkultur angenommen werden. Damals waren es vor allem die Klöster, die Weingärten bewirtschafteten. Von dieser Zeit an entwickelte sich der Weinanbau in Österreich stetig weiter. Im Zuge der beiden Türkenbelagerungen (1529 und 1683) wurden die Weinfluren in Ostösterreich jedoch wieder beinahe vollständig zerstört.

Ebenfalls desaströse Auswirkungen auf den Weinbau hatte die Reblausplage Ende des 19. bis Anfang des 20. Jahrhunderts. Der aus Nordamerika nach Europa eingeschleppte Schädling vernichtete weite Teile der damals vorhandenen Rebanlagen. Im 20. Jahrhundert gingen dann nach dem Zerfall der Habsburgermonarchie die Weingartenflächen in Österreich kontinuierlich zurück. In diese Epoche fällt auch die „Geburt“ des Zweigelts: Diese österreichische Neuzüchtung entstand 1922 durch Kreuzung der Rebsorten Blaufränkisch und St. Laurent und geht auf Friedrich Zweigelt (1888–1964) zurück. Zunächst als wissenschaftlicher Mitarbeiter an der Höheren Bundeslehranstalt für Wein- und Obstbau in Klosterneuburg tätig, übernahm er mit Ende des Ersten Weltkrieges die Leitung des Institutes für Rebenzüchtung.

Während der Zeit, in der er dort für Rebenselektion und Sortenneuzüchtungen verantwortlich war, entwickelte Zweigelt die Rebsorte, die später seinen Namen tragen sollte. Der Rotburger, wie die Weinsorte in Anlehnung an ihren Herkunftsort Klosterneuburg anfangs genannt wurde, entsprach der damaligen Vorstellung eines guten Weines, der vor allem „süffig“ zu sein hatte. Rasch erfreute sich die Rebsorte daher allgemeiner Beliebtheit. Lange Zeit hatte die Weinsorte, die erst 1975 in Zweigelt, synonym Blauer Zweigelt, Zweigeltrebe, Cvaigelt oder Cveigelt, umbenannt wurde, den Ruf eines Massenweins. Gegen Ende der 1990er Jahre jedoch besannen sich engagierte Winzer im Zuge der erfolgreichen Qualitätsoffensive im Weinbau wieder stärker auf das Potenzial heimischer Rotweinsorten, so auch auf das dieser facettenreichen österreichischen Rebe.

.... ZUM FACETTENREICHEN, MODERNEN QUALITÄTSWEIN

Rasch und mit erstaunlicher Sicherheit gelang es dem Zweigelt, im Laufe der Jahre zu seinem heutigen Erfolg zu gelangen. Parallel dazu vollzog sich sein Imagewandel vom zunächst untergeordneten Massenwein zum spannenden Qualitätswein. Die Rebe bringt heute bei auf Qualität bedachter Ertragsbegrenzung im Weingarten und sorgfältiger Vinifizierung in der Regel respektable Rotweine mit charakteristisch präsentem Körper hervor. Jung schmeckt diese heimische Paradesorte recht pfiffig und fruchtig mit einem typisch unverwechselbaren Weichsel-Kirsch-Aroma. Reife Lagerweine wiederum bringen Körper und beeindrucken mit ihren weichen Tanninen.

Zweigelt zeichnet sich durch eine dunkle, rubinrote Farbe mit leicht violettem Schimmer aus.

Zweigeltreben zeichnen sich durch Robustheit aus. Sie sind genügsam und stellen keine besonderen Ansprüche an den Boden. Auf tiefgründigen, mittelschweren und nährstoffreichen Böden liefern die Reben hohe Erträge. Ihre Trauben sind mittelgroß und stehen am Stiel relativ dicht. Die blau-schwarzen Beeren besitzen eine rundliche Form und farbloses Fruchtfleisch. Der Austrieb der Rebsorte erfolgt ebenso wie ihre Blütezeit relativ früh, die Reifezeit ist von vergleichsweise mittlerer Dauer. Die Ernte setzen erfahrene Winzer meist in der zweiten Septemberhälfte an. Die Rebe überzeugt durch Blütefestigkeit, Fäulnisbeständigkeit, Frühreife, Frostfestigkeit, Robustheit und Genügsamkeit, relativ hohe Ertragssicherheit und Quantität der Erträge. Allerdings neigt sie bei Unterversorgung mit Kalium sowie bei extremen Witterungsbedingungen oder erhöhter Ertragsbelastung zur sogenannten Traubenwelke.

Die Reben gedeihen recht problemlos und stellen keine besonderen Ansprüche an den Boden.

Die substanzreichen, fruchtigen Weine erreichen bei Ertragsbegrenzung, fachgerechter Vinifizierung und entsprechendem Ausbau, etwa in Barrique-Fässern, eine recht lange Haltbarkeit.

Am besten gedeiht die zylindrisch geformte dichte Zweigelttraube in frühen oder mittelfrühen Lagen. Ihre Hauptanbaugebiete liegen im niederösterreichischen Weinviertel und in der Weinregion Neusiedler See im Burgenland. Weitere nennenswerte Anbauflächen finden sich vor allem in den Regionen Kamptal, Wagram, Kremstal, der Thermenregion und Carnuntum sowie der Region Mittelburgenland, Neusiedlersee-Hügelland sowie der Süd- und Südoststeiermark. Heute wird Zweigelt in Österreich auf einer Gesamtfläche von über 6500 Hektar kultiviert. Er nimmt damit ca. 50 Prozent der Rotweinflächen und etwa 14 Prozent der gesamten Weinbaufläche (ca. 45.500 Hektar) Österreichs ein.

VIELE AUSBAUMÖGLICHKEITEN

Der leicht würzige Zweigelt mit seiner angenehmen Säurestruktur eignet sich sowohl zum reinsortigen Ausbau als auch für den Verschnitt mit einem oder mehreren anderen heimischen oder internationalen Rotweinsorten. Dabei sollte ein passender Cuvéepartner den Zweigelt ergänzen und nicht, was leicht der Fall sein kann, dominieren.

Im Glas rubinrot bis dunkel-lila, ja schwarzrot schimmernd eignet sich Zweigelt für den Barriqueausbau ebenso wie für den klassischen Ausbau im großen Holzfass oder Stahltank. Jedoch ist viel kellereitechnische Erfahrung nötig, um die sortentypische Fruchtigkeit des Weines beim Barriqueausbau nicht mit der damit beabsichtigten holzig-vanilligen Geschmacksfärbung zu übertönen.

Spannend ist, dass einige Winzer Zweigelt mittlerweile auch als geschmacksintensive „Essenz", nämlich als extraktreiche Süßwein-Rarität – meist als vollmundige Beerenauslese – ausbauen und damit sein vielfältiges Erscheinungsbild um eine weitere Facette erweitern. Neben Grünem Veltliner zählt Zweigelt heute zu den meistexportierten Weinen Österreichs und vertritt so seine Heimat würdig und erfolgreich in der ganzen Welt.

KLEINES GLOSSAR ÖSTERREICHISCH – DEUTSCH

Alp	Alm
anzuckern	mit Zucker bestreuen
Aranzini	Orangeat
backen	in Österreich verwendet man den Begriff „backen" auch für die Zubereitung in einer Pfanne auf dem Herd sowie als Abkürzung für → herausbacken
Backhendl	Backhuhn, paniertes Hühnchen
Backrohr	siehe → Rohr
bähen	leicht rösten
Bauchfleisch	Schweinebauch
Beinfleisch	Querrippe
Beinschinken	geräucherter, gekochter Knochenschinken
Beiried	Rumpf- oder Lendenstück
Beis(e)l	Gasthaus
Beusch(e)l	1) Lunge 2) aus Lunge zubereitetes Gericht, siehe Seite 12–14
Biskotte	Löffelbiskuit
Brettljause	deftige Zwischenmahlzeit, die traditionell auf einem Holzbrett serviert wird
Brösel	1) Abkürzung für → Semmelbrösel 2) zerkleinertes, getrocknetes Backwerk
Bröseltopfen	Quark mit sehr niedrigem Wassergehalt
Buschen	Strauß, Bund
Buschenschank	Synonym für → Heuriger
Dampfl	Vorteig
durchzogen	durchwachsen (Speck)
Eierschwammerl	Pfifferlinge
Einmach	helle Mehlschwitze
erweichen	einweichen
Essiggurkerl	saure Gurke
Estragonsenf	der in Österreich meistverwendete mittelscharfe Senf ist mit Estragon gewürzt
färbig	farbig
faschieren	durch den Fleischwolf drehen
Faschiertes	Hackfleisch
Fasson	Form
Fleckerl	österreichische Nudelspezialität, quadratisch bis rautenförmig
Fledermaus	vom Beckenknochen umschlossenes Rindfleischstück
Fleischer	Metzger
Fleischhauer	Synonym für → Fleischer
Fleischhauerei	Metzgerei
Frikandeau	Unterschale
Fülle	Füllung
Gabelfrühstück	traditionelle kleine Mahlzeit zwischen Frühstück und Mittagessen
Gebackenes	→ herausgebackenes Fleisch
Gelbe Rübe	Die in Österreich verwendeten Gelben Rüben sind in Deutschland kaum bekannt und nicht zu verwechseln mit den in Teilen Deutschlands als Gelbe Rüben bezeichneten Karotten/Möhren.
gemischter Satz	Wein aus unterschiedlichen, im selben Weingarten gepflanzten Rebsorten
Germ	Hefe
gesotten	gekocht
gestutzte Rippe	siehe → Beinfleisch
glattes Mehl	das Standard-Mehl in Österreich
Golatsche	siehe → Kolatsche
Grammeln	Grieben
Graukäse	Sauermilchkäse
griffiges Mehl	etwas gröber gemahlenes Mehl, am ehesten mit Dunstmehl vergleichbar
Gröstl	Gericht, das aus mehreren Zutaten in einer Pfanne zubereitet wird
Gspritzter	Schorle
Gulaschsaft	Gulaschsauce
Gusto	Appetit
Gustostück	hochwertiges Fleischstück
Hafner	Töpfer, Ofensetzer
händisch	von Hand
Häupt(e)l	Kopf
herausbacken, herausbraten	in schwimmendem Fett garen, frittieren
Hesperidenessig	Markenname eines in Österreich viel verwendeten Essigs aus Weingeistessig, Weinessig und Apfelsaftkonzentrat
heurige Erdäpfel	Frühkartoffeln
Heuriger	traditionell von Winzern in Weinbaugegenden betriebenes, einfaches, nicht ganzjährig geöffnetes Lokal
hohes Ried	Synonym für → Rostbratenried
Holler	Holunder
Hüferschwanzel	Bürgermeister- oder Pastorenstück, Hüftspitze
Jause	Zwischenmahlzeit
Kaiserfleisch	geräucherter Schweinebauch
Kaiserteil	Kalbsschale ohne Deckel
Kalbsnuss	siehe → Nuss
Karree	Rippenstück
Kavalierspitz	Rindfleisch von der Unterseite des Schulterblattes
Kernöl	Kürbiskernöl
Kipfler	festkochende, längliche Kartoffelsorte
klauben	sammeln, auflesen
kleschen	krachen
Kletze	getrocknete Birne
Knödel	Kloß
Koch	breiartige Speise, im Gegensatz zur Berufsbezeichnung „Koch" Neutrum
Kolatsche	Tasche (Gebäck)
Konfitüre	wird im österreichischen Sprachgebrauch für Marmeladen verwendet, die nicht aus Zitrusfrüchten bestehen
kosten	probieren
Kraut	Weißkohl
Krautfleckerl	traditionelles Gericht mit geschnittenem Weißkohl und Nudeln

Kren	Meerrettich
Kruspelspitz	ausgelöste Zwischenrippe
Kübel	Eimer
Kukuruz	Mais
Laibchen	kleine, runde oder ovale Form
Liwanze	Dalke
mageres Meisl	fettarmes Schulterfleisch
Marillen	Aprikosen
Mehlspeise	Süßspeise, Kuchen
Milchrahmstrudel	mit einer Mischung aus Quark und saurer Sahne gefüllter, mit Eier-Vanille-Milch übergossener Strudel
Millirahmstrudel	Synonym für → Milchrahmstrudel
Mohnflesserl	Mohnzopf
Nocken	siehe → Nockerl
Nockerl	meist mit einem Löffel aus einer weichen Masse ausgestochene Form
Nuss	Fleisch aus der Mitte der Rinderkeule
Obers	Kurzform zu → Schlagobers
Palatschinke	Pfannkuchen, Eierkuchen
Panier	Panüre, in Deutschland meist als Panade bezeichnet
papriziert	mit Paprikapulver gewürzt
Paradeiser	Tomaten
Percht	mythische Figur, die der Überlieferung nach zwischen Wintersonnwende und 6. Januar ihr Unwesen treibt
Petersil	Petersilie
Pfandl	Pfanne
Plutzer	1) traditioneller, bauchiger Steingutkrug mit engem Hals 2) Kürbis
Powidl	Zwetschenmus
radeln	mit einem Teigrad ausschneiden
Rahm	Sahne
Räßkäse	kräftig-würzige Voralberger Käsespezialität
rasten lassen	ruhen lassen
Rauchfang	Kamin
Rein	runde Schüssel, Pfanne
resch	1) knusprig gebacken 2) sauer
Ribisel	Johannisbeeren
Rieddeckel	über dem Rostbraten und der Schulter liegendes Rindfleischstück
Rindslungenbraten	Rinderfilet
Rindsuppe	klare Rinderbrühe
Rohr	Herd
Rostbratenried	hohes Roastbeef
Rotkraut	Rotkohl
Sauermilch	Dickmilch
Sauerrahm	saure Sahne
Schale	mageres Keulenfleisch
Schlagobers	Sahne
Schlegel	Keule
Schmankerl	besonderer Leckerbissen
Schneenockerl	Süßspeise aus geschlagenem Eiweiß
Schneerute	Schneebesen
Schopf	Schweinkamm
Schulterscherzel	Schaufelstück
Schulterschwanzel	Schulterfleisch
Schwammerl	Pilz
schwemmen	(ab)spülen
Seehöhe	Höhe über dem Meeresspiegel
seihen	durch ein Sieb gießen
Selch	Räucherkammer
selchen	räuchern
Semmel	Brötchen, Schrippe
Semmelbrösel	getrocknete, geriebene → Semmeln, Paniermehl
Semmelknödel	aus getrockneten → Semmeln hergestellte Klöße
Senn	Almhirt
Serviettenknödel	spezielle, längliche Form des → Semmelknödels, in einem Tuch gegart
Siedefleisch	gekochtes Fleisch
Spagat	Bindfaden
sprudeln	siehe → versprudeln
stauben	stäuben
Staubzucker	Puderzucker
Stelze	Haxe
Sterz	dicke, bröckelige, angebratene Breispeise von eher trockener Konsistenz, siehe Seite 135
Stotzen	Rinderkeule
Striezerl	kleiner Zopf, meist ist ein kleiner Mohnzopf gemeint
Sulz	Sülze
Suppe	(als Rezeptzutat) klare Brühe
suren	einsalzen, pökeln
Tafeldeckel	Deckel über dem → Hüferschwanzerl
Tafelstück	verlängerter Tafelspitz
Tascherl	Täschchen
Teilsames	geräucherte Schweineschulter und -keule
Topfen	Quark
überkühlen	etwas abkühlen lassen
Verhackert	traditioneller Fleischaufstrich, siehe Seite 74
verschlagen	Synonym zu → versprudeln
versprudeln	verquirlen
Vogerlsalat	Rapunzel, Feldsalat
Wadschinken	Wadenfleisch vom Rind
Wandl	wannenförmiges Kochgeschirr
Weinbeere	Rosine
weißes Scherzel	hinteres Schwanzstück vom Rind
weiters	darüber hinaus
Wurstradel	dickere Wurstscheibe
Wurzelwerk	Wurzelgemüse, meist ist Suppengemüse gemeint
zusammenschlüpfen	sich zusammenziehen
Zuspeise	Beilage
zustellen	aufstellen
Zwetschke	Zwetschge, Zwetsche
Zwetschkenröster	österreichische Kompottspezialität, eingedickter Zwetschenkompott

hat Zukunft.

lebensministerium.at

57 Ausseerland Seesaibling
58 Gesäuse Wild
59 Hochschwab Wild
60 Pöllauer Hirschbirne
61 Oststeirischer Apfel
62 Weizer Berglamm
63 Almenland Almochse
64 Murtaler Steirerkäs
65 Weststeirisches Turopoljeschwein
66 Steirisches Kürbiskernöl g.g.A.
67 Grazer Krauthäuptel
68 Steirisches Teichland – Karpfen
69 Steirisches Vulkanland Schinken
70 Steirischer Kren g.g.A.
71 Südoststeirische Käferbohne

72 Waldviertler Erdäpfel
73 Waldviertler Karpfen
74 Retzer Land Kürbis
75 Weinviertler Erdäpfel
76 Weinviertler Getreide
77 Laaer Zwiebel
78 Weinviertler Wild
79 Waldviertler Mohn
80 Wachauer Marille g.U.
81 Wagramer Nuss
82 Traisentaler Fruchtsäfte
83 Tullnerfelder Kraut
84 Tullnerfelder Schwein
85 Weinviertler Schwein
86 Waldviertler Weiderind
87 Ybbstal Forelle

88 Mostviertler Birnenmost
89 Pielachtaler Dirndl
90 Mostviertler Schofkas
91 Alpenvorland Rind
92 Lilienfelder-Voralpen Wild
93 Schneebergland Jungrind
94 Bucklige Welt Apfelmost
95 Schneebergland Schwein
96 Wiesenwienerwald Elsbeere
97 Wienerwald Weiderind
98 Marchfeldspargel
99 Marchfeld Gemüse

100 Wiener Gemüse

101 Kittseer Marille
102 Neusiedlersee Fische
103 Pannonisches Mangalitzaschwein
104 Leithaberger Edelkirsche
105 Seewinkler Gemüse
106 Nationalpark Neusiedlersee-Seewinkel Steppenrind
107 Wiesener Ananas Erdbeeren
109 Mittelburgenländische Kaesten und Nuss
109 Mittelburgenland Dinkel
110 Südburgenländische Kräuter
111 Zickentaler Moorochse
112 Südburgenländischer Apfel
113 Südburgenländische Weidegans

BEZUGSQUELLEN

APFELMOST

Fruchtwelt Mohr-Sederl
Andreas Sederl
Neue-Welt-Straße 109
2732 Zweiersdorf, NÖ
T. 02620/23 95
F. 02620/250 98
saft@mohr-sederl.com
www.mohr-sederl.com

Obstbau und Obstveredelung Haas
Roswitha und Karl Haas
Poppendorf 56
8342 Gnas, STMK
T. 03151/23 64
F. 03151/23 64-22
obstbauhaas@aon.at
www.obstbauhaas.at

Pankrazhofer – Most und Säfte
Eva und Norbert Eder
Lugendorf 7
4284 Tragwein, OÖ
T. 07263/882 95
mostmacher@pankrazhofer.at
www.pankrazhofer.at

APFELSTRUDEL & CO

Café-Konditorei Braun GmbH
Gerd Braun
Unterer Markt 8
5400 Hallein, SBG
T. 06245/804 86
gerd.braun@gmx.at

Café-Konditorei Träger
Christine und Reinhard Träger
Bruckgasse 3
7423 Pinkafeld, BGLD
T. 03357/422 86
traegerkondi@aon.at
www.traeger.at

Konditorei-Café Zauner
GesmbH & Co KG
Gärdi und Josef Zauner
Pfarrgasse 7
4820 Bad Ischl, OÖ
T. 06132/233 10-0
info@zauner.at, www.zauner.at

BEUSCHL

Bittermann Vinarium
Abt-Bruno-Heinrich-Platz 1
2464 Göttlesbrunn, NÖ
T. 02162/811 55
info@bittermann-vinarium.at
www.bittermann-vinarium.at

Gerer's Magdalenenhof
Senderstraße 355
1210 Wien, W
T. 01/292 35 19

Steirereck im Stadtpark
Am Heumarkt 2a
1030 Wien, W
T. 01/713 31 68
wien@steirereck.at
www.steirereck.at

BIER

Brauerei Grieskirchen GmbH
Mag. Michael Harmer
Stadtplatz 14
4710 Grieskirchen, OÖ
T. 07248/607-0
F. 07248/607-21
office@grieskirchner.at
www.harmer.at

Privatbrauerei Zwettl –
Karl Schwarz GmbH
Karl Schwarz
Syrnauer Straße 22–25
3910 Zwettl, NÖ
T. 02822/500-0
info@zwettler.at
www.zwettler.at

Stieglbrauerei zu Salzburg
Heinrich-Dieter Kiener
Kendlerstraße 1
5017 Salzburg, SBG
T. 0662/83 87-0
F. 0662/83 87-113
office@stiegl.at
www.brauwelt.at

BIRNMOST

Edeldestillerie Farthofer
Josef Farthofer
Neen 1
3361 Aschbach Markt, NÖ
T. 0676/358 56 44
F. 07476/76 383
office@edelschnaps.at
www.edelschnaps.at

Mostbauernhof Distelberger
Irmgard und Anton Distelberger
Gigerreith 39
3300 Amstetten, NÖ
T. 07479/73 34
F. 07479/73 34-4
info@distelberger.at
www.distelberger.at

Riethalerhof
Birgit und Ernst Mielacher
Riethal 4
4623 Gunskirchen, OÖ
T. 07246/63 24
F. 07246/63 24-4
info@riethalerhof.at
www.riethalerhof.at

BLAUFRÄNKISCH

NÖ Landesweingut Hollabrunn
Kellermeister Franz Müllner
Sonnleitenweg 2
2020 Hollabrunn, NÖ
T. 02952/21 33-227
www.noe-landesweingueter.at

Verband Blaufränkischland
Mittelburgenland
Rathausgasse 1
7311 Neckenmarkt, BGLD
T. 02610/420 40
F. 02610/420 40-50
office@blaufraenkischland.at
www.blaufraenkischland.at

Verband Weinidylle Südburgenland
Weinmuseum 1
7540 Moschendorf, BGLD
T. 03324/63 18
F. 03324/63 15-7
office@weinidylle.at
www.weinidylle.at

BLUNZN

Fleischerei „Blunznkaiser"
Karl Gutscher
Karl und Sonja Gutscher
Wiener Straße 19
3433 Königstetten, NÖ
T. 02273/22 29
F. 02273/22 29
gutscher@blunznkaiser.at
www.blunznkaiser.at

Fleischerei Hans Harger &
Sohn GmbH
Hans Harger
Linke Mürzzeile 19a
8605 Kapfenberg, STMK
T. 03862/280 02-0
F. 03862/410 02
office@harger.at
www.harger.at

Fleischhauerei Badegruber
GmbH & Co KG
Friedrich Badegruber
Kirchenplatz 100
4923 Lohnsburg, OÖ
T. 07754/21 28
F. 07754/21 28-9
badi.fritz@aon.at
www.badegruber.fleischer.at

BUCHTELN

Bäckerei Stocklauser
Benediktinerplatz 1
9020 Klagenfurt, KTN
T. 0463/509 329

Café Hawelka
Dorotheergasse 6
1010 Wien, W
T. 01/512 82 30
office@hawelka.at
www.hawelka.at

Café-Konditorei L. Heiner
KR Dr. Paulus Stuller
Kärntner Straße 21–23
1010 Wien, W
T. 01/512 68 63
F. 01/512 68 63-14
verwaltung@heiner.co.at
www.heiner.co.at

BURENWURST

Fleischerei-Buffet Fellner
Erwin Fellner
Klosterneuburger Straße 29
1200 Wien, W
T. 01/332 56 59
F. 01/330 68 76
fellner@fleisch-buffet.at
www.fleisch-buffet.at

Fleisch-Wurst Butz
Martin-Peter Butz
Leitenstraße 17
4650 Lambah, OÖ
T. 07245/288 61-0
F. 07245/288 61-6
office@butz.at
www.butz.at

Fleischerei Höller
Magdalena und Karl Höller
Kampichl 35
2871 Zöbern, NÖ
T. 02642/82 46
office@hoeller-fleischer.at
hoeller-fleischer.at

Weinviertler Fleischerei
Hofmann GmbH
Andrea und Franz Hofmann
Sparkassegasse 26–28
2020 Hollabrunn, NÖ
T. 02952/21 63
F. 02952/21 63-50
info@weinviertler-fleischerei.at
www.weinviertler-fleischerei.at

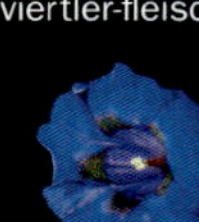

ENZIANBRAND

Edeldestillerie Mair
Gabi und Helmut Mair
Dorfstraße 48
6432 Sautens, T
T. 05252/65 35
info@edeldestillerie-mair.at
www.edeldestillerie-mair.at

Schaubrennerei Gebrüder Bentele
Reinhard und Werner Bentele
Heckisau 338
6863 Egg/Großdorf, VBG
T. 05512/44 02
F. 05512/44 02-1
info@gsiberger.at
www.gsiberger.at

Schnapsbrennerei Herzog
Siegfried Herzog
Breitenbergham 5
5760 Saalfelden, SBG
T. 06582/757 07
F. 06582/757 07
s.herzog@sbg.at
www.herzogschnaps.at

ERDÄPFEL

Bio-Hof Riederer
Raimund Riederer
Haus Nr. 6
2014 Kleedorf, NÖ
T. 02954/27 14
rriederer@gmx.at

Erdäpfelhof Rauchberger
Edmund und Ernfriede Rauchberger
Aspersdorf 54
2020 Hollabrunn, NÖ
T. 02952/29 67
F. 02952/29 67-4
weinviertler@erdaepfelhof-
rauchberger.at
edmund@erdaepfelhof-
rauchberger.at
www.erdaepfelhof-rauchberger.at

Josef Weiß
Thaures 12
3922 Großschönau, NÖ
T. 02815/62 96
josef.weiss@gross.schoenau.at

EXTRAWURST

Fleisch-Wurst Butz
Martin-Peter Butz
Leitenstraße 17
4650 Lambah, OÖ
T. 07245/288 61-0
F. 07245/288 61-6
office@butz.at
www.butz.at

Fleischhauerei Hiess
Reinhard Hiess
Schulgasse 22
2151 Asparn an der Zaya, NÖ
T. 02577/82 04
F. 02577/82 04-4
hiess.wursterzeugung@aon.at

Fleischhauerei Rath
Karl Rath
Marbach an der Donau 27
3671 Marbach an der Donau, NÖ
T. 07413/320
F. 07413/320-4
fleischerei.karlrath@aon.at
www.fleischerei-rath.at

Weinviertler Fleischerei
Hofmann GmbH
Andrea und Franz Hofmann
Sparkassegasse 26–28
2020 Hollabrunn, NÖ
T. 02952/21 63
F. 02952/21 63-50
info@weinviertler-
fleischerei.at
www.weinviertler-fleischerei.at

FLECKVIEH

Arbeitsgemeinschaft
Österreichischer Fleckviehzüchter
Pater-Werner-Deibl-Straße 4
3910 Zwettl, NÖ
T. 02822/535 31-90
info@fleckvieh.at
www.fleckvieh.at

Erzeugergemeinschaft
Fleckviehzuchtverband
Inn- und Hausruckviertel
Volksfestplatz 1
4910 Ried im Innkreis, OÖ
T. 07752/823 11
F. 07752/823 11-8
info@fih.at, www.fih.at

Rinderzucht Tirol
Brixner Straße 1
6020 Innsbruck, T
T. 05/92 92-1832
rinderzucht@lk-tirol.at
www.rinderzucht-tirol.at

FORELLE

Bachfischerei Baumgartner
Ulrike Sander-Baumgartner
Höpflingerweg 2–4
5230 Mattighofen, OÖ
T. 07742/34 50
F. 07742/34 50-4
bachfischerei.
baumgartner@aon.at
www.bachfischerei.at

Forellenhof Marzi vlg. Knapp
Marianne und Gerhard Marzi
Völking 4
9431 St. Stefan im
Lavanttal, KTN
T. 04352/811 65
F. 04352/811 65
marzi@utanet.at
www.marzi-forellen.at

Mariazeller Wildsaibling,
Fischzucht Alexander Quester
Alexander Quester
Grazer Straße 4
8630 Mariazell, STMK
T. 03882/310 51
office@questers.at
www.questers.at

Wilder Fisch GmbH
Hanno Soravia
Süduferweg 134
9871 Seeboden, KTN
T. 0664/60 00 83 71
vertrieb@wilderfisch.at
www.wilderfisch.at

FRANKFURTER/ WIENER WÜRSTEL

Fleischerei Schmidt
Manfred Schmidt
Johann-Sackl-Gasse 43
8700 Leoben, STMK
T. 03842/21 471
office@feinesausfleisch.at
www.feinesausfleisch.at

Fleischerei Urban
Friedrich Urban
Hauptstraße 32
5600 St. Johann im
Pongau, SBG
T. 06412/275
urban@fleischer.at
www.urban.fleischer.at

Weinviertler Fleischerei Hofmann
GmbH
Andrea und Franz
Hofmann
Sparkassegasse 26–28
2020 Hollabrunn, NÖ
T. 02952/21 63
F. 02952/21 63-50
info@weinviertler
fleischerei.at
www.weinviertler-
fleischerei.at

Fleischhauerei Zauner
Gottlieb Zauner
Oberer Marktplatz 35
4830 Hallstadt, OÖ
T. 06134/82 91
gottlieb.zauner@vpn.at
www.fleischhauereizauner.com

FRAXNER KRIASI

Fraxner Schnaps-Atelier
Monika und Walter Summer
Unterdorf 6
6833 Fraxern, VBG
T. 05523/640 67
F. 05523/586 61
schnapsatelier@aon.at
www.schnapsatelier.at

Peterhof
Ottilie und Michael Peter
Kugelweg 32
6833 Fraxern, VBG
T. 05523/584 50
F. 05523/584 15
peter.hof@aon.at
www.peter-hof.at

GAILTALER ALMKÄSE G. U.

Gemeinschaft der Gailtaler
Almsennereien
Christof Wassertheurer
Kirchbach 49
9632 Kirchbach, KTN
almkaese@aon.at
www.gailtaler-almkaese.at

Hansbauerhof
Franz Schaar
Rattendorf 11
9631 Jening, KTN
T. 04285/504
info@hansbauerhof.at
www.hansbauerhof.at

Sennerei Tressdorfer Alm
Arno Oberluggauer
Grafendorf 138
9634 Gundersheim, KTN
T. 0664/431 30 56
obaluggauer@a1.net

GAILTALER SPECK G. G. A.

Fleisch- und
Wurstspezialitäten Lasser
Siegfried Lasser
Eggerstraße 14
9620 Hermagor, KTN
T. 04282/33 70
F. 04282/36 08
office@slasser.at
www.wildchips.at

Verein Gailtaler Speck
Anita und Albert Jank
Götzing 4
9624 Egg/Hermagor, KTN
T. 04282/34 35
F. 04282/34 35
albert.jank@gailtalerspeck.at
www.gailtalerspeck.at

Brunnhilde Sagmeister
Haus 10
9631 Jening, KTN
T. 04285/243
haussagmeister@gailtal.at

GEBACKENER KARPFEN

Restaurant Eckel
Maria und Werner Zarl-Eckel
Sieveringer Straße 46
1190 Wien, W
T. 01/3203218
F. 01/3206660
restaurant.eckel@aon.at
www.restaurant-eckel.at

Gasthaus Floß
Florian Peitl GmbH
Florian Peitl
Börseplatz 3
1010 Wien, W
T. 01/533 89 58
gasthaus@flosz.at
www.flosz.at

Mohnwirt Neuwiesinger
Armschlag 9
3525 Sallingberg, NÖ
T. 02872/74 21
F. 02872/74 21-4
info@mohnwirt.at

GERMKNÖDEL

Zu den 3 Buchteln
Wehrgasse 9
1050 Wien, W
T. 01/587 83 65
elfriede.schachinger@chello.at

Lögerhütt'n
Ernst Ramsebner
Hutterer Böden 81
4573 Hinterstoder, OÖ
T. 07564/5586
info@loegerhuette.at
www.loegerhuette.at

GESELCHTES

Fleischerei Fürst
Karl Heinz Fürst
Tragweiner Straße 7
4230 Pregarten, OÖ
T. 07236/22 06
office@fleischerei-fuerst.at
www.fleischerei-fuerst.at

Fleischerei Wild
Ferdinand Wild
Bischof-Schneider-Straße 5
2191 Gaweinstal, NÖ
T. 02574/22 40-0
F. 02574/22 40-18
fleischerei.wild@inode.at

Fleischerei Rödhammer
Friedrich Rödhammer jun.
Linzer Straße 22
5280 Braunau am Inn, OÖ
T. 07722/680 93

GRAMMELSCHMALZ

Fleischerei Hartl
Hermann und Gertrude Hartl
Eisenhammerweg 62
9500 Villach, KTN
T. 04242/552 02
F. 04242/582 385
info@fleischerei-hartl.at
www.fleischerei-hartl.at

Spezialitätenfleischerei Kollar
Matthias und Marianne Kollar-Göbl
Hauptplatz 10
8530 Deutschlandsberg, STMK
T. 03462/26 42
F. 03462/26 42-15
kollar.goebl@aon.at
www.kollar-goebl.at

Fleisch- und
Wurstspezialitäten Lasser
Siegfried Lasser
Eggerstraße 14
9620 Hermagor, KTN
T. 04282/33 70
F. 04282/36 08
office@slasser.at
www.wildchips.at

GRAZER KRAUTHÄUPTEL

Erzeugerorganisation
Steirisches Gemüse Ges.m.b.H.
Mag. Siegfried Rappel
Am Engelsdorfgrund 10
8041 Graz, STMK
T. 0316/409 548
rappel@eog.at
www.eog.at

Hofladen Hillebrand
Markus Hillebrand
Bierbaum 43
8141 Zettling, STMK
T. 03135/531 06
F. 03135/531 06-10
markus.hillebrand@aon.at

Wolfgang Spanner
Reigersberg 33
8262 Ilz, STMK
T. 03385/72 25
spanner@aon.at

BEZUGSQUELLEN

GRUBENKRAUT

Gurken Leo
Naschmarkt 246
1040 Wien, W

Möstls Sauerkrautmanufaktur
Bierbaum 35
8141 Unterpremstätten, STMK
T. 03135/52857-0

Fritz Burger
Feistritz 123
2873 Feistritz, NÖ
T. 02644/202 09
fritz.burger@caroreisen.at

GRÜNER VELTLINER

Vinea Wachau
Mag. (FH) Michael Wagner
Schlossgasse 3
3620 Spitz an der Donau, NÖ
T. 02713/300 00-12
F. 02713/300 00-40
office@vinea-wachau.at
www.vinea-wachau.at

Weingut F. X. Pichler
Oberloiben 27
3601 Dürnstein, NÖ
T. 02732/853 75
F. 02732/853 75-11
www.fx-pichler.at

Weingut Knoll
Emmerich Knoll
Unterloiben 10
3601 Loiben, NÖ
T. 02732/793 55
F. 02732/793 55-5
www.knoll.at

Weingut Prager KG
Ilse und Toni Bodenstein
Wachaustraße 48
3610 Weißenkirchen, NÖ
T. 02715/22 48
F. 02715/25 32
weingut@weingutprager.at
www.weingutprager.at

Weinkomitee Weinviertel – DAC
Weinviertel
Ulrike Hager
Schloss Wolkersdorf,
Schlossplatz 2
2120 Wolkersdorf, NÖ
T. 02245/826 66
F. 02245/826 66-4
office@weinvierteldac.at
www.weinvierteldac.at

GUGELHUPF

Gerstner K & K Hofzuckerbäcker
Oliver W. Braun
Kärntner Straße 13–15
1010 Wien, W
T. 01/512 49 63
F. 01/512 49 63-44
konditorei@gerstner.at
www.gerstner.at

Goldbäckerei Buchgraber
Klaus Buchgraber
Hauptplatz 10
8184 Anger, STMK
T. 03175/23 22
F. 03175/23 22-4
buchgraber@steirerwurzn.at
www.buchgraber.st

Konditorei Ratzka
Heidi Ratzka
Imbergstraße 45
5020 Salzburg, SBG
T. 0662/640 024

GULASCH

Döllerers Wirtshaus
Am Marktplatz 56
5440 Golling, SBG
T. 06244/42 20-0
office@doellerer.at
www.döllerer.at

Gasthaus Pumpe
Lidmanskygasse 2
9020 Klagenfurt, KTN
T. 0463/571 96
gasthof.pumpe@chello.at

Huth Beisl
Schellinggasse 6
1010 Wien, W
T. 01/512 81 28
info@zum-huth.at
www.zum-huth.at

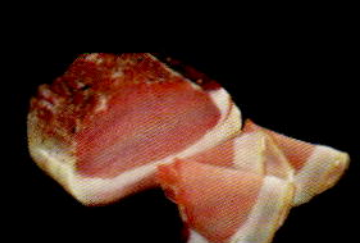

GURKTALER LUFTGESELCHTER SPECK

Buschenschenke
Hanebauer-Kraßnig
Johann Kraßnig
Edling 4
9344 Weitensfeld, KTN
T. 04265/622
jkrassnig@aon.at
www.hanebauer.at

Fleischerei Seiser
Ing. Stefan Seiser
Hauptstraße 13
9341 Straßburg, KTN
T. 04266/22 25
F. 04266/22 25-3
office@fleischerei-seiser.at
www.fleischerei-seiser.at

Gut Aichhof
Manfred Krenn
Lassenberg 1
9345 Klein Glödnitz
bei Altenmarkt, KTN
T. 04265/504
F. 04265/504

HAUSWÜRSTEL

Fleischerei Hartl
Hermann und Gertrude Hartl
Eisenhammerweg 62
9500 Villach, KTN
T. 04242/552 02
F. 04242/582 385
info@fleischerei-hartl.at
www.fleischerei-hartl.at

Fleischerei Plautz
Raimund Plautz
10.-Oktober-Straße 10
9020 Klagenfurt, KTN
T. 0463/56 831
F. 0463/56 831-4
fleisch-wurst-plautz@gmx.at

Weiss Fleischveredelung GmbH
Alois und Peter Weiss
Koschatstraße 1
9330 Althofen, KTN
T. 04212/290 00
F. 04262/290 00
verwaltung@weiss-
fleischveredelung.at
www.weiss-fleischveredelung.at

HEUMILCH/ HEUMILCHKÄSE

Kaiserwinkl Sennerei Kössen
Josef Hechenbichler
Mühlbachweg 3
6345 Kössen, T
T. 05375/53 31
hechenbichler@aon.at

Käserei Plangger GmbH
Herbert Plangger
Durchholzen 22
6344 Walchsee, T
T. 05374/56 17-11
F. 05374/56 17-18
bio@kaeserei.at
www.kaeserei.at

Sennereigenossenschaft
Reith im Alpbachtal
Hubert Rendl
Kirchfeld 3
6235 Reith im Alpbachtal, T
T. 05337/621 37
F. 05337/621 37
kaese-von@kaeserei-reith.at
www.kaeserei-reith.at

INNVIERTLER SURSPECK

Fleischerei Edtbauer
Franz Edtbauer
Alter Markt 20
5211 Lengau, OÖ
T. 07746/22 23

Fleischhauerei Lettner GmbH
Stefan Lettner
Bahnhofstraße 1
4950 Altheim, OÖ
T. 07723/422 41
F. 07723/422 41-25
s.lettner@utanet.at
www.lettner.fleischer.at

Aloisia und Ludwig Schießl
Katzenberg 26
4982 Kirchdorf am Inn, OÖ
T. 07758/24 14
F. 07758/2414
info@pension-schiessl.at
www.pension-schiessl.at

JAUNTALER SALAMI

Bauernhof Pototschnig
Stefan Pototschnig
St. Stefan 30
9142 Globasnitz, KTN
T. 04230/294
salamigenuss@aon.at
www.salamigenuss.at

Bauernladen Keberhof
Josefine und Stefan Jernej
Vesielach 30
9123 St. Primus, KTN
T. 04239/38 26
F. 04239/31 94
info@keberhof.at
www.keberhof.at

Gerald Kanzian
Bach 6
9155 Neuhaus, KTN
T. 04356/28 33
gerald.latschniker@aon.at

KAISERSCHMARREN

Plainlinde
Plainbergweg 30
5101 Bergheim, SBG
T. 0662/458 557
restaurant@plainlinde.at
www.plainlinde.at

Restaurant „Das Schiff"
Heideggen 311
6952 Hittisau/Bregenzerwald, VBG
T. 05513/62 20-0
info@schiff-hittisau.com
www.schiff-hittisau.com

Schindlhaus
Dorf 134
6306 Söll, T
T. 05333/516 136
restaurant.schindlhaus@aon.at
www.schindlhaus.com

KAISERSEMMEL

Bäckerei Martin Auer
Martin Auer
Plankengasse 1
1010 Wien, W
T. 01/512 585 20

Bäckerei Schrott
Josef Schrott
Mariahilfer Straße 159
1150 Wien, W
T. 01/893 42 49-10
F. 01/893 42 49-22
baeckerei-schrott@aon.at

Bio-Holzofenbäckerei Gragger
Helmut Gragger
Spiegelgasse 23
1010 Wien, W
T. 01/503 05 55
bio.gragger@aon.at
www.gragger.at

KÄRNTNER BRILLENSCHAF

Verein der Kärntner
Brillenschafzüchter Alpen Adria
Friedhelm Jasbinschek
Sponheimer Platz 1
9170 Ferlach, KTN
T. 04227/51 19-13
verein@brillenschafe.at
www.brillenschafe.at

Ing. Franz Reiterlechner
Ginning 23
3270 Scheibbs, NÖ
T. 0676/735 26 24
reiterlechner@telering.at

Boris Fugger
Frießnitz 21
9183 Rosenbach, KTN
T. 0664/1169104
christiane.fugger@gmail.com

KÄRNTNER HADN

Landgasthaus Luckner
Andrea Steharnig
Schwabegg 15
9155 Neuhaus, KTN
T. 04356/2341
F. 04356/2341
info@gasthaus-luckner.at
www.gasthaus-luckner.at

Landgasthof Hafner
Peter Rupitz
Oberdorf 14
9155 Neuhaus, KTN
T. 04356/20 44
hafner@hadnwirt.info
hadnwirt@aon.at
www.hadnwirt.info

Gerald Kanzian
Bach 6
9155 Neuhaus, KTN
T. 04356/28 33
gerald.latschniker@aon.at

KÄRNTNER KASNUDEL

Amlacher Nudel
Millstätter Straße 42
9541 Äußere Einöde
bei Villach, KTN
T. 04247/302 30
F. 04247/302 30-4
amlacher@utanet.at
www.amlachernudel.at

Moser's Nudelküche
Nikolaigasse 33
9500 Villach, KTN
T. 0664/304 63 93
office@dienudelkuchl.at
www.dienudelkuchl.at

Norische Nudelwerkstatt GmbH
Walter Kuss
Christophorusweg 2
9334 Guttaring, KTN
T. 04262/500 52
w.kuss@aon.at
nd@nudl.at
www.nudl.at

KÄRNTNER REINLING

Bäckerei und Konditorei Franz Schöffmann
Klagenfurter Straße 5
9300 St. Veit an der Glan, KTN
T. 04212/214217

Konditorei Fercher
Dietmar Fercher
Engerthstraße 79
1200 Wien, W
T. 01/332 42 29
F. 01/332 42 29
fercher.konditorei@chello.at

Vollkornbäckerei Kornstube
Günther Sommer
Villacher Straße 7
9020 Klagenfurt, KTN
T. 0463/514 397

KARPFEN

Fisch- und Wildladen Zierings
Georg Eibensteiner
Zierings 5
3532 Rastenfeld, NÖ
T. 0664/301 38 99 –
Franz Hechinger

Fürstlich Schwarzenberg'sche Fischzucht
Josef Klünser
Am Laßnitzbach
8850 Laßnitz/Murau, STMK
T. 03532/28 70
T. 03532/23 02
fischzucht-schwarzenberg@
meisterstrasse.at
www.meisterstrasse.eu/
fischzucht-schwarzenberg

Teichwirtschaft Kainz
Thomas Kainz
Heidenreichsteinerstraße 57a
3830 Waidhofen/Thaya, NÖ
T. 02842/528 88
office@waldviertelfisch.at
www.waldviertelfisch.at

KÄSEKRAINER

Fleischerei Schuster
Franz Schuster
Tarsdorf 126
5121 Tarsdorf, OÖ
T. 06278/83 36

Schirnhofer Gesellschaft mbH
Karl Schirnhofer
Kaindorf 298
8224 Kaindorf, STMK
T. 03334/31 31-0
F. 03334/31 44
www.feinkost-schirnhofer.at

Fleischerei Mossegger
Rupert Mossegger
Flatschacher Straße 201
9020 Klagenfurt, KTN
T. 0463/33 516
F. 0463/33 516
fleischerei.mossegger@happynet.at

KIPFEL

Bäckerei Färbinger
Maria und Michael Färbinger
Marktstraße 32
5660 Taxenbach, SBG
T. 06543/52 45
F. 06543/52 45-4
maria.faerbinger@sbg.at

Bäckerei-Konditorei Linauer
Brigitte und Karl Linauer
Lazarettgasse 17
2700 Wr. Neustadt, NÖ
T. 02622/270 06-11
F. 02622/270 06-25
office@linauer.at
www.linauer.at

Backhaus Annamühle
Manfred Schneider
Heiligenkreuzergasse 3–5
2500 Baden, NÖ
T. 02252/485 02
F. 02252/485 02-12
office@backhaus-annamuehle.at
www.backhaus-annamuehle.at

KLETZENBROT

Bäckerei Obauer
Gotthard Obauer
Steinklüftstraße 3
5340 St. Gilgen am Wolfgangsee, SBG
T. 06227/22 25
baeckerei-obauer@aon.at
www.obauer-brot.at

Bäckerei Schroll
Rosemarie und Alfred Schroll
Wald im Pinzgau 124
5742 Wald im Pinzgau, SBG
T. 06565/84 88
F. 06565/84 88-4
office@baeckerei-schroll.at
www.baeckerei-schroll.at

Kremstaler Hofbäckerei Resch GmbH
Markus Resch
Hiersdorf 32
4552 Wartberg an der Krems, OÖ
T. 07587/61 03
F. 07587/61 03-40
office@kremstaler-hofbaeckerei.at
www.kremstaler-hofbaeckerei.at

KNÖDEL

Gasthaus Familie Kalteis
Theresia und Hubert Kalteis
Melker Straße 10
3204 Kirchberg an der Pielach, NÖ
T. 02722/72 23
F. 02722/72 23-4
kalteis.hubert@aon.at
www.kalteis.at

Gasthaus Moar Sepp
Günter Fuchs
Pötting 12
4754 Andrichsfurt, OÖ
T. 07750/33 02
F. 07750/33 02-4
moarsepp@aon.at
www.moarsepp.at

Landhotel & Kulturgasthof Strasserwirt
Elisabeth Bürgler
Strassen 6
9920 Strassen, T
T. 04846/63 54
F. 04846/63 54-55
hotel@strasserwirt.com
www.strasserwirt.com

KRAPFEN

Bäckerei Taumberger GesmbH
Franz Taumberger
Fleischmarkt 7
9020 Klagenfurt, KTN
T. 0463/513 471
F. 0463/382 882-14
office@taumberger.co.at
www.taumberger.co.at

Café-Konditorei Unterweger
Johannes Unterweger
Kirchenplatz 2
3580 Horn, NÖ
T. 02982/22 85
F. 02982/22 85-4
cafe@konditorei-unterweger.at
www.konditorei-unterweger.at

Konditorei Wagner
Martin Wagner
Neutorstraße 32C
5020 Salzburg, SBG
T. 0662/848 846
F. 0662/822 534
wagner_konditorei@aon.at

Grinzinger Rudolfshof
Cobenzlgasse 8
1190 Wien, W
T. 01/3202108
F. 01/320 21 085
office@grinzing-heuriger-rudolfshof.at
www.heurigenkaffee.at

KRAUT

Bio-Hof Gehringer
Wilfried Gehringer
Unterort 254
2042 Guntersdorf, NÖ
T. 02951/24 85
F. 02951/272 11
bio.gehringer@ibios.at
www.biohof-gehringer.at

Gemüsebau Berner
Maike und Josef Berner
Pupping 17
4070 Pupping, OÖ
T. 07272/22 07-0
F. 07272/55 25
bernerpupping@utanet.at
www.bernerpupping.at

Schillinger Gemüse
Eduard Schillinger
Waasen 17
8345 Straden, STMK
T. 03473/75 42
F. 03473/75 42
fam.schillinger@aon.at

LAAER ZWIEBEL

Gerhard Eigner
Hanfthal 6
2136 Laa an der Thaya, NÖ
T. 02522/25 06
F. 0664/737 678 49
gerhard.eigner21@gmail.com

Josef Pamperl
Unterstinkenbrunn 42
2154 Unterstinkenbrunn, NÖ
T. 02526/72 91

Karl Pristl
Unterstinkenbrunn 24
2154 Unterstinkenbrunn, NÖ
T. 0664/143 69 15

BEZUGSQUELLEN

LAVANTTALER BANANENAPFEL

Mostbarkeiten – Mostland St. Paul
Hans Köstinger
Hundsdorf 2
9470 St. Paul im Lavanttal, KTN
T. 04357/31 41
mostbarkeiten@gmx.at
www.mostbarkeiten.at

Mag. Gertraud Steiner
Oberrainz 1
9423 St. Georgen, KTN
T. 04357/285 05

LEBERKÄSE

Goritschnigg Hotel – Fleischerei
Casinoplatz 3–5
9220 Velden am Wörthersee, KTN
T. 04274/2035
F. 04274/3452
info@goritschnigg.com
www.goritschnigg.com

Fleischerei Böck
Martin und Helga Böck
Rastenfeld 12
3532 Rastenfeld, NÖ
T. 02826/204
F. 02826/204-4
martin.boeck@aon.at

Der Mache
Johann Mache
Moosstraße 94
5020 Salzburg, SBG
T. 0662/830 011
F. 0662/830 011-4
hans@fleischerei-mache.at
www.fleischerei-mache.at

Fleischerei Geitzenauer
Franz Geitzenauer
Stadtplatz 22
3874 Litschau, NÖ
T. 02865/280

LEINÖL

Mühlviertler Ölmühle Haslach
Ing. Gunther Koblmiller
Stahlmühle 1
4170 Haslach an der Mühl, OÖ
T. 07289/712 16

Ölmühle Hartlieb
Thomas Hartlieb
Heimschuh 107
8451 Heimschuh, STMK
T. 03452/82551
office@hartlieb.at
www.hartlieb.at

Herbert Blaich
Eggendorf am Walde 46
3712 Eggendorf am Walde, NÖ
T. 02958/827 69
F. 02958/827 69
bio-blaich@gmx.at

LINZER TORTE

K. u. K. Hofbäckerei Rath
Fritz Rath
Pfarrgasse 17
4020 Linz, OÖ
T. 0732/784 110
k.u.k.hofbaeckerei@liwest.at
www.kuk-hofbaeckerei.at

Konditorei-Café Jindrak
Leo Jindrak
Herrenstraße 22–24
4020 Linz, OÖ
T. 0732/779 258
F. 0732/779 258-5
jindrak@linzertorte.at
www.linzertorte.at

Troad-Bäckerei-Konditorei Hofmann
Heinz und Claudia Hofmann
Landstraße 27
4020 Linz, OÖ
T. 0732/771 620-0
F. 0732/771 620-75
hofmann.baeck@aon.at
www.linzertorten.at

LIPTAUER

Fleischerei Hartl
Hermann und Gertrude Hartl
Eisenhammerweg 62
9500 Villach, KTN
T. 04242/552 02
F. 04242/582 385
info@fleischerei-hartl.at
www.fleischerei-hartl.at

Spezialitätenfleischerei Kollar
Matthias und Marianne Kollar-Göbl
Hauptplatz 10
8530 Deutschlandsberg, STMK
T. 03462/26 42
F. 03462/26 42-15
kollar.goebl@aon.at
www.kollar-goebl.at

Fleisch- und
Wurstspezialitäten Lasser
Siegfried Lasser
Eggerstraße 14
9620 Hermagor, KTN
T. 04282/33 70
F. 04282/36 08
office@slasser.at
www.wildchips.at

LUNGAUER TAUERNROGGEN

Bio-Bauernhof Trimminger
Rosalie und Eduard Hötzer
Sauerfeld 40
5580 Tamsweg, SBG
T. 06474/81 64
trimmingerhof@aon.at

Sauschneiderhof – Familie Löcker
Peter Löcker
St. Margarethen im Lungau 21
5581 St. Margarethen
im Lungau, SBG
T. 06476/297-0

Rotschopf Franz
St. Margarethen 39
5581 St. Margarethen
im Lungau, SBG
T. 06476/238
F. 0676/725 72 48

MANGALITZA-SCHWEIN

Wollschweinzucht Raggam
Johann Raggam
Siebing 1
8481 Weinburg am Saßbach, STMK
T. 03472/82 76
raggam@adm.at
http://raggam.co.at

Fleischerei Karlo
Martin Karlo
Rosengasse 1
7152 Pamhagen, BGLD
T. 02174/21 26
F. 02174/21 26-4
fleischerei.karlo@aon.at
www.fleischerei.karlo.at

Gowerlhaus
Alois Groiss
Apetloner Straße 17
7142 Illmitz, BGLD
T. 02175/24075
Kontakt@gowerlhaus.at
www.gowerlhaus.at

MARCHFELDSPARGEL G. G. A.

Iser Landwirtschaft –
Spargelhof Iser
Mag. Ilse und Dietrich Iser
Aderklaa 20
2232 Aderklaa, NÖ
T. 02247/25 95
F. 02247/25 95-25
office@iser.at
office@spargel.at
www.iser.at
www.spargel.at

Theuringer Marchfeldspargel
DI Annemarie Mazzucato-Theuringer
Altes Dorf 4–5
2281 Raasdorf, NÖ
T. 02249/893 80
F. 02249/893 80-20
theuringer.spargel@aon.at
mazzucato@aon.at
www.theuringer.spargel.at

Birinci Sulzmann
Marchfeldstraße 9
2304 Mannsdorf/Donau, NÖ
T. 02212/24 14
F. 02212/28 97
spargel@sulzmann.at
http://www.spargel.co.at/sulz-
mann/index.html

MEISTER-WURZBRAND

Brennerei Draxl
Lambert Draxl
Weidach 1
6401 Inzing, T
T. 05238/887 16
draxl-schnaps@aon.at

Giggus Brennerei
Stefan Nothdurfter
Stanz 16
6500 Stanz bei Landeck, T
T. 05442/669 63
F. 05442/669 63-4
giggus@msn.com

Stiegenhaushof
Martin Frankhauser
Dorf 130
6283 Schwendau, T
T. 0664/19 83 150
mk.fankhauser@aon.at
www.stiegenhaushof.at

KÄRNTNER BLONDVIEH

Fleischerei Plautz
Raimund Plautz
10.-Oktober-Straße 10
9020 Klagenfurt, KTN
T. 0463/56 831
F. 0463/56 831-4
fleisch-wurst-plautz@gmx.at

Kärntner Blondviehzuchtverein
Raphael Pliemitscher
Oberer Platz 8
9372 Eberstein, KTN
T. 04264/81 81
F. 0664/117 81 81
info@kaerntnerblondvieh.at
www.kaerntnerblondvieh.at

Gerfried Jordan
Ottmanach 12
9064 Pischeldorf, KTN
T. 04224/2114

MONTAFONER SURA KEES

Alpkäserei Innerkapell
Peter Salzgeber
Innere Mauren 8
6774 Tschagguns, VBG
T. 05556/768 21

Verein „Bewusst Montafon“
Oswald Ganahl
Kellerweg 4
6780 Bartholomäberg, VBG
T. 0664/220 53 92
ganahl_oswald@aon.at
www.bewusstmontafon.at

Herlinde und Herwig Erhard
Sallerweg 69
6780 Silbertal, VBG
T. 05556/742 24
haus.saller@montafon.com

MOSTVIERTLER SCHOFKAS

Die Hoflieferanten
Johann Stixenberger
Oberer Stadtplatz 9
3340 Waidhofen an der Ybbs, NÖ

Melktaler Hofkäserei Enner
Rudolf und Maria Enner
Grub 6
3281 Oberndorf/Melk, NÖ
T. 07483/410
F. 07483/410
enner@melktaler-hofkaeserei.at
www.melktaler-hofkaeserei.at

Schafzucht Grill
Juliane Grill
Riegers 1
3244 Ruprechtshofen, NÖ
T. 02756/25 62
juliane.grill@gmx.at

MURBODNER RIND

Arche Austria – Verein zur Erhaltung seltener Nutztierrassen
DI Florian Schipflinger
Lofer 29
5090 Lofer, SBG
T. 0664/519 22 86
office@arche-austria.at
www.arche-austria.at

Verein der Murbodnerzüchter
Johann Hörzer
Hofamt 17
8122 Waldstein, STMK
T. 0664/399 27 73
www.murbodner.at

Ferdinand Steinbacher
Finksteingraben 16
4460 Losenstein, OÖ
T. 0664/474 81 71
f.steinbacher@kt-net.at

NEUBURGER

Domäne Wachau
Dürnstein 107
3601 Dürnstein, NÖ
T. 02711/371
office@domaene-wachau.at
www.domaene-wachau.at

NÖ Landesweingut Hollabrunn
Kellermeister Franz Müllner
Sonnleitenweg 2
2020 Hollabrunn, NÖ
T. 02952/21 33-227
www.noe-landesweingueter.at

Weingut Franz Hirtzberger Ges.m.b.H.
Franz Hirtzberger
Kremser Straße 8
3620 Spitz, NÖ
T. 02713/22 09
F. 02713/22 09-20
weingut@hirtzberger.com
www.hirtzberger.at

OBSTLER

Mair's Beerengarten
Martina und Martin Mair
Bichl 2
6421 Rietz, T
T. 05262/653 17
F. 05262/653 17-4
office@mairs-beerengarten.at
www.mairs-beerengarten.at

Edelbrände Hochmair – Malznerhof
Josef Hochmair
Mauer 2
4702 Wallern, OÖ
T. 07249/487 65
F. 07249/426 86
office@malznerhof.at
www.malznerhof.at

Gölles GmbH
Alois Gölles
Stang 52
8333 Riegersburg, STMK
T. 03153/75 55
F. 03153/75 55-30
obst@goelles.at
www.goelles.at

PIELACHTALER DIRNDL

Brennerei Fuxsteiner
Melanie und Josef Fuxsteiner
Tradigistgegend 17
3204 Kirchberg an der Pielach, NÖ
T. 02722/74 08
F. 02722/74 08
brennerei@fuxsteiner.at
www.fuxsteiner.at

Dirndl-Haus
Manuela Grasmann
Marktplatz 24
3203 Rabenstein, NÖ
T. 0664/123 13 57
info@dirndl-haus.at
www.dirndl-haus.at

Lechner-Hof
Franz Grasmann
Tradigist 36
3203 Rabenstein/Pielach, NÖ
T. 0664/461 24 44
F. 02722/29 09
lechner-hof@aon.at
www.lechner-hof.at

PINZGAUER BIERKÄSE

PINZGAU MILCH Produktions GmbH
Dir. Hans Tremesberger
Saalfeldner Straße 2
5751 Maishofen, SBG
T. 06542/682 66
F. 06542/682 66-338
office@pinzgaumilch.at
www.pinzgaumilch.at

Johann Schreiber
Hirnreit 8
5771 Loegang, SBG
T. 06583/84 38

Margarethe Astl
Jochberg 9
5731 Hollersbach, SBG
T. 06562/84 07
T. 0664/128 60 80

ARGE Pinzgaurind
Thomas Edenhauser
Mayerhoferstraße 12
5751 Maishofen, SBG
T. 06542/682 29-12
arge-pinzgauer@rinderzuchtverband.at

Metzgerei Schultes GmbH & Co KG
Alois Schultes
Alte Landstraße 12
5700 Zell am See, SBG
T. 06542/573 40-0
F. 06542/573 40-77
office@schultes-kg.at
www.schultes-kg.at

Schöppl GmbH & Co KG
Peter Schöppl
Vorderkrimml 70
5742 Wald im Pinzgau, SBG
T. 06564/74 50
info@pinzgauer-speck.at
www.speckdorf.at

PÖLLAUER HIRSCHBIRNE

Obsthof-Brennerei Retter
Werner Retter
Pöllauberg 235
8225 Pöllau, STMK
T. 03335/41 31
F. 03335/41 31-4
office@obsthof-retter.at
www.obsthof-retter.at

Maria und Johann Laschet
Hinteregg 9
8225 Pöllau, STMK
T. 03335/20 69
laschet@aon.at

Waltraud und Alois Pöltl
Schönau 45
8225 Pöllau, STMK
T. 03335/20 45
F. 03335/20 45-18
a.poeltl@aon.at
www.poeltl.at

REINANKE

Fischergartl – Wolfgangseefischerei Höplinger
Familie Höplinger
Markt 79
5360 St. Wolfgang, SBG
T. 06138/30 66
wolfgangsee-fischerei@aon.at
www.wolfgangsee-fischerei.at

Schlossfischerei Fuschl
Gerhard Langmair
Schlossstraße 19
5322 Hof bei Salzburg, SBG
T. 06229/22 53-1533
schlossfuschl@schloss-fuschlresort.at

Josef Scheichl
Winkl 14
4801 Traunkirchen, SBG
T. 07617/23 24

RIEBELMAIS

Dietrich – Vorarlberger Kostbarkeiten
Dr. Richard Dietrich
Lerchenauer Straße 45
6923 Lauterach, VBG
T. 05574/639 29
T. 0676/975 31 52
info@dietrich-kostbarkeiten.at
www.dietrich-kostbarkeiten.at

ROSENTALER CARNICA-HONIG

ARGE Carnica Karawanken – Rosentaler Carnica Honig
Ingo Schwarz
Ressnig 49
9170 Ferlach, KTN
T. 04227/51 19
office@carnica-rosental.at
www.carnica-rosental.at

Carnica Bienenzucht
Wilhelm Feining
Suetschach 100
9181 Feistritz, KTN
T. 04228/20 81
info@carnica-zucht.at
www.carnica-zucht.at

Carnica Königinnenzuchtgruppe Rosental
Ferdinand Ogris
Sponheimerplatz 1
9170 Ferlach, KTN
T. 04227/51 19
F. 04227/49 70
office@carnica-rosental.at
www.carnica-rosental.at

ROSTBRATEN

Gasthaus Zum Renner
Nussdorfer Platz 4
1190 Wien,W
T. 01/378 58 58
gastro@zum-renner.at
www.zum-renner.at

Gebrüder Obauer
Markt 46
5450 Werfen, SBG
T. 06468/52 12-0
ok@obauer.com
www.obauer.com

Restaurant Eckl
Sieveringer Straße 46
1190 Wien, W
T. 01/320 32 18
restaurant.eckel@aon.at
www.restauranteckl.at

RUSTER AUSBRUCH

Die Ruster Weinbauern
Harald Tremmel
Weinberggasse 19
7071 Rust, BGLD
T. 02985/368
T. 0664/548 72 68
harald.tremmel@gmx.at

Weingut Schröck
Heidi Schröck
Rathausplatz 8
7071 Rust, BGLD
T. 02685/229
F. 02685/229-4
heidi@heidi-schroeck.com
www.heidi-schroeck.com

BEZUGSQUELLEN

Weingut Triebaumer
Regina und Günter Triebaumer
Neuegasse 18
7071 Rust, BGLD
T. 0676/724 87 97
F. 02173/200 814
weingut@triebaumer.at
www.triebaumer.at

SACHERTORTE

Café Sacher Wien –
Sacher BetriebsgmbH
Philharmonikerstraße 4
1010 Wien, W
T. 01/514 56-0
wien@sacher.com
http://cafes.sacher.com

Café-Konditorei Hagmann
Thomas Hagmann
Untere Landstraße 8
3500 Krems an der Donau, NÖ
T. 02732/831 67
F. 02732/831 67-15
konditorei@hagmann.co.at
www.hagmann.co.at

Oberlaa Konditorei GmbH & Co KG
Neuer Markt 16
1010 Wien, W
T. 01/513 29 36-0
Stadthaus@Oberlaa-Wien.at
www.oberlaa-wien.at

SALZBURGER NOCKERL

Gasthof Brandstätter
Münchner Bundesstraße 69
5020 Salzburg, SBG
T. 0662/434 535
info@hotel-brandstaetter.com
www.hotel-brandstaetter.com

Restaurant Brunnwirt
Wolfgangseestraße 11
5330 Fuschl am See, SBG
T. 0664/280 71 93
info@brunnwirt.at
www.brunnwirt.at

Restaurant Kardos
Dominikanerbastei 8
1010 Wien, W
T. 01/512 69 49
office@restaurantkardos.com
www.restaurantkardos.com

SAUERKRAUT

Gurken Leo
Naschmarkt 246
1040 Wien, W

Möstls Sauerkrautmanufaktur
Bierbaum 35
8141 Unterpremstätten, STMK
T. 03135/52857-0

Fritz Burger
Feistritz 123
2873 Feistritz, NÖ
T. 02644/202 09
fritz.burger@caroreisen.at

SAUMAISE

Fleischerei Amon
Helmut Amon
Wiener Straße 6
3500 Krems, NÖ
T. 02732/821 65
F. 02732/821 65-4
amon.helmut@utanet.at
genuss@fleischerei-amon.at

Fleischhauerei Rath
Karl Rath
Marbach an der Donau 27
3671 Marbach an der Donau, NÖ
T. 07413/320
F. 07413/320-4
fleischerei.karlrath@aon.at
www.fleischerei-rath.at

Fleischerei Menzl
Gertraud und Rudolf Menzl
Dorf an der Enns 30
4431 Haidershofen, NÖ
T. 07252/371 27
office@menzl-fleischer.at
www.menzl-fleischer.at

SCHILCHER

Vinothek im Schilcher-Stöck'l
Rassach 25
8510 Rassach, STMK
T. 03463/43 33
schilcherstoeckl@utanet.at
www.klassischerschilcher.at

Weingut Lang
Irmtraud und Johann Lang
Hoferberg 27
8222 St. Johann bei Herberstein, STMK
T. 03113/85 60
F. 03113/85 60-4
weingut@langwein.at
lang.johann@aon.at
www.langwein.at

Winzerhof Kleindienst
Gabriele Kleindienst
Gundersdorf 9
8511 St. Stefan, STMK
T. 03463/812 91
F. 03463/812 91
klassik2001@gmx.at
www.kleindienst-kainz.com

SCHLUTZKRAPFEN

Wirtshaus zum Rehkitz
Brigitte Reiter
Am Rehbühel 30
6370 Kitzbühel, T
T. 05356/66122
rehkitz@kitz.net
www.rehkitz.at

Hotel-Gasthof Goldenes Lamm
Roland Schweissgut
Oberbach 14
6671 Weißenbach im Lechtal, T
T. 05678/5216
F. 05678/5734
info@goldenes-lamm.at
www.goldenes-lamm.at

Alpenhotel Ernberg
Hermann Weidinger
Planseestraße 50
6600 Breitenwang, T
T. 05672/71912
F. 05672/71912-40
info@ernberg.at
www.ernberg.at

SCHWEINSBRATEN

Gasthaus Schwarz
Nöhagen 13
3521 Nöhagen, NÖ
T. 02717/82 09
office@gasthaus-schwarz.at
www.gasthaus-schwarz.at

Moar Sepp
Pötinf 12
4941 Andrichsfurt, OÖ
T. 07750/330 20

Wirtshaus Jagawirt
Sommereben am Reinischkogel 2
8511 St. Stefan ob Stainz, STMK
T. 03143/81 05
goach@jagawirt.at
www.jagawirt.at

SEESAIBLING

Fischereizentrum Kainisch
Mathias Pointinger
Kainisch 103
8984 Pichl/Kainisch, STMK
T. 03624/289
matthias.pointinger@
bundesforste.at
www.meisterstrasse.at/
fischzucht-pointinger

Mariazeller Wildsaibling,
Fischzucht Alexander Quester
Alexander Quester
Grazer Straße 4
8630 Mariazell, STMK
T. 03882/310 51
office@questers.at
www.questers.at

Wilder Fisch GmbH
Hanno Soravia
Süduferweg 134
9871 Seeboden, KTN
T. 0664/60 00 83 72
vertrieb@wilderfisch.at
www.wilderfisch.at

ST. LAURENT

Weinbau und Buschenschank Böck
Irene und Leopold Böck
Kammersdorf 55
2033 Kammersdorf, NÖ
T. 02953/277 95

Weingut Rosi Schuster
Rosi Schuster
Prangergasse 2
7062 St. Margarethen, BGLD
T. 02680/26 24
F. 02680/26 24-4
weingut@rosischuster.at
www.rosischuster.at

Weingut Stift Klosterneuburg GmbH
Stiftsplatz 1
3400 Klosterneuburg, NÖ
T. 02243/411-522
F. 02243/411-550
weingut@stift-klosterneuburg.at
www.stift-klosterneuburg.at

STANZER ZWETSCHKE

Feindestillerie Kössler
Christoph Kössler
Stanz 57
6500 Landeck, T
T. 05442/612 00
F. 05442/612 00-4
koessler@edelbraendetirol.at
www.edelbraendetirol.at

Giggus Brennerei
Stefan Nothdurfter
Stanz 16
6500 Stanz, T
T. 05442/669 63
F. 05442/669 63-4
giggus@msn.com

Eugen Leitner
Grins 58
6591 Grins, T
T. 05442/663 37
leitner58@aon.at

STECKERL- UND STABERLFISCH

Martin Hintringer
Golfplatzstraße 17
4101 Feldkirchen, OÖ
T. 0664/837 25 36
kontakt@steckerlfische.at
www.steckerlfische.at

Burgwirt Kreuzenstein
2100 Leobendorf, NÖ
T. 02262/68718
info@burgwirt.at
www.burgwirt.at

Walter Trawöger
Wessenaurach 9
4813 Altmünster, OÖ
T. 07618/7107

STEIRERKÄS

Adambauerhütte auf
der Gumpenalm
Familie Leitgab
Gumpenalm
8961 Großsölk, STMK
T. 0664/574 81 16

Almstüberl
Familie Pretscherer
8961 St. Nikolai, STMK
T. 0676/484 19 78

Ritzingerhütte auf der Viehbergalm
Familie Gruber
8962 Gröbming, STMK
T. 0676/945 98 17

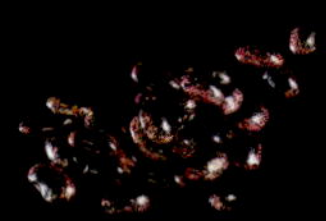

STEIRISCHE KÄFERBOHNE

Steirerkraft Naturprodukte GmbH
Franz Seidl
Wollsdorf 75
8181 St.Ruprecht an der Raab, STMK
T. 03178/2525
office@steirerkraft.com
www.steirerkraft.com

Christian Konrad
Bahnhofstraße 5
8401 Kalsdorf, STMK
T. 0664/210 13 21
konrad.christian@aon.at

Anneliese und Robert Lenz
Dirnbach 15
8345 Straden, STMK
T. 03473/71 07
robert.lenz@utanet.at

STEIRISCHER HIRSCHBIRNENBRAND

Waltraud und Alois Pöltl
Schönau 45
8225 Pöllau, STMK
T. 03335/20 45
F. 03335/20 45-18
a.poeltl@aon.at
www.poeltl.at

Gölles
Ing. Alois Gölles
Stang 52
8333 Riegersburg, STMK
T. 03153/7555
F. 03153/7555-30
obst@goelles.at
www.goelles.at

STEIRISCHER KREN

Sarossa – Krenwerbegemeinschaft
Josef Kaufmann
Rannersdorf 1
8092 Mettersdorf am Saßbach, STMK
T. 0664/465 91 19
josef.kaufmann@aon.at
www.sarossa.at

Christian Weber
Pölten 6
8493 Klöch, STMK
T. 03475/2442
ferienhof.weber@aon.at

Josef Buchmüller
St. Margareten/R. 31
8321 Goggitsch, STMK
T. 03119/2592

STEIRISCHER KRONPRINZ RUDOLF

Destillerie-Obsthof Pankl
Maria und Friedrich Pankl
Hauptstraße 52
7033 Pöttsching, BGLD
T. 02631/21 03
F. 02631/21 03-4
office@pankl-destillerie.at
www.pankl-destillerie.at

Abakus – Die Apfelmänner
Anita und Hans Hofer
Postfach 1444
8182 Puch bei Weiz, STMK
T. 03177/41 41-306
F. 03177/41 41-4
office@abakus-puch.at
www.abakus-puch.at

STEIRISCHER MASCHANZKER

Spezialitätenhof Eichmann
Horst Eichmann
Altenhof 35
8385 Neuhaus am Klausenbach, BGLD
T. 03329/25 73
F. 03329/25 73-4
horst.eichmann@gmx.at
www.sonnengartl.at/fam-eichmann

Elisabeth Aufner
Hauptstraße 42
8380 Neumarkt an der Raab, BGLD
T. 0664/5343594
aufner@aon.at
www.meinbauernladen.at

Karl Uitz
Minihof-Liebau 60
8384 Minihof-Liebau, BGLD
T. 03329/23 42

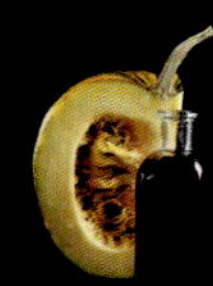

STEIRISCHES KÜRBISKERNÖL G. G. A.

Ölmühle und Ölkuchl Leopold
Josef Leopold
Frauentaler Straße 120
8530 Deutschlandsberg, STMK
T. 03462/22 94
F. 03462/22 94-15
info@oelmuehleleopold.at
www.oelmuehleleopold.at

Pechmanns alte Ölmühle
Irmgard und Herbert Schober
Ratschendorf 188
8483 Deutsch Goritsch, STMK
T. 03474/73 50
F. 03474/735 04
office@pechmanns-alte-oelmuehle.at
www.pechmanns-alte-oelmuehle.at

Weinhandl-Mühle
Thomas Weinhandl
Dirnbach 12
8345 Straden, STMK
T. 03473/82 86
F. 03473/82 86-16
office@weinhandl-muehle.at
www.weinhandl-muehle.at

Christian Golias
Melker Straße 15
3393 Matzleinsdorf, NÖ
T. 0664/739 64 750
christian.golias@gmail.com

SUBIRER BIRNENBRAND

Brennerei Zauser
Joahnn Zauser
Kapauzinergasse 4
6900 Bregenz, VBG
T. 05574/473 77
F. 05574/473 77
johann.zauser@zauser.at
www.zauser.at

Michelehof
Albert Büchele
Marktstraße 26
6971 Hard, VBG
T. 05574/724 12
F. 05574/724 12-4
michelehof@aon.at
www.michelehof.at

Schaubrennerei Gebrüder Bentele
Werner und Reinhard Bentele
Heckisau 338
6863 Egg/Großdorf, VBG
T. 05512/44 02
F. 05512/44 02-1
info@gsiberger.at
www.gsiberger.at

SÜDBURGENLÄNDISCHE WEIDEGANS

IG Südburgenländische Weidegans
Christian Reicher
Stremtalstraße 21a
7540 Güssing, BGLD
T. 03322/426 10-12
F. 03322/426 10-22
christian.reicher@guessing.lk-bgld.at
www.weidegans.at

Masihof
Siegfried Marth
Hagensdorf 116
7522 Hagensdorf, BGLD
T. 0664/410 99 89
siegfried.marth@utanet.at
www.masihof.at

Stefan Luif
Am Kalvarienberg 4
7423 Pinkafeld, BGLD
T. 03357/428 49
saftladen-luif@gmx.at

SULMTALER HUHN

Metzgerei Papst
Theodor-Körner-Straße 37
8010 Graz, STMK
T. 0316/675 741

Sulmtaler Vermarktungs-GmbH
Georg Zöhrer
Nestelbach 52
8452 Großklein, STMK
T. 03456/24 54
office@sulmtaler.at
www.sulmtaler.at

Zum Gockelhahn
Josef Ramseidl
Naschmarkt 176
1040 Wien, W
T. 01/587 51 64

TAFELSPITZ

Österreicher im MAK
Stubenring 5
1010 Wien, W
T. 01/714 01 21
reservierung@oesterreicher-immak.at
www.oesterreicherimmak.at

Plachutta Wollzeile
Wollzeile 38
1010 Wien, W
T. 01/512 15 77
wollzeile@plachutta.at
www.plachutta.at

Zum Schwarzen Kameel
Bognergasse 5
1010 Wien, W
T. 01/533 81 25
info@kameel.at
www.kameel.at

TEE- UND WEIHNACHTSBÄCKEREI

Bäckerei L. Kasses & Co
Erich Kasses
Hauptstraße 11
3842 Thaya, NÖ
T. 02842/526 57-0
F. 02842/526 57-16
baeckerei@kasses.at
www.kasses.at

Bäckerei Schrammel Josef & Anna GesmbH
Anna und Josef Schrammel
Paniglgasse 17a
1040 Wien, W
T. 01/505 64 27-0

Demel K & K Hofzuckerbäckerei
Kohlmarkt 14
1010 Wien, W
T. 01/535 17 17
F. 01/535 171 726
wien@demel.at
www.demel.at

Aloisias Mehlspeiskuchl und Kaffeestub'n
Aloisia Bischof
Badersdorf 118
7512 Badersdorf, BGLD
T. 03366/773 69
F. 03366/773 69
aloisia.bischof@a1.net
www.aloisia.at

TIROLER ALM-/ ALPKÄSE G. U. UND TIROLER BERGKÄSE G. U.

Bergkäserei Zillertal – Käserei Hirschhuber
Alois Hirschhuber
Schlitters 57–58
6262 Schlitters, T
T. 05288/723 62
F. 05288/723 62-18
info@bergkaeserei-zillertal.at

BEZUGSQUELLEN

Bio-Sennerei Hatzenstädt
Obmann Heinz Gstir
Gränzing 24
6342 Niederndorferberg, T
T. 05373/617 13
F. 05373/622 92
www.hatzenstaedt.at

Bio-Sennerei Walchsee
Obmann Peter Greiderer
Alleestraße 9
6344 Walchsee, T
T. 05374/52 96
F. 05374/52 96
biosennerei-walchsee@aon.at
www.biokaeserei-walchsee.at

TIROLER BERGSCHAF

Maxnhof
Karin und Max Stern
Finkenbergweg 51
6020 Innsbruck, T
T. 0664/505 84 97
stern_max@gmx.at

Metzgerei Gstrein
Manfred Gstrein
Au 264
6444 Längenfeld, T
T. 05253/648 34
T. 0664/140 85 07
info@metzgerei-oetztal.at
www.metzgerei-oetztal.at

Schafzuchtverband Tirol
Raphael Kuen
Brixner Straße 1
6020 Innsbruck, T
T. 05/92 92-1867
raphael-kuen@lk-tirol.at

TIROLER GRAUKÄSE G. U.

Käserei Lieb
Thomas Lieb
Waldeben 1
6133 Weerberg, T
T. 05224/682 44
F. 05224/676 64
lieb@graukaese.at
www.graukaese.at

Romed und Hildegard Plank
Bauerngasse 2
6065 Thaur, T
T. 0664/222 61 81
romed.plank@aon.at

TIROLER GRAUVIEH

Andrä Hörtnagl Produktion
& Handel GmbH
Andrä Hörtnagl
Burggraben 4–6
6020 Innsbruck, T
T. 0512/597 29 30
office@hoertnagl.at
www.hoertnagl.at

Tiroler Grauvieh Zuchtverband
Brixner Straße 1
6020 Innsbruck, T
T. 05/92 92-1840
otto.hausegger@lk-tirol.at

TIROLER SPECK G. G. A.

Buchauer vulgo Schererhof
Hannes Buchauer
Walchseestraße 27
6342 Niederndorf bei Kufstein, T
T. 05373/612 71
F. 05373/612 71-4
buchauer@schererhof.at
www.schererhof.at

Metzgerei Nikolaus Fuchs KG
Nikolaus Fuchs
Vorderstadt 3
6370 Kitzbühel, T
T. 05356/633 60
fkk@telering.at
www.metzgerei-fuchs.com

Tiroler Speck und Spezialitäten Mair
Annemarie und Markus Mair
Innrain 23
6020 Innsbruck, T
T. 0512/571 964
info@tirolerspeck.at
www.tirolerspeck.at

TUX-ZILLERTALER RIND

Arche Austria – Verein zur Erhaltung
seltener Nutztierrassen
DI Florian Schipflinger
Lofer 29
5090 Lofer, SBG
T. 0664/519 22 87
office@arche-austria.at
www.arche-austria.at

Rinderzucht Verband Tirol
DI Christian Moser
Brixnerstraße 1
6020 Innsbruck, T
T. 05/92 92-1843
christian.moser@lk-tirol.at
www.rinderzucht-tirol.at

UHUDLER

Verein „Freunde des Uhudler“ –
Weinidylle Südburgenland
Liane Deutsch
Weinmuseum 1
7540 Moschendorf, BGLD
T. 03324/631 81
office@weinidylle.at
www.uhudlerverein.at

Weinbau Gratzl
DI Hanspeter Gratzl
Deutsch Ehrensdorf 7
7522 Strem, BGLD
T. 03323/2039
uhudler@gmx.at

Weinhof Gassler
Ilse und Ernst Gassler
Moschendorf 130
7540 Moschendorf, BGLD
T. 0664/445 12 74
info@weinhof-gassler.at
www.weinhof-gassler.at

UNGARISCHES STEPPENRIND

Fleischerei Karlo
Martin Karlo
Rosengasse 1
7152 Pamhagen, BGLD
T. 02174/21 26
F. 02174/21 26-4
fleischerei.karlo@aon.at
www.fleischerei.karlo.at

Nationalpark Gesellschaft
Neusiedlersee–Seewinkel
Viktor Reinprecht
Apetlonerhof 3
7143 Apetlon, BGLD
T. 02175/33 65
v.reinprecht@nationalpark-
neusielersee-seewinkel.at

VERHACKERT

Fleischerei Hartl
Hermann und Gertrude Hartl
Eisenhammerweg 62
9500 Villach, KTN
T. 04242/552 02
F. 04242/582 385
info@fleischerei-hartl.at
www.fleischerei-hartl.at

Spezialitätenfleischerei Kollar
Matthias und Marianne Kollar-Göbl
Hauptplatz 10
8530 Deutschlandsberg, STMK
T. 03462/26 42
F. 03462/26 42-15
kollar.goebl@aon.at
www.kollar-goebl.at

Fleisch- und
Wurstspezialitäten Lasser
Siegfried Lasser
Eggerstraße 14
9620 Hermagor, KTN
T. 04282/33 70
F. 04282/36 08
office@slasser.at
www.wildchips.at

VORARLBERGER ALP- UND BERGKÄSE G. U.

Sennerei Schnifis
Peter Dünser
Jagdbergstraße 84
6822 Schnifis, VBG
T. 05524/25 88
F. 05524/25 88-4
office@sennerei-schnifis.at
www.sennerei-schnifis.at

Dorfsennerei Langenegg
Anton Bader
Berkmann 116
6941 Langenegg, VBG
T. 05513/61 90
F. 05513/61 90-4
sennerei.langenegg@aon.at
www.kaeserei.com

Sennerei Bio-Bauern Sulzberg
Birgit Strommeier
Reicharten 41
6932 Langen bei Bregenz, VBG
T. 05575/44 42
F. 05575/44 42-2
bio@bio-bauern-sulzberg.at
www.bio-bauern-sulzberg.at

WACHAUER MARILLE G. U.

Marillenhof-Destillerie Kausl
Alfred Kausl
Ötz 16
3622 Mühldorf, NÖ
T. 02713/82 25
info@marillenhof.at
www.marillenhof.at

Obsthof Reisinger
Franz Reisinger
Mitterndorf 1
3620 Spitz, NÖ
T. 02713 2855
info@obsthof-reisinger.at
www.obsthof-reisinger.at

Weinhof Aufreiter
Harald Aufreiter
Dorfstraße 92
3506 Krems Angern, NÖ
T. 02739/22 05
harald@weinhof.at

WALDVIERTLER BLONDVIEH

Arche Austria – Verein zur
Erhaltung seltener Nutztierrasse
DI Florian Schipflinger
Lofer 29
5090 Lofer, SBG
T. 0664/519 22 87
office@arche-austria.at
www.arche-austria.at

NÖ-Genetik Rinderzuchtverband
Ing. Josef Fleischhacker
Rottenhauser Straße 30
3250 Wieselburg, NÖ
T. 02822/535 31-0
fleischhacker@noegen.at
www.noegenetik.at

WALDVIERTLER GRAUMOHN G. U.

Mohnerlebnis Familie Weiß
Edith und Walter Weiß
Armschlag 17
3525 Sallingberg, NÖ
T. 02872/75 64
info@mohndorf.at

Waldland Vermarktungs GmbH
Petersplatz 11
1010 Wien, W
T. 01/533 41 56
F. 01/533 41 56
hof@waldland.at
www.waldland.at

Waldviertler Mohnhof Greßl
Andreas Greßl
Haiden 11
3631 Ottenschlag, NÖ
T. 02872/74 49
F. 02872/74 49-4
info@mohnhof.at
www.mohnhof.at

WÄSCHERMÄDELN

Gasthaus Kronprinz Rudolph
Taborstraße 12
1020 Wien, W
T. 01/211 50-0
stefanie@schick-hotels.com
www.kronprinz-rudolph.at

Gerstner K & K Hofzuckerbäcker
Oliver W. Braun
Kärntner Straße 13–15
1010 Wien, W
T. 01/512 49 63
F. 01/512 49 63-44
konditorei@gerstner.at
www.gerstner.at

Loibnerhof
Familie Knoll
Unterloiben 7
3601 Dürnstein, NÖ
T. 02732/82890-0
F. 02732/82890-3
office@loibnerhof.at
www.loibnerhof.at

WEINGARTEN-KNOBLAUCH

Arche Noah – Gesellschaft zur Erhaltung und Verbreitung der Kulturpflanzenvielfalt
Obere Straße 40
3553 Schiltern, NÖ
T. 02734/86 26
info@arche-noah.at
www.arche-noah.at

Stekovics Erich
Erich Stekovics
Schäferhof 13
7132 Frauenkirchen, BGLD
T. 02172/29 32
F. 02172/226 90
office@stekovics.at
www.stekovics.at

Johann Peitl
Unterstinkenbrunn 40
2154 Unterstinkenbrunn, NÖ
T. 02526/54 04

WEINGARTENPFIRSICH

Arche Noah – Gesellschaft zur Erhaltung und Verbreitung der Kulturpflanzenvielfalt
Obere Straße 40
3553 Schiltern, NÖ
T. 02734/86 26
info@arche-noah.at
www.arche-noah.at

Obstbaumschule Schreiber
Robert Schreiber
Schubertstraße 23
2170 Poysdorf, NÖ
T. 02552/26 76
F. 02552/33 88
robert@baum-schreiber.at
www.baum-schreiber.at

Stekovics Erich
Erich Stekovics
Schäferhof 13
7132 Frauenkirchen, BGLD
T. 02172/29 32
F. 02172/226 90
office@stekovics.at
www.stekovics.at

WELSCHRIESLING

Marktgemeinschaft Steirischer Wein
Mag. Gertraud Schummer
Hamerlinggasse 3
8010 Graz, STMK
T. 0316/80 50-1435
schummer@steirischerwein.at

Weingut Gross
Johannes und Michael Gross
Ratsch an der Weinstraße 26
8461 Ratsch an der Weinstraße, STMK
T. 03453/25 27
F. 03453/227 28
weingut@gross.at
www.gross.at

Weingut Lackner-Tinnacher
Fritz Tinnacher
Steinbach 12
8462 Gamlitz, STMK
T. 03453/21 42
F. 03453/48 41
weingut@tinnacher.at
www.tinnacher.at

Weingut Tement
Manfred Tement
Weingut Zieregg 13
8461 Berghausen, STMK
T. 03453/41 01-0
F. 03453/41 01-30
weingut@tement.at
www.tement.at

WIENER BEINSCHINKEN

Fleischhauerei Meisterbetrieb Gissinger
Ottakringer Straße 140
1160 Wien, W
T. 01/486 24 73
F. 01/486 247 34
office@gissinger.at
www.gissinger.at

Thum Fleischwaren
Margaretenstraße 126
1050 Wien, W
T. 01/544 25 41
F. 01/961 02 33
thum@chello.at
www.thum-schinken.at

Zum Schwarzen Kameel
Bognergasse 5
1010 Wien, W
T. 01/533 81 25
F. 01/533 81 25-23
info@kameel.at
www.kameel.at

WIENER FRÜHSTÜCK

Conditorei Sluka
Rathausplatz 8
1080 Wien, W
T. 01/406 88 96
F. 01/406 88 96-4
conditorei@sluka.at
www.sluka.at

Café Landtmann
Dr.-Karl-Lueger-Ring 4
1010 Wien, W
T. 01/24 100-100
F. 01/24 100-119
cafe@landtmann.at
www.landtmann.at

Café Restaurant Bräunerhof
Stallburggasse 2
1010 Wien, W
T. 01/512 38 93

WIENER PLUNDERGEBÄCK

Conditorei Sluka
Robert Beranek, MBA
Rathausplatz 8
1010 Wien, W
T. 01/406 88 96
conditorei@sluka.at
www.sluka.at

Demel K & K Hofzuckerbäckerei
Kohlmarkt 14
1010 Wien, W
T. 01/535 17 17
F. 01/535 171 726
wien@demel.at
www.demel.at

Konditorei Fercher
Dietmar Fercher
Engerthstraße 79
1200 Wien, W
T. 01/332 42 29

WIENER SCHNITZEL

Gasthaus Maria vom guten Rat
Gstaig 1
5143 Feldkirchen bei Mattighofen, SBG
T. 07748/501 95
info@gstaig.at
www.gstaig.at

Immervoll
Weihburggasse 17
1010 Wien, W
T. 01/513 52 88

Meierei im Stadtpark
Am Heumarkt 2A
1030 Wien, W
T. 01/713 31 68
wien@steirereck.at
www.steirereck.at

WIESENWIENERWALD ELSBEERE

Veronika und Norbert Mayer
Mayerhöfen 1
3074 Michelbach, NÖ
T. 02744/82 56
edelbrand@elsbeere.at
www.elsbeere.at

Maria und Franz Pieringer
Kleindurlas 14
3074 Michelbach, NÖ
T. 02744/82 93
urlaub@pieringer.at
www.pieringer.at

Gertraud und Johann Vonwald
Kropfsdorf 14
3074 Michelbach, NÖ
T. 02744/82 16
vonwald@utanet.at

WILDSCHÖNAUER KRAUTINGERRÜBE

Verein Wildschönauer Krautinger-rübe
Rainer Silberberger
Roggenboden, Oberau 116
6311 Wildschönau, T
T. 05339/82 55-0
r.silberberger@wildschoenau.com

Dillental-Hof
Beate Holaus
Dillenthal 50
6313 Auffach, T
T. 05339/25 25
T. 0664/55 37 537

Steinerhof
Josef Thaler
Oberau 84
6311 Wildschönau, T
T. 05339/2117
F. 05339/2117-4
steinerhof@utanet.at
www.steinerhof.net

ZWEIGELT

Weingut Heinrich GmbH
Baumgarten 60
7122 Gols, BGLD
T. 02173/31 76
T. 0664/541 20 10
F. 02173/31 76-4
buero@heinrich.at
www.heinrich.at

Weingut Markowitsch GmbH
Gerhard Markowitsch
Pfarrgasse 6
2464 Göttlesbrunn, NÖ
T. 02162/82 88
F. 02162/82 88-11
weingut@markowitsch.at
www.markowitsch.at

Weingut Umathum
Josef Umathum
St. Andräer Straße 7
7132 Frauenkirchen, BGLD
T. 02172/244 00
F. 02172/217 34
office@umathum.at
www.umathum.at

REZEPTREGISTER/PRODUKTVERZEICHNIS

QUELLEN/LITERATUR

Adlassnig, H.; Tschirk, R. (1987): Powidl und Kaiserschmarrn. Wörterbuch der österreichischen Küche. Wien: Amalthea.

A la Carte. Das Magazin für Ess- und Trinkkultur (1/2009): So isst Wien. Wien: D+R.

A la Carte. Das Magazin für Ess- und Trinkkultur (1B/2009): Das süße Wien. Wien: D+R.

Arndorfer, M. (2005): Bluza, Köch & Umurken. Auf den Spuren traditioneller Gemüsesorten in Österreich. Schiltern: Arche Noah.

Auinger-Pfund, E.; et al. (2008): Lehrbuch der Konditorei. 5. Aufl. Linz: Trauner.

Bakos, E. (1975): Mehlspeisen aus Österreich. Wien: Überreuter.

Bichler, G.; Heraut, B. (1994): Gerichte mit Geschichte. Wien: Edition S.

Burgstaller, E. (1957): Brauchtumsgebäcke und Weihnachtsspeisen. Ein volkskundlicher Beitrag zur österreichischen Kulturgeographie. Linz: Zentralstelle für den Volkskundeatlas in Österreich.

Burgstaller, E. (1983): Österreichisches Festtagsgebäck. Linz: Trauner.

Dorn, A. (1975): Neuestes Universal- oder: Großes Wiener Kochbuch (1827). Wien: Kremayr & Scheriau.

Egler, K. (2007): Der österreichische Wein. Das große Handbuch. Wien: Pichler.

Ehlert, T. (1991): Das Kochbuch des Mittelalters. Rezepte aus alter Zeit. 2. Aufl. Zürich: Artemis.

Fercher, D.; Karrer, A. (2010): Süße Küche. Die feinsten Desserts und Mehlspeisen aus Österreich. St. Pölten: Residenz.

Gartler, I.; Hikmann, B. (1749): Wienerisch bewährtes Kochbuch in sechs Absätzen. 18. Aufl. Wien: Gerold.

Hagger, C. (1719): Neues Saltzburgisches Koch-Buch. Augsburg: Lotter.

Haller, M. (2000): Seltene Haus- & Nutztierrassen. Graz: Stocker.
Hanten, C.; Kutscher, W. (2003): Österreichs Rote. Shootingstar am Rotweinhimmel. Wien: Holzhausen.

Höbaus, E. (2006): International approaches for the protection of indications of geographical origin and traditional knowledge. Thesis of the requirements for the degree of Master of Science, University of Ulster.

Jontes, G. (1998): Kayserfleisch und Steirerkas. Streifzüge durch die kulinarische Vergangenheit der Steiermark. Graz: Steirische Verlagsgesellschaft.

Kellermann, M. (1994): Das große Sacher-Backbuch. Weyarn: Seehammer.

Landwirtschaftskammer Österreich (Hg.) (o. J.): Qualitätshandbuch für Fleisch und Fleischerzeugnisse aus bäuerlicher Produktion. Wien: Eigenverlag

Maier-Bruck, F. (2003): Klassische österreichische Küche. Weyarn: Seehamer.

Maier-Bruck, F. (2003): Vom Essen auf dem Lande. Das große Buch der österreichischen Bauernküche und Hausmannskost. 2. Aufl. Wien: Kremayr & Scheriau.

Mar, A.; et al. (2007): Lehrbuch der Bäckerei. Linz: Trauner.

Mörwald, T.; Wagner, C. (2003): Die süße Küche. Das österreichische Mehlspeisenkochbuch. St. Pölten: NP Buchverlag.

Österreichischer Agrarverlag Druck- und Verlags Ges.m.b.H. Nfg. KG (Hg.) (o. J.): Blaufränkisch. Österreichs roter Top-Wein und seine Winzer im Portrait. Wien: Österreichischer Agrarverlag.

Österreichischer Agrarverlag Druck- und Verlags Ges.m.b.H. Nfg. KG (Hg.) (o. J.): Burgundisches Österreich. Die ganze Vielfalt der weißen und roten Burgunder-Familie. Weine und Winzer im Portrait. Wien: Österreichischer Agrarverlag.

Österreichischer Agrarverlag Druck- und Verlags Ges.m.b.H. Nfg. KG (Hg.) (o. J.): Grüner Veltliner. Österreichs Trendsetter und seine Winzer im Portrait. Wien: Österreichischer Agrarverlag.

Österreichischer Agrarverlag Druck- und Verlags Ges.m.b.H. Nfg. KG (Hg.) (o. J.): Riesling. Österreichs beste Rieslinge und ihre Winzer im Porträt. Wien: Österreichischer Agrarverlag.

Österreichischer Agrarverlag Druck- und Verlags Ges.m.b.H. Nfg. KG (Hg.) (o. J.): Zweigelt. Eine österreichische Erfolgsgeschichte. Weine und Winzer im Portrait. Wien: Österreichischer Agrarverlag.

Plachutta, E.; Wagner, C. (1993): Die gute Küche. Das österreichische Jahrhundert Kochbuch. Wien: Kremayr & Scheriau.

Plachutta, E.; Wagner, C. (2003): Die 100 klassischen Gerichte Österreichs. Wien: Zsolnay.

Pohl, H. D. (2008): Von Apfelstrudel bis Zwetschkenröster. Kleines Handbuch der österreichischen Küchensprache. Wien: Überreuter.

Prato, K. (= Edle von Scheiger, K.) (1895): Die süddeutsche Küche mit Berücksichtigung des Thees und einem Anhang über das Servieren für Anfängerinnen sowie für praktische Köchinnen. 24. Aufl. Graz: Styria.

Rokitansky, M. v. (1897): Die österreichische Küche. Eine Sammlung selbsterprobter Kochrecepte für den einfachsten und den feinsten Haushalt, nebst Anleitung zur Erlernung der Kochkunst. Innsbruck: Edlinger.

Sambraus, H. H. (1989): Atlas der Nutztierrassen. 220 Rassen in Wort und Bild. 3. Aufl. Stuttgart: Ulmer

Sambraus, H. H. (1999): Gefährdete Nutztierrassen. Ihre Zuchtgeschichte, Nutzung und Bewahrung. 2. Aufl. Stuttgart: Ulmer

Schiffkorn, E. (1990): Brot und Brauchtum. Linz: Landesverlag Linz.

Schlager, L. (1990): Linzer Torte. Drei Jahrhunderte Kulturgeschichte um ein Backwerk. Linz: Landesverlag Linz.

Sievers, G.W. (2007): Genussland Österreich. Was Küche und Keller zu bieten haben. Graz: Stocker.

Sommer, E. (2007): Zur Bedeutung von traditionellem Wissen bei regionalen, traditionellen Spirituosenspezialitäten. Unveröffentlichte Diplomarbeit, Universität Wien.

Tschemernjak, H.; et al. (2006): Kärntner Küche. 460 traditionsreiche und zeitgemäße Rezepte. Wien: Carinthia.

Wagner, C. (2006): Prato: Die gute alte Küche. Wien: Pichler.

Wagner, C. (2009): Esterházy-Kochbuch. Pannonische Köstlichkeiten und fürstliche Weine. Innsbruck: Loewenzahn.

Wagner, C.; Bittermann, A. (2008): Krönländer-Kochbuch. 450 altösterreichische Rezepte. Wien: Pichler.

Wagner, C.; Sedlaczek, R. (1994): Österreich für Feinschmecker. Das kulinarische Jahrbuch 1995. Wien: Deuticke.

Wagner, C.; Sedlaczek, R. (1995): Österreich für Feinschmecker: Das kulinarische Jahrbuch 1996. Wien: Verlag Deuticke.

Wagner, C.; Sedlaczek, R. (1996): Österreich für Feinschmecker. Das kulinarische Jahrbuch 1997. Wien: Deuticke.

Wiegelmann, G. (2006): Alltags- und Festtagsspeisen in Mitteleuropa. Innovationen, Strukturen und Regionen vom späten Mittelalter bis zum 20. Jahrhundert. 2. Aufl. Münster: Waxmann.

Zauner, J. (1997): Das große Buch der österreichischen Mehlspeisen. Süße Tradition von der Kaiserzeit bis heute. München: BLV.

Zentrale Arbeitsgemeinschaft österreichischer Rinderzüchter (Hg.) (2008): Die österreichische Rinderzucht 2008. Ried: Hammerer.

QUELLEN/INTERNET

Agrarmarkt Austria. Österreichisches Programm für umweltgerechte Landwirtschaft 2007. Zugriff am 2. Dezember 2010: http://www.ama.at/Portal.Node/ama/public?gentics.am=PCP&p.contentid=10007.19512

Arche Noah. Gesellschaft für die Erhaltung der Kulturpflanzenvielfalt & ihre Entwicklung. Zugriff am 2. Dezember 2010: http://www.arche-noah.at/etomite/

Bundesministerium für Gesundheit (2006–2011). Österreichisches Lebensmittelbuch. 4. Aufl. Zugriff am 2. Dezember 2010: http://www.bmg.gv.at/cms/site/standard.html?channel=CH0832&doc=CMS1167207128242

Das österreichische Kulturinformationssystem aeiou. Zugriff am 4. Oktober 2010: www.aeiou.at

Europäische Kommission: „Wachauer Marille – g. U." EU-VO 1107/96, ABl. L 148/1/96; „Tiroler Graukäse – g. U." EU-VO 1263/96, ABl. L 163/19/96; „Steirisches Kürbiskernöl – g. g. A." EU-VO 1263/96, ABl. L 163/19/96; „Marchfeldspargel – g. g. A." EU-VO 1263/96, ABl. L 163/19/96 (geändert durch EU-VO 564/2002, ABl. L 86/7/2002); „Gailtaler Almkäse – g. U." EU-VO 123/97, ABl. L 22/19/97; „Tiroler Speck – g. g. A." EU-VO 1065/97, ABl. L 156/6/97; „Tiroler Bergkäse – g. U." EU-VO 1065/97, ABl. L 156/6/97; „Vorarlberger Alpkäse – g. U." EU-VO 1065/97, ABl. L 156/6/97; „Vorarlberger Bergkäse – g. U." EU-VO 1065/97, ABl. L 156/6/97; „Waldviertler Graumohn – g. U." EU-VO 1065/97, ABl. L 156/6/97; „Tiroler Almkäse / Tiroler Alpkäse – g. U." EU-VO 2325/97, ABl. L 322/33/97; „Gailtaler Speck – g. g. A." EU-VO 1241/2002, ABl. L 181/4/2002; „Steirischer Kren – g. g. A." EU-VO 1229/2008, ABl L 333/3/2008. Zugriff am 3. Dezember 2010: http://www.patentamt.at und http://ec.europa.eu/agriculture/quality/door/list.html

Genuss Regionen Österreich. Zugriff am 9. Dezember 2010: www.genuss-region.at

Gesellschaft zur Erhaltung alter und gefährdeter Haustierrassen e.V. (GEH). Zugriff am 3. Dezember 2010: http://www.g-e-h.de/

Österreich Wein Marketing GmbH. Österreich Wein – Kostbare Kultur. Zugriff am 3. Dezember 2010: www.oesterreichwein.at

Traditionelle Lebensmittel aus Österreich. Zugriff am 9. Dezember 2010: www.traditionelle-lebensmittel.at

Verein zum Schutze und zur Bewahrung der Erbanlagen heimischer gefährdeter landwirtschaftlicher Nutztierrassen. Die gefährdeten Nutztierrassen Österreichs. Zugriff am 2. Dezember 2010: http://www.oengene.at/

Wikipedia. Die freie Enzyklopädie. Zugriff am 30. September 2010: http://de.wikipedia.org/wiki/Hauptseite

Wikipedia. The free encyclopedia. Zugriff am 27. August 2010: http://en.wikipedia.org/wiki/Main_Page

BILDNACHWEIS

Claudio Alessandri
118, 147

AMA Marketing GmbH. 11, 15, 39, 42, 46, 47, 50, 51, 54, 55, 62, 78, 79, 94, 95, 98, 123, 127, 131, 138, 154, 155, 162, 190, 214, 227, 242, 243, 258, 262, 263, 274, 278, 287, 294, 307, 314, 315, 335, 339, 354, 371, 378, 390, 391, 410, 412, 414

APV/Ferdinand Neumüller
322

ARCHE Austria – Verein zur Erhaltung seltener Nutztierrassen
342, 366, 367

Arche Noah – Gesellschaft zur Erhaltung und Verbreitung der Kulturpflanzenvielfalt
183

Petr Blaha
14, 18, 19, 31, 34, 38, 43, 59, 66, 70, 78, 86, 91, 102, 103, 122, 123, 146, 170, 178, 195, 202, 210, 215, 231, 235, 238, 239, 270, 271, 291, 298, 299, 318, 319, 338, 339, 371, 375, 379, 382, 386, 387, 402, 414, 417

BMLFUW
19, 54, 87, 259

BMLFUW/AMA Bioarchiv Dall
65

BMLFUW/Hofmann
182, 211

BMLFUW/Rita Newman
6, 7, 11, 22, 23, 30, 34, 47, 50, 51, 53, 57, 58, 59, 66, 67, 70, 71, 74, 75, 78, 82, 83, 98, 99, 106, 107, 110, 111, 114, 115, 119, 125, 126, 134, 141, 142, 143, 150, 162, 163, 166, 167, 179, 185, 186, 187, 190, 191, 194, 198, 199, 202, 203, 206, 210, 211, 215, 218, 219, 222, 223, 225, 226, 227, 230, 231, 233, 234, 235, 238, 239, 262, 265, 266, 267, 275, 279, 282, 283, 286, 287, 295, 298, 299, 302, 303, 305, 306, 307, 322, 323, 325, 326, 327, 330, 331, 333, 334, 335, 338, 343, 349, 350, 351, 354, 355, 362, 363, 367, 370, 394, 395, 398, 399, 402, 409, 411, 412, 413, 414, 415, 416

BMLFUW/UBA/Gröger
211

BMLFUW/Zeggl
23

Christian Brandstätter Verlag
10, 90, 102, 214, 255, 290

Dr. Richard Dietrich
358, 359

Domäne Wachau
383, 403

Foto Principal
347

Franco Winter
38

Gemeinde Galtür/Karl Walser
43

Gusto/Das Foto
134, 135, 182

Gusto/Dieter Brasch
222, 247

Gusto/Eisenhut & Mayer
30

Gusto/Ferdinand Neumüller
258, 259, 303

Gusto/Stefan Liewehr
30, 90, 91, 118, 139, 150, 159, 179, 258, 275, 287, 359, 363, 386, 391, 417

Gusto/Studio Unsas
30

Gusto/Theresa Schrems
34, 150

Gusto/Ulrike Köb
158

H. Dietrich Habbe
130

DI Marcus Kaar
119, 194

Helmut Kend
347

Hotel Sacher Wien
250, 251, 314

Kamptal/Andreas Hofer
87

www.koeb.at
107, 254, 330

Kristoferitsch
94

Landwirtschaftskammer Niederösterreich
365

Leopold Trünkel GmbH
63

Stefan Liewehr
5, 9, 13, 14, 17, 21, 25, 29, 33, 35, 37, 39, 41, 45, 46, 49, 61, 65, 69, 73, 77, 81, 85, 89, 93, 97, 101, 105, 109, 113, 117, 121, 133, 137, 145, 149, 151, 153, 157, 161, 165, 169, 170, 173, 177, 181, 189, 193, 195, 197, 201, 209, 213, 217, 221, 229, 237, 241, 245, 249, 253, 257, 261, 269, 273, 277, 281, 283, 285, 289, 291, 293, 294, 297, 301, 302, 313, 317, 321, 329, 337, 335, 353, 357, 360, 369, 373, 377, 381, 385, 389, 390, 393, 397, 401, 408, 409, 410, 411, 412, 413, 414, 415, 416, 417

LQM/Bereuter
323

Ing. Werner Luttenberger
246

www.mediadesign.at
174

Mostbarkeiten
170

Mühlviertler Ölmühle Haslach
174, 175

DI Michael Oberforster/AGES
182

Rinderzuchtverband Tirol
341, 342

Schafzuchtverband Tirol
326

Barbara Schiefer
278

Seehotel Rust
247

Sonnenland Mittelburgenland
26, 27

Spezialitätenhof Horst Eichmann
294, 295

Doris Steinböck
374, 375, 378, 379

Sulmtaler GmbH
309, 310, 311, 415

Tiergarten Schönbrunn/ Norbert Potensky
129, 410

Tourismusverband Linz
179

Tourismusverband Rust
246

Tourismusverband Salzburg
255

Tourismusverband Tirol West
274

Trauner Verlag
10, 11, 158, 159, 319, 387

Verein der Murbodnerzüchter
205, 206, 207, 413

Weinhof Gassler
347

Weinidylle Südburgenland
346

Weinkomitee Weinviertel/Haiden/ Baumann 86

Wörthersee Tourismus GmbH/ Fotograf Assmann
139

IMPRESSUM

Bibliografische Information der Deutschen Nationalbibliothek
Die Deutsche Nationalbibliothek verzeichnet diese Publikation in der Deutschen Nationalbibliografie; detaillierte bibliografische Daten sind im Internet über http://dnb.d-nb.de abrufbar.

1. Auflage

Herausgeberin: SYLVIA M. SEDLNITZKY
für das Kuratorium Kulinarisches Erbe Österreichs
Grafische Gestaltung: ALESSANDRI DESIGN
Fotografie (freigestellte Aufmacherfotos): STEFAN LIEWEHR
Autoren (Produkttexte): MAG. EVA SOMMER, DR. ERHARD HÖBAUS
Unter Mitarbeit von: MAG. DORIS REINTHALER,
MAG. CHRISTINE STAHL, DANIELA TRENKER M.A.
Lektorat: ELSE RIEGER
Druck und Bindung: GRASL DRUCK & NEUE MEDIEN, *Bad Vöslau*

ISBN 978-3-85033-483-9

Christian Brandstätter Verlag
GmbH & Co KG
A-1080 Wien, Wickenburggasse 26
Telefon (+43-1) 512 15 43-0
Telefax (+43-1) 512 15 43-231
E-Mail: info@cbv.at
www.cbv.at

INHALT